AF732883

Das kommunale Aufsichtsratsmandat

Zivilrechtliche Schriften

Beiträge zum Wirtschafts-, Bank- und Arbeitsrecht

Herausgegeben von Arnd Arnold, Dorothee Einsele,
Jan Lieder und Hartmut Oetker

Begründet von Peter Kreutz und Dieter Reuter

Band 75

PETER LANG

Christopher Pape

Das kommunale Aufsichtsratsmandat

Doppelloyalität zwischen privatrechtlicher Freiheit und öffentlich-rechtlicher Ingerenzpflicht

PETER LANG

Bibliografische Information der Deutschen Nationalbibliothek
Die Deutsche Nationalbibliothek verzeichnet diese Publikation in der Deutschen Nationalbibliografie; detaillierte bibliografische Daten sind im Internet über http://dnb.d-nb.de abrufbar.

Zugl.: Freiburg (Breisgau), Univ., Diss., 2019

Gedruckt auf alterungsbeständigem, säurefreiem Papier.
Druck und Bindung: CPI books GmbH, Leck

D 25
ISSN 0941-147X
ISBN 978-3-631-81315-7 (Print)
E-ISBN 978-3-631-83184-7 (E-PDF)
E-ISBN 978-3-631-83185-4 (EPUB)
E-ISBN 978-3-631-83186-1 (MOBI)
DOI 10.3726/b17392

© Peter Lang GmbH
Internationaler Verlag der Wissenschaften
Berlin 2020
Alle Rechte vorbehalten.

Peter Lang – Berlin · Bern · Bruxelles · New York · Oxford · Warszawa · Wien

Das Werk einschließlich aller seiner Teile ist urheberrechtlich geschützt. Jede Verwertung außerhalb der engen Grenzen des Urheberrechtsgesetzes ist ohne Zustimmung des Verlages unzulässig und strafbar. Das gilt insbesondere für Vervielfältigungen, Übersetzungen, Mikroverfilmungen und die Einspeicherung und Verarbeitung in elektronischen Systemen.

Diese Publikation wurde begutachtet.

www.peterlang.com

Meinen Eltern

Vorwort

Die vorliegende Arbeit wurde im Sommersemester 2019 von der Rechtswissenschaftlichen Fakultät der Albert-Ludwigs-Universität Freiburg als Dissertation angenommen. Zitierte Literatur, Rechtsprechung und Rechtsvorschriften befinden sich auf dem Stand von November 2019.

Mein herzlicher Dank gilt Herrn Professor Dr. Jan Lieder für seine Begeisterung für das Arbeitsthema, die unkomplizierte Betreuung und seine förderlichen Anmerkungen und Hinweise. Dank gebührt auch Herrn Professor Dr. Hanno Merkt für die freundliche Übernahme der Zweitbegutachtung.

Herrn Professor Dr. Bernd Holznagel und dem Team der öffentlich-rechtlichen Abteilung des Instituts für Informations-, Telekommunikations- und Medienrecht der Westfälischen Wilhelms-Universität Münster verdanke ich eine in persönlicher und fachlicher Hinsicht bereichernde Zeit als wissenschaftlicher Mitarbeiter. Sehr herzlich danke ich Herrn Rechtsanwalt Franz-Robert Bärtels von der Rechtsanwaltkanzlei Baumeister Rechtsanwälte in Münster für seinen wertvollen Beitrag zu meiner juristischen Ausbildung.

Mein größter Dank gebührt meinen Eltern, Stefanie und Hans-Georg Pape, für ihre unermüdliche Unterstützung auf meinem bisherigen Lebensweg und meiner Freundin, Nicole Mößner, die durch liebevolles Verständnis und mühevolle Geduld zum Gelingen dieser Arbeit beigetragen hat.

Inhaltsverzeichnis

Inhaltsverzeichnis

Abkürzungsverzeichnis

Für allgemein gebräuchliche und aus sich heraus verständliche Abkürzungen wird Bezug genommen auf:

Kirchner, Hilbert (Begr.), Abkürzungsverzeichnis der Rechtssprache, 8. Aufl. Berlin/ Boston 2015.

Davon abweichend oder darüber hinausgehend finden folgende Abkürzungen Verwendung:

BayGO	Gemeindeordnung für den Freistaat Bayern
BbgKVerf	Kommunalverfassung des Landes Brandenburg
BOARD	Zeitschrift für Aufsichtsräte in Deutschland
DGO	Deutsche Gemeindeordnung von 1935
GkG NRW	Gesetz über kommunale Gemeinschaftsarbeit Nordrhein-Westfalen
GO BW	Gemeindeordnung für Baden-Württemberg
GO NRW	Gemeindeordnung für das Land Nordrhein-Westfalen
GO RP	Gemeindeordnung für Rheinland-Pfalz
GO SH	Gemeindeordnung für Schleswig-Holstein
iVm	in Verbindung mit
KSVG SL	Kommunalselbstverwaltungsgesetz für das Saarland
KVG LSA	Kommunalverfassungsgesetz des Landes Sachsen-Anhalt
MgVG	Gesetz über die Mitbestimmung der Arbeitnehmer bei einer grenzüberschreitenden Verschmelzung
NKomVG	Niedersächsisches Kommunalverfassungsgesetz
SächsGO	Sächsische Gemeindeordnung

Einleitung und Gang der Darstellung

Die Kommunalfinanzen befinden sich seit längerer Zeit in einer Krisensituation.[1] Dies ist unter anderem darauf zurückzuführen, dass sich die Städte und Gemeinden aufgrund der fortschreitenden Anwendung wettbewerbsrechtlicher Vorschriften auf die gemeindewirtschaftliche Betätigung sowie wirkkräftiger Impulse des europäischen Gesetzgebers einem stetig anwachsenden Wettbewerbsdruck ausgesetzt sehen.[2] In diesem Zusammenhang zu nennen ist zum einen die Liberalisierung der Telekommunikationsmärkte durch die Einführung des Telekommunikationsgesetzes im Jahr 1996, mit welchem die gemeinschaftsrechtlichen Vorgaben schließlich umgesetzt und ein Rechtsrahmen für die Überführung eines staatlichen Monopols in eine Wettbewerbsordnung geschaffen wurde.[3] Ins Gewicht fällt darüber hinaus die Marktöffnung im Rahmen des Energiesektors mit Inkrafttreten des Energiewirtschaftsgesetzes im Jahr 1998.[4] Denn insbesondere hierbei handelt es sich um einen klassischen Bereich der kommunalen Daseinsvorsorge.[5] Verschärft wird diese Situation in aktueller Zeit dadurch, dass mit der Flüchtlingskrise in Europa seit 2015 die Versorgung hunderttausender Flüchtlinge und die sich gegebenenfalls anschließende Integration der schließlich Aufenthaltsberechtigten eine umfassende Aufgabe auch für die Kommunen darstellt, deren Finanzierung auf lange Sicht noch nicht endgültig geklärt erscheint.[6] Es kann daher wenig verwundern, dass sich die Kommunen seit jeher als Teilnehmer am Wirtschaftsleben gerieren, um alte Einnahmefelder zu erhalten und neue zu erschließen.[7]

Das 1. Kapitel dieser Arbeit dient der Darlegung der Grundlagen der zu behandelnden Thematik. Dieses bezieht sich zum einen auf die rechtliche Einordnung der wirtschaftlichen Betätigung der Kommunen aus verfassungsrechtlichem Blickwinkel. Ferner sollen die kommunale Privatisierungspraxis sowie die Motive für die Verwaltungsprivatisierung der Gemeinden vorgestellt werden, deren rechtliches Fundament der Grundsatz der Formenwahlfreiheit legt. Anschließend werden die

---

1 *Schmidt-Leithoff*, Gemeindewirtschaft und Wettbewerb, S. 36 ff.

2 *Schink*, DVBl 2005, 861, 862 ff.; *Schmidt-Leithoff*, Gemeindewirtschaft und Wettbewerb, S. 24 ff.

3 Siehe dazu *Cornils*, in: Beck`scher TKG-Kommentar, Einl. A. Rn. 35.

4 Siehe dazu *Zenke/Dessau*, in: Danner/Theobald, Energierecht, Ziff. 140. Rn. 1 ff., 54 ff.

5 *Schmidt-Leithoff*, Gemeindewirtschaft und Wettbewerb, S. 24 ff.

6 *Deutscher Städtetag*, Herausforderung Flüchtlinge – Integration ermöglichen, S. 13 ff.; *Deutscher Städtetag*, Pressemitteilung vom 30.03.2016, abrufbar unter: http://www.staedtetag.de/presse/mitteilungen/077287/index.html (zuletzt abgerufen am 25.05.2020); *Deutscher Städtetag*, Pressemitteilung vom 04.05.2016, abrufbar unter: http://www.staedtetag.de/presse/mitteilungen/077699/index.html (zuletzt abgerufen am 25.05.2020).

7 *Jarass*, DÖV 2002, 489, 497; *Krämer*, LKV 2016, 348 f.

Zielkonflikte dargestellt, welche sich bei der kommunalen Organisationsprivatisierung aus der Verflechtung des öffentlichen Rechts einerseits und des Privatrechts andererseits für den öffentlichen Gesellschafter im Hinblick auf das Aufsichtsorgan eines kommunalen Unternehmens ergeben. Der Auflösung dieser Konflikte widmen sich ausführlich das 3. und 4. Kapitel dieser Arbeit.

Bedient sich die öffentliche Hand zur Bewältigung ihrer Aufgaben des Privatrechts, so kann sie sich nicht vollumfänglich der Bindungen entledigen, zu deren Beachtung sie das öffentliche Recht in ihrer Rolle als Trägerin hoheitlicher Gewalt verpflichtet. Vielmehr bleibt sie zur lenkenden und steuernden Einflussnahme auf ein öffentliches Unternehmen in Privatrechtsform verpflichtet. Die Erörterung dieser sog. kommunale Ingerenzpflicht ist Gegenstand des 2. Kapitels. Von besonderer Relevanz für den Arbeitstitel der vorliegenden Auseinandersetzung ist dabei die Einwirkung und Kontrolle der öffentlichen Hand in Bezug auf die Mitglieder des Aufsichtsorgans eines kommunalen Unternehmens.

Im 3. Kapitel wird der Frage nachgegangen, ob kommunale Aufsichtsratsmitglieder den Weisungen ihrer kommunalen Bestellungskörperschaft unterliegen. Dabei ist zu untersuchen, ob die grundsätzliche gesellschaftsrechtliche Weisungsfreiheit durch gesetzliche oder rechtsgeschäftliche Weisungsrechte der öffentlichen Hand durchbrochen werden kann. Konkret geht es um das Rangverhältnis zwischen gesellschaftsrechtlicher Unabhängigkeit eines Aufsichtsratsmitgliedes und öffentlich-rechtlichem Kontrollbedürfnis, wobei auch die Beteiligungsverhältnisse der betroffenen Gesellschaften in Rechnung zu stellen sein werden. Das Bundesverwaltungsgericht hatte sich im Jahr 2011 mit etwaigen Weisungsbefugnissen einer Gemeinde gegenüber Aufsichtsratsmitgliedern eines städtischen Unternehmens zu befassen.[8] Zu fragen ist, ob diese Entscheidung des Gerichts insbesondere vor dem Hintergrund der Fülle der Literaturansichten zu diesem Themenkomplex als höchstrichterliche Klärung der Frage um die Weisungsbindung von kommunalen Aufsichtsratsmitgliedern angesehen werden kann.

Untersuchungsobjekt des 4. Kapitels ist der Pflichtenkonflikt zwischen der Verschwiegenheitspflicht eines Aufsichtsratsmitglieds und dem Informationsbedürfnis des öffentlichen Gesellschafters, welches Ausdruck in zahlreichen gesetzlich geregelten Unterrichtungspflichten findet. Für die kommunale GmbH mit freiwillig eingerichtetem Aufsichtsrat stellt sich vor dem Hintergrund der Öffnungsklausel in § 52 Abs. 1 GmbHG insbesondere die Frage, ob die gesellschaftsrechtliche Verschwiegenheitspflicht eines Aufsichtsratsmitgliedes und die Nichtöffentlichkeit der Aufsichtsratssitzungen zur gesellschaftsvertraglichen Disposition stehen. Zur Lösung des Konflikts zwischen Verschwiegenheitspflicht einerseits und Auskunftsbedürfnis andererseits hat der Gesetzgeber die Sondervorschriften der §§ 394, 395 AktG im Aktiengesetz etabliert, welche der öffentlichen Hand ein bedeutsames Informationsprivileg garantieren sollen. Die Vorschrift des § 394 AktG hat mit

8 BVerwG, Urt. v. 31.08.2011, Az. 8 C 16/10 = ZIP 2011, 2054 = NJW 2011, 3735 = AG 2011, 882 = NVwZ 2012, 115.

der Aktienrechtsnovelle 2016 eine Novellierung erfahren. Sie schreibt nunmehr vor, dass die Berichtspflicht, welche die Verschwiegenheitspflicht eines von einer Gebietskörperschaft gewählten oder entsandten Aufsichtsratsmitgliedes zugunsten der Körperschaft auflockert, nicht (mehr) nur auf einer Gesetzesvorschrift, sondern auch auf einer Regelung in der Satzung der Gesellschaft oder auf einem Rechtsgeschäft zwischen Gebietskörperschaft und Aufsichtsratsmitglied beruhen kann. Insbesondere diese beiden Möglichkeiten der Generierung einer Berichtspflicht sollen kritisch beleuchtet und, soweit erforderlich, sachgerechten Restriktionsvorschlägen zugeführt werden. Auch soll der für die kommunale Praxis relevanten Frage nachgegangen werden, ob ein Gemeindeparlament Adressat von Berichten eines kommunalen Aufsichtsratsmitgliedes sein kann. Die Antwort hierauf hat erhebliche Folgen für die Ausgestaltung der gesetzlichen und rechtsgeschäftlichen Berichtspflichten. Zu untersuchen ist in diesem Zusammenhang vor allem, ob die verschiedenen Auskunftspflichten der kommunalen Aufsichtsratsmitglieder in den Gemeindeordnungen der Länder dem gesellschaftsrechtlich vorgezeichneten Rechtsrahmen genügen.

1. Kapitel Grundlagen, Einordnung und Zielkonflikte

Die wirtschaftliche Betätigung der Gemeinden wird nicht schrankenlos garantiert. Vielmehr definiert Art. 28 Abs. 2 GG als Kehrseite der Selbstverwaltungsgarantie der Gemeinden auch Grenzen für die Kommunalwirtschaft.[9] Diese verfassungsrechtlichen Grundlagen sollen im Folgenden vorgestellt werden und dienen einer grundsätzlichen Einordnung des Untersuchungsgegenstandes.

Ferner tritt ein kommunales Unternehmen in unterschiedlichen Erscheinungsformen auf, wobei die anhaltende und fortschreitende Praxis der Kommunen hin zu einer Organisation in einer Rechtsform des privaten Rechts ins Auge fällt. Hier ist die Frage nach einer umfassenden Formenwahlfreiheit der Verwaltung von grundlegender Bedeutung. Bedienen sich die Kommunen zur Wahrnehmung ihrer Aufgaben einer privatrechtlichen Rechtsform, so treffen – als logische Konsequenz der Wahlfreiheit – mit dem Gesellschaftsrecht einerseits und dem kommunalen Wirtschaftsrecht andererseits zwei Interessensysteme aufeinander, welche sich durch eine divergierende Wesensart auszeichnen und von unterschiedlichen Zielvorgaben geprägt sind. Aus diesem Gegensatz ergeben sich die für diese Arbeit relevanten Zielkonflikte in Bezug auf die Fragen nach der Weisungsgebundenheit und der Transparenz, welche mit dem kommunalen Aufsichtsratsmandat verbunden sind. Auch diese Aspekte sollen im 1. Kapitel veranschaulicht werden.

A. Verfassungsrechtliche Einordnung der wirtschaftlichen Betätigung der Kommunen

Die Verfassungsvorschrift des Art. 28 Abs. 2 GG gewährleistet den Gemeinden das Recht der kommunalen Selbstverwaltung. Ihnen muss von Verfassungs wegen das Recht zustehen, alle Angelegenheiten der örtlichen Gemeinschaft im Rahmen der Gesetze in eigener Verantwortung zu regeln. Dass dazu auch das Recht zählt, sich kommunalwirtschaftlich zu betätigen, soll im Folgenden erläutert werden.

I. Die Gemeinde als Schutzobjekt des Art. 28 Abs. 2 GG

Die Gemeinden und Gemeindeverbände sind nach der Konzeption des Grundgesetzes Teil einer mehrstufig gegliederten Staatsorganisation innerhalb der Demokratie[10] und „Ausdruck der grundgesetzlichen Entscheidung für eine dezentral organisierte und bürgerschaftlich getragene Verwaltung“[11]. Sie stehen dem Staat

---

9 *Mehde*, in: Maunz/Dürig, Grundgesetz, Art. 28 Abs. 2 Rn. 103.
10 BVerfGE 52, 95, 112; 79, 127, 148; 83, 37, 53 f.
11 BVerfGE 138, 1, 18; siehe auch *Maurer*, DVBl 1995, 1037, 1040.

also nicht gegenüber, sondern stellen selbst ein „Stück Staat“[12] dar, „in dessen Aufbau sie integriert und innerhalb dessen sie mit eigenen Rechten ausgestattet sind“[13]. Nach dem Grundgedanken des Grundgesetzes stehen sich Bund und Länder gegenüber, während die Kommunen staatsorganisatorisch den Ländern eingegliedert sind.[14] Wird in diesem Zusammenhang regelmäßig von mittelbarer Staatsverwaltung[15] gesprochen, so bleibt doch erforderlich, dass man sich die Kommune als „Dezentralisierungsstufe“[16] vergegenwärtigt: Die Bedeutung der in Art. 28 Abs. 2 GG verbürgten Garantie der kommunalen Selbstverwaltung ist gerade nicht lediglich als eine Ausformung vertikaler Gewaltenteilung zu betrachten, sondern dient vornehmlich der Bestärkung vom Staatsvolk ausgehender, demokratischer Legitimation.[17]

Von Art. 28 Abs. 2 S. 1 GG geschützt sind zum einen die Gemeinden. Der Begriff der Gemeinde ist gesetzlich nicht konkretisiert, sondern sie wird als

> *„landesunmittelbare von ihren Bürgerinnen und Bürgern und Einwohnern getragene (mitgliedschaftlich strukturierte) kommunale Gebietskörperschaft mit Gebietshoheit zur autonomen Verwaltung universal überlassener oder speziell zugewiesener örtlicher eigener Angelegenheiten des Gemeinwesens sowie zur weisungsabhängigen Verwaltung enumerativ generell oder speziell zugewiesener fremder öffentlicher (Landes- oder Bundes-) Angelegenheiten“*[18]

definiert. Die verfassungsrechtlichen Gewährleistungen aus Art. 28 Abs. 2 S. 1 GG beziehen sich grundsätzlich auf die sog. Einheitsgemeinde, während intergemeindliche Kooperationsformen wie Verbandsgemeinden[19], Verwaltungsgemeinschaften[20], Ämter[21] oder Samtgemeinden[22], bei denen bestimmte Aufgaben aufgrund freiwilliger oder gesetzlicher Zuweisung von einer für mehrere

---

12 BVerfGE 73, 118, 191.

13 BVerfGE 107, 1, 11.

14 BVerfGE 86, 148, 215; NVwZ 2008, 183, 186; NRWVerfGH NVwZ 1985, 820, 821; ThürVerfGH NVwZ-RR 2005, 665, 666; *Mehde*, in: Maunz/Dürig, Grundgesetz, Art. 28 Abs. 2 Rn. 11.

15 BVerfG LKV 1995, 187, 188; *Forsthoff*, Lehrbuch des Verwaltungsrechts, S. 470 ff.; *Sodan/Gast*, NZS 1999, 265, 267; *Heintzen*, NVwZ 2000, 743; *Burgi*, DVBl 2007, 70, 72; *Kirchhof*, in: Maunz/Dürig, Grundgesetz, Art. 83 Rn. 94.

16 *Dreier*, in: Dreier, Grundgesetz, Art. 28 Rn. 76.

17 BVerfGE 83, 37, 54; 138, 1, 18; *von Unruh*, DVBl 1975, 1, 2; *Dreier*, in: Dreier, Grundgesetz, Art. 28 Rn. 76; *Mehde*, in: Maunz/Dürig, Grundgesetz, Art. 28 Abs. 2 Rn. 11; *Hellermann*, in: Dietlein/Hellermann, Öffentliches Recht in Nordrhein-Westfalen, § 2 Rn. 8.

18 *Gern*, Deutsches Kommunalrecht, Rn. 124.

19 Rheinland-Pfalz, Sachsen-Anhalt.

20 Beispielsweise in Bayern, Baden-Württemberg, Hessen, Sachsen, Thüringen.

21 Brandenburg, Schleswig-Holstein, Mecklenburg-Vorpommern.

22 Niedersachsen.

Gemeinden zuständigen Einheit erfüllt werden, sowie einzelne Organe oder Teile einer einzelnen Gemeinde nicht Bezugssubjekte der Selbstverwaltungsgarantie sind.[23] Gemeindeverbände im Sinne des Art. 28 Abs. 2 S. 2 GG und damit weitere zur Selbstverwaltung Berechtigte sind jedenfalls die Landkreise.[24] Die Stadtstaaten Berlin, Hamburg und Bremen und auch ihre Untergliederungen können sich nicht auf die Selbstverwaltungsgarantie berufen, da sie aus verfassungsrechtlicher Sicht Bundesländer und keine kommunalen Körperschaften darstellen.[25]

II. Die Kommunalwirtschaft als objektive Rechtsinstitutionsgarantie im Sinne des Art. 28 Abs. 2 GG

Art. 28 Abs. 2 S. 1 GG gewährleistet den Gemeinden nicht nur die institutionelle Rechtssubjektsgarantie und die subjektive Rechtsstellungsgarantie. Die objektive Rechtsinstitutionsgarantie ist die zentrale Garantieebene der kommunalen Selbstverwaltung.[26]

1. *Allzuständigkeit und Eigenverantwortlichkeit der Gemeinde*

Die Rechtsinstitutionsgarantie umfasst zum einen das Recht der Gemeinden zur Wahrnehmung aller Angelegenheiten der örtlichen Gemeinschaft (sog. Grundsatz der Allzuständigkeit oder Universalität der Gemeinde).[27] Das Bundesverfassungsgericht führte 1988 in seinem Rastede-Beschluss aus, dass darunter diejenigen Bedürfnisse und Interessen zu verstehen seien, „die in der örtlichen Gemeinschaft wurzeln oder auf sie einen spezifischen Bezug haben [...], die also den Gemeindeeinwohnern gerade als solchen gemeinsam sind, indem sie das Zusammenleben und -wohnen der Menschen in der (politischen) Gemeinde betreffen“[28], wobei es

23 BVerfG NVwZ-RR 2012, 2, 3; *Gern*, Deutsches Kommunalrecht, Rn. 183; *Mehde*, in: Maunz/Dürig, Grundgesetz, Art. 28 Abs. 2 Rn. 47.

24 BVerfGE 52, 95, 112; 83, 363, 383; 103, 332, 359; *Löwer*, in: von Münch/Kunig, Grundgesetz, Art. 28 Rn. 94; *Dreier*, in: Dreier, Grundgesetz, Art. 28 Rn. 80.

25 BVerfGE 83, 60, 76; *Collin/Zepf*, DÖV 2003, 1017, 1020; zur Verflechtung von Landes- und Kommunalverwaltung in der Hansestadt Bremen siehe BVerfGE 9, 268, 290 f.

26 Grundlegend zu dieser Dreiteilung: *Stern*, Das Staatsrecht der Bundesrepublik Deutschland, § 12 II 4 b; so auch *Ehlers*, DVBl 2000, 1301, 1302; *Löwer*, in: von Münch/Kunig, Grundgesetz, Art. 28 Rn. 45 ff.; *Dreier*, in: Dreier, Grundgesetz, Art. 28 Rn. 90; *Hellermann*, in: Dietlein/Hellermann, Öffentliches Recht in Nordrhein-Westfalen, § 2 Rn. 24; *Pieroth*, in: Jarass/Pieroth, Grundgesetz, Art. 28 Rn. 19 f.; *Mehde*, in: Maunz/Dürig, Grundgesetz, Art. 28 Abs. 2 Rn. 39 ff.

27 BVerfGE 1, 167, 175; 8, 122, 134; 21, 117, 128; 56, 298, 312; *Stern*, in: BK Grundgesetz, Zweitbearbeitung Art. 28 Rn. 86 ff.; *Mehde*, in: Maunz/Dürig, Grundgesetz, Art. 28 Abs. 2 Rn. 50 ff.; *Dreier*, in: Dreier, Grundgesetz, Art. 28 Rn. 101.

28 BVerfGE 79, 127, 151 f.; siehe ferner BVerfGE 110, 370, 400; 138, 1, 16.

entgegen früherer Judikatur[29] auf die individuelle Leistungsfähigkeit der Gemeinde nicht mehr ankommen soll[30]. In der Literatur wird jedoch vereinzelt darauf hingewiesen, dass die Größe einer Gemeinde bei der Frage, ob eine Angelegenheit der konkreten örtlichen Gemeinschaft vorliege, dennoch eine wichtige Rolle spiele.[31]

Ein Aufgabenkatalog, welcher die örtlichen Angelegenheiten im Einzelnen ausgestaltet, ist nicht Gegenstand des Kernbereichs des Selbstverwaltungsrechts, wohl „aber die Befugnis, sich aller Angelegenheiten der örtlichen Gemeinschaft, die nicht durch Gesetz bereits anderen Trägern öffentlicher Verwaltung übertragen sind, ohne besonderen Kompetenztitel anzunehmen"[32]. Die Gemeinden besitzen also das Recht, innerhalb der gesetzlichen Schranken neue und noch nicht besetzte Aufgaben der örtlichen Gemeinschaft zu erfinden und diese an sich zu ziehen (sog. Aufgabenerfindungsrecht).[33] Klassische Aufgaben des Wirkungskreises der Gemeinden sind etwa die Energie- und Wasserversorgung der Bevölkerung[34] sowie die Schaffung und Unterhaltung von örtlichen Verkehrseinrichtungen[35]. Die Prüfung, ob eine Angelegenheit eine solche der örtlichen Gemeinschaft darstellt, erfolgt anhand des Einzelfalls, wobei Anknüpfungspunkt die Größe der betreffenden Gemeinde ist.[36] Bei der Beurteilung dessen steht dem Gesetzgeber ein Einschätzungsspielraum zu.[37] Die gerichtliche Überprüfung beschränkt sich insoweit auf eine Vertretbarkeitskontrolle, welche umso intensiver erfolgt, als die gemeindliche Selbstverwaltung durch die gesetzliche Regelung einen Substanzverlust erleidet.[38]

Die Rechtsinstitutionsgarantie sichert den Gemeinden darüber hinaus die Eigenverantwortlichkeit der Wahrnehmung der gemeindlichen Selbstverwaltungsaufgaben.[39] Dies meint eine Aufgabenerfüllung „ohne Weisung und Vormundschaft des Staates, wie dies nach der Maßgabe der Rechtsordnung zweckmäßig erscheint"[40]. Für den im Regelfall vorliegenden Bereich der freiwilligen

---

29 In BVerfGE 8, 122, 134; 50, 195, 201; 52, 95, 120 war noch gefordert worden, dass die Aufgaben von der „örtlichen Gemeinschaft eigenverantwortlich und selbständig bewältigt werden *können*".

30 BVerfGE 79, 127, 152; zustimmend *Maurer*, DVBl 1995, 1037, 1043; *Ehlers*, DVBl 2000, 1301, 1305.

31 *von Unruh*, BayVBl 1996, 225.

32 BVerfGE 79, 127, Ls. 2; siehe auch BVerfGE 107, 1, 12.

33 *Dreier*, in: Dreier, Grundgesetz, Art. 28 Rn. 103; *Löwer*, in: von Münch/Kunig, Grundgesetz, Art. 28 Rn. 53; *Stern*, in: BK Grundgesetz, Zweitbearbeitung Art. 28 Rn. 87 („Recht zur Spontaneität"); siehe auch VGH München NVwZ-RR 1993, 373, 374.

34 BVerfG NJW 1990, 1783.

35 *Hellermann*, in: BeckOK Grundgesetz, Art. 28 Rn. 41.3.

36 BVerfGE 79, 127, 153.

37 BVerfGE 79, 127, 153.

38 BVerfGE 79, 127, 154.

39 BVerfGE 91, 228, 238; 138, 1, 17.

40 Klassische Wendung von *Becker*, in: Bettermann/Nipperdey, Die Grundrechte, S. 718.

Selbstverwaltungsaufgaben erstreckt sich die Eigenverantwortlichkeit auf das „Ob" und das „Wie" der Aufgabenerfüllung.[41] Rechtfertigungsbedürftige Beschränkungen ergeben sich für pflichtige Selbstverwaltungsaufgaben: In Bundesländern, deren Landesverfassungen das nach eigenem und übertragenem Wirkungskreis unterscheidende sog. dualistische Modell zugrunde liegt, ist den Gemeinden für pflichtige Selbstverwaltungsaufgaben des eigenen Wirkungskreises das „Wie" der Aufgabenbewältigung freigestellt, während Aufgaben des übertragenen Wirkungskreises schon nicht in den Schutzbereich des Art. 28 Abs. 2 GG fallen. In Bundesländern mit sog. monistischem Modell, welches – dem Weinheimer Entwurf[42] einer Gemeindeordnung folgend – sämtliche von der Gemeinde wahrgenommenen Aufgaben im Grundsatz als Selbstverwaltungsaufgaben ansieht, steht den Gemeinden für Pflichtaufgaben noch ein Gestaltungsermessen („Wie" der Aufgabenerfüllung) zu, während ein solches für Pflichtaufgaben zur Erfüllung nach Weisung entfällt.[43] Die staatliche Kommunalaufsicht stellt das von der Verfassung gebotene Korrelat des Rechts auf Selbstverwaltung dar. Bei den gemeindlichen Selbstverwaltungsaufgaben ist sie jedoch auf eine bloße Rechtsaufsicht begrenzt.[44]

2. *Die Gemeindehoheiten und die verfassungsrechtliche Einordnung der wirtschaftlichen Betätigung der Gemeinden*

Die sog. gemeindlichen Hoheiten oder Gemeindehoheiten bezeichnen typisierte Ausschnitte der von der Selbstverwaltungsgarantie umfassten Aufgaben.[45] Sie stellen keine abschließende Auflistung der Selbstverwaltungsrechte dar, sondern sind vielmehr als Typsierungen[46] oder heuristische Zusammenfassung der historischen Entwicklungen[47] mit exemplarischem Charakter[48] zu verstehen. In dogmatischer Hinsicht werden sie teilweise den örtlichen Angelegenheiten[49], zumeist jedoch dem Merkmal der Eigenverantwortlichkeit[50] zugeordnet. Nach dem Verständnis des Bundesverfassungsgerichts gehören zum Portfolio der Gemeindehoheiten im

41 *Meßmann*, DÖV 2010, 726, 729; *Mehde*, in: Maunz/Dürig, Grundgesetz, Art. 28 Abs. 2 Rn. 55; *Dietlein*, in: Dietlein/Hellermann, Öffentliches Recht in Nordrhein-Westfalen, § 1 Rn. 183; siehe auch RhPfVerfGH NVwZ 1982, 497.

42 Abgedruckt bei *Markull*, Gemeindeordnung für das Land Schleswig-Holstein vom 24. Januar 1950, S. 163 ff.

43 *Rücker*, in: PdK ThürKO, § 3 Erl. 1.3.; *Lange*, Kommunalrecht, Kap. 11 Rn. 3 f.

44 BVerfGE 78, 331, 341; *Hellermann*, in: BeckOK Grundgesetz, Art. 28 Rn. 42.2.

45 BVerfGE 52, 95, 117.

46 *Pieroth*, in: Jarass/Pieroth, Grundgesetz, Art. 28 Rn. 25.

47 *Wolff*, VerwArch 100 [2009], 280, 282.

48 *Lange*, Kommunalecht, Kap. 1 Rn. 57.

49 *Pieroth*, in: Jarass/Pieroth, Grundgesetz, Art. 28 Rn. 25.

50 *Löwer*, in: von Münch/Kunig, Grundgesetz, Art. 28 Rn. 69; *Nierhaus/Engels*, in: Sachs, Grundgesetz, Art. 28 Rn. 53; *Burgi*, Kommunalrecht, § 6 Rn. 31.

Wesentlichen die Gebietshoheit[51], die Personalhoheit[52], die Organisationshoheit[53], die Planungshoheit[54], die Satzungshoheit[55] und die Finanzhoheit[56].

Die wirtschaftliche Betätigung der Gemeinden fällt nach herrschender Auffassung in das in Art. 28 Abs. 2 GG verankerte Selbstverwaltungsrecht[57] und wird teilweise sogar ausdrücklich als Gemeindehoheit[58] interpretiert. Konklusion des Rastede-Beschlusses ist, dass nicht die kommunalwirtschaftliche Betätigung im Sinne einer einzelnen Sachaufgabe als solche,[59] sondern lediglich die Möglichkeit wirtschaftlicher Aufgabenerledigung dem unantastbaren Kernbereich der Selbstverwaltungsgarantie zugeordnet werden kann[60]. Die Verfassungsnorm ist insoweit folglich als verfassungsrechtliche Aufgabengarantienorm[61] zu verstehen. Ferner muss nach der Rechtsprechung des Bundesverfassungsgerichts bei der Auslegung des Schutzbereichs der verfassungsrechtlichen Selbstverwaltungsgarantie die historische Entwicklung der unterschiedlichen Erscheinungsformen kommunaler Selbstverwaltung berücksichtigt werden.[62] Da sich die Kommunen seit jeher wirtschaftlich betätigen, ist die wirtschaftliche Betätigung als solche von Art. 28 Abs. 2 GG geschützt.[63]

3. Grenzen kommunaler wirtschaftlicher Betätigung

Als Kehrseite der verfassungsrechtlichen Gewährleistung zieht Art. 28 Abs. 2 GG der wirtschaftlichen Betätigung der Gemeinden Grenzen.[64] Zum einen stellt sich hier die Frage, ob die Gemeinden ihre wirtschaftliche Tätigkeit ausschließlich auf Gewinnerzielung ausrichten dürfen und ob sie außerhalb ihres Gemeindegebietes am wirtschaftlichen Wettbewerb teilnehmen dürfen. Ferner ist fraglich, ob sich aus dem Begriff der Daseinsvorsorge Restriktionen herleiten lassen.

---

51 BVerfGE 52, 95, 117; siehe auch RhPfVerfGH AS 8, 230, 232.

52 BVerfGE 1, 167, 175; 17, 172, 182; 52, 95, 117.

53 BVerfGE 38, 258, 278; 52, 95, 117; 78, 331, 341; 83, 363, 382; 91, 228, 236; NRWVerfGH NWVBl 2001, 341, 347; OVG Münster NWVBl 2005, 135, 138.

54 BVerfGE 76, 107, 118; siehe auch BbgVerfG DVBl 2000, 1440, 1441; HessStGH DVBl 2004, 1022, 1025; *Moench*, DVBl 2005, 676 ff.

55 BVerfGE 32, 346, 361; 52, 95, 117; *Maurer*, DÖV 1993, 184 ff.

56 BVerfGE 52, 95, 117; 71, 25, 36; siehe auch NRWVerfGH NWVBl 2001, 340, 347.

57 RhPfVerfGH NVwZ 2000, 801; *Jarass*, DÖV 2002, 489, 497; *Papier*, DVBl 2003, 686, 688; *Gern*, KommJur 2004, 1, 2; *Scharpf*, GewArch 2005, 1, 2; *Hamacher*, NWVBl 2008, 81, 86; *Berger*, DÖV 2010, 118, 122.

58 *Mehde*, in Maunz/Dürig, Grundgesetz, Art. 28 Abs. 2 Rn. 92.

59 So jedoch *Scholz*, DÖV 1976, 441; *Moraing*, Der Städtetag 1998, 523.

60 *Schink*, NVwZ 2002, 129, 133; *Mehde*, in Maunz/Dürig, Grundgesetz, Art. 28 Abs. 2 Rn. 116.

61 Begriff nach *Schink*, NVwZ 2002, 129, 132.

62 BVerfGE 1, 266, 274; 50, 195, 201; 59, 216, 226.

63 *Jarass*, DÖV 2002, 489, 497.

64 *Mehde*, in: Maunz/Dürig, Grundgesetz, Art. 28 Abs. 2 Rn. 103.

a) Ausschließliche Ausrichtung auf Gewinnerzielung

Da die Tätigkeiten der Gemeinden einer Bindung an einen öffentlichen Zweck unterliegen, sind diese zur Marktteilnahme als Unternehmer nur dann berechtigt, wenn sie damit Angelegenheiten der örtlichen Gemeinschaft erfüllen, für die sie auch sachlich zuständig sind.[65] Die wirtschaftliche Betätigung stellt also das Mittel zur Erfüllung kommunaler Aufgaben dar, welche wiederum die Betätigungsgrenze bilden, nicht aber den Zweck selbst markieren.[66] Daraus ergibt sich, dass die Selbstverwaltungsgarantie den Gemeinden nicht das Recht gewährt, ihre wirtschaftliche Betätigung unabhängig von einem öffentlichen Zweck ausschließlich auf Gewinnerzielung auszurichten.[67] Das Bundesverfassungsgericht führte hierzu aus, dass das kommunale Unternehmen unmittelbar durch seine Leistung dem Wohl der Bürger einer Gemeinde dienen müsse. Eine mittelbare Förderung durch eine Erwirtschaftung von Gewinnen und Erträgen sei dazu nicht ausreichend. Eine rein erwerbswirtschaftliche Betätigung sei den Gemeinden daher untersagt.[68]

Die Gewinnmitnahme ist demgegenüber solange zulässig, wie das erwerbswirtschaftliche Gewinnstreben den öffentlichen Zweck nicht beeinträchtigt und sie aus sozialwirtschaftlichen Gründen erfolgt.[69] Ferner ist sie dann legitim, wenn sie lediglich Nebenzweck ist und einer nichtwirtschaftlichen Haupttätigkeit der Gemeinde als Unterstützung dient.[70] Die Kommunalverfassungen bestimmen zum Teil ausdrücklich, dass die kommunalen Unternehmen einen Ertrag für den Gemeindehaushalt abwerfen sollen, soweit dadurch die Erfüllung des öffentlichen Zweckes nicht beeinträchtigt wird.[71] Im Vordergrund steht also bei kommunalen Unternehmen das aus dem öffentlichen Auftrag abgeleitete Sachziel.[72]

b) Wirtschaftliche Tätigkeit außerhalb des Gemeindegebietes

Bei der Frage der Grenzen kommunaler wirtschaftlicher Betätigung ist darüber hinaus problematisch, ob Art. 28 Abs. 2 GG eine Teilnahme am wirtschaftlichen

---

65 *Hidien*, Gemeindliche Betätigungen rein erwerbswirtschaftlicher Art, S. 119 ff.; *Ehlers*, DVBl 1998, 497; *Grawert*, in: FS Blümel, S. 119, 125 f; ausführlich *Lange*, Kommunalrecht, Kap. 14 Rn. 71 ff.; *Burgi*, Kommunalrecht, § 17 Rn. 24.

66 *Grawert*, in: FS Blümel, S. 119, 125.

67 BVerfGE 61, 82, 107; RhPfVerfGH NVwZ 2000, 801; *Hidien*, Gemeindliche Betätigungen rein erwerbswirtschaftlicher Art, S. 71 ff.; *Schink*, NVwZ 2002, 129, 134; a.A. *Otting*, DVBl 1997, 1258, 1262 bei Finanzknappheit der Gemeinden; *Otting*, Neues Steuerungsmodell, S. 199, 218.

68 BVerfGE 61, 82, 107.

69 *Ehlers*, DVBl 1998, 497, 500.

70 *Ehlers*, DVBl 1998, 497, 500; zur Legitimität der sog. Randnutzung siehe *Krämer*, LKV 2016, 348, 350 ff.

71 So beispielsweise § 109 Abs. 1 GO NRW.

72 *Cronauge*, Kommunale Unternehmen, Rn. 413.

Wettbewerb außerhalb des Gemeindegebietes zulässt. Während teilweise[73] vertreten wird, dass lediglich hoheitliches, nichtwirtschaftliches Handeln der öffentlichen Hand einer Bindung an das bundesstaatliche Kompetenzgefüge der Artt. 30, 83 ff. GG unterliege und daher die Gemeindegrenzen die Wirtschaftsbetätigung der Gemeinde nicht einzugrenzen vermögen, ist dem mit der Gegenauffassung entgegenzutreten. Die Gemeinde büßt ihren Charakter als Verwaltungsträgerin nicht etwa deshalb ein, weil sie sich wirtschaftlich betätigt.[74] Sie stellt im Grundsatz kein privatnützig handelndes Wirtschaftssubjekt dar, sondern ist als „Funktionär der vollziehenden Gewalt"[75] anzusehen. Aufgrund dessen ist eine Konzentration auf die örtliche Gemeinschaft erforderlich.[76] Insoweit ist ausreichend, dass die kommunale Wirtschaftstätigkeit den Gebietsangehörigen oder den Personen, die sich auf dem Gemeindegebiet aufhalten, zugutekommt.[77] Darüber hinaus schützt Art. 28 Abs. 2 GG nicht nur vor horizontalen Eingriffen des Staates, sondern vermittelt auch vertikalen Schutz vor Übergriffen benachbarter Gemeinden.[78]

Soweit einzelne Gemeindeordnungen[79] eine wirtschaftliche Betätigung außerhalb des Gemeindegebietes zulassen, ist dies keine Ausprägung einer in Art. 28 Abs. 2 GG konstituierten Rechtsposition. Dem Gesetzgeber ist es vielmehr aufgrund des Gesetzesvorbehaltes in Art. 28 Abs. 2 S. 1 GG („im Rahmen der Gesetze") unbenommen, der Gemeinde eine Betätigung ohne Örtlichkeitsbezug aufzutragen und zu ermöglichen, wobei es jedoch einer verfassungsrechtlichen Rechtfertigung am Maßstab des Selbstverwaltungsrechts der betroffenen Nachbargemeinde bedarf.[80]

---

73 *Klein*, Die Teilnahme des Staates am wirtschaftlichen Wettbewerb, S. 195; *Wieland/Hellermann*, Der Schutz des Selbstverwaltungsrechts der Kommunen, S. 32 ff.; *Otting*, Neues Steuerungsmodell, S. 197 ff.; *Wieland*, in: Henneke, Optimale Aufgabenerfüllung, S. 193 ff.

74 *Grawert*, in: FS Blümel, S. 119, 129; *Schink*, NVwZ 2002, 129, 135.

75 *Grawert*, in: FS Blümel, S. 119, 129.

76 *Ehlers*, DVBl 1998, 497, 504; *Grawert*, in: FS Blümel, S. 119, 127 ff.; *Meyer*, LKV 2000, 321, 323 f.; *Brenner*, LKV 2002, 7, 8; *Schink*, NVwZ 2002, 129, 135 ff.; *Mehde*, in: Maunz/Dürig, Grundgesetz, Art. 28 Abs. 2 Rn. 95.

77 *Ehlers*, DVBl 1998, 497, 504; *Kühling*, NJW 2001, 177, 178.

78 BVerwG NVwZ 1990, 464, 465; *Oebbecke*, ZHR 164 (2000), 375, 385; *Schink*, NVwZ 2002, 129, 136; *Jarass*, DVBl 2006, 1, 3; *Held/Kotzea*, in: PdK GO NRW, § 107 Erl. 2.2.

79 Siehe Art. 87 Abs. 2 BayGO; § 107 Abs. 3 GO NRW; § 71 Abs. 5 ThürKO.

80 *Heintzen*, NVwZ 2000, 743, 744; *Oebbecke*, ZHR 164 (2000), 375, 388; *Kühling*, NJW 2001, 177, 179; ausführlich und mit Bezügen zum Ausland *Schink*, NVwZ 2002, 129, 136; *Jarass*, DÖV 2002, 489, 499; kritisch *Ehlers*, DVBl 1998, 497, 504; für verfassungskonforme Auslegung des § 107 Abs. 3 GO NRW im Einzelfall *Meyer*, LKV 2000, 321, 323.

c) Einschränkungen durch den Begriff der Daseinsvorsorge?

Wird in diesem Kontext doch stets ein enger Zusammenhang mit dem ebenfalls in den Schutzbereich des gemeindlichen Selbstverwaltungsrechts fallenden Begriff der gemeindlichen Daseinsvorsorge gesehen,[81] so lässt sich doch feststellen, dass eine Vielzahl der wirtschaftlichen Betätigungen der Gemeinden mit der erstmals im Jahre 1938 von *Forsthoff*[82] geprägten Definition zur Daseinsvorsorge als

> *„alles, was von Seiten der Verwaltung geschieht, um die Allgemeinheit oder nach objektiven Merkmalen bestimmte Personengruppen in den Genuss nützlicher Leistungen zu versetzen"*

kaum mehr etwas zu tun haben. So lassen sich kommunalwirtschaftliche Betätigungen wie beispielsweise Erwerb, Bebauung und Veräußerung von Grundstücken,[83] Betrieb eines Fitness-Studios,[84] Aktivitäten im Bereich des Gebäudemanagements,[85] Durchführung von Elektroinstallationen,[86] Betrieb einer Landschaftsgärtnerei,[87] Entsorgung und Verwertung von Altkraftfahrzeugen,[88] Pflege privater Gärten durch einen verselbstständigten kommunalen Gartenbaubetrieb,[89] Nachhilfeunterricht in der Volkshochschule[90] oder der Betrieb einer Sauna[91] wohl nicht mehr unter diese ursprüngliche Definition fassen. Nach heutigem Verständnis lässt sich aus der Kategorie der Daseinsvorsorge daher kaum eine Restriktion für die Zulässigkeit kommunaler wirtschaftlicher Betätigung ableiten. *Schink*[92] meint, dass es sich bei dem Begriff lediglich um einen „politischen Leitbegriff" im Sinne einer „soziologischen Dimension" handele und nicht um einen Rechtsbegriff, aus dem sich konkrete Rechtsfolgen, etwa im Hinblick auf die Zulässigkeit kommunalwirtschaftlicher Betätigung, herleiten ließen. Weiter kritisiert *Britz* den Begriff „für den juristischen Sprachgebrauch als wenig ergiebig"[93], während *Kolb* die Definitionsversuche der Rechtswissenschaft als zu unbestimmt bemängelt[94]. So fragt *Kolb*, wann – gemessen an der Definition *Papiers*, der Daseinsvorsorge als „die

---

81 BVerfG NVwZ 1995, 370, 371; RhPfVerfGH NVwZ 2000, 801; VGH Mannheim NVwZ-RR 2015, 307; *Papier*, DVBl 2003, 686, 687; *Brüning*, DÖV 2010, 553, 555; *Knauff*, WiVerw 2011, 79, 88.
82 *Forsthoff*, Die Verwaltung als Leistungsträger, S. 47.
83 VGH Mannheim NVwZ-RR 2015, 307.
84 OVG Magdeburg NVwZ-RR 2009, 347.
85 OLG Düsseldorf NVwZ 2002, 248.
86 OLG München NVwZ 2000, 835.
87 LG Offenburg NVwZ 2000, 717.
88 OLG Düsseldorf, NVwZ 2000, 111.
89 OLG Hamm NJW 1998, 3504.
90 OLG Düsseldorf NJW-RR 1997, 1470.
91 OVG Münster NVwZ 1986, 1045.
92 *Schink*, NVwZ 2002, 129, 132; so auch *Hill*, BB 1997, 425, 427.
93 *Britz*, Die Verwaltung 37 (2004), 145, 161.
94 *Kolb*, LKV 2006, 97, 98.

die Versorgung der Bevölkerung und der Wirtschaft mit essentiellen Dienstleistungen und Gütern sicherstellende Aufgabe des Gemeinwesens“[95] ansieht – eine bestimmte Dienstleistung als „essentiell“ in diesem Sinne einzustufen sei. Schließlich charakterisiert *Di Fabio* den Begriff der Daseinsvorsorge nach *Forsthoff* als „uferlos“.[96]

B. Das kommunale Unternehmen und der Gang der Kommunen in die Privatisierung

Es stellt sich die Frage nach einer Bestimmung des Begriffs des kommunalen Unternehmens und nach der kommunalrechtlichen Zulässigkeit der wirtschaftlichen Betätigung der Gemeinden. Weiter soll ein kurzer Überblick über den mit steigender Tendenz zu beobachtenden Privatisierungstrend der Gemeinden geboten werden. Nach Erörterung der These von der Formenwahlfreiheit erfolgt eine Vorstellung der Rechts- und Beteiligungsformen der kommunalwirtschaftlichen Praxis. Daraufhin werden die Motive der Gemeinden für die Wahl einer privatrechtlichen Organisationsform skizziert. Schließlich werden diejenigen Konfliktfelder aufgezeigt, welche sich aus der Kollision der tangierten Rechtsgebiete ergeben, wenn sich eine kommunale Gebietskörperschaft zur Erfüllung ihrer Aufgaben einer Rechtsform des privaten Rechts bedient.

I. Definition und Voraussetzungen

Die Gemeinden können sich zur Erfüllung ihrer Aufgaben wirtschaftlicher Unternehmen bedienen.[97] Zu fragen ist dabei auf der einen Seite, auf welche Weise sich die Kategorie des kommunalen Unternehmens in abstracto bestimmt, und auf der anderen, anhand welcher Kriterien das wirtschaftliche vom nichtwirtschaftlichen Unternehmen abzugrenzen ist. Vorangehen soll eine Bestimmung des Begriffs des öffentlichen Unternehmens.

1. Das öffentliche Unternehmen und die öffentliche Beteiligung

Zur Unterscheidung zwischen öffentlichen und nichtöffentlichen, also privaten Unternehmen, sind formelle Kriterien heranzuziehen. Materielle Kriterien, die etwa auf die Tätigkeit des Unternehmens abstellen, sind außer Acht zu lassen, da eine zuverlässige Abgrenzung mangels allgemeingültiger Definition der Attribute

---

95 *Papier*, DVBl 2003, 686, 687.

96 *Di Fabio*, JZ 1999, 585, 586.

97 Siehe nur § 107 Abs. 1 GO NRW; zum Versuch einer Begriffsbestimmung des öffentlichen Unternehmens siehe *Püttner*, Die öffentlichen Unternehmen, S. 23 ff.; zur Schwierigkeit einer „gearteten“ Definition siehe *Herle*, Die besondere Verantwortlichkeit von Verwaltungsträgern, S. 17.

„öffentlich" und „privat" nicht möglich erscheint.[98] Von einem Unternehmer im eigentlichen Sinne kann erst dann die Rede sein, wenn dieser das finanziell-vermögensmäßige Risiko seiner unternehmerischen Betätigung trägt und ihm die oberste Direktionsgewalt im Unternehmen zusteht. Ausgehend davon ist die öffentliche Hand erst dann als Unternehmer zu betrachten, wenn ihr in einem Unternehmen eine derartige Stellung zukommt, sie also Herrschaftsgewalt im Unternehmen ausüben kann.[99]

Da die Trägerschaft unterschiedlich ausgestaltet sein kann – man denke an das Vorliegen mehrerer öffentlicher Träger oder privater Beteiligungen – ist für eine Definition eine weitere Differenzierung geboten. Von einem „echten" öffentlichen Unternehmen wird nur dann gesprochen werden können, wenn das Eigenkapital einer Gesellschaft vollständig im Eigentum der öffentlichen Hand steht.[100] Dies ist etwa dann der Fall, wenn ein Verwaltungsträger alleiniger Gesellschafter eines Unternehmens ist oder aber auch dann, wenn mehrere Träger hoheitlicher Gewalt über sämtliche Anteile an der Gesellschaft verfügen (sog. gemischt-öffentliches Unternehmen[101]).[102] Hält demgegenüber auch ein Privater Anteile an der Gesellschaft (sog. gemischt-wirtschaftliches Unternehmen[103]), liegt zwar kein öffentliches Unternehmen im formellen Sinne vor. Ein solches Mischunternehmen ist jedoch bei einer mehrheitlichen oder – bei einer öffentlichen Minderheitsbeteiligung denkbaren – faktischen[104] Beherrschung durch die öffentliche Hand regelmäßig wie ein öffentliches Unternehmen zu behandeln.[105] Dies rechtfertigt die Bezeichnung als „unechtes öffentliches Unternehmen".[106]

Ist eine beherrschende Einflussnahme nicht gegeben und hält der öffentliche Gesellschafter nur einzelne Aktien, handelt es sich nicht um ein (echtes oder unechtes) öffentliches Unternehmen, sondern um eine öffentliche Beteiligung im Sinne eines bloßen Finanzvermögens.[107]

---

98 *Janson*, Rechtsformen öffentlicher Unternehmen, S. 23; *Püttner*, Die öffentlichen Unternehmen, S. 25; so auch bereits *Herle*, Die besondere Verantwortlichkeit von Verwaltungsträgern, S. 17.

99 *Püttner*, Die öffentlichen Unternehmen, S. 25.

100 *Püttner*, Die öffentlichen Unternehmen, S. 26; *Becker*, Die Erfüllung öffentlicher Aufgaben, S. 22.

101 Siehe dazu noch 1. Kapitel B.III.2.b).

102 *Becker*, Die Erfüllung öffentlicher Aufgaben, S. 22.

103 Siehe dazu noch 1. Kapitel B.III.2.c).

104 *Janson*, Rechtsformen öffentlicher Unternehmen, S. 24.

105 *Püttner*, Die öffentlichen Unternehmen, S. 26; *Janson*, Rechtsformen öffentlicher Unternehmen, S. 24; a.A. wohl *Becker*, Die Erfüllung öffentlicher Aufgaben, S. 22 f. (sämtliche Gesellschaftsanteile müssen unmittelbar oder mittelbar bei der öffentlichen Hand liegen).

106 So wohl auch *Püttner*, Die öffentlichen Unternehmen, S. 26.

107 *Püttner*, Die öffentlichen Unternehmen, S. 26.

2. Das kommunale Unternehmen

Wodurch sich der kommunale Unternehmensbegriff im Einzelnen auszeichnet, ist auch in den Gemeindeordnungen der Bundesländer nicht definiert. Vielfach wird jedoch der Rechtsbegriff des „Unternehmens“ verwandt.[108] Aus der Systematik der Gemeindeordnungen, welche der wirtschaftlichen Betätigung der Gemeinden mittlerweile eigenständige Kompetenztitel zuweisen,[109] lässt sich schlussfolgern, dass die kommunalen Unternehmen[110] nicht als Teil der unmittelbaren Kommunalverwaltung, sondern als

> *„ausgegliederte, verselbstständigte Verwaltungseinheit von gewisser organisatorischer Festigkeit und Dauer zur Erfüllung einzelner bestimmter öffentlicher Aufgaben und Zwecke“*[111]

zu verstehen sind. Entscheidend sind folglich eine organisatorische Verselbstständigung innerhalb des konkreten gemeindlichen Verwaltungsgefüges sowie die Erbringung eines selbstständigen Verwaltungszwecks.[112] Insoweit muss das Unternehmen eigenständige wirtschaftliche Ziele verfolgen und sich grundsätzlich am Prinzip ökonomischer Rationalität ausrichten.[113] Nicht unter den Begriff des kommunalen Unternehmens fallen mithin Ämter, Dezernate, nicht rechtsfähige öffentliche Anstalten sowie kommunale Regiebetriebe, welche der Ämterverwaltung zuzuordnen sind.[114]

3. Wirtschaftlichkeit der kommunalen Tätigkeit

Ob die Zulässigkeit eines kommunalen Unternehmens an der in den verschiedenen Gemeindeordnungen differenziert ausgestalteten sog. Schrankentrias zu messen ist[115] und ob es der Gemeinde gestattet ist, sich hinsichtlich ihrer kommunalen Unternehmen der Rechtsformen des privaten Rechts zu bedienen,[116] beurteilt sich

---

108 Siehe § 107 Abs. 1 GO NRW; § 102 Abs. 1 GO BW; Art. 87 Abs. 1 BayGO; § 92 Abs. 1 BbgKVerf; § 68 Abs. 1 KV M-V; § 108 Abs. 1 KSVG SL; § 136 Abs. 1 NKomVG; § 85 Abs. 1 GO RP; § 94a Abs. 1 SächsGO; § 101 Abs. 1 GO SH; § 71 Abs. 1 ThürKO; § 128 KVG LSA (siehe amtliche Überschrift).

109 Beispielsweise 11. Teil der GO NRW; Dritter Teil, 3. Abschnitt der GO BW.

110 Der Begriff des kommunalen Unternehmens darf nicht mit demjenigen des Kommunalunternehmens verwechselt werden, welcher von einigen Gemeindeordnungen für die Anstalt des öffentlichen Rechts (AöR) verwandt wird, vgl. Art. 89 Abs. 1 S. 1 BayGO.

111 *Cronauge*, Kommunale Unternehmen, Rn. 26, 27.

112 *Mann*, JZ 2002, 819; *Cronauge*, Kommunale Unternehmen, Rn. 27.

113 *Mann*, JZ 2002, 819.

114 *Cronauge*, Kommunale Unternehmen, Rn. 28 ff.

115 Siehe beispielsweise § 107 Abs. 1 GO NRW; § 136 Abs. 1 NKomVG.

116 Siehe beispielsweise § 108 Abs. 1 GO NRW; § 137 Abs. 1 NKomVG.

maßgeblich danach, ob die gemeindliche Tätigkeit als wirtschaftlich oder nichtwirtschaftlich zu bewerten ist. Zwar enthalten einige Gemeindeordnungen eine Legaldefinition des Begriffs der wirtschaftlichen Betätigung der Gemeinden. So heißt es etwa in § 107 Abs. 1 S. 3 GO NRW[117]: „Als wirtschaftliche Betätigung ist der Betrieb von Unternehmen zu verstehen, die als Hersteller, Anbieter oder Verteiler von Gütern oder Dienstleistungen am Markt tätig werden, sofern die Leistung ihrer Art nach auch von einem Privaten mit der Absicht der Gewinnerzielung erbracht werden könnte." Auf eine Bestimmung des Begriffs des „wirtschaftlichen Unternehmens" wird jedoch in den Gemeindeordnungen sämtlicher Flächenstaaten verzichtet.

Die Rechtsprechung und Literatur greifen insoweit auf die vorläufige Ausführungsanweisung zu § 67 DGO von 1935[118] zurück, welche auf § 86 Abs. 1 des preußischen Gemeindefinanzgesetzes von 1933 gründet und letztlich Vorbild der gemeinderechtlichen Legaldefinitionen ist.[119] Diese Ausführungsanweisung ist an das sog. Popitz-Kriterium[120] angelehnt,[121] nach welchem solche Veranstaltungen der Gemeinden als wirtschaftlich gelten, „die gegen Entgelt Leistungen zur Verfügung stellen, die ihrer Art auch durch Privatunternehmer mit der Absicht der Gewinnerzielung in den allgemeinen Verkehr gebracht zu werden pflegen"[122]. Eine Gemeinde wird in diesem Lichte also dann nicht wirtschaftlich tätig, wenn sie ihren Bürgern anbietet, bei der Beantragung von Ausweispapieren kostenlos Passfotos zum Zwecke der Ausweisherstellung anzufertigen, weil sie dann nicht am allgemein zugänglichen Markt tätig wird, sondern nur als Pass- beziehungsweise Personalausweisbehörde im Rahmen eines Verwaltungsverfahrens.[123] Ausgeschlossen ist ferner die Wahrnehmung solcher Aufgaben und Tätigkeiten, die spezifisch von einem Hoheitsträger wahrgenommen werden müssen.[124] Daher sind solche Aufgaben nicht erfasst, deren Bewältigung sich durch den Einsatz öffentlich-rechtlicher Handlungsformen – wie Verwaltungsakte und Satzungen – auszeichnen. Auf kommunaler Ebene betrifft dies insbesondere die Bereiche des allgemeinen und besonderen Gefahrenabwehrrechts.[125] Die Verfolgung eines „öffentlichen Zwecks" oder einer „öffentlichen Aufgabe" ist für die Bestimmung der Begrifflichkeit des wirtschaftlichen Unternehmens ohne Relevanz, sondern hat

---

117 Siehe auch Legaldefinitionen in § 91 Abs. 1 S. 1 BbgKVerf; § 68 Abs. 1 S. 1 KV M-V.

118 Abgedruckt bei *Surén/Loschelder*, Die deutsche Gemeindeordnung, § 67 Erl. 2.

119 BVerwGE 39, 329, 333; BGH NJW 1985, 3063; *Sudhoff*, Die Vertretung der Gemeinde, S. 8; *Schneider*, DVBl 2000, 1250; *Laskowski*, Das Menschenrecht auf Wasser, S. 765 f.

120 Benannt nach Hermann Eduard Johannes Popitz, Preußischer Staats- und Finanzminister von 1933 bis 1938.

121 *Kämmerer*, Privatisierung, S. 240.

122 *Popitz*, Der künftige Finanzausgleich, S. 49.

123 VG Münster NVwZ 2015, 1399.

124 *Hidien*, Gemeindliche Betätigungen rein erwerbswirtschaftlicher Art, S. 42 f.; *Otting*, Neues Steuerungsmodell, S. 100.

125 *Burgi*, Kommunalrecht, § 17 Rn 3.

lediglich Auswirkungen auf die kommunalrechtliche Zulässigkeit des wirtschaftlichen Unternehmens.[126] Schließlich kommt es auf eine Gewinnerzielungsabsicht nicht an, sondern entscheidend ist, dass ein Privater dieselbe Tätigkeit mit der Absicht der Gewinnerzielung hypothetisch erbringen *könnte*.[127]

4. Kommunalrechtliche Schrankentrias

Die Zulässigkeit kommunaler wirtschaftlicher Betätigung wird in den verschiedenen Gemeindeordnungen an ähnliche Voraussetzungen geknüpft, welche gesetzlich zumeist als Schrankentrias konzipiert sind. So heißt es nach nordrhein-westfälischem Landesrecht, dass sich die Gemeinde zur Erfüllung ihrer Aufgaben wirtschaftlich betätigen darf, wenn ein öffentlicher Zweck die Betätigung erfordert, die Betätigung nach Art und Umfang in einem angemessenem Verhältnis zur Leistungsfähigkeit der Gemeinde steht und bei einem Tätigwerden außerhalb der Wasserversorgung, des öffentlichen Verkehrs sowie des Betriebes von Telekommunikationsleitungsnetzen einschließlich der Telekommunikationsdienstleistungen der öffentliche Zweck durch andere Unternehmen nicht besser und wirtschaftlicher erfüllt werden kann (§ 107 Abs. 1 S. 1 GO NRW). Die anderen Kommunalverfassungen enthalten ähnliche Regelungen, welche in den Einzelheiten auch Unterschiede aufweisen[128]. Wesentlich ist jedoch, dass die im Folgenden dargestellten Voraussetzungen der sog. Schrankentrias erfüllt sind.

a) Verfolgung eines öffentlichen Zwecks

Da sich jede staatliche Tätigkeit an einem öffentlichen Zweck legitimieren muss, gilt dies auch für die Kommunen.[129] Das bedeutet, dass die öffentliche Hand auf die Verfolgung von Gemeinwohlbelangen festgelegt ist.[130] Diese Gemeinwohlbelange lassen sich jedoch nicht abschließend umschreiben, sodass dem Staat hier ein weiter Gestaltungsspielraum zukommt.[131] Ein solcher besteht hinsichtlich der

---

126 *Hidien*, Gemeindliche Betätigungen rein erwerbswirtschaftlicher Art, S. 45; *Püttner*, Die öffentlichen Unternehmen, S. 35.

127 *Hidien*, Gemeindliche Betätigungen rein erwerbswirtschaftlicher Art, S. 48; *Püttner*, Die öffentlichen Unternehmen, S. 35; *Otting*, Neues Steuerungsmodell, S. 100 f.; a.A. wohl *Siedentopf*, Grenzen und Bindungen, S. 37.

128 Vgl. § 85 Abs. 1 S. 1 GO RP; § 136 Abs. 1 S. 1 NKomVG; § 94a Abs. 1 S. 1 SächsGO; § 91 Abs. 2, 3 BbgKVerf; § 121 Abs. 1 S. 1 HGO; § 102 Abs. 1 GO BW; § 108 Abs. 1 KSVG SL; § 128 Abs. 1 S. 1 KVG LSA; § 71 Abs. 2 ThürKO; § 101 Abs. 1 GO SH; § 68 Abs. 2 S. 1 KV M-V; Art. 87 Abs. 1 S. 1 BayGO.

129 *Püttner*, Die öffentlichen Unternehmen, S. 128; *Ehlers*, DVBl 1998, 497, 498 f.; allgemein zur öffentlichen Zweckbindung siehe *Katz*, Kommunale Wirtschaft, Teil 1 Rn. 53 ff.

130 *Ehlers*, JZ 1990, 1089, 1091.

131 *Ehlers*, JZ 1990, 1089, 1091; *Britz*, NVwZ 2001, 380, 382; zu den landesrechtlich unterschiedlich ausgestalteten Gestaltungsspielräumen *Reck*, DVBl 2009, 1546, 1549.

konkreten Feststellung der Gemeinwohlbedürfnisse, wobei sich wandelnde örtliche Verhältnisse, finanzielle Möglichkeiten und andere individuelle Faktoren vor Ort berücksichtigt werden müssen.[132] Soziale oder ökologische Gesichtspunkte, Aspekte der Versorgungssicherheit sowie die Erschließung von Teilen des Gemeindegebietes können beispielsweise einen öffentlichen Zweck erfüllen.[133] Betätigungen, die ausschließlich zum Zwecke der Gewinnerzielung unternommen werden, werden jedoch eindeutig nicht mehr erfasst.[134] Das Bundesverfassungsgericht nahm in seiner Sasbach-Entscheidung von 1982 eine Negativabgrenzung vor und forderte, dass „das Unternehmen unmittelbar durch seine Leistung, nicht nur mittelbar durch seine Gewinne und Erträge dem Wohl der Gemeindebürger dienen" müsse.[135] Daher seien rein erwerbswirtschaftlich-fiskalische Unternehmen den Gemeinden untersagt.[136] Nichtsdestotrotz vermag nicht jeder Gemeinwohlbelang außerhalb der reinen Gewinnerwirtschaftung ein unternehmerisches Tätigwerden einer Gemeinde zu rechtfertigen.[137] *Ehlers* äußert beispielsweise Zweifel im Hinblick auf den Kauf einer notleidenden Brauerei durch eine Gemeinde zur Bekämpfung der Arbeitslosigkeit, weil damit zugleich der Alkoholkonsum gefördert werde.[138] Der Steuerungseffekt dieser ersten Schranke ist folglich als gering einzustufen.[139] In der kommunalen Praxis bedarf es stets einer Gesamtwürdigung des Einzelfalles.[140]

b) Angemessenes Verhältnis zur Leistungsfähigkeit nach Art und Umfang

Als zweite Schranke formulieren die Gemeindeordnungen, dass die Betätigung nach Art und Umfang in einem angemessenen Verhältnis zur Leistungsfähigkeit der Gemeinde und zum voraussichtlichen Bedarf stehen muss. Diese Voraussetzung soll die Gemeinden vor wirtschaftlicher Überforderung schützen.[141] Den Gemeinden ist die Errichtung, Übernahme und wesentliche Erweiterung von wirtschaftlichen Unternehmen sowie die Beteiligung daran untersagt, wenn diese aufgrund ihrer Größe und ihrer örtlichen Struktur nur unwirtschaftlich betrieben

---

132 VGH Mannheim NVwZ-RR 2015, 307, 311.
133 *Burgi*, Kommunalrecht, § 17 Rn. 43.
134 *Ehlers*, DVBl 1998, 497, 500 f.; *Burgi*, Kommunalrecht, § 17 Rn. 43; dazu kritisch *Britz*, NVwZ 2001, 380, 382.
135 BVerfGE 61, 82, 107.
136 Siehe dazu 1. Kapitel A.II.3.a).
137 OVG Münster NVwZ 2003, 1520, 1523; *Ehlers*, DVBl 1998, 497, 499; *Held/Kotzea*, in: PdK GO NRW, § 107 Erl. 3.1.2.
138 *Ehlers*, DVBl 1998, 497, 499.
139 *Burgi*, Kommunalrecht, § 17 Rn. 43.
140 *Held/Kotzea*, in: PdK GO NRW, § 107 Erl. 3.1.2.
141 *Reck*, DVBl 2009, 1546, 1550; *Burgi*, Kommunalrecht, § 17 Rn. 45; *Katz*, Kommunale Wirtschaft, Teil 1 Rn. 61.

werden könnten und es zu einer Überforderung der kommunalen Leistungsfähigkeit im Hinblick auf ihre personellen, sachlichen und finanziellen Kräfte kommen würde.[142] Der gegenwärtige und voraussichtliche Bedarf im örtlichen Versorgungsgebiet ist qualifiziert zu ermitteln.[143] Hierzu bedarf es im konkreten Fall einer sorgfältigen Prüfung anhand von Analysen und Prognosen.[144] Teilweise schreiben die Gemeindeordnungen ausdrücklich die Durchführung einer Marktanalyse vor (vgl. § 113 Abs. 5 GO NRW). Bei der Beurteilung steht den Gemeinden ein begrenzter Beurteilungsspielraum zu.[145]

c) Keine Subsidiarität

Herkömmlicherweise verlangt die letzte Schranke der kommunalrechtlichen Schrankentrias im Allgemeinen, dass der Zweck des Unternehmens außerhalb der Bereiche der klassischen Daseinsvorsorge nicht besser und wirtschaftlicher durch einen anderen erfüllt wird oder erfüllt werden kann.[146] Ziel ist, die Privatwirtschaft vor einer sachlich nicht gerechtfertigten wirtschaftlichen Betätigung der öffentlichen Hand zu schützen.[147] Aufgrund dieser Gründe des Gemeinwohls ist der mit einer solchen Regelung einhergehende Eingriff in das Selbstverwaltungsrecht der Gemeinden aus Art. 28 Abs. 2 GG gerechtfertigt.[148] Teilweise wird landesrechtlich verlangt, dass der verfolgte öffentliche Zweck „durch andere Unternehmen nicht besser und wirtschaftlicher“[149] beziehungsweise durch die Gemeinde „ebenso gut und wirtschaftlich“[150] erfüllt werden kann wie durch ein privatwirtschaftliches Unternehmen (sog. unechte Subsidiaritätsklauseln).[151] In den übrigen Gemeindeordnungen[152] wird strenger normiert, dass der öffentliche Zweck „nicht ebenso gut und wirtschaftlich durch einen privaten Anbieter erfüllt wird oder erfüllt werden kann“. Das bedeutet im Umkehrschluss, dass die Gemeinde den öffentlichen Zweck „besser und wirtschaftlicher“ erfüllen können muss (sog. echte

---

142 *Katz*, Kommunale Wirtschaft, Teil 1 Rn. 61.
143 *Katz*, Kommunale Wirtschaft, Teil 1 Rn. 61.
144 *Katz*, Kommunale Wirtschaft, Teil 1 Rn. 62.
145 *Katz*, Kommunale Wirtschaft, Teil 1 Rn. 62.
146 *Ehlers*, DVBl 1998, 497, 501 f.; *Reck*, DVBl 2009, 1546, 1550; *Henke*, NordÖR 2010, 335 ff.; *Jungkamp*, NVwZ 2010, 546, 547; *Pogoda*, LKV 2012, 159 f.; zu den landesrechtlich unterschiedlich ausgestalteten Subsidiaritätsklauseln *Schink*, NVwZ 2002, 129, 130 f.
147 *Katz*, Kommunale Wirtschaft, Teil 1 Rn. 63.
148 RhPfVerfGH NVwZ 2000, 801, 802 f.
149 Vgl. § 107 Abs. 1 S. 1 Nr. 3 GO NRW; § 101 Abs. 1 Nr. 3 GO SH; § 128 Abs. 1 S. 1 Nr. 3 KVG LSA; § 94a Abs. 1 S. 1 Nr. 3 SächsGO; § 91 Abs. 3 S. 1 BbgKVerf.
150 § 68 Abs. 2 S. 1 Nr. 3 KV M-V.
151 *Reck*, DVBl 2009, 1546, 1550; *Burgi*, Kommunalrecht, § 17 Rn. 46.
152 § 102 Abs. 1 Nr. 3 GO BW; Art. 87 Abs. 1 S. 1 Nr. 4 BayGO; § 121 Abs. 1 S. 1 Nr. 3 HGO; § 136 Abs. 1 S. 2 Nr. 3 NKomVG; § 85 Abs. 1 S. 1 Nr. 3 GO RP; § 108 Abs. 1 Nr. 3 KSVG SL; § 71 Abs. 2 Nr. 4 ThürKO.

Subsidiaritätsklausel).[153] Es geht also stets um eine Abwägung, bei der der verfolgte öffentliche Zweck und das eingesetzte Mittel in Relation zu setzen sind.[154] Das Ergebnis der Prüfung der Subsidiarität ist nur dann rechtswidrig, wenn es als unvertretbar zu bewerten ist.[155] Die praxisrelevante Frage der drittschützenden Wirkung der Subsidiaritätsklausel ist umstritten und landesrechtlich zu ermitteln.[156]

II. Die Formenwahlfreiheit der Verwaltung

1. Der Dualismus zweier Rechtskreise

Nach althergebrachter, auf *Domitius Ulpianus*[157] zurückgehender Ansicht nimmt der Staat eine Doppelnatur ein. Denn er ist nicht nur übergeordneter Hoheitsträger, sondern nimmt auch als Privatrechtssubjekt („Fiskus") am Rechtsverkehr teil. So heißt es in dem auf *Ulpian* zurückgehenden Teil der justinianischen Digesten unter anderem:

> *„Huius studii duae sunt positiones, publicum et privatum. Publicum ius est quod ad statum rei romanae spectat, privatum quod ad singulorum utilitatem; sunt enim quaedam publice utilia, quaedam privatim."*[158].

Aus dieser Doppelnatur folgt, dass nicht sämtliches staatliches Handeln dem öffentlichen Recht zu unterstellen ist, sondern daneben auch privatrechtliche Rechtsverbindungen mit anderen Rechtssubjekten existieren können.[159] Mit dieser Unterscheidung der Rechtskreise geht jedoch nicht die Beantwortung der Frage einher, ob sich der Staat generell privatrechtlicher Organisations- und Handlungsformen bedienen *darf*. Das Grundgesetz trifft hierzu weder eine Aussage, die auf eine Einteilung staatlichen Handelns in hoheitliche und privatrechtliche Akte schließen lässt, noch lässt es die Auslegung zu, dass jedwedes staatliche Handeln dem hoheitlichen Bereich zugeordnet werden muss.[160]

---

153 *Reck*, DVBl 2009, 1546, 1550; *Burgi*, Kommunalrecht, § 17 Rn. 46.

154 *Burgi*, Kommunalrecht, § 17 Rn. 46.

155 *Burgi*, Kommunalrecht, § 17 Rn. 46.

156 Vgl. dazu BVerwG NJW 1995, 2938; OLG Hamm NJW 1998, 3504, 3505; OLG Düsseldorf NVwZ 2000, 111; OVG Münster NVwZ 2003, 1520, 1521; *Papier*, DVBl 2003, 686, 690; *Mann*, DVBl 2009, 817 ff.; *Jungkamp*, NVwZ 2010, 546 ff.; *Katz*, Kommunale Wirtschaft, Teil 1 Rn. 64 ff.

157 Domitius Ulpianus (gest. 223 oder 228 n. Chr. in Rom) war römischer Jurist und hoher Staatsbeamter.

158 *Ulpian*, D. 1, 1, 1, 2, abgedruckt bei *Hermann*, Sammlung der im Lehrbuche des heutigen römischen Rechts citirten Belegstellen, S. 7.

159 *Püttner*, Die öffentlichen Unternehmen, S. 76.

160 *Püttner*, Die öffentlichen Unternehmen, S. 79.

2. *Der Grundsatz der Formenwahlfreiheit*

Nach einhelliger Ansicht in Rechtsprechung[161] und Literatur[162] steht den Trägern der öffentlichen Leistungsverwaltung nicht nur ein Wahlrecht im Hinblick auf die Organisationsform der Leistungsträger zu, sondern sie sind auch hinsichtlich der Gestaltung der Leistungsverhältnisse, der Personaleinstellung und verschiedener weiterer Rechtsbeziehungen frei. Kommunale wirtschaftliche Unternehmen können folglich nicht nur in öffentlich-rechtlichen Organisationsformen, also insbesondere als Regie- oder Eigenbetriebe sowie Anstalten des öffentlichen Rechts, betrieben werden, sondern es besteht ferner die Möglichkeit, sie in einer Rechtsform des privaten Rechts zu gründen oder in eine solche zu überführen[163].

Diese Wahl der privaten Rechtsform ist von der Selbstverwaltungsgarantie aus Art. 28 Abs. 2 GG umfasst, ohne dass sich der Verfassungsvorschrift Privatisierungsschranken entnehmen lassen würden.[164] Wegen des Vorrangs des Gesetzes ist es zunächst Sache der Legislative, Formwahlrechte der Exekutive festzulegen. Findet sich in den Gesetzen dagegen kein Wahlrecht, ist die Verwaltung selbst befugt.[165] Besteht also eine Pflicht zur Wahl öffentlich-rechtlicher Rechtsformen kraft gesetzlicher Anordnung – wie beispielhaft gemäß § 1 Abs. 1 S. 1 SpkG NRW in Nordrhein-Westfalen für Sparkassen –, entfällt das Wahlrecht.[166] Dies ist auch dann der Fall, wenn sich Staat und Bürger in einem subordinativen Verhältnis gegenüberstehen.[167] Offenkundig wird dies bei der Vorstellung, dass sich der Staat im Rahmen der Eingriffsverwaltung bei der Bewältigung polizeilicher Aufgaben nicht eines Verwaltungsaktes, sondern privatrechtlicher Instrumente bedient.

Die Frage nach der dogmatischen Grundlage der Formenwahlfreiheit wird nicht einhellig beantwortet. Teilweise[168] wird sie aus den Vorschriften der

---

161 BGHZ 91, 84, 95 f.; BVerwG NJW 1986, 2387; NJW 1994, 1169; OVG Münster NJW 1969, 1077.

162 *Frotscher*, Anschluß- und Benutzungszwang, S. 1; *Graf Vitzthum*, AöR 104 (1979), 580, 588; *Erichsen*, Jura 1982, 537, 542; *Lässig*, NVwZ 1983, 18, 19; *Ehlers*, Verwaltung in Privatrechtsform, S. 64 ff.; *Püttner*, Die öffentlichen Unternehmen, S. 81 f.; *Fischedick*, Wahl der Benutzungsform, S. 11; *Brohm*, NJW 1994, 281; *von Danwitz*, AöR 120 (1995), 595, 599 f.; *Höhlein/Schaaf/Stubenrauch/u.a.*, PdK GO RP, Vorb. § 85 Erl. 3.; *Pitschas/Schoppa*, DÖV 2009, 469, 471; *Klocksin*, Rechtsformwahl, S. 11; *Cronauge*, Kommunale Unternehmen, Rn 454.

163 *Pitschas/Schoppa*, DÖV 2009, 469, 471; vgl. auch *Graf Vitzthum*, AöR 104 (1979), 580, 617 ff. für die Umwandlung der Stadtwerke Freiburg im Breisgau von einer Organisation als Eigenbetrieb in eine Aktiengesellschaft im Jahr 1972.

164 *Burgi*, NVwZ 2001, 601, 602; *Jarass*, DÖV 2002, 489, 497; *Pitschas/Schoppa*, DÖV 2002, 469, 473.

165 *Püttner*, Die öffentlichen Unternehmen, S. 82.

166 BGHZ 91, 84, 96; *Gröttrup*, Die kommunale Leistungsverwaltung, S. 103.

167 BGHZ 9, 145, 147; 91, 84, 96; *Frotscher*, Anschluß- und Benutzungszwang, S. 11 f.; *Ehlers*, Verwaltung in Privatrechtsform, S. 65.

168 *Ehlers*, Verwaltung in Privatrechtsform, S. 69, 175 f.

Kommunalabgabengesetze[169] hergeleitet und als gewohnheitsrechtlich anerkannt verstanden, während andere Teile der Literatur[170] sie als Ausnahme zu dem Regelfall betrachten, dass sich die öffentliche Verwaltung grundsätzlich des öffentlichen Rechts zu bedienen habe. Die herrschende Meinung[171] sieht die Wahlfreiheit der Gemeinden als Ausfluss der Organisationshoheit des Selbstverwaltungsrechts der Gemeinden aus Art. 28 Abs. 2 S. 1 GG an.

Der Staat unterwirft sich bei der Wahl privater Rechtsformen allen Regeln und Bindungen der geltenden Privatrechtsordnung, welche auf dem Prinzip der Gleichberechtigung der Teilnehmer aufbaut. Dies bedeutet jedoch nicht, dass er sich der Schranken entledigen kann, die ihn als Hoheitsträger treffen. Materielle Betätigungsschranken, also insbesondere die Grundrechte, können bei der Wahl des Privatrechts als Mittel der Verwaltungstätigkeit nicht außer Kraft gesetzt werden („Keine Flucht ins Privatrecht").[172] Das gilt auch für gemischt-wirtschaftliche Unternehmen des Privatrechts, solange die Träger öffentlicher Gewalt diese beherrschen.[173] Dagegen können öffentlich-rechtliche Vorschriften, die lediglich das Verfahren betreffen, durch die Wahl des Privatrechts abbedungen werden.[174] Für den Bereich des Verwaltungsprivatrechts, also das Gebiet der unmittelbaren Erfüllung von Verwaltungsaufgaben in der Rechtsform des privaten Rechts, ist die Grundrechtsbindung allgemein anerkannt.[175] Dies wird zu Recht mit Art. 1 Abs. 3 GG begründet, wonach es dem Staat untersagt ist, sich durch die Wahl privatrechtlicher Mittel seiner Grundrechtsbindung zu entledigen. Umstritten ist die Geltung der Grundrechte bei Hilfsgeschäften der Verwaltung und bei der erwerbswirtschaftlichen Tätigkeit der öffentlichen Hand. Der letztgenannte Bereich ist dabei nach überwiegender Ansicht uneingeschränkt den Grundrechten zu unterstellen.[176] Dafür ist anzuführen, dass nicht ersichtlich ist, dass die Bindung

---

169 Namentlich Art. 8 Abs. 1 S. 2 BayKAG; § 6 Abs. 1 S. 1 KAG NRW.

170 *Frotscher*, Anschluß- und Benutzungszwang, S. 11.

171 OVG Lüneburg NJW 1977, 450; OLG Bremen NJW 1977, 1153, 1156; *Ossenbühl*, VVDStRL 29 (1971), 137, 174 f.; *Graf Vitzthum*, AöR 104 (1979), 580, 581; *Stober*, NJW 1984, 449, 453; *Klein*, Betätigung der öffentlichen Hand, S. 10; *Otting*, Neues Steuerungsmodell, S. 166 f.; *Löwer*, in: von Münch/Kunig, Grundgesetz, Art. 28 Rn. 79; *Baum/Meier*, in: PdK ThürKO, § 73 Erl. 1.1.

172 BVerfG NJW 2016, 3153, 3154; *Püttner*, Die öffentlichen Unternehmen, S. 83.

173 BVerfGE 128, 226, 246 ff.; siehe auch 4. Kapitel A.I.2.c)bb).

174 *Püttner*, Die öffentlichen Unternehmen, S. 83.

175 BGHZ 91, 84, 96 f.; 154, 146, 150; *Ehlers*, Verwaltung in Privatrechtsform, S. 78 ff.; *von Münch/Kunig*, in: von Münch/Kunig, Grundgesetz, Vorb. Art. 1–19 Rn. 20; *Jarass*, in: Jarass/Pieroth, Grundgesetz, Art. 1 Rn. 38; *Herdegen*, in: Maunz/Dürig, Grundgesetz, Art. 1 Abs. 3 Rn. 110.

176 BVerfGE 128, 226, 248; *Ehlers*, Verwaltung in Privatrechtsform, S. 100 ff.; *Hesse*, Grundzüge des Verfassungsrechts, Rn. 347; *von Münch/Kunig*, in: von Münch/Kunig, Grundgesetz, Vorb. Art. 1–19 Rn. 20; *Jarass*, in: Jarass/Pieroth, Grundgesetz, Art. 1 Rn. 38; *Herdegen*, in: Maunz/Dürig, Grundgesetz, Art. 1 Abs. 3 Rn. 110.

an die Grundrechte der wirtschaftlichen Betätigung des Staates unangemessene Beschränkungen auferlegt.[177] Während für fiskalische Hilfsgeschäfte eine Grundrechtsbindung teilweise[178] abgelehnt wird, muss dem mit der wohl herrschenden Gegenmeinung[179] entgegengehalten werden, dass Art. 1 Abs. 3 GG in seinem Wortlaut eine Differenzierung zwischen privatem und öffentlichem Recht nicht vorsieht und sich darüber hinaus auch hier aus der Bindung an die Grundrechte keine unzumutbare Behinderung der staatlichen Aktivitäten ergibt.

3. Die Kritik an der Formenwahlfreiheit und die Forderung nach Einschränkungen

a) Thesen in der Literatur

In der Literatur halten sich Stimmen, die den Grundsatz von der Formenwahlfreiheit der Verwaltung in Zweifel ziehen und zum Teil erhebliche Einschränkungen fordern.

Krüger fragt, wie es möglich sei, dass „der Staat als ein ausschließlich durch das Gemeinwohl bestimmtes und auf hoheitliches Handeln verwiegenes Wesen sich selbst in ein kommerziell motivierendes und zivilrechtlich handelndes Gebilde verwandeln"[180] könne. Diese Selbstwandlung sei grotesk, weil, nachdem man sich dafür entschieden habe, zwischen öffentlichem und privatem Recht zu unterscheiden, um dem Staat jegliche Motivation privaten Handelns für allemal unmöglich zu machen, dieser Staat sich selbst in den Fiskus verwandle, um sich auf dem Gebiet des Privatrechts freizügig bewegen zu können. Aus diesem Grund würde, räumte man der öffentlichen Hand ein Wahlrecht ein, die Unterscheidung von öffentlichem und privatem Recht jeden Sinn verlieren.[181]

Nach *Schachtschneider* widerspreche es dem Wesen der das private Recht beherrschenden Privatautonomie, wenn sich der Staat, der nicht privatautonom handeln könne, den Organisations- oder Handlungsformen des privaten Rechts bediene.[182] Er ist der Auffassung, dass der Staat seine Staatlichkeit zu respektieren habe und daher die Wahl einer privatrechtlichen Gesellschaftsform verfassungswidrig sei.[183]

---

177 *Herdegen*, in: Maunz/Dürig, Grundgesetz, Art. 1 Abs. 3 Rn. 110.

178 BGH NJW 1962, 196, 198.

179 *Ehlers*, Verwaltung in Privatrechtsform, S. 212 ff.; *Hesse*, Grundzüge des Verfassungsrechts, Rn. 347; *von Münch/Kunig*, in: von Münch/Kunig, Grundgesetz, Vorb. Art. 1–19 Rn. 20; *Jarass*, in: Jarass/Pieroth, Grundgesetz, Art. 1 Rn. 38; *Herdegen*, in: Maunz/Dürig, Grundgesetz, Art. 1 Abs. 3 Rn. 110.

180 *Krüger*, VVDStRL 15 (1957), 109, 120.

181 *Krüger*, VVDStRL 15 (1957), 109, 120.

182 *Schachtschneider*, Staatsunternehmen und Privatrecht, S. 11.

183 *Schachtschneider*, Staatsunternehmen und Privatrecht, S. 270.

Pestalozza sieht in der Wahl der öffentlichen Hand zwischen öffentlich-rechtlichen oder privatrechtlichen Rechtsformen einen doppelten Subsumtionsversuch des Staates.[184] Der Staat entscheide bei der Wahl nicht nur über die Einschlägigkeit der jeweils angerufenen speziellen Sachnorm, sondern in einem vorgelagerten Subsumtionsschritt auch über den Geltungsbereich der beiden kollidierenden Rechtskreise. Letztgenannte ungeschriebene Kollisionsnorm meine dabei denjenigen, unter Umständen „ungeschriebenen Obersatz, der darüber befindet, ob die betreffende Rechtsordnung überhaupt zur Verfügung steht"[185]. Das Subsumtionsurteil enthalte also nicht nur eine Entscheidung über den Inhalt der angerufenen Norm, sondern gerade auch über ihre Geltung. Dieser Grundsatz gelte natürlich auch dann, wenn sich ein Privater in der Sphäre des Privatrechts bewege, nur springe die doppelte Subsumtion insoweit nicht ins Auge. Anders verhalte sich dies jedoch, wenn der Staat vor der Frage stehe, ob er auf einen zugrundeliegenden Sachverhalt das öffentliche oder private Recht anwenden möchte. Würde man hier von einer Wahlfreiheit des Staates ausgehen, so mache man ihn zum „Herrn der Kollisionsnorm"[186]. Der Nachweis, dass dem Staat eine solche Dispositionsbefugnis bezüglich der Kollisionsnorm zustehe, könne jedoch vor dem Hintergrund der auf *Wolff*[187] zurückgehenden und vorzugswürdigen Sonderrechtstheorie nicht geführt werden. Diese Theorie, die neben weiteren Lehrsätzen zur Abgrenzung von öffentlichem und privatem Recht entwickelt worden ist, knüpft zur Unterscheidung der Rechtsordnungen an den jeweils fraglichen Rechtssatz an und ordnet diesen dem öffentlichen Recht zu, wenn aus der Vorschrift ein Träger öffentlicher Gewalt als Zuordnungssubjekt ausschließlich berechtigt oder verpflichtet wird. Diese Lehre müsse jedoch, so *Pestalozza*, eine Ergänzung erfahren, da sie keinen Aufschluss darüber gebe, wann öffentliches Recht überhaupt *gelte*. Da die Unterscheidung der Rechtsgebiete nutzlos sei, wenn sich der Staat seinem Sonderrecht beliebig entziehen könne, beantworte die Sonderrechtstheorie daher nicht nur die Frage nach dem Inhalt einer Rechtsvorschrift, sondern darüber hinaus auch diejenige nach ihrer Geltung. Daraus ergebe sich, dass das öffentliche Recht als das „Amtsrecht des Staates"[188] anzusehen sei und für sämtliche staatlichen Verhaltensweisen Geltung beanspruche. Weiter habe es zwingenden Charakter, was die Konsequenz nach sich ziehe, dass es bei staatlicher Beteiligung an einem Sachverhalt Anwendung finden *müsse*. Resultat sei schließlich, dass eine Formenwahlfreiheit der öffentlichen Hand nicht bestehe, sofern eine öffentlich-rechtliche Rechtsvorschrift einschlägig sei.

Das „Ende der Formenwahlfreiheit"[189] postuliert *Kempen* und knüpft dabei an *Pestalozzas* dogmatischen Ansatz an.[190] Es gehe bei der Wahlfreiheit nämlich um die *Geltung* des privaten oder öffentlichen Rechts, über die das Recht selbst zu

184 *Pestalozza*, Formenmißbrauch, S. 170 ff.
185 *Pestalozza*, Formenmißbrauch, S. 171.
186 *Pestalozza*, Formenmißbrauch, S. 172.
187 *Wolff*, AöR 76 (1950/51), 205, 207 ff.
188 *Pestalozza*, Formenmißbrauch, S. 174.
189 *Kempen*, Formenwahlfreiheit, S. 123.
190 *Kempen*, Formenwahlfreiheit, S. 122 f.

entscheiden habe. Könne die Frage nach der Geltung des Rechts nicht mithilfe von ausdrücklichen gesetzlichen Regelungen beantwortet werden, so müsse auf objektiv-rechtliche Kriterien zurückgegriffen werden. Zu Händen eines Trägers öffentlicher Gewalt dürfe die Entscheidung demgegenüber nicht gelegt werden. Entgegen *Pestalozzas* Ansatz könne das Problem jedoch nicht über eine ungeschriebene Kollisionsnorm gelöst werden. Die Frage nach der Geltung öffentlichen oder privaten Rechts stehe im Hinblick auf die Wahlfreiheit in einem synonymen Verständnis zur Rechtsfähigkeit. Aus dem Umstand, dass der Staat nicht in vollem Umfang privatrechtsfähig sei, folge daher, dass es ihm an der Freiheit fehle, sich des Privatrechts zu bedienen.

Zuleeg verfolgt einen weniger vehementen Ansatz und greift auf die Hoheitstheorie zurück, welche er zur Abgrenzung von öffentlichem Recht und Privatrecht entwickelt hat.[191] Aus der Rechtsweggarantie gemäß Art. 19 Abs. 4 S. 1 GG in Verbindung mit dem Rechtsstaatsprinzip lasse sich ein „Verrechtlichungsgebot"[192] ableiten. Dieses enthalte eine Vermutung „für die Anwendbarkeit des öffentlichen Rechts auf die Tätigkeit eines Hoheitsträgers im Verhältnis zum einzelnen"[193]. Öffentliches Recht sei immer dann anzuwenden, wenn sich aus gesetzlichen Bestimmungen nichts Abweichendes herleiten lasse oder keine anderen Anhaltspunkte für eine privatrechtliche Gestaltung vorhanden seien. Privatrechtliche Handlungen eines Trägers öffentlicher Gewalt müssten verfassungsgemäß sein und dürften den materiell verstandenen Rechtsschutz lediglich dann abschwächen, wenn dies bei einer Abwägung mit benennbaren öffentlichen Interessen geboten erscheine. Für die Wahlfreiheit der Verwaltung habe dies zur Folge, dass es dem Hoheitsträger zwar nicht verwehrt sei, sich des privaten Rechts zu bedienen. Dies müsse jedoch als Ausnahmefall verstanden werden und bedürfe eines sachlichen Grundes, „der einer Güter- und Interessenabwägung mit dem ‚Verrechtlichungsgebot' "[194] unterliege.

Ehlers nimmt ebenfalls im Hinblick auf die Wahlfreiheit eine Einschränkung vor.[195] Er spricht sich, wie auch *Zuleeg*, für ein „Regel-Ausnahme-Verhältnis"[196] aus. Die öffentliche Hand habe nur dann die Befugnis, sich privatrechtlich zu organisieren, wenn die Verwendung des Privatrechts gesetzlich nicht verboten und der Rückgriff auf dieses Rechtsgebiet erforderlich ist. Erforderlichkeit in diesem Sinne sei dann anzunehmen, wenn der Gesetzgeber die Verwendung privatrechtlicher Vorschriften festgelegt habe oder die wahrzunehmende Aufgabe nicht genauso gut in einer Rechtsform des öffentlichen Rechts bewältigt werden könne.

---

191 *Zuleeg*, VerwArch 73 (1982), 384, 395 ff.
192 *Zuleeg*, VerwArch 73 (1982), 384, 397.
193 *Zuleeg*, VerwArch 73 (1982), 384, 397.
194 *Zuleeg*, VerwArch 73 (1982), 384, 398.
195 *Ehlers*, Verwaltung in Privatrechtsform, S. 374 f.; *Ehlers*, DVBl 1997, 137, 141 f.; *Ehlers*, DVBl 1998, 497, 505 f.
196 *Ehlers*, Verwaltung in Privatrechtsform, S. 374.

Schließlich spricht sich auch *Spannowsky* gegen eine allgemeine Wahlfreiheit der Verwaltung aus.[197] Habe der Gesetzgeber ausdrücklich festgelegt, welches Rechtsregime die Verwaltung zu wählen habe, so könne ein Wahlrecht aufgrund des Vorrangs des Gesetzes nicht bestehen. Existiere demgegenüber keine derartige gesetzliche Regelung, so sei ein Recht zur Wahl der Handlungsform zwar nicht generell aufgrund vorrangingen Verfassungsrechts ausgeschlossen. Jedoch könnte sich die Entscheidung der Verwaltung als ermessensfehlerhaft erweisen.[198] *Spannowsky* stellt daher die aufgabenspezifische Regelvermutung auf, dass immer dann eine öffentlich-rechtliche Gestaltung anzustreben sei, wenn die konkrete Aufgabe der öffentlichen Hand andere Bereiche als die Teilnahme am allgemeinen Wirtschaftsleben, die Vermögensverwertung oder die Bedarfsdeckung betreffe. Handele der Staat in hoheitlicher Funktion, so müsse öffentliches Recht gelten.[199]

b) Entscheidung des Verfassungsgebers und des Gesetzgebers

Den Forderungen nach Restriktionen muss die ausdrückliche Entscheidung des Verfassungsgebers entgegengehalten werden. Die Verfassung enthält zwar weder ein Privatisierungsgebot noch -verbot, sondern ist in wirtschaftspolitischer Hinsicht neutral gefasst.[200] Dennoch ist dem Grundgesetz an zahlreichen Stellen der Grundsatz implementiert worden, dass nicht jedwedes Handeln des Staates dem hoheitlichen Rechtsregime zu unterstellen ist, sondern auch eine privatrechtliche Ausgestaltung zulässigerweise erfolgen kann. Der Leitgedanke der grundsätzlichen Wahlfreiheit findet Niederschlag in einigen Verfassungsnormen sowie in einfach-gesetzlichen Vorschriften.

Zu nennen ist dabei zunächst die Übergangsbestimmung des Art. 135 Abs. 6 GG, wonach Beteiligungen des ehemaligen Landes Preußen an Unternehmen des privaten Rechts auf den Bund übergehen. Dies lässt den Rückschluss zu, dass, obwohl privatrechtliche Organisationsformen in den Artt. 83 ff. GG keine Erwähnung finden, die Verwendung des Privatrechts durch die öffentliche Hand dem Grunde nach zulässig ist.[201] Dafür spricht auch die alte Fassung des Art. 87d Abs. 1 GG.[202] Die Luftverkehrsverwaltung wurde nach Satz 1 des Artikels in bundeseigener Verwaltung geführt. Nach Satz 2 entschied über die öffentlich-rechtliche oder privatrechtliche Organisationsform ein Bundesgesetz. Obwohl die Nachfolgebestimmung des Art. 87d Abs. 1 GG[203] die Möglichkeit der Verwendung privatrechtlicher Organisationsformen ausdrücklich nicht mehr vorsieht, kann daraus nicht

197 *Spannowsky*, Grenzen des Verwaltungshandelns, S. 102 ff.
198 *Spannowsky*, Grenzen des Verwaltungshandelns, S. 107 ff.
199 *Spannowsky*, Grenzen des Verwaltungshandelns, S. 109 f.
200 *Börgmann-Dehina*, Auswirkungen von Privatisierungen, S. 138.
201 *Klein*, Betätigung der öffentlichen Hand, S. 9; *Koch*, Der rechtliche Status, S. 29.
202 *Koch*, Der rechtliche Status, S. 29.
203 Art. 87d Abs. 1 GG ist durch Gesetz vom 29.07.2009 neu gefasst worden, BGBl. [2009] I S. 2247.

gefolgert werden, dass der verfassungsändernde Gesetzgeber die Wahl des Privatrechts verbieten wollte. Ziel der Verfassungsreform von 2009 war nämlich gerade die Erweiterung möglicher Organisationsformen der Luftverkehrsverwaltung.[204] Das Grundgesetz enthält darüber hinaus weitere Bestimmungen, die auf eine Wahlmöglichkeit der öffentlichen Hand hin zum Privatrecht schließen lassen. So ist zum Beispiel auch in Art. 33 GG und Art. 137 GG (Angestellte des öffentlichen Dienstes), in Art. 40 Abs. 2 GG (Hausrecht), in Art. 93 Abs. 1 Nr. 4 GG, in Art. 111 Abs. 2 GG und Art. 115 GG (Kredite), in Art. 110 Abs. 1 GG (Bundesbetriebe) und in Art. 12a Abs. 3 GG (Arbeitsverhältnisse) privatrechtliches staatliches Handeln angelegt.[205] Schließlich ist Art. 28 Abs. 2 GG anzuführen, der den Gemeinden unter anderem auch das Wahlrecht gewährleistet, zwischen Eigenbetrieben oder Eigengesellschaften wählen zu können.[206] Mit der aus der Selbstverwaltungsgarantie folgenden Organisationshoheit ist es daher unvereinbar, einen Vorrang öffentlicher Organisationsformen zu fordern oder sogar die Wahl des privaten Rechts von Grund auf zu verbieten.[207] Kommt die Gemeindevertretung bei Ausübung ihres Organisationsermessens, bei dem sie sich von dem Gebot der Effektivität der Aufgabenerfüllung leiten zu lassen hat, im Rahmen ihrer Prognoseentscheidung zu dem Ergebnis, dass eine Aufgabe sowohl in öffentlich-rechtlicher als auch privatrechtlicher Organisationsform gleich effektiv erfüllt werden kann, so ist sie nicht gehalten, aus Gründen der Erforderlichkeit der öffentlich-rechtlichen Handlungsform den Vortritt einzuräumen.[208]

Gesetzlichen Niederschlag finden diese Ergebnisse in zahlreichen bundes- und landesrechtlichen Vorschriften:[209] So sieht § 108 GO NRW beispielsweise die gemeindliche Gründung oder Beteiligung eines Unternehmens oder einer Einrichtung in einer Rechtsform des privaten Rechts vor, wenn die entsprechenden Voraussetzungen vorliegen. Weiter räumt § 65 BHO dem Bund die Befugnis ein, unter gewissen Voraussetzungen ein Unternehmen in privater Rechtsform zu gründen oder sich an einem bestehenden Unternehmen in einer solchen Rechtsform zu beteiligen. Weiteres Beispiel sind die Vorschriften der §§ 394, 395 AktG, welche Sondervorschriften bei Beteiligung einer Gebietskörperschaft an einer Aktiengesellschaft darstellen.[210] Schließlich sei § 53 HGrG genannt, welcher einer Gebietskörperschaft bei einer Beteiligung an einem Unternehmen in privater Rechtsform

204 *Schwarz*, in: Maunz/Dürig, Grundgesetz, Art. 87d Rn. 28.
205 *Püttner*, Die öffentlichen Unternehmen, S. 79.
206 *Graf Vitzthum*, AöR 104 (1979), 580, 605.
207 *Graf Vitzthum*, AöR 104 (1979), 580, 605; *Stober*, NJW 1984, 449, 453; *Klein*, Betätigung der öffentlichen Hand, S. 10; *Schmidt*, ZGR 1996, 345, 357; *Pitschas/Schoppa*, DÖV 2009, 469, 473.
208 *Strobel*, Verschwiegenheits- und Auskunftspflicht kommunaler Vertreter, S. 44.
209 Ausführlich *Strobel*, Verschwiegenheits- und Auskunftspflicht kommunaler Vertreter, S. 44.
210 Siehe dazu 4. Kapitel C.

bei der Abschlussprüfung unter gewissen Voraussetzungen Sonderbefugnisse einräumt.[211]

III. Rechtsformen für kommunale Unternehmen

Wie bereits aufgezeigt findet in der kommunalen Praxis Gemeindewirtschaft in den unterschiedlichsten Rechts- und Organisationsformen statt. Im Hinblick auf die Beteiligungsquoten der öffentlichen Hand sind verschiedene Gestaltungsmodelle denkbar.

1. Einteilung nach Rechtsform

Die Kommunen können sich unter Berufung auf ihre verfassungsrechtlich verbürgte Organisationsautonomie aus Art. 28 Abs. 2 GG sowohl öffentlich-rechtlicher als auch privatrechtlicher Rechtsformen bedienen.

a) Öffentlich-rechtliche Rechtsformen

aa) Regiebetrieb

Der Regiebetrieb ist der „Urtyp“[212] kommunaler wirtschaftlicher Betätigung und besitzt keine eigene Rechts- und Parteifähigkeit. Er stellt vielmehr einen rechtlich, organisatorisch, leitungsmäßig, haushaltsrechtlich und wirtschaftlich unselbstständigen Teil der Kommunalverwaltung dar.[213] Die Einbindung in das Kompetenzgefüge der Kommune hat zur Folge, dass der Regiebetrieb keine selbstständigen Organe und damit keine eigenen Entscheidungskompetenzen besitzt, sondern der unmittelbaren und umfassenden Einwirkung der Kommunalverwaltung unterfällt. Die dadurch ermöglichte politische Steuerung ist einer der Vorteile dieser Rechtsform.[214] Sie eignet sich jedoch nicht zur Gewährung von unternehmerischer Autonomie.[215] In der Praxis ist der Regiebetrieb nicht mehr von großer Relevanz.[216]

bb) Eigenbetrieb

Der Eigenbetrieb besitzt zwar keine eigene Rechtspersönlichkeit, jedoch ein von der übrigen Gemeindeorganisation getrenntes Sondervermögen mit eigener Kassen- und Kreditwirtschaft, Buch- und Finanzführung sowie eigener

---

211 Siehe dazu 4. Kapitel A.III.
212 *Katz*, Kommunale Wirtschaft, Teil 1 Rn. 81.
213 *Brüning*, in: Mann/Püttner, Handbuch der kommunalen Wissenschaft und Praxis, § 44 Rn. 1; *Katz*, Kommunale Wirtschaft, Teil 1 Rn. 81.
214 *Katz*, Kommunale Wirtschaft, Teil 1 Rn. 81.
215 *Burgi*, Kommunalrecht, § 17 Rn. 76; *Katz*, Kommunale Wirtschaft, Teil 1 Rn. 81.
216 *Burgi*, Kommunalrecht, § 17 Rn. 76.

Wirtschaftsplanung.[217] Obwohl es dem Eigenbetrieb an einer rechtlichen Verselbstständigung fehlt, nimmt er innerhalb der Gemeindeverwaltung eine herausgehobene Stellung ein, weil er aufgrund seiner organisatorischen Verselbstständigung über eigene Organe verfügt.[218] Die Werks- beziehungsweise Betriebsleitung leitet den Eigenbetrieb selbstständig und in einem gewissen Maß autonom, soweit nicht die Gemeindeordnung, die Eigenbetriebsverordnung oder die Satzung des Betriebs etwas anderes vorsehen.[219] Die finanzwirtschaftliche Selbstständigkeit als Sondervermögen der Gemeinde mit einem eigenen Jahresabschluss und der kaufmännischen doppelten Buchführung sind der praktisch größte Vorteil des Eigenbetriebs.[220]

cc) Rechtsfähige Anstalt des öffentlichen Rechts (Kommunalunternehmen)

Im Zuge einer grundlegenden Neuordnung des kommunalen Wirtschaftsrechts in den Bundesländern Mitte der neunziger Jahre haben die Gesetzgeber mehrerer Länder die kommunale rechtsfähige Anstalt des öffentlichen Rechts (AöR) als neue Organisationsform der kommunalen wirtschaftlichen Betätigung zur Verfügung gestellt.[221] Hintergrund war der Wunsch nach mehr Autonomie, Marktnähe und Flexibilität.[222] Die Gemeindeordnungen von Bayern[223], Brandenburg[224], Hessen[225], Mecklenburg-Vorpommern[226], Niedersachsen[227], Nordrhein-Westfalen[228], Rheinland-Pfalz[229], Sachsen-Anhalt[230], Schleswig-Holstein[231] und Thüringen[232] sehen die

217 *Burgi*, Kommunalrecht, § 17 Rn. 76; *Katz*, Kommunale Wirtschaft, Teil 1 Rn. 83.

218 *Brüning*, Regie- und Eigenbetriebe, in: Mann/Püttner, Handbuch der kommunalen Wissenschaft und Praxis, § 44 Rn. 25.

219 *Brüning*, Regie- und Eigenbetriebe, in: Mann/Püttner, Handbuch der kommunalen Wissenschaft und Praxis, § 44 Rn. 47.

220 *Burgi*, Kommunalrecht, § 17 Rn. 76; zu weiteren Vorteilen *Katz*, Kommunale Wirtschaft, Teil 1 Rn. 86.

221 *Schraml*, Anstalten des öffentlichen Rechts – Kommunalunternehmen, in: Mann/Püttner, Handbuch der kommunalen Wissenschaft und Praxis, § 45 Rn. 1.

222 *Waldmann*, NVwZ 2008, 284; *Katz*, Kommunale Wirtschaft, Teil 1 Rn. 89.

223 Art. 89 ff. BayGO.

224 §§ 94 f. BbgKVerf.

225 § 126a HGO.

226 §§ 70 ff. KV M-V.

227 §§ 141 ff. NKomVG.

228 § 114a GO NRW; beachte hier auch Möglichkeit des gemeinsamen Kommunalunternehmens von mehreren Gemeinden, Kreisen, Landschaftsverbänden und des Regionalverbandes Ruhr, §§ 27, 28 GkG NRW.

229 §§ 86a f. GO RP.

230 § 128 Abs. 1 S. 1 KVG LSA.

231 § 106a GO SH.

232 § 71 Abs. 1 Nr. 2 ThürKO.

neue Rechtsform bereits vor, wobei die Bezeichnungen variieren: Während die Gesetze einiger Bundesländer[233] lediglich die Bezeichnung „Anstalt des öffentlichen Rechts" enthalten, wird die Rechtsform in Niedersachsen und Brandenburg „kommunale Anstalt" genannt. In den Gemeindeordnungen von Bayern, Mecklenburg-Vorpommern, Sachsen-Anhalt und Schleswig-Holstein findet sich der Begriff des „Kommunalunternehmens".

Rechtsgrundlage der AöR ist insbesondere die von der Kommune zu beschließende Anstaltssatzung.[234] Organe sind der Verwaltungsrat und der Vorstand. Dem Verwaltungsrat obliegt primär die Aufsicht und Überwachung sowie die Steuerung und Kontrolle des Unternehmens. Der Vorstand nimmt demgegenüber die Außenvertretung und die Geschäftsführung wahr. Damit ist die AöR organisatorisch ähnlich strukturiert wie eine GmbH oder eine Aktiengesellschaft.[235] Die Gemeinde trifft die sog. Gewährträgerhaftung und die sog. Anstaltslast. Das bedeutet, dass sie unbeschränkt für die Verbindlichkeiten des Unternehmens haftet und verpflichtet ist, die AöR für die gesamte Dauer ihres Bestehens funktionsfähig zu halten.[236]

dd) Zweckverband

Der Zweckverband ist eine rechtsfähige Körperschaft des öffentlichen Rechts und stellt die kommunaltypische öffentlich-rechtliche Organisationsform für die interkommunale Zusammenarbeit dar.[237] Er kann entweder durch öffentlich-rechtlichen Vertrag zwischen den Beteiligten, durch aufsichtsbehördliche Verfügung oder aber kraft gesetzlicher Anordnung[238] geschaffen werden.[239] Beliebte Einsatzbereiche sind die Tätigkeitsfelder der Ver- und Entsorgung sowie der Bildung und Kultur.[240] Der Zweckverband ist als Körperschaft des öffentlichen Rechts rechtlich selbstständig. Da ihm lediglich einzelne Aufgaben zur gemeinsamen Erfüllung übertragen werden und ihm die Merkmale einer Gebietskörperschaft fehlen, ist er nicht als Gemeindeverband im Sinne des Art. 28 Abs. 2 S. 2 GG einzustufen. Er kann sich daher nicht auf die Selbstverwaltungsgarantie berufen.[241] Eine Besonderheit ist, dass die Gemeinde, die eine einzelne Verwaltungsaufgabe an den Zweckverband abgegeben hat, vollständig von der Verpflichtung zur Erfüllung dieser Aufgabe freigestellt wird.[242]

---

233 Hessen, Nordrhein-Westfalen, Rheinland-Pfalz und Thüringen.
234 *Burgi*, Kommunalrecht, § 17 Rn. 76.
235 *Waldmann*, NVwZ 2008, 284 f.; *Katz*, Kommunale Wirtschaft, Teil 1 Rn. 91.
236 *Waldmann*, NVwZ 2008, 284, 285; *Burgi*, Kommunalrecht, § 17 Rn. 76.
237 *Katz*, Kommunale Wirtschaft, Teil 1 Rn. 92; siehe auch *Oebbecke*, NVwZ 2010, 665 ff.
238 Beispielsweise Gesetz über kommunale Gemeinschaftsarbeit (GkG NRW).
239 *Pitschas/Schoppa*, in: Mann/Püttner, Handbuch der kommunalen Wissenschaft und Praxis, § 43 Rn. 83.
240 *Katz*, Kommunale Wirtschaft, Teil 1 Rn. 92.
241 OVG Koblenz NVwZ 1988, 1145.
242 *Pitschas/Schoppa*, Kriterien für die Wahl der Rechtsform, in: Mann/Püttner, Handbuch der kommunalen Wissenschaft und Praxis, § 43 Rn. 83.

ee) Stiftung des öffentlichen Rechts

In einer rechtsfähigen Stiftung des öffentlichen Rechts wird Vermögen zur dauerhaften Erfüllung eines bestimmten Zwecks gewidmet. Kennzeichen ist, dass sie keine Anteilseigner hat und sie stets in der Lage sein muss, ihren Stiftungszweck durch die Erträge ihres Vermögens nachhaltig zu erfüllen.[243] Sie ist rechtlich verselbstständigt und wird durch einen staatlichen Hoheitsakt errichtet. Sie dient öffentlichen Aufgaben, hat Hoheitsbefugnisse und unterfällt der staatlichen Aufsicht.[244] Für die Führung eines kommunalen wirtschaftlichen Unternehmens wird sie sich als Organisationsform zumeist nur wenig eignen, da die Einbringung von Vermögen der Gemeinde in eine Stiftung im Grundsatz nur dann zulässig ist, wenn der Stiftungszweck anders nicht erreicht werden kann.[245]

b) Privatrechtliche Rechtsformen

aa) Gemeinderechtliche Schranken

Wie dargestellt stehen den Kommunen als Ausfluss ihrer Organisationsfreiheit in formeller Hinsicht sämtliche Organisationsformen des Privatrechts zur Verfügung. Diese Wahlfreiheit erfährt jedoch durch besondere Zulässigkeitsvoraussetzungen der Gemeindeordnungen rechtliche Begrenzungen. Zu nennen sind insbesondere zwingende Vorgaben bezüglich des Sach- und Gebietsbezuges, das Erfordernis von Haftungsbeschränkungen und die Verpflichtung zur Sicherstellung von ausreichenden Informations- und Einflussnahmerechten.[246] Teilweise sind landesrechtlich sogar Subsidiaritätsklauseln vorgesehen.[247] Mit diesen Einschränkungen soll den mit privatrechtlichen Organisationsformen verbundenen Gefahren begegnet, die kommunale Aufgabenerfüllung sichergestellt und die demokratische Legitimation gewährleistet werden.[248] Konsequenz dieser Vorgaben ist, dass sich die öffentliche Hand auf der Ebene des Privatrechts insbesondere der Rechtsformen der GmbH und der Aktiengesellschaft bedient.[249] Rechtlich ausgeschlossen sind demgegenüber vor allem die offene Handelsgesellschaft und die Kommanditgesellschaft, da ihre Haftung nicht eingeschränkt werden kann.[250]

---

243 *Katz*, Kommunale Wirtschaft, Teil 1 Rn. 95.

244 *Maurer*, in: Maurer/Waldhoff, Allgemeines Verwaltungsrecht, § 23 Rn. 62.

245 OVG Münster npoR 2013, 73, 75; vgl. dazu auch *Bockamp/Tesfaiesus*, KommJur 2009, 88 ff.

246 Vgl. nur § 108 Abs. 1 GO NRW; *Katz*, Kommunale Wirtschaft, Teil 1 Rn. 96.

247 Vgl. § 108 Abs. 4 GO NRW; § 102 Abs. 1 S. 1 GO SH.

248 *Pitschas/Schoppa*, DÖV 2009, 469, 472 f.; *Katz*, Kommunale Wirtschaft, Teil 1 Rn. 96.

249 *Pitschas/Schoppa*, DÖV 2009, 469.

250 *Katz*, Kommunale Wirtschaft, Teil 1 Rn. 111.

bb) Gesellschaft mit beschränkter Haftung

Die GmbH ist in der kommunalen Praxis mit zunehmender Tendenz der bevorzugte Unternehmensträger.[251] Sie besteht aus einer oder mehreren Personen und hat eine eigene Rechtspersönlichkeit (§§ 1, 13 Abs. 1 GmbHG). Sie besitzt ein in Stammeinlagen zerlegtes Stammkapital und haftet für Verbindlichkeiten der Gesellschaft den Gläubigern gegenüber nur mit ihrem Gesellschaftsvermögen (§§ 5, 13 Abs. 2 GmbHG). Notwendige Organe sind die Gesellschafterversammlung als Willensbildungsorgan[252] und die Geschäftsführung als Handlungsorgan[253]. Aus mitbestimmungsrechtlichen Vorschriften kann sich die Verpflichtung zur Einrichtung eines Aufsichtsrates ergeben. Im Übrigen hat die Einrichtung eines Aufsichtsorgans fakultativen Charakter (§ 52 GmbHG). Nach § 1 GmbHG kann die GmbH zu jedem gesetzlich zulässigen Zweck errichtet werden. Hieraus resultiert in gesellschaftsrechtlicher Hinsicht ihre universelle Einsetzbarkeit und damit ihre Attraktivität für die öffentliche Hand.[254] Ihr Einsatz erfreut sich auch deshalb besonderer Beliebtheit, weil das GmbH-Recht den Gesellschaftern eine besondere Gestaltungsfreiheit in Form einer weitreichenden Satzungsautonomie zur Verfügung stellt. Darüber hinaus haben die Kapitaleigner, weil sie das oberste Organ der Gesellschaft verkörpern, eine starke Stellung und die Geschäftsführung ist grundsätzlich von ihren Weisungen abhängig.[255]

cc) Aktiengesellschaft

Auch die Aktiengesellschaft ist eine Gesellschaft mit eigener Rechtspersönlichkeit (§ 1 Abs. 1 S. 1 AktG). Sie hat grundsätzlich die „Funktion eines Kapitalsammelbeckens für große unternehmerische Vorhaben“[256]. Sie ist darauf ausgerichtet, die Interessen zahlreicher Aktionäre zu vertreten. Die individuellen Bedürfnisse der Träger haben demgegenüber nur untergeordnete Bedeutung.[257] Das Grundkapital der Aktiengesellschaft ist in Aktien zerlegt und sie haftet den Gläubigern gegenüber, wie die GmbH, nur mit ihrem Gesellschaftsvermögen (§§ 1 Abs. 2, 1 Abs. 1 S. 2 AktG). Die Aktiengesellschaft ist strukturell eine Körperschaft in Form einer Kapitalgesellschaft und steht daher dem Verein (§§ 21 ff. BGB) näher als der BGB-Gesellschaft.[258] Obligatorische Organe sind der Vorstand, die Hauptversammlung

---

251 *Altmeppen*, NJW 2003, 2561.

252 Zur umstrittenen Organeigenschaft der Gesellschafterversammlung vgl. *Schindler*, in: BeckOK GmbHG, § 48 Rn. 7.

253 *Oetker*, in: Henssler/Strohn, Gesellschaftsrecht, § 6 GmbHG, Rn. 5.

254 *Katz*, Kommunale Wirtschaft, Teil 1 Rn. 101.

255 *Pitschas/Schoppa*, in: Mann/Püttner, Handbuch der kommunalen Wissenschaft und Praxis, § 43 Rn. 73; *Katz*, Kommunale Wirtschaft, Teil 1 Rn. 101.

256 *Koch*, Gesellschaftsrecht, § 29 Rn. 27.

257 *Pitschas/Schoppa*, in: Mann/Püttner, Handbuch der kommunalen Wissenschaft und Praxis, § 43 Rn. 72.

258 *Lange*, in: Henssler/Strohn, Gesellschaftsrecht, § 1 AktG, Rn. 1.

und der Aufsichtsrat.[259] Der Vorstand ist gegenüber den anderen Organen der Gesellschaft und damit insbesondere gegenüber dem Aufsichtsrat unabhängig.[260] Darüber hinaus gilt der Grundsatz der Satzungsstrenge: Die Satzung kann von den Vorschriften des Aktiengesetzes nur dann abweichen, wenn dies ausdrücklich gesetzlich zugelassen ist (§ 23 Abs. 5 AktG). In der kommunalen Praxis sind in den Großstädten Gesellschaften mit erheblichem Kapitalbedarf typischerweise als Aktiengesellschaften ausgestaltet.[261]

2. *Einteilung nach Beteiligungsform*

Je nach Ausgestaltung der Eigentumsanteile an einer Gesellschaft ist zwischen Eigengesellschaften auf der einen und gemischt-öffentlichen beziehungsweise gemischt-privaten Gesellschaften auf der anderen Seite zu unterscheiden.

a) Eigengesellschaften

Bei den Eigengesellschaften handelt es sich um Kapitalgesellschaften, also um eine GmbH oder eine Aktiengesellschaft, „deren Kapitalanteile alle in der Hand einer Gemeinde sind"[262]. Aufgrund dessen werden sie auch als Einmann-Gesellschaft[263] oder Einpersonen-Gesellschaft[264] bezeichnet, wobei letzterer Begriff für den Fortgang dieser Arbeit Vorzug finden soll. Sie stellen eine Unterkategorie des kommunalen Eigenunternehmens dar, bei dem klassischerweise eine öffentlich-rechtliche Körperschaft Trägerin eines öffentlich-rechtlich organisierten Unternehmens (beispielsweise Regie- oder Eigenbetrieb) ist.[265]

b) Gemischt-öffentliche Unternehmen

Am Grund- oder Stammkapital von gemischt-öffentlichen (oder auch gemischt-publizistischen[266]) Unternehmen sind mehrere Gemeinden und Gemeindeverbände und keine Privatpersonen beteiligt.[267] Grund für die Wahl einer solchen

---

259 *Koch,* Gesellschaftsrecht, § 30 Rn. 45.

260 *Koch,* Gesellschaftsrecht, § 30 Rn. 1.

261 *Katz,* Kommunale Wirtschaft, Teil 1 Rn. 109.

262 *Nesselmüller,* Rechtliche Einwirkungsmöglichkeiten der Gemeinden, S. 25; so auch *Koch,* Wirtschaftliche Betätigung der Gemeinden, S. 86.

263 *Nesselmüller,* Rechtliche Einwirkungsmöglichkeiten der Gemeinden, S. 25; siehe auch *Stober* NJW 1984, 449, 452.

264 Für die Einpersonen-GmbH siehe *Fleischer,* in: MüKo GmbHG, § 1 Rn. 61.

265 *Mann,* JZ 2002, 819.

266 *Schmidt-Aßmann,* BB 1990 Beil. 34, 1, 2.

267 *Laux,* Der Einfluß der Gemeinden und Gemeindeverbände, S. 60 („Kommunalgesellschaften"); *Nesselmüller,* Rechtliche Einwirkungsmöglichkeiten der Gemeinden, S. 25; *Püttner,* Die öffentlichen Unternehmen, S. 26; *Mann,* JZ 2002, 819.

Konstruktion ist insbesondere eine Risikoverlagerung auf gleich mehrere öffentlich-rechtliche Körperschaften.[268]

c) Gemischt-private Unternehmen

Unter gemischt-privaten (oder auch gemischt-wirtschaftlichen[269]) Unternehmen versteht man nach einer klassischen Definition von *Passow* solche

> *„Unternehmungen, bei denen das verantwortliche, das eigene Unternehmenskapital teils von Privatpersonen, teils von öffentlichen Körperschaften (insbesondere Städten und Gemeinden) aufgebracht ist und bei denen auch die oberste Leitung des Betriebes aufgrund des gemeinschaftlichen Eigentums von Privatpersonen und öffentlichen Körperschaften gemeinsam ausgeübt wird"*[270].

Die Gemeinden beteiligen sich in der Praxis dann an Privatunternehmen, wenn der autonome Betrieb eines Unternehmens etwa wegen Kapitalmangels ausscheiden würde.[271] Die Höhe der jeweiligen Beteiligung ist unerheblich, sodass rechtssystematisch auch diejenigen Unternehmen einen gemischt-privaten Charakter aufweisen, an denen die öffentliche Hand nur Minderheitsgesellschafterin ist.[272] Unter den Begriff fallen darüber hinaus auch solche Gesellschaften, deren einem Hoheitsträger zuzurechnenden Kapitalanteile im Eigentum eines privatrechtlich organisierten öffentlichen Unternehmens stehen.[273] Auch die Beteiligung eines anderen gemischt-wirtschaftlichen Unternehmens ist ausreichend, um das gesamte Unternehmen als gemischt-wirtschaftlich zu qualifizieren. Denkbar sind daher vielfach gestufte Beteiligungsverhältnisse.[274] Zentrales Merkmal eines gemischt-wirtschaftlichen Unternehmens ist die privatrechtliche Organisationsform, was in der Praxis durch die Wahl einer Kapitalgesellschaft Ausdruck findet.[275]

---

268 *Faber*, Gesellschaftsrechtliche Bindungen für Aufsichtsratsmitglieder, S. 53.

269 *Schmidt-Aßmann*, BB 1990 Beil. 34, 1, 2; *Becker*, Die Erfüllung öffentlicher Aufgaben, S. 23 f.; *Mann*, JZ 2002, 819.

270 *Passow*, Die gemischt privaten und öffentlichen Unternehmungen, S. 1; einschränkend dazu *Lang*, Der Einfluß der öffentlichen Hand, S. 6 (Beeinflussungsmöglichkeit der öffentlichen Hand soll maßgeblich sein).

271 *Nesselmüller*, Rechtliche Einwirkungsmöglichkeiten der Gemeinden, S. 25.

272 *Schmidt-Aßmann*, BB 1990 Beil. 34, 1, 2; *Becker*, Die Erfüllung öffentlicher Aufgaben, S. 23.

273 *Schmidt-Aßmann*, BB 1990 Beil. 34, 1, 2 f.

274 *Schmidt-Aßmann*, BB 1990 Beil. 34, 1, 3.

275 *Schmidt-Aßmann*, BB 1990 Beil. 34, 1, 3; *Becker*, Die Erfüllung öffentlicher Aufgaben, S. 24.

IV. Die Privatisierungspraxis

Seit Ende des Zweiten Weltkrieges ist ein zunehmender Trend zu beobachten, wonach die Kommunen ihre wirtschaftlichen Unternehmen von Organisationsformen des öffentlichen Rechts in solche des Privatrechts umwandeln oder sie im Rahmen von Neugründungen in diesen Rechtsformen errichten. Diese Entwicklung lässt sich anhand der Rechtsformstruktur im Zeitverlauf der im Verband kommunaler Unternehmen (VKU)[276] zusammengeschlossenen Unternehmen anhand folgender Übersicht[277] aufzeigen.

Jahr	Anzahl Unternehmen	Eigenbetrieb	AG	GmbH	Zweckverband	AöR
1952	505	477 (94,5 %)	**9 (1,8 %)**	**16 (3,2 %)**	3 (0,6 %)	
1975	646	460 (71,2 %)	**42 (6,5 %)**	**112 (17,3 %)**	32 (5,0 %)	
1990	673	381 (56,6 %)	**40 (5,9 %)**	**214 (31,8 %)**	38 (5,6 %)	
1994	845	360 (42,6 %)	**48 (5,7 %)**	**378 (44,7 %)**	44 (5,2 %)	
2007	1.355	304 (22,4 %)	**66 (4,9 %)**	**666 (49,1 %)**	80 (5,9 %)	49 (3,6 %)
2013	1.432	302 (21,1 %)	**63 (4,4 %)**	**709 (49,5 %)**	102 (7,1 %)	77 (5,4%)
2015	1.452	306 (21,1 %)	**62 (4,3 %)**	**710 (48,9 %)**	116 (8,0 %)	84 (5,8 %)
2016	1.458	311 (21,3 %)	**62 (4,3 %)**	**705 (48,4 %)**	118 (8,1 %)	85 (5,8 %)

Abbildung 1: *Privatisierungspraxis im Zeitverlauf*

Es fällt auf, dass seit Mitte der 1990er Jahre etwa jedes zweite kommunale Unternehmen in Privatrechtsform organisiert ist und die Wahl der Rechtsform

276 Der Verband kommunaler Unternehmen e.V. (VKU) ist die Interessenvertretung der kommunalen Versorgungs- und Entsorgungswirtschaft in Deutschland.

277 Für die Daten der Jahre 1952 bis 2013 siehe *Cronauge*, Kommunale Unternehmen, Rn. 42. Die Daten der Jahre 2015 und 2016 sind dem Internetauftritt des VKU entnommen, https://www.vku.de/presse/grafiken-und-statistiken/uebergreifende-themen/ (zuletzt abgerufen am 25.05.2020). Angemerkt sei, dass in der Übersicht nicht aufgeführte wirtschaftliche Unternehmen sonstigen öffentlich-rechtlichen oder privatrechtlichen Organisationsformen zuzuordnen sind.

des Eigenbetriebes nahezu stetig an Beliebtheit verliert. Die Popularität der privatrechtlichen Rechtsform spiegelt sich auch in der Finanzstatistik wieder, wenn man die Jahresabschlüsse sämtlicher kaufmännisch buchender öffentlicher Fonds, Einrichtungen und Unternehmen für das Jahr 2015 vergleicht: Während die öffentlich-rechtlichen Rechtsformen Erträge in Höhe von 161,5 Mrd. Euro und Aufwendungen in Höhe von 155,5 Mrd. Euro vorhalten können, fallen auf die privatrechtlich strukturierten Einrichtungen demgegenüber Erträge in Höhe von 385,2 Mrd. Euro und Aufwendungen in Höhe von 373 Mrd. Euro.[278] Dies stellt einen beträchtlichen Anteil des öffentlichen Gesamthaushaltes dar, wenn man sich vor Augen führt, dass sich dieser im Jahr 2015 im Hinblick auf die Einnahmen auf rund 1.302 Mrd. Euro belief.[279]

Die Rechtsformenwahl ist in ihrer Ausprägung regional sehr unterschiedlich verlaufen. Gerade in Bayern fanden sich zunächst kaum Eigengesellschaften, während in nordrhein-westfälischen Städten mit mehr als 50.000 Einwohnern zum Referenzzeitpunkt die Anzahl der Eigengesellschaften doppelt so hoch lag wie die der Eigenbetriebe. Grund dafür dürfte der im Jahr 1973 in Art. 91 Abs. 1 Nr. 2 BayGO a. F. eingefügte sog. Eigenbetriebsvorrang gewesen sein, wonach die Gemeinde wirtschaftliche Unternehmen in einer Rechtsform des privaten Rechts nur gründen oder sich an solchen Unternehmen nur beteiligen durfte, wenn der öffentliche Zweck nicht ebenso gut durch einen Eigenbetrieb der Gemeinde erfüllt wird oder erfüllt werden kann.[280] Dieser Eigenbetriebsvorrang ist 1995 aufgehoben worden. Seitdem wird gesetzlich gefordert, dass im Gesellschaftsvertrag oder in der Satzung sichergestellt wird, dass das Unternehmen den öffentlichen Zweck erfüllt und die Gemeinde angemessenen Einfluss im Aufsichtsrat oder in einem entsprechenden Überwachungsgremium erhält.[281] Durch die Schaffung der öffentlich-rechtlichen Alternative des selbstständigen Kommunalunternehmens als Unterform einer Anstalt des öffentlichen Rechts (vgl. Art. 89 BayGO) hat der bayerische Gesetzgeber jedoch seine Vorliebe für öffentlich-rechtliche Rechtsformen zum Ausdruck gebracht.[282]

278 Die Daten sind dem Internetauftritt des Statistischen Bundesamtes entnommen; abrufbar unter: https://www.destatis.de/DE/ZahlenFakten/GesellschaftStaat/OeffentlicheFinanzenSte uern/OeffentlicheFinanzen/FondsEinrichtungenUnternehmen/Tabellen/Jahresabschluesse_Rechtsformen.html (zuletzt abgerufen am 25.05.2020).

279 Die Daten sind dem Internetauftritt des Statistischen Bundesamtes entnommen; abrufbar unter: https://www.destatis.de/DE/ZahlenFakten/GesellschaftStaat/OeffentlicheFinanzenSte uern/OeffentlicheFinanzen/EUHaushaltsrahmenrichtlinie/Tabellen/OeffentlicherGesamthaushalt.html (zuletzt abgerufen am 25.05.2020).

280 *Mann*, NVwZ 1996, 557; *Pitschas/Schoppa*, DÖV 2009, 469, 470.

281 Art. 92 Abs. 1 S. 1 Nr. 1, 2 BayGO.

282 *Mann*, NVwZ 1996, 557.

V. Gründe für die Verwaltungsprivatisierung

Als Gründe für die Wahl einer privatrechtlichen Organisationsform werden im Wesentlichen folgende Erwägungen vorgebracht: Die größere Flexibilität bei der Gründung und Auflösung, ein vorzugswürdiges Dienst- und Besoldungsrecht, ein flexibleres Haushaltsgebaren, eine höhere Kreditwürdigkeit, steuerrechtliche Aspekte, eine größere Flexibilität bei der Ausgestaltung der internen Aufbau- und Ablauforganisation, die Entpolitisierung einzelner Aufgaben, die Möglichkeit von Haftungsbeschränkungen sowie die größere Flexibilität im Hinblick auf Kooperationen mit anderen Rechtsträgern, seien sie öffentlich-rechtlicher oder privatrechtlicher Natur.[283] Diese Motive sollen im Folgenden dargestellt werden.

1. Einfachere Gründung und Auflösung

Wesentliches Motiv der öffentlichen Hand für die Benutzung privatrechtlicher Organisationsformen ist die leichtere Errichtung und Auflösung von Privatrechtsvereinigungen.[284] Während derartige Vereinigungen schnell und unkompliziert errichtet und wieder aufgelöst werden können, bereiten entsprechende Akte auf dem Gebiet des öffentlichen Rechts zum Teil erhebliche Schwierigkeiten.[285]

Die privatrechtlichen Gesetze normieren einen geschlossenen Kreis an Organisationstypen, welche in diesen Gesetzen modellhaft ausgeformt sind und die Grundlage für die Errichtung einer privatrechtlichen Organisationsform bilden.[286] Die Errichtung einer juristischen Person des privaten Rechts erfolgt regelmäßig in zwei Schritten:[287] In einem ersten müssen die Vereinigung oder das Zweckvermögen in den jeweiligen gesetzlichen Bestimmungen als solche vorgesehen sein. Erforderlich ist dazu, dass die Regelungen, die für das künftige Unternehmen gelten sollen, in einer Satzung oder in einem Gesellschaftsvertrag festgelegt werden. Dazu ist gegebenenfalls eine notarielle Beurkundung angezeigt. In einem zweiten Schritt erfolgt die Anerkennung der Rechtsfähigkeit der juristischen Person durch

---

283 Zu den Motiven für die Wahl einer privatrechtlichen Organisationsform siehe *Ossenbühl*, VVDStRL 29 (1971), 137, 146 ff.; *von Trott zu Solz*, Die staatlich beeinflusste Aktiengesellschaft, S. 6 ff.; *Graf Vitzthum*, AöR 104 (1979), 580, 589 f.; *Engel*, Grenzen und Formen, S. 39 ff.; *Altenmüller*, VBlBW 1984, 61; *Ehlers*, Verwaltung in Privatrechtsform, S. 293 ff.; *Stober*, NJW 1984, 449, 452; *Bauer*, VVDStRL 54 (1995), 243, 254 ff.; *Ronellenfitsch*, DÖV 1999, 705, 706; *Gundlach*, LKV 2000, 58; *Pitschas/Schoppa*, DÖV 2009, 469, 475; *Pitschas/Schoppa*, in: Mann/Püttner, Handbuch der kommunalen Wissenschaft und Praxis, § 43 Rn. 23 ff.; *Börgmann-Dehina*, Auswirkungen von Privatisierungen, S. 127 f.; *Cronauge*, Kommunale Unternehmen, Rn. 131 ff.; zu den einzelnen Gründen kritisch *Erbguth/Stollmann*, DÖV 1993, 798 ff.

284 *Köttgen*, VVDStRL 16 (1958), 154, 172 f.; *Leisner*, BayVBl 1967, 329, 331; *Ehlers*, Verwaltung in Privatrechtsform, S. 293.

285 *Ehlers*, Verwaltung in Privatrechtsform, S. 293.

286 *Ehlers*, Verwaltung in Privatrechtsform, S. 293.

287 *Ehlers*, Verwaltung in Privatrechtsform, S. 293 f.

staatlichen Hoheitsakt, welcher nicht Grund, sondern lediglich Wirksamkeitsvoraussetzung der Rechtsfähigkeit ist. Ein solcher Hoheitsakt kann beispielsweise die Eintragung in ein Register (vgl. § 7 GmbHG), die Verleihung der Rechtsfähigkeit (vgl. § 22 BGB) oder die Genehmigung (§ 80 BGB) sein. Werden die gesetzlichen Voraussetzungen für die Errichtung erfüllt, darf der staatliche Hoheitsakt nicht verweigert werden. Da die gesetzlich vorgesehenen Bestimmungen leicht eingehalten werden können und keine langwierigen Vorgänge erfordern, ist die Errichtung einer privatrechtlichen Vereinigung auch kurzfristig möglich.[288]

Auf dem Gebiet des öffentlichen Rechts wäre eine schnelle und praktikable Errichtung von juristischen Personen dann unproblematisch möglich, wenn, entsprechend dem Privatrecht, typusbildende Modellgesetze existieren würden, die der Verwaltung die Möglichkeit einräumen würden, die juristische Person eigeninitiativ durch Rechtsverordnung, Verwaltungsakt oder auf andere Weise zu gründen.[289] Im Grundsatz fehlen dem öffentlichen Recht jedoch derartige Rechtsrahmen, wobei gesetzliche Bestimmungen wie die Sparkassengesetze den Ausnahmefall bilden.[290] Aufgrund dessen bedarf es für die Errichtung einer öffentlich-rechtlichen juristischen Person im Regelfall eines besonderen förmlichen Gesetzes.[291] Da der Verwaltung die Möglichkeit der Erzwingung des Tätigwerdens des Gesetzgebers verwehrt ist und es sich zu umständlich und zeitintensiv darstellen würde, jeweils den Erlass eines entsprechenden Organisationsgesetzes abzuwarten, bleibt der Exekutive zumeist kaum eine andere Alternative als auf privatrechtliche Organisationsformen auszuweichen.[292]

Nicht nur die Gründung einer juristischen Person kann auf dem Gebiet des Privatrechts schneller und unkomplizierter erfolgen, sondern auch die Liquidation ist unter flexibleren Voraussetzungen möglich.[293] Die Auflösung einer öffentlich-rechtlichen Organisationsform kann dann zu Komplikationen führen, wenn das Rechtssubjekt durch Sondergesetz errichtet worden ist und dieses Gesetz keine anderweitigen Bestimmungen enthält. In einem solchen Fall obliegt die Auflösung der Rechtsperson dem Gesetzgeber.[294] Aufgrund dessen kann nicht davon ausgegangen werden, dass ein schnelles Reagieren auf veränderte Bedingungen in jedem Fall gesichert ist.[295]

---

288 *Ehlers*, Verwaltung in Privatrechtsform, S. 294.

289 *Erbguth/Stollmann*, DÖV 1993, 798, 802.

290 *Erbguth/Stollmann*, DÖV 1993, 798, 802.

291 *Erbguth/Stollmann*, DÖV 1993, 798, 802.

292 *Ehlers*, Verwaltung in Privatrechtsform, S. 295 f.

293 *Erbguth/Stollmann*, DÖV 1993, 798, 802; *Pitschas/Schoppa*, in: Mann/Püttner, Handbuch der kommunalen Wissenschaft und Praxis, § 43 Rn. 26.

294 *Pitschas/Schoppa*, in: Mann/Püttner, Handbuch der kommunalen Wissenschaft und Praxis, § 43 Rn. 26.

295 *Ehlers*, Verwaltung in Privatrechtsform, S. 297 f.; *Erbguth/Stollmann*, DÖV 1993, 798, 802.

2. Gründe des Dienst- und Besoldungsrechts

Als weiteres Argument für die Vorteilhaftigkeit der Organisationseinheiten des Privatrechts wird angeführt, dass bei privatrechtlicher Organisation die Mitarbeiter losgelöst von den Bindungen des Beamten- und Tarifvertragsrechts für Angestellte und Arbeiter im öffentlichen Dienst eingestellt, eingesetzt und entlassen werden können.[296] Ferner ist die Starrheit und Unbeweglichkeit des öffentlichen Dienstrechts zu bemängeln[297] und der öffentliche Dienst arbeitet mit einem überhöhten Personalbestand[298]. Die Berufung in ein Beamtenverhältnis auf Lebenszeit und der in den Tarifverträgen festgelegte großzügige Kündigungsschutz des öffentlichen Dienstrechts befördern zudem die Immobilität und Bequemlichkeit des Personals.[299] Weiter behindert das Laufbahnsystem und die starren Stellenpläne die Entfaltung aufstrebender Kräfte und das Besoldungs- und Entlohnungssystem ist nicht ausreichend funktions- und leistungsorientiert.[300] Gerade der letzte Aspekt ist von großer Praxisrelevanz, denn die Höchstsätze des beamtenrechtlichen Besoldungssystems bleiben weit hinter dem zurück, was etwa der Geschäftsführer eines großen Unternehmens in der freien Wirtschaft verdient.[301]

3. Zurückdrängung haushaltsrechtlicher Grundsätze

Die Verwaltung kann sich größere finanzielle Bewegungsfreiheit verschaffen, wenn sie unter Umgehung des öffentlichen Haushaltsrechts auf das Privatrecht ausweicht.[302] Genehmigungsvorbehalte und andere Restriktionen sind Grund dafür, dass den öffentlich-rechtlichen Betrieben und juristischen Personen des öffentlichen Rechts zum Teil ein kurzfristiges Reagieren auf veränderte Bedingungen erschwert wird.[303] Weiter werden die juristischen Personen und Unternehmen des öffentlichen Rechts unmittelbar durch die Rechnungshöfe beziehungsweise gemeindlichen Rechnungsprüfungseinrichtungen geprüft, während

---

296 *Ehlers*, Verwaltung in Privatrechtsform, S. 303; kritisch *Pitschas/Schoppa,* in: Mann/Püttner, Handbuch der kommunalen Wissenschaft und Praxis, § 43 Rn. 48.

297 *Graf Vitzthum,* AöR 104 (1979), 580, 590; *Ossenbühl*, DÖV 1971, 513, 519; *Engel*, Grenzen und Formen, S. 40; *Ehlers*, Verwaltung in Privatrechtsform, S. 304.

298 *Ehlers*, Verwaltung in Privatrechtsform, S. 304; dies verneinend *Wagener*, VVDStRL 37 (1979), 215, 221 („Märchen").

299 *Ehlers*, Verwaltung in Privatrechtsform, S. 304.

300 *Ehlers*, Verwaltung in Privatrechtsform, S. 305; vgl. auch zu weiteren Erwägungen *Ehlers*, Verwaltung in Privatrechtsform, S. 304 f.; *Leisner*, WiVerw 1983, 212, 215; *Stober*, NJW 1984, 449, 452.

301 *Ossenbühl*, DÖV 1971, 513, 519; *Engel*, Grenzen und Formen, S. 40; *Ehlers*, Verwaltung in Privatrechtsform, S. 305.

302 *Pitschas/Schoppa,* in: Mann/Püttner, Handbuch der kommunalen Wissenschaft und Praxis, § 43 Rn. 61.

303 *Ossenbühl*, DÖV 1971, 513, 519; *Engel*, Grenzen und Formen, S. 41; *Ehlers*, Verwaltung in Privatrechtsform, S. 311.

bei privatrechtlichen Organisationsformen nur das Verhalten der öffentlichen Hand als Gesellschafter dieser Kontrolle unterliegt.[304]

4. *Höhere Kreditwürdigkeit*

Vielfach wird geltend gemacht, dass juristische Personen des Privatrechts bei Kapitalgebern eine größere Kreditwürdigkeit genießen als juristische Personen des öffentlichen Rechts.[305] Grund dafür soll die unzureichende Kapitalausstattung vieler Rechtsträger des öffentlichen Rechts sein.[306] Nicht ausgeschlossen ist weiter, dass auch die privilegierte Stellung der Rechtsträger des öffentlichen Rechts im Zwangsvollstreckungsverfahren (vgl. § 882a ZPO) als Begründung in Betracht kommt.[307] Hauptgrund dürfte jedoch sein, dass die Kreditgeber lieber mit Unternehmen in Vertragsverhandlungen in Bezug auf Kredite eintreten, die in den ihnen bekannten Formen des Privatrechts geführt werden, als mit solchen, deren Rechtslage und -form ihnen nicht geläufig ist.[308]

5. *Steuerrechtliche Aspekte*

Die Errichtung eines kommunalen Unternehmens kann vor dem Hintergrund des Anrechnungsverfahrens des Körperschaftssteuergesetzes sowie des umsatzsteuerrechtlichen Vorsteuerabzugs zu Steuerersparnissen führen, wobei der steuerrechtliche Aspekt in der Praxis insbesondere im Hinblick auf die Auswahl zwischen Eigenbetrieb und Eigengesellschaft von Relevanz ist.[309] Berücksichtigt werden muss hier jedoch, dass die in der Vergangenheit bestehenden erheblichen Unterschiede bei der Belastung durch die Körperschaftssteuer nunmehr von Seiten des Gesetzgebers weitestgehend aufgehoben worden sind.[310] Aufgrund dessen ist dazu zu raten, steuerliche Vorteile nicht allein als ausschlaggebend für die Wahl einer bestimmten Organisationsform zu betrachten, da stetig Änderungen in Rechtsprechung und Gesetzgebung einkalkuliert werden müssen.[311]

---

304 *Ehlers*, Verwaltung in Privatrechtsform, S. 312.

305 *Siedentopf*, Grenzen und Bindungen, S. 25; *Rüfner*, Formen öffentlicher Verwaltung, S. 254 f.; *Ehlers*, Verwaltung in Privatrechtsform, S. 323.

306 *Ehlers*, Verwaltung in Privatrechtsform, S. 323.

307 *Ehlers*, Verwaltung in Privatrechtsform, S. 323.

308 *Ehlers*, Verwaltung in Privatrechtsform, S. 324 m.w.N. in Fn. 167.

309 *Cronauge*, Kommunale Unternehmen, Rn. 140.

310 Zur alten Rechtslage vgl. *Altenmüller*, VBlBW 1984, 61, 62; *Ehlers*, Verwaltung in Privatrechtsform, S. 325 ff.

311 *Cronauge*, Kommunale Unternehmen, Rn. 140.

6. Vereinfachung interner Organisationsabläufe

Weiterer Vorteil privatrechtlicher Organisationsgestaltung ist die größere Flexibilität des privatrechtlichen Organisationsrechts. Dieses ermöglicht es, die Binnenstruktur der privaten juristischen Person so den Anforderungen des Einzelfalls anzupassen, dass ein schnelles Handeln sichergestellt ist.[312] Da demgegenüber das öffentlich-rechtliche Organisationsrecht durch eine hierarchische Aufbau- und bürokratische Ablauforganisation im Sinne einer institutionellen Stufen-Pyramide gekennzeichnet ist, wird ihm diese Beweglichkeit nicht zugetraut.[313] Das starre öffentlich-rechtliche Organisationsrecht ist dadurch gekennzeichnet, dass sämtliche Entscheidungskompetenzen von der Spitzenposition abgeleitet werden, dass vertikale Kommunikationslinien (Dienstwege) eingehalten werden müssen, dass Rechte und Pflichten der Organisationsmitglieder exakt und damit unflexibel festgelegt werden und dass Aufgaben arbeitsteilig nach Maßgabe verbindlicher Regelungen standardisiert und formalisiert erfüllt werden.[314] Wesentliches Ziel der für die privatwirtschaftlichen Unternehmen entwickelten Organisation- und Führungsmethoden ist es hingegen, die Organisationsspitze zu entlasten, die Verantwortung und die Motivation der Mitarbeiter zu stärken, die Arbeitsabläufe zu entschlacken sowie die Entscheidungsfindung zu beschleunigen.[315]

7. Entpolitisierung der Aufgabenerfüllung

Die Auslagerung der Erfüllung von Verwaltungsaufgaben auf privatrechtliche Rechtsträger kann zu einer Minderung der Einflussnahme der öffentlichen Hand führen und eine Abschwächung oder Ausschaltung der Staatsaufsicht zur Folge haben.[316] Diese Auswirkungen werden bei der Entscheidung der Wahl eines Rechtskreises nicht lediglich in Kauf genommen, sondern im Gegenteil vielfach sogar angestrebt.[317] Nicht verschweigen soll in diesem Zusammenhang, dass derartige Erwägungen im Einzelfall geeignet sein können, die Grenze der Unsachlichkeit zu überschreiten (beispielsweise, wenn eine privatrechtliche Organisationsform allein deshalb gewählt wird, um die Einflussnahme des Gemeinderates weitgehend auszuschließen).[318]

---

312 *Ossenbühl*, VVDStRL 29 (1971), 137, 146 f.; *Pitschas/Schoppa*, in: Mann/Püttner, Handbuch der kommunalen Wissenschaft und Praxis, § 43 Rn. 29.

313 *Erbguth/Stollmann*, DÖV 1993, 798, 803 f.

314 *Erbguth/Stollmann*, DÖV 1993, 798, 804.

315 *Erbguth/Stollmann*, DÖV 1993, 798, 804.

316 *Schulz*, BayVBl 1996, 97, 101.

317 *Rüfner*, Formen öffentlicher Verwaltung, S. 254; *Engel*, Grenzen und Formen, S. 44; *Ehlers*, Verwaltung in Privatrechtsform, S. 313; *Pitschas/Schoppa*, in: Mann/Püttner, Handbuch der kommunalen Wissenschaft und Praxis, § 43 Rn. 30.

318 *Cronauge*, Kommunale Unternehmen, Rn. 143.

8. *Möglichkeit der Haftungsbeschränkung*

Weiterer Grund für die Verwendung privatrechtlicher Organisationsformen ist die Möglichkeit von Haftungsbeschränkungen bei juristischen Personen des Privatrechts.[319] Das Privatrecht bietet die Möglichkeit, im Insolvenzfall die Teilhaber nur entsprechend ihres Anteils mit ihrem Vermögen haften zu lassen und die Trägerkörperschaft von einer Einstandspflicht freizustellen.[320]

9. *Größere Flexibilität bezüglich Kooperationen*

Schließlich wird die privatrechtliche Gesellschaft als ideale Kooperations- und Integrationsform zwischen verschiedenen Rechtssubjekten angesehen.[321] Da sich derartige Kooperationen mit dem verfügbaren öffentlich-rechtlichen Gestaltungspotenzial vielfach nur schwerlich erreichen lassen, weicht die öffentliche Hand auf das Privatrecht aus, welches für das angestrebte Vorhaben weniger hinderlich ist.[322]

C. Die Kollision von Gesellschaftsrecht und Kommunalrecht und die daraus folgenden Zielkonflikte für die kommunale Praxis

Wählt eine Kommune zur Erfüllung ihrer öffentlichen Aufgaben eine Rechtsform des privaten Rechts, so kommt es zu einer Verflechtung zweier Rechtssysteme, welche unterschiedliche Prämissen zu Grunde legen und in ihrem Wesen von divergierenden Zielen geprägt sind.[323] Das Privatrecht und damit das Gesellschaftsrecht, welches auf die individuelle Handlungsfreiheit des Einzelnen ausgerichtet ist, folgt anderen Ordnungsprinzipien als die öffentliche Hand, die sich zugunsten des Gemeinwohls auszurichten und zu verhalten hat.[324] Im Folgenden sollen die unterschiedlichen Zielvorgaben des privaten Gesellschaftsrechts und des kommunalen Wirtschaftsrechts im Hinblick auf die wirtschaftlichen Unternehmen der Kommunen gegenübergestellt werden. Im Anschluss daran werden die Konfliktfelder aufgezeigt, die sich bei der kommunalen wirtschaftlichen Betätigung in Privatrechtsform in der kommunalen Praxis ergeben.

---

319 *Ehlers*, Verwaltung in Privatrechtsform, S. 315 ff.; *Haupt*, Wirtschaftliche Betätigung von Kommunen, S. 195 ff.; *Erbguth/Stollmann*, DÖV 1993, 798, 804.

320 *Erbguth/Stollmann*, DÖV 1993, 798, 804.

321 *Erbguth/Stollmann*, DÖV 1993, 798, 804.

322 *Ossenbühl*, VVDStRL 29 (1971), 137, 147; *Engel*, Grenzen und Formen, S. 47; *Ehlers*, Verwaltung in Privatrechtsform, S. 334 ff.; *Pitschas/Schoppa*, in: Mann/Püttner, Handbuch der kommunalen Wissenschaft und Praxis, § 43 Rn. 40.

323 *von Danwitz*, AöR 120 (1995), 595, 598.

324 *Schmidt*, ZGR 1996, 345, 350.

I. Das Aufeinandertreffen zweier konfligierender Interessensysteme

1. Wesen und Zielvorgaben des Gesellschaftsrechts

Aus dem allgemeinen Freiheitsrecht des Art. 2 Abs. 1 GG folgt nicht nur die verfassungsrechtliche Grundentscheidung für eine staatsfreie Gesellschaft, sondern auch der Grundsatz der staatsfreien Wirtschaft.[325] Selbst wenn einzelne Wirtschaftssubjekte öffentliche Aufgaben erfüllen, so werden sie dennoch nicht zu Bestandteilen des Staates, sondern verbleiben grundsätzlich im privaten Bereich.[326] Die Freiheit der Wirtschaft ist zwingende Konsequenz des Grundsatzes der Freiheitlichkeit des Wirtschaftssystems, welcher in den Artt. 12, 14 und Art. 2 Abs. 1 GG verfassungsrechtlichen Niederschlag findet.[327] Daneben schützt Art. 2 Abs. 1 GG die Privatautonomie.[328] Aufgrund ihrer engen Verbindung zum Demokratieprinzip wird sie grundsätzlich auch durch die Staatszielbestimmung des Art. 20 GG gewährleistet und ist daher von großer, zumeist unterschätzter Bedeutung.[329] Sie gewährleistet die „Selbstbestimmung des Einzelnen im Rechtsleben"[330] und ist „Strukturelement einer freiheitlichen Gesellschaftsordnung"[331]. Dem Einzelnen muss von Verfassungs wegen das Recht zustehen, als homo oeconomicus „seine Rechtsverhältnisse nach seinem Willen selbst und eigenverantwortlich gestalten zu können"[332].

Das Privatrecht und damit das Gesellschaftsrecht regeln im Gegensatz zum öffentlichen Recht die Rechtsbeziehungen der Bürger untereinander unter Berücksichtigung der Prinzipien der Gleichberechtigung und Selbstbestimmung.[333] Hoheitliche Eingriffe in die unternehmerische Freiheit sind nur dann zulässig, wenn dadurch ein Beitrag zur besseren Erfüllung der gesamtwirtschaftlichen Funktion des Unternehmensträgers in einer modernen Volkswirtschaft geleistet wird. Derartige Einschränkungen bedürfen nach dem Grundsatz des Vorbehaltes des Gesetzes einer gesetzlichen Grundlage und sind als Eingriffe insbesondere in die Eigentumsfreiheit aus Art. 14 Abs. 1 GG einer strengen Verhältnismäßigkeitsprüfung zu unterziehen. Hierbei ist der Grundsatz des freien Unternehmertums angemessen zu berücksichtigen.[334]

---

325 *Di Fabio*, in: Maunz/Dürig, Grundgesetz, Art. 2 Abs. 1 Rn. 87; vgl. auch BVerfGE 15, 235, 240.

326 *Di Fabio*, in: Maunz/Dürig, Grundgesetz, Art. 2 Abs. 1 Rn. 87.

327 *Di Fabio*, in: Maunz/Dürig, Grundgesetz, Art. 2 Abs. 1 Rn. 87.

328 BVerfGE 81, 242, 254; 89, 214, 231; *Bachof*, JZ 1966, 129, 133; *Canaris*, JZ 1987, 993, 994; *Röthel*, NJW 2001, 1334.

329 *Canaris*, JZ 1987, 993, 994.

330 BVerfGE 89, 214, 231.

331 BVerfGE 81, 242, 254.

332 *Di Fabio*, in: Maunz/Dürig, Grundgesetz, Art. 2 Abs. 1 Rn. 101.

333 *Gusy*, DÖV 1984, 872, 878; *Rüthers/Stadler*, Allgemeiner Teil des BGB § 1 Rn. 2.

334 *Rittner/Dreher*, Europäisches und deutsches Wirtschaftsrecht, § 8 Rn. 25.

Der Gesetzgeber stellt mit den Rechtsformen des Gesellschaftsrechts einen Gestaltungsrahmen zur Verfügung, der die „freie Assoziation und Selbstbestimmung der Vereinigung“[335] und damit eine angemessene Organisation der wirtschaftlichen Betätigung im Rahmen der Privatautonomie ermöglicht[336]. Er hat dabei die Grundlagen für das praktische Leben in einer dieser Rechtsformen so auszugestalten, dass die Funktionsfähigkeit der Gesellschaft insbesondere im Hinblick auf ihre Willensbildungsorgane gewährleistet wird.[337] Muss die privatrechtliche Betätigung der Verwaltung im Grundsatz stets einen unmittelbaren Gemeinwohlbezug aufweisen, so geht es dem privaten Gesellschaftsrecht gerade nicht um die Verwirklichung bestimmter Zielvorgaben. Im Vordergrund steht vielmehr die Schaffung einer Grundlage im Sinne eines „Verwirklichungsmodus“[338] für eine autonome Umsetzung von privat- und gruppennützigen Interessen sowie Vorstellungen.[339] Es obliegt nach dem Gesellschaftsrecht dem Privaten, überhaupt erst Initiative zur Teilnahme am Wirtschaftsleben zu ergreifen sowie fortan Formen und Ziele seines wirtschaftlichen Strebens zu formulieren.[340] Ein Gemeinwohlbezug ist im Rahmen der Privatrechtsordnung, welche auf den individuellen Leistungsaustausch gerichtet ist und dabei die Verfolgung subjektiver Interessen intendiert, undenkbar.[341]

Die Betriebswirtschaftslehre unterscheidet zwischen erwerbswirtschaftlicher und bedarfswirtschaftlicher Handlungsorientierung von Unternehmen.[342] Bei der erwerbswirtschaftlichen Betätigung geht es vorrangig um das Erzielen von Gewinnen. Diese findet sich in erster Linie bei privatwirtschaftlichen Unternehmen.[343] Ist die bloße Bedarfsdeckung demgegenüber das Unternehmensziel und die Gewinnerzielung lediglich Nebenergebnis, verhalten sich die Unternehmen bedarfswirtschaftlich. Während bei privatwirtschaftlichen Unternehmen die Bedarfsdeckung ein Mittel zur Erreichung des Rentabilitätsziels darstellt, ist diese bei öffentlichen Unternehmen das dominante Sachziel.[344]

---

335 BVerfGE 50, 290, 355.

336 *von Danwitz*, AöR 120 (1995), 595, 598.

337 BVerfGE 50, 290, 355.

338 *von Danwitz*, AöR 120 (1995), 595, 598.

339 *von Danwitz*, AöR 120 (1995), 595, 598.

340 *von Danwitz*, AöR 120 (1995), 595, 598.

341 *Kraft*, Verwaltungsgesellschaftsrecht, S. 259.

342 *Stein*, Realtypologie, S. 67; siehe ferner zu den Zielen privatwirtschaftlicher Unternehmen *Ortmann*, Unternehmungsziele als Ideologie, S. 93 ff.; *Kupsch*, Unternehmungsziele, S. 19 ff.

343 *Stein*, Realtypologie, S. 67.

344 *Stein*, Realtypologie, S. 67.

2. Wesen und Zielvorgaben des kommunalen Wirtschaftsrechts

Auch wenn sich die Verwaltung zur Erfüllung ihrer Aufgaben privatrechtlicher Rechtsformen bedienen kann, so stehen ihr dennoch nicht die Freiheiten und Möglichkeiten zur Verfügung, welche die Privatautonomie grundsätzlich gewährleistet.[345] Die privatwirtschaftliche Tätigkeit der öffentlichen Hand muss stets der Erfüllung öffentlicher Aufgaben dienen und kann seine Rechtfertigung nicht in der privatautonomen Gestaltungsfreiheit finden.[346] Eine Ausdehnung des Handlungsspielraumes der Gemeinden würde dem gewährleistenden und gleichzeitig kompetenzbegrenzenden Selbstverwaltungsrecht der Gemeinden aus Art. 28 Abs. 2 GG zuwiderlaufen.[347] Tritt der Staat als Leistungsträger dem leistungsabhängigen Bürger mit einer faktischen oder rechtlichen Übermacht nicht in hoheitlicher, sondern in privatrechtlicher Form gegenüber, so bleibt seine Bindung an die Grundrechte bestehen, welche von Seiten des Staates über die Institutionen des Privatrechts gesichert werden muss.[348]

Die Kommunen sind keine normalen Mitspieler am Markt und können ihre Geschäftspolitik nicht wie private Unternehmen an den Gesetzen des Marktes ausrichten. Sie genießen gegenüber privaten Unternehmen zum Teil Wettbewerbsvorteile, sehen sich auf der anderen Seite jedoch auch mit gesetzlichen, administrativen sowie politischen Rahmenbedingungen konfrontiert.[349] Insgesamt haben die öffentlichen Unternehmen für das Gemeinwohl eine wichtige Funktion und tragen zu seiner Umsetzung bei.[350] Die Betätigungsfelder der öffentlichen Unternehmen erstrecken sich insbesondere auf das Angebot von solchen Leistungen, bei denen die öffentliche Hand auf die Preise und Bedingungen im öffentlichen Interesse Einfluss nehmen muss (beispielsweise öffentlicher Personennahverkehr), auf die Bereitstellung und Bewirtschaftung von im öffentlichen Interesse liegenden Infrastrukturleistungen (beispielsweise Strom-, Gas-, Fernwärme- und Wasserversorgung, Eisenbahnverkehr) sowie auf die Beeinflussung wichtiger Märkte und die Wettbewerbsförderung (beispielsweise öffentliche Kreditinstitute und Versicherer). Daraus geht hervor, dass bei dem Einsatz öffentlicher Unternehmen auch gesamtwirtschaftliche und außerökonomische Ziele Berücksichtigung finden.[351] Die öffentlichen Unternehmen füllen insoweit unterschiedliche Funktionen

---

345 BGHZ 91, 84, 96; *Ehlers*, Verwaltung in Privatrechtsform, S. 88; *Püttner*, Die öffentlichen Unternehmen, S. 275; *Otting*, Neues Steuerungsmodell, S. 165; *Koch*, Der rechtliche Status, S. 47.

346 *Bethge*, Grundrechtsberechtigung juristischer Personen, S. 107.

347 *Otting*, Neues Steuerungsmodell, S. 165.

348 *Hengstschläger*, VVDStRL 54 (1995), 165, 189.

349 *Hill*, BB 1997, 425, 426.

350 *Wissenschaftlicher Beirat der Gesellschaft für öffentliche Wirtschaft*, ZögU 17 (1994), 195, 204.

351 *Wissenschaftlicher Beirat der Gesellschaft für öffentliche Wirtschaft*, ZögU 17 (1994), 195, 201.

aus: Sie fördern unter anderem den Wettbewerb, ergänzen die Privatwirtschaft, übernehmen solche Risiken, zu deren Übernahme ein Privater nicht bereit ist, treiben Innovationen voran, begegnen Umstrukturierungen und Stilllegungen und stellen einen gewichtigen Beitrag zur unternehmerischen Vielfalt der Wirtschaftsordnung dar.[352]

Die öffentliche Wirtschaftstätigkeit ist aus verfassungsrechtlicher Sicht nur dann legitim, wenn sie als Instrument zur Erledigung im öffentlichen Interesse liegender Aufgaben betrieben wird.[353] Ausfluss des Rechtsstaatsprinzips ist nämlich die Bindung aller staatlichen Tätigkeit an das Gemeinwohl als Staatszweck.[354] Die landesrechtlich in den Einzelheiten unterschiedlich ausgestalteten kommunalrechtlichen Schrankentrias verlangen vor diesem Hintergrund insbesondere, dass ein öffentlicher Zweck gegeben ist, der das kommunale Unternehmen rechtfertigt.[355] Diese Tatbestandsvoraussetzung, welche von ganz zentraler Bedeutung ist, gewährleistet und sichert die geforderte Bindung der Kommunen an das Gemeinwohl. Die wirtschaftliche Betätigung einer Gemeinde muss im Einzelfall für den öffentlichen Zweck objektiv erforderlich sein und das Wohl der Einwohnerschaft fördern.[356] Es stellt ein Legitimationserfordernis dar, dass durch die kommunale Leistung ein Bedarf befriedigt wird, der vernünftigerweise im öffentlichen Interesse der Einwohner als notwendig bezeichnet werden kann.[357] „Öffentliches Interesse" meint dabei, dass die kommunalwirtschaftliche Betätigung für den öffentlichen Zweck objektiv erforderlich und geboten ist.[358] Dabei ist die Bestimmung des Begriffs des öffentlichen Zwecks nicht unproblematisch. Das Bundesverwaltungsgericht führte in einem Urteil aus dem Jahr 1972 aus, dass es sich bei der Beurteilung des öffentlichen Zweckes um eine Frage sachgerechter Kommunalpolitik handele, die in großem Maße von Zweckmäßigkeitsüberlegungen bestimmt werde.[359] *Abromeit* weist darauf hin, dass im politischen Prozess die Auslegung des Begriffs des öffentlichen Zweckes stets neu und speziell definiert werden müsse, da eine Formulierung zwingender Zielkataloge nicht möglich sei.[360] Das Bundesverfassungsgericht nahm

---

352 *Wissenschaftlicher Beirat der Gesellschaft für öffentliche Wirtschaft*, ZögU 17 (1994), 195, 201.

353 RhPfVerfGH NVwZ 2000, 801; *Püttner*, Die öffentlichen Unternehmen, S. 128; *Britz*, NVwZ 2001, 380, 381.

354 *Püttner*, Die öffentlichen Unternehmen, S. 128.

355 Vgl. § 107 Abs. 1 GO NRW; § 85 Abs. 1 S. 1 GO RP; § 136 Abs. 1 S. 1 NKomVG; § 94a Abs. 1 S. 1 SächsGO; § 91 Abs. 2, 3 BbgKVerf; § 121 Abs. 1 S. 1 HGO; § 102 Abs. 1 GO BW; § 108 Abs. 1 KSVG SL; § 128 Abs. 1 S. 1 KVG LSA; § 71 Abs. 2 ThürKO; § 101 Abs. 1 GO SH; § 68 Abs. 2 S. 1 KV M-V; Art. 87 Abs. 1 S. 1 BayGO; *Ehlers*, DVBl 1998, 497, 498 f.; *Katz*, Kommunale Wirtschaft, Teil 1 Rn. 51; siehe oben 1. Kapitel B.I.4.a).

356 *Cronauge*, Kommunale Unternehmen, Rn. 412; *Katz*, Kommunale Wirtschaft, Teil 1 Rn. 54.

357 *Katz*, Kommunale Wirtschaft, Teil 1 Rn. 54.

358 OVG Münster NVwZ 2008, 1031, 1035; siehe auch BVerfGE 59, 216, 229.

359 BVerwG VerwRspr 1973, 215, 218.

360 *Abromeit*, ZögU 11 (1998), 1, 2; siehe auch *Schneider*, DVBl 2000, 1250, 1251.

in seiner Sasbach-Entscheidung aus dem Jahr 1982 in Anknüpfung an die bundesverwaltungsgerichtliche Rechtsprechung eine Negativabgrenzung vor und sah nur ein solches wirtschaftliches Engagement der Gemeinden von keinem öffentlichen Zweck legitimiert, welches ausschließlich der Gewinnerzielung dient.[361] *Ehlers* wendet insoweit ein, dass nicht jeder Gemeinwohlbelang ein Tätigwerden rechtfertigen könne.[362] In der kommunalen Praxis ist deshalb stets eine Gesamtwürdigung des Einzelfalles angezeigt.[363] Zur Beurteilung der Frage, ob konkret ein öffentlicher Zweck gegeben ist oder nicht, ist die kommunale Vertretungskörperschaft berufen.[364] Der Steuerungseffekt, der von der ersten Schranke der Schrankentrias ausgeht, ist nur als gering einzustufen.[365]

Wie ausgeführt[366] bringt es die Bindung der Gemeinden an einen öffentlichen Zweck mit sich, dass die wirtschaftliche Betätigung der Gemeinden im Unterschied zur Privatwirtschaft nicht ausschließlich auf Gewinnerzielung ausgerichtet werden darf. Sie ist nur solange zulässig, wie der öffentliche Zweck durch das erwerbswirtschaftliche Gewinnstreben nicht beeinträchtigt wird und nur einen Nebenzweck zu einer nicht wirtschaftlichen Haupttätigkeit der Gemeinde darstellt. Öffentliche Unternehmen verhalten sich im betriebswirtschaftlichen Sinne lediglich bedarfswirtschaftlich. Denn die Überschusserzielung ist nur ein Nebenergebnis.[367] Auch der finanzielle Druck, der regelmäßig auf den Gemeindehaushalten lastet, kann nicht als Rechtfertigung dafür herhalten, dass den Gemeinden sämtliche Freiheiten der Privatautonomie zugebilligt werden und sie gleich den privatwirtschaftlichen Unternehmen ungehemmt am wirtschaftlichen Wettbewerb teilnehmen können.[368]

Als weitere Voraussetzung der wirtschaftlichen Betätigung der Kommunen sehen die Gemeindeordnungen mit im Einzelfall unterschiedlich ausgestalteten Regelungen vor, dass die Betätigung nach Art und Umfang in einem angemessenen Verhältnis zu der Leistungsfähigkeit der Gemeinde und zum voraussichtlichen Bedarf stehen muss.[369] Während es privaten Unternehmern freisteht, unter Verwirklichung der privatautonomen Freiheiten jedes finanzielle Risiko, und sei es aus betriebswirtschaftlichen Gesichtspunkten noch so unvernünftig, einzugehen, ist Sinn und Zweck dieser kommunalrechtlichen Schranke, die Gemeinden vor

---

361 BVerfGE 61, 82, 107; so auch *Mann*, JZ 2002, 819, 820.

362 *Ehlers*, DVBl 1998, 497, 499.

363 OVG Münster NVwZ 2003, 1520, 1523; *Held/Kotzea*, in: PdK GO NRW, § 107 Erl. 3.1.2.

364 *Scholz*, DÖV 1976, 441, 442; *Otting*, Neues Steuerungsmodell, S. 111; *Ehlers*, DVBl 1998, 497, 500; so wohl auch BVerwG VerwRspr 1973, 215, 218 („Beurteilung durch den Richter weitgehend entzogen"; „Frage sachgerechter Kommunalpolitik").

365 *Burgi*, Kommunalrecht, § 17 Rn. 43.

366 1. Kapitel A.II.3.a).

367 *Stein*, Realtypologie, S. 67.

368 *Strobel*, Verschwiegenheits- und Auskunftspflicht kommunaler Vertreter, S. 64 f.

369 So § 68 Abs. 2 S. 1 Nr. 2 KV M-V; siehe beispielsweise auch § 107 Abs. 1 S. 1 Nr. 2 GO NRW; § 121 Abs. 1 S. 1 Nr. 2 HGO; § 101 Abs. 1 Nr. 2 GO SH; siehe oben 1. Kapitel B.I.4.b).

wirtschaftlichen Risiken und finanzieller Überforderung zu schützen.[370] Das Merkmal des Bedarfs soll dazu Überkapazitäten vermeiden.[371] Das Vorliegen der Voraussetzungen ist im Einzelfall anhand der tatsächlichen Verhältnisse und örtlichen Gegebenheiten anhand von Analysen und Prognosen zu überprüfen. Der Begriff der Leistungsfähigkeit stellt einen unbestimmten Rechtsbegriff dar, welcher der Gemeinde einen begrenzten Beurteilungsspielraum einräumt.[372]

Als letzte Schranke verlangen die kommunalrechtlichen Schrankentrias herkömmlicherweise, dass der Zweck des Unternehmens außerhalb der Bereiche der klassischen Daseinsvorsorge nicht besser und wirtschaftlicher durch einen anderen erfüllt wird oder erfüllt werden kann (sog. echte Subsidiaritätsklausel[373]) beziehungsweise dass eine wirtschaftliche Betätigung nur dann zulässig ist, wenn der öffentliche Zweck nicht ebenso gut und wirtschaftlich durch einen anderen erfüllt wird oder erfüllt werden kann (sog. unechte Subsidiaritätsklausel[374]).[375] Diese Klauseln sichern das Vorrangverhältnis der privaten vor der kommunalen Wirtschaft, welches sich aus dem Grundgesetz nicht ableiten lässt.[376] So soll im öffentlichen Interesse verhindert werden, dass zulasten der Privatwirtschaft eine ungehemmte, sachlich nicht gerechtfertigte wirtschaftliche Betätigung der Kommunen stattfindet. Die Gemeinden sollen angehalten werden, sich auf ihre primären Gemeindeaufgaben zu konzentrieren und unkalkulierbare Risiken zu vermeiden.[377]

II. Konflikte in der kommunalen Praxis

Übt die Kommune die ihr obliegenden Ingerenzpflichten bezüglich ihrer privatwirtschaftlichen Unternehmen durch kommunale Aufsichtsratsmitglieder aus, spielen in der kommunalen Praxis drei Interessenkonflikte eine zentrale Rolle. Zum einen stellt sich die Frage, inwieweit diese Aufsichtsratsmitglieder an die Weisungen der sie wählenden oder entsendenden Gebietskörperschaft gebunden sind.[378] Weiter fragt sich, unter welchen Voraussetzungen die die Aufsichtsratsmitglieder

---

370 *Otting*, Neues Steuerungsmodell, S. 134; *Burgi*, Kommunalrecht, § 17 Rn. 45; *Katz*, Kommunale Wirtschaft, Teil 1 Rn. 61.

371 *Cronauge*, Kommunale Unternehmen, Rn. 415.

372 *Schneider*, DVBl 2000, 1250, 1257; *Katz*, Kommunale Wirtschaft, Teil 1 Rn. 62.

373 So beispielsweise § 102 Abs. 1 Nr. 3 GO BW.

374 So beispielsweise § 107 Abs. 1 S. 1 Nr. 3 GO NRW.

375 *Reck*, DVBl 2009, 1546, 1550; *Cronauge*, Kommunale Unternehmen, Rn. 416; *Katz*, Kommunale Wirtschaft, Teil 1 Rn. 63 f.; siehe 1. Kapitel B.I.4.c).

376 *Reck*, DVBl 2009, 1546, 1550; zur verfassungsrechtlichen Zulässigkeit der Subsidiaritätsklausel im Hinblick auf Art. 28 Abs. 2 GG vgl. *Cronauge*, Kommunale Unternehmen, Rn. 419.

377 *Katz*, Kommunale Wirtschaft, Teil 1 Rn. 63.

378 Zum Weisungsrecht gegenüber kommunalen Aufsichtsratsmitgliedern siehe nur *Raiser*, ZGR 1978, 391 ff.; *Engel*, Grenzen und Formen, S. 160 ff.; *Fischer*, AG 1982, 85 ff.; *Schmidt-Aßmann/Ulmer*, BB 1988 Beil. 13, 1, 4; *Pfeifer*, Möglichkeiten und Grenzen, S. 153 ff.; *Schwintowski*, NJW 1995, 1316 ff.; *Schön*, ZGR 1996, 429, 430;

grundsätzliche treffende Pflicht zur Verschwiegenheit durch Auskunftsansprüche des öffentlichen Gesellschafters durchbrochen werden kann.[379] Ferner kommt es zu einer Kollision des Grundsatzes der Nichtöffentlichkeit der Aufsichtsratssitzung mit dem Öffentlichkeitsprinzip, welches der kommunalen Selbstverwaltung zugrunde liegt.[380] Die ausführliche Darstellung dieser Interessenkonflikte und den dazugehörigen Lösungsansätzen bleibt dem 3. und 4. Kapitel dieser Arbeit vorbehalten.

D. Zusammenfassende Würdigung

Die wirtschaftliche Betätigung der Gemeinden fällt unter den verfassungsrechtlichen Schutz des Selbstverwaltungsrechts der Gemeinden aus Art. 28 Abs. 2 GG. Den Gemeinden ist es jedoch verwehrt, ihre wirtschaftliche Betätigung unabhängig

---

Gundlach/Frenzel/Schmidt, LKV 2001, 246 ff.; *Brenner*, LKV 2002, 7 ff.; *Strobel*, Verschwiegenheits- und Auskunftspflicht kommunaler Vertreter, S. 88 ff.; *Altmeppen*, NJW 2003, 2561, 2563 ff.; *Keller/Paetzelt*, KommJur 2005, 451, 452 ff.; *Zieglmeier*, LKV 2005, 338, 339; *Kiethe*, NZG 2006, 45 ff.; *Kannen*, Möglichkeiten der Einflussnahme, S. 44 ff.; *Knemeyer*, KommJur 2007, 241, 242 ff.; *Leisner*, GewArch 2009, 337 ff.; *Ax/Ottenströer*, VR 2010, 385 ff.; *Faber*, Gesellschaftsrechtliche Bindungen für Aufsichtsratsmitglieder, S. 168 ff.; *Hüffer*, in: FS Hopt, S. 901, 908 ff.; *Ganzer/Tremml*, GewArch 2010, 141 f.; *Altmeppen*, in: FS Schneider, S. 1, 2 ff.; *Weckerling-Wilhelm/Mirtsching*, NZG 2011, 327 ff.; *Spindler*, ZIP 2011, 689, 693 ff.; *Lampert*, Einflussnahme auf Aufsichtsratsmitglieder, S. 18 ff.; *Heidel*, NZG 2012, 48 ff.; *Schiffer/Wurzel*, KommJur 2012, 52 ff.; *Pauly/Schüler*, DÖV 2012, 339 ff.; *Weber-Rey/Buckel*, ZHR 177 (2013), 13, 21 ff.; *Hoffmann-Becking*, NZG 2014, 801, 807 ff.; *Ziche/Herrmann*, DÖV 2014, 111 ff.; *Meyer*, LKRZ 2014, 349 ff.; Reichert, ZGR 2015, 1, 7 f.; *Ahnis/Brunz*, IR 2016, 4 ff.

379 Zu diesem Interessenkonflikt siehe nur *Schmidt-Aßmann/Ulmer*, BB 1988 Beil. 13, 1 ff.; *Schwintowski*, NJW 1990, 1009 ff.; *Gundlach/Frenzel/Schmidt*, LKV 2001, 246, 250 ff.; *Strobel*, Verschwiegenheits- und Auskunftspflicht kommunaler Vertreter, S. 97 ff.; *Altmeppen*, NJW 2003, 2561, 2566 ff.; *Keller/Paetzelt*, KommJur 2005, 451, 452 ff.; *Kühne/Czarnecki*, LKV 2005, 481 ff.; *Zieglmeier*, LKV 2005, 338, 340; *Meiski*, BayVBl 2006, 300 ff.; *Sydow/Gebhardt*, NVwZ 2006, 986 ff.; *Kannen*, Möglichkeiten der Einflussnahme, S. 32 ff.; *van Kann/Keiluweit*, DB 2009, 2251 ff.; *Faber*, Gesellschaftsrechtliche Bindungen für Aufsichtsratsmitglieder, S. 85 ff.; *Ganzer/Tremml*, GewArch 2010, 141 ff.; *Altmeppen*, in: FS Schneider, S. 1, 10 ff.; *Bormann*, NZG 2011, 926 ff.; *Spindler*, ZIP 2011, 689, 690 ff.; *Lampert*, Einflussnahme auf Aufsichtsratsmitglieder, S. 41 ff.; *Tetzlaff*, LKV 2012, 489, 491 ff.; *Weber-Rey/Buckel*, ZHR 177 (2013), 13, 15 ff.; *Bracht*, NVwZ 2016, 108, 109 ff.; *Dünchheim*, KommJur 2016, 441, 444 ff.; *Belcke/Mehrhoff*, GmbHR 2016, 576 ff.; *Ristelhuber*, NWVBl 2016, 359 ff.; *Katz*, NVwZ 2018, 1091 ff.; *Mann*, AG 2018, 57 ff.; *Schmolke*, WM 2018, 1913 ff.; *Schockenhoff*, NZG 2018, 521 ff.; *Schwill*, NVwZ 2019, 109 ff.; *Werner*, NVwZ 2019, 449 ff.

380 Zu diesem Interessenkonflikt siehe nur *Meiski*, NVwZ 2007, 1355 ff.; *Wilhelm*, DB 2009, 944 ff.; *Bormann*, NZG 2011, 926 ff.; *Lampert*, Einflussnahme auf Aufsichtsratsmitglieder, S. 71 ff.; *Burgi*, NVwZ 2014, 609 ff.; *Thormann*, DÖV 2016, 991 ff.

von der Verfolgung eines öffentlichen Zwecks auf Gewinnerzielung auszurichten. Die Gewinnmitnahme ist indes legitim, solange die Verfolgung eines öffentlichen Zwecks nicht beeinträchtigt wird. In örtlicher Hinsicht muss die Wirtschaftstätigkeit einer Gemeinde den Gebietsangehörigen oder den Personen, die sich auf dem Gemeindegebiet aufhalten, zugutekommen. Art. 28 Abs. 2 GG vermittelt daher auch vertikalen Schutz. Aus dem Begriff der Daseinsvorsorge lassen sich Restriktionen im Hinblick auf kommunalwirtschaftliche Betätigungen nicht herleiten.

Die Gemeinden können sich zur Erfüllung ihrer Aufgaben wirtschaftlich betätigen und sich dazu kommunaler Unternehmen bedienen. Die wirtschaftliche Betätigung ist jedoch nicht schrankenlos möglich, sondern die Gemeindeordnungen knüpfen die Zulässigkeit an bestimmte Voraussetzungen, welche zumeist als Schrankentrias gesetzlich ausgestaltet sind. Danach ist regelmäßig erforderlich, dass die staatliche Betätigung durch einen öffentlichen Zweck legitimiert sein muss und nach Art und Umfang in einem angemessenen Verhältnis zur Leistungsfähigkeit der Gemeinde und zum voraussichtlichen Bedarf steht. Zudem darf grundsätzlich der Zweck des Unternehmens in den Bereichen, die nicht zur klassischen Daseinsvorsorge gehören, nicht besser und wirtschaftlicher durch einen anderen erfüllt werden oder erfüllt werden können.

Aus der Doppelnatur des Staates folgt der Grundsatz der Formenwahlfreiheit. Der öffentlichen Hand steht als Träger der Leistungsverwaltung daher insbesondere ein Wahlrecht bezüglich der Organisationsform der Leistungsträger zu. Kommunale Unternehmen können daher nicht nur in den Formen des öffentlichen Rechts, etwa als Regie- oder Eigenbetriebe, betrieben werden, sondern insbesondere auch als Aktiengesellschaft oder GmbH. Im Hinblick auf die privatrechtlichen Rechtsformen ist zwischen Eigengesellschaften, gemischt-öffentlichen und gemischt-privaten Unternehmen zu unterscheiden.

Seit Ende des Zweiten Weltkrieges organisieren sich die Kommunen zunehmend in den Rechtsformen des privaten Rechts. Dies hat mannigfaltige Gründe: Wesentliche Motive sind eine größere Gestaltungsfreiheit im Hinblick auf die Gründung und Auflösung der Gesellschaften, die Abkopplung von den Bindungen des Beamten- und Dienstrechts, die umfangreichere finanzielle Bewegungsfreiheit, die höhere Kreditwürdigkeit sowie die Möglichkeit von Haftungsbeschränkungen.

Organisiert sich eine Kommune in privatrechtlicher Form, kommt es zu einer Kollision zweier konfligierender Interessensysteme: Der Private kann sich auf die verfassungsrechtlichen Grundentscheidungen der staatsfreien Wirtschaft und der Privatautonomie berufen. Das Privatrecht und damit das Gesellschaftsrecht bieten einen Gestaltungsrahmen, um die von den privaten Unternehmern privatautonom formulierten Interessen und Ziele zu verwirklichen. Ein Gemeinwohlbezug ist mit der Privatrechtsordnung nicht zu vereinbaren. Konträr dazu kann sich die öffentliche Hand, bedient sie sich zur Erfüllung ihrer Aufgaben einer privatrechtlichen Rechtsform, nicht vollumfänglich auf diese von der Privatautonomie umfassten Freiheiten berufen. Denn der Staat ist selbst dann, wenn er dem Bürger auf der Ebene des Privatrechts gleichberechtigt gegenübertritt, weiterhin an die Grundrechte gebunden. Daraus folgt, dass sich gemeindliche Unternehmen nicht an den

Gesetzen des Marktes ausrichten können, sondern ihnen lediglich mitunter eine wettbewerbsfördernde Funktion zukommt. Darüber hinaus ergänzen sie die Privatwirtschaft. Die öffentliche Wirtschaftstätigkeit hat sich stets an im Gemeinwohl liegenden Interessen zu orientieren. Dies ist Ausfluss des Rechtsstaatsprinzips. Auf kommunaler Ebene sichern die in den Gemeindeordnungen der Länder festgeschriebenen Schrankentrias die Bindung der Kommunen an die öffentliche Zweckverfolgung. Da es den privatwirtschaftlichen Unternehmern vorrangig um die Erzielung von Gewinnen geht, steht bei diesen die erwerbswirtschaftliche Betätigung im Vordergrund. Die kommunalen Unternehmen, welche sich von Verfassungs wegen nicht ausschließlich auf die Gewinnerzielung ausrichten dürfen, verhalten sich demgegenüber lediglich bedarfswirtschaftlich.

Bedient sich eine Gemeinde zur Erfüllung ihrer Aufgaben der Gesellschaftsformen des Privatrechts, so berührt dieser Sachverhalt das Kommunal- und das Gesellschaftsrecht. Wertungswidersprüche der unterschiedlichen Rechtssysteme liegen auf der Hand. *Von Danwitz* führt hierzu anschaulich aus, dass „die Indienstnahme des privaten Gesellschaftsrechts für die Wahrnehmung öffentlicher Aufgaben der Leistungsverwaltung eine Herausforderung“ darstelle, „die eine auf die Kompatibilität beider Systeme abzielende Auslegung des vorhandenen rechtlichen Instrumentariums“[381] erfordere.

---

381 *von Danwitz*, AöR 120 (1995), 595, 598.

2. Kapitel Die Steuerung kommunaler Unternehmen durch die Gemeinde

Bedienen sich die Gemeinden zur Erfüllung ihrer öffentlichen Aufgaben privatrechtlicher Organisationsformen, so können sie sich nicht uneingeschränkt auf diejenigen Freiheiten berufen, welche das Privatrecht grundsätzlich bereithält. Vielmehr trifft sie aus verfassungsrechtlichen Gründen die Verpflichtung, sicherzustellen, dass sie sich ihrer öffentlich-rechtlichen Bindungen und essenzieller öffentlich-rechtlicher Prinzipien nicht entledigen.[382] Aus diesem Grunde obliegt es den Gemeinden, mittels einer Vielzahl von Instrumenten ihre verselbstständigten Gesellschaften zu steuern und zu kontrollieren. Von zentraler Bedeutung ist hierbei die Steuerung und Kontrolle über das Aufsichtsorgan eines kommunalen Unternehmens. Auf die Erörterung dieser Aspekte konzentriert sich der Inhalt des folgenden Kapitels.

A. Die Pflicht der öffentlichen Hand zur Einflussnahme

Die Gemeinden sind von Verfassungs wegen zur kontrollierenden und lenkenden Einwirkung auf ihre wirtschaftlichen Unternehmen verpflichtet.[383] Diese Einwirkungspflicht firmiert regelmäßig unter dem Begriff der Ingerenzpflicht der öffentlichen Hand.[384] Verfassungsrechtlicher Anknüpfungspunkt ist insoweit das Demokratieprinzip. Zu fragen ist vor diesem Hintergrund, ob die aus Art. 20 GG resultierende Legitimationsverpflichtung zur Vermeidung lenkungsfreier Räume auch auf das privatrechtliche Handeln des Staates Anwendung finden muss. Ferner finden sich in der Literatur seit jeher Bestrebungen, die Kollisionslage zwischen dem öffentlichen Recht einerseits und dem Privatrecht andererseits durch die Figur des Verwaltungsgesellschaftsrechts zu korrigieren und aufzulösen. Dass diese Ansätze im Ergebnis nicht zu überzeugen vermögen, soll im Folgenden ebenfalls dargestellt werden.

I. Demokratieprinzip und Prinzip der Volkssouveränität

Grundlage ist die Strukturentscheidung der Verfassung der Bundesrepublik Deutschland in Art. 20 Abs. 2 S. 1 GG für das Demokratieprinzip: Danach geht alle

382 *Spannowsky*, ZGR 1996, 400, 413.
383 *Spannowsky*, ZGR 1996, 400, 413.
384 *Raiser*, ZGR 1996, 458, 475.

Staatsgewalt vom Volke aus. Das Demokratieprinzip wird durch das Prinzip der Volkssouveränität in Art. 20 Abs. 2 S. 2 GG konkretisiert.

Kerngehalt des Prinzips der Volkssouveränität aus Art. 20 Abs. 2 GG ist, dass alle staatliche Gewalt in Gestalt einer Legitimationskette auf den Volkswillen rückführbar ist.[385] Das Volk übt als Träger der Staatsgewalt diese nicht nur durch Wahlen und Abstimmungen aus, sondern auch durch besondere Organe der Gesetzgebung, der vollziehenden Gewalt und der Rechtsprechung.[386] Voraussetzung dafür ist, dass dem Volk eine effektive Einflussnahme auf die Ausübung der Staatsgewalt durch diese Organe gewährleistet wird.[387] Die hoheitlichen Akte dieser Organe müssen sich „auf den Willen des Volkes zurückführen lassen und ihm gegenüber verantwortet werden“[388]. Dieser Zurechnungszusammenhang zwischen Staatsvolk als Legitimationssubjekt und Staatsgewalt als Legitimationsobjekt wird vor allem durch die Wahl der Volksvertretung, durch die von dieser beschlossenen Gesetze als Handlungsmaßstab der Exekutive, durch den Einfluss des Parlaments auf die Politik der Regierung sowie durch die grundsätzlichen Weisungsbefugnisse der Regierung gegenüber der Verwaltung hergestellt.[389] Entscheidend ist dabei aus Sicht der Verfassung nicht die Form der demokratischen Legitimation, sondern deren Effektivität: Es muss insofern ein konkretes Legitimationsniveau bestehen, welches davon abhängt, wie intensiv die in Rede stehende Maßnahme Grundrechte berührt oder von grundlegender Bedeutung für die Allgemeinheit ist.[390]

Das Demokratieprinzip gemäß Art. 20 GG beansprucht unmittelbar nur für den Bund und seine Organe Geltung. Obwohl die Ausführung der Bundesgesetze primär den Ländern obliegt, gehören die Landesbehörden nicht zur vollziehenden Gewalt nach Art. 20 Abs. 2 S. 2 GG.[391] Aus Art. 28 Abs. 1 S. 1 GG folgt jedoch, dass die verfassungsrechtliche Grundentscheidung des Art. 20 Abs. 2 GG für die Volkssouveränität und die daraus folgenden Grundsätze der demokratischen Organisation und Legitimation von Staatsgewalt auch für die verfassungsgemäße Ordnung in den Ländern verbindlich sind.[392] Art. 28 Abs. 1 S. 2 GG enthält den Grundsatz, dass die Prinzipien der Volkssouveränität und der Demokratie sowie die Grundentscheidung für ein demokratisches Wahlverfahren nicht nur auf Bundes- und Landesebene gelten sollen, sondern auch in den staatlichen Untergliederungen der Länder, nämlich den Gemeinden und Gemeindeverbänden. Damit gewährleistet

385 BVerfGE 83, 60, 71 ff.; 93, 37, 66 f.; 107, 59, 86 f.; 130, 76, 122; 135, 317, 429; *Kriele*, VVDStRL 29 (1971), 46, 58 ff.; *Ehlers*, Verwaltung in Privatrechtsform, S. 124 ff.; *Oebbecke*, Weisungs- und unterrichtungsfreie Räume, S. 67 ff.; *Schmidt-Aßmann*, AöR 116 (1991), 329, 337 ff.

386 BVerfGE 83, 60, 71.

387 BVerfGE 83, 60, 71 f.

388 BVerfGE 83, 60, 72.

389 BVerfGE 83, 60, 72.

390 BVerfGE 83, 60, 72.

391 *Huster/Rux*, in: BeckOK Grundgesetz, Art. 20 Rn. 129.

392 BVerfGE 9, 268, 281; 47, 253, 272; 83, 60, 71; 93, 37, 66.

die Verfassungsvorschrift für alle Gebietskörperschaften, welche sich auf dem Territorium der Bundesrepublik Deutschland befinden, eine einheitliche demokratische Legitimationsgrundlage.[393]

Das Demokratieprinzip auf Kommunalebene erfährt durch zwei sich gegenseitig ergänzende Legitimationsquellen eine spezifische Ausgestaltung. Denn zum einen folgt die demokratische Legitimation aus der sachlich-inhaltlichen Legitimation aufgrund der Bindung an die staatlichen Gesetze und leitet sich deshalb vom Staats-, also insbesondere vom Landesvolk ab. Zum anderen begründet die entsprechende Volkswahl der Kommunalvertretungen, welche den Wahlrechtsgrundsätzen zu entsprechen hat, eine eigene unmittelbare demokratische Legitimationskette hin zur Bevölkerung der Gemeinde beziehungsweise des Landkreises.[394] Dem Gemeinde- beziehungsweise Kreisvolk obliegt also selbst die Fähigkeit zur Vermittlung demokratischer Legitimation, weshalb das Bundesverfassungsgericht es als Teilvolk des gesamten Staatsvolkes bezeichnet.[395]

II. Privatrechtliches Handeln und Staatsgewalt

Ob auch privatrechtliches Handeln des Staates oder Kooperationen der öffentlichen Hand mit Privaten als Staatsgewalt im Sinne des Art. 20 Abs. 2 GG zu qualifizieren sind mit der Folge, dass diese Tätigkeiten einer demokratischen Legitimation bedürfen, wird nicht einhellig beantwortet. So wird teilweise vertreten, dass Staatsgewalt auf hoheitliche Aufgaben beschränkt sei, die in den entsprechenden Formen des öffentlichen Rechts wahrgenommen werden.[396] Der Verfassungsgerichtshof für das Land Nordrhein-Westfalen ordnet die in den Rechtsformen des Privatrechts ausgeübte Tätigkeit dann dem Funktionsbereich öffentlicher Verwaltung zu, wenn sie durch öffentlich-rechtlich organisierte Rechtsträger des Staates oder der ihm ein- oder angegliederten Institutionen in Erfüllung unmittelbar oder mittelbar vorgegebener öffentlicher Aufgaben wahrgenommen werde. Daher unterliege auch diese Verwaltungstätigkeit dem Demokratieprinzip.[397]

Zu folgen ist der Ansicht, dass sich Staatsgewalt im Sinne des Demokratieprinzips umfassend auch auf privat-erwerbswirtschaftliche, rein fiskalische Aufgaben bezieht.[398] Da Art. 20 Abs. 2 GG die Rückbindung allen staatlichen Handelns an den Willen des Staatsvolkes sicherstellen will, verbietet es sich, insofern zwischen

393 BVerfGE 83, 37, 53.
394 *Hellermann*, in: BeckOK Grundgesetz, Art. 28 Rn. 11.
395 BVerfGE 83, 37, 55.
396 So wohl noch BVerfGE 38, 253, 270.
397 NRWVerfGH NVwZ 1987, 211, 212.
398 BVerfGE 47, 253, 273; *Ossenbühl*, VVDStRL 29 (1971), 137, 159 f.; *Roellecke*, VVDStRL 31 (1973), 297; *Oebbecke*, Weisungs- und unterrichtungsfreie Räume, S. 78 ff.; *Pfeifer*, Möglichkeiten und Grenzen, S. 6; *von Danwitz*, AöR 120 (1995), 595, 606 ff.; *Böckenförde*, in: Isensee/Kirchhof, Handbuch des Staatsrechts, § 24 Rn. 13; *Storr*, in: Bauer/Huber/Sommermann, Demokratie in Europa, S. 411, 416 ff.; siehe 1. Kapitel B.II.2.

hoheitlichem und privatrechtlichem Handeln zu unterscheiden. Die Entscheidung der öffentlichen Hand, sich im Einzelfall einer bestimmten Handlungsform zu bedienen, ist daher eine legitimationsbedürftige.[399] Das Bundesverfassungsgericht bestimmt insoweit, dass sich diese grundsätzliche Entscheidung stets in den Formen des öffentlichen Rechts vollzieht, und zwar „unabhängig davon, ob sich die Verwaltung bei der Ausführung dieser Beschlüsse der privatrechtlichen Leistungsverwaltung oder der schlichten Hoheitsverwaltung bedient"[400]. Die Möglichkeit der Wahl der Organisationsform, beispielsweise Aktiengesellschaft oder GmbH, oder der Rechtsform des Tätigwerdens (privatrechtlich oder öffentlich-rechtlich) rechtfertigt nicht die Herausnahme aus der Sphäre staatlicher Angelegenheiten oder staatlichen Handelns.[401] Eine entgegenstehende Annahme kann auch aus dem Demokratiegebot nicht hergeleitet werden.[402] Ungeachtet dessen, ob es sich um obrigkeitliche Hoheitsverwaltung, schlichte Hoheitsverwaltung oder verwaltungsprivatrechtliche Tätigkeiten handelt, ist es von Verfassungs wegen verboten, vom Volk nicht legitimierte, unkontrollierte Bereiche verwaltender Tätigkeit zuzulassen.[403]

III. Die Einwirkungs- und Kontrollpflichten der öffentlichen Hand

1. *Die kommunale Ingerenzpflicht*

Aus den aufgezeigten verfassungsrechtlichen Vorgaben folgt, dass sich die öffentliche Hand und damit auch die Kommunalverwaltung nicht ihrer Verantwortung entziehen kann, wenn sie sich zur Erfüllung ihrer Verwaltungsaufgaben juristischer Personen des Privatrechts bedient.[404] Auch aus der Garantie der kommunalen Selbstverwaltung folgt, dass eine Kommune bei der Ausgliederung von Verwaltungsaufgaben wesentliche Steuerungs- und damit Verantwortungsverluste nicht hinnehmen darf. Daher besteht die Forderung nach Einwirkungsmöglichkeiten der Gemeinde auf ihre Unternehmen.[405] Obwohl die Privatisierungsvorgänge vielfach eine Staatsentlastung mit sich bringen dürften, so kann sich der Staat von Verfassungs wegen seiner Gemeinwohlverantwortlichkeit nicht entledigen.[406]

---

399 *Oebbecke*, Weisungs- und unterrichtungsfreie Räume, S. 79 f.
400 BVerfGE 47, 253, 273.
401 *Böckenförde*, in: Isensee/Kirchhof, Handbuch des Staatsrechts, § 24 Rn. 13.
402 *Ossenbühl*, VVDStRL 29 (1971), 137, 159 f.
403 *von Danwitz*, AöR 120 (1995), 595, 607.
404 *Ehlers*, Verwaltung in Privatrechtsform, S. 125, 128 f.; *Püttner*, Die öffentlichen Unternehmen, S. 135 ff., 234 ff.; *Schmidt-Aßmann/Ulmer*, BB 1988, Beil. 13, 1, 13; *Mann*, Die öffentlich-rechtliche Gesellschaft, S. 89 ff.
405 *Mann*, Die öffentlich-rechtliche Gesellschaft, S. 90; *Katz*, NVwZ 2018, 1091, 1095.
406 *Bauer*, VVDStRL 54 (1995), 243, 277.

Unterschiedliche Formen der Einflussnahme und Überwachung lösen daher die unmittelbare staatliche Aufgabenerfüllung ab, um so eine ordnungsgemäße private Aufgabenwahrnehmung sicherzustellen.[407] Es kann also gesagt werden, dass die staatliche Aufgabenerfüllung hinter die staatliche „Gewährleistung der Aufgabenerfüllung durch Private" zurücktritt.[408] Vielfach ist in diesem Zusammenhang die Rede von „Ingerenzpflichten" des öffentlichen Gesellschafters.[409] Diese staatliche Pflicht zur Einwirkung unterscheidet die öffentliche Hand vom privaten Gesellschafter: Während dieser sich, gleich aus welchen Gründen, nicht weiter um die Geschicke der Gesellschaft sorgen muss, trifft die Kommune eine verfassungsrechtliche Pflicht zum Gebrauch ihrer Einwirkungsrechte.[410] Das der Gemeinde zustehende Recht auf kommunale Selbstverwaltung ist also nicht nur als bloßes Abwehrrecht zu begreifen. Vielmehr folgt aus dieser verfassungsrechtlichen Garantie auch die Verpflichtung zur Wahrnehmung der der Kommune übertragenen Kompetenzen.[411]

Die Einwirkungs- und Kontrollpflichten der Kommunalverwaltung beziehen sich auf die Recht- und Zweckmäßigkeit der Kommunalverwaltung.[412] Die Verantwortlichkeit der verfassungsmäßigen Organe der Selbstverwaltungskörperschaft für die Rechtmäßigkeit der Kommunalverwaltung folgt bereits aus der Rückbindung der Kommunalverwaltung an den Staat, wie sie über die Rechtsaufsicht vermittelt wird. Denn es wäre widersprüchlich, wenn den Gemeinden als Adressaten der Rechtsaufsicht des Staates kein Mittel an die Hand gegeben würde, auf die Rechtmäßigkeit des Handels der privatrechtlichen Gesellschaften hinzuwirken.[413] Die Einstandspflicht der verfassungsmäßigen Organe der Selbstverwaltungskörperschaft für die Zweckmäßigkeit der Kommunalverwaltung ist ein „Korrelat ihrer spezifischen demokratischen Legitimation"[414]. Die nach Art. 28 Abs. 1 S. 2 und 3 GG beziehungsweise Landesrecht legitimierten Instanzen dürfen sich nicht durch

---

407 *Püttner*, DVBl 1975, 354 ff.; *Graf Vitzthum*, AöR 104 (1979), 580, 625 ff.; *Engel*, Grenzen und Formen, S. 264 ff.; *Ehlers*, Verwaltung in Privatrechtsform, S. 124 ff., 128 f.; *Pfeifer*, Möglichkeiten und Grenzen, S. 12 f.; *Bauer*, VVDStRL 54 (1995), 243, 277 ff.; *Spannowsky*, ZGR 1996, 400, 412 ff.; *Schön*, ZGR 1996, 429 ff.; *Raiser*, ZGR 1996, 458, 475 ff.; *Mann*, Die öffentlich-rechtliche Gesellschaft, S. 66 f; zur Einrichtung eines öffentlichen Energieunternehmens als Mittel der staatlichen Einflussnahme siehe *Matthiesen*, Staatliche Einwirkung, S. 61 ff.

408 *Bauer*, VVDStRL 54 (1995), 243, 277 f.

409 *Ehlers*, Verwaltung in Privatrechtsform, S. 130; *Spannowsky*, ZGR 1996, 400, 413; *Raiser*, ZGR 1996, 458, 475; *Mann*, Die öffentlich-rechtliche Gesellschaft, S. 89; *Schürnbrand*, in: MüKo AktG, Vorb. §§ 394, 395 Rn. 17.

410 *Pfeifer*, Möglichkeiten und Grenzen, S. 13.

411 *Graf Vitzthum*, AöR 104 (1979), 580, 626.

412 *Ehlers*, Verwaltung in Privatrechtsform, S. 128 f.

413 *Ehlers*, Verwaltung in Privatrechtsform, S. 128.

414 *Ehlers*, Verwaltung in Privatrechtsform, S. 128.

einfache Übertragung ihrer Leitungsrechte und -pflichten ihrer Verantwortung entziehen können.[415]

2. Inhalt und Umfang

Die Einwirkung betrifft die aktive Einflussnahme, während sich die Kontrollpflichten auf die begleitende oder sich anschließende Überprüfung beziehen.[416] Die Reichweite und das Ausmaß der Kontroll- und Einwirkungspflichten lassen sich abstrakt jedoch nur schwer fassen, da Gesellschaftsform, der Grad der Beteiligung, die personelle Struktur, die Größe des Unternehmens sowie das Aufgabengebiet je nach Einzelfall unterschiedlich ausgestaltet sein können.[417] Wie der Staat letztendlich kontrolliert und einwirkt, ergibt sich auch nicht aus den verfassungsrechtlichen Vorgaben. Dies deshalb, weil dem Demokratie- und Rechtsstaatsprinzip die für die Ausgestaltung konkreter Gestaltungsmodelle erforderliche Bestimmtheit fehlt.[418] Vorrangig ist daher der einfache Gesetzgeber angehalten, die Instrumente für die Einwirkung festzusetzen.[419] Er hat darüber zu entscheiden, „wie die Interessen an einer möglichst intensiven Einwirkung mit den gegenläufigen Belangen unternehmerischer Selbstständigkeit, der Abgrenzbarkeit von Zuständigkeitsbereichen und dem Grundsatz der Kompetenzklarheit in Einklang zu bringen sind“[420]. Das Landgericht Bremen hat in einem Beschluss aus dem Jahr 1975 ausgeführt, dass sich der Einfluss der Gemeinde stets an dem Umfang und der Bedeutung der jeweiligen Beteiligung zu orientieren habe und vor diesem Hintergrund angemessen sein müsse.[421] Die Angemessenheit müsse auf der einen Seite im Verhältnis zu dem mit der Beteiligung verfolgten Zweck gesehen werden und ergebe sich auf der anderen Seite aus dem Umfang der jeweiligen Beteiligung selbst. Die Verwaltung ist Garant für die recht- und zweckmäßige Aufgabenwahrnehmung und muss sich bei gewichtigen Fragen ein letztes Entscheidungsrecht vorbehalten.[422] Sie muss die Verfolgung eines öffentlichen Zwecks wahren und die subjektiven-öffentlichen Rechte der Bürger beachten.[423] Auf das eingesetzte Mittel kommt es nicht an.[424]

---

415 *Ehlers*, Verwaltung in Privatrechtsform, S. 128.
416 *Ehlers*, Verwaltung in Privatrechtsform, S. 130.
417 *Ehlers*, Verwaltung in Privatrechtsform, S. 130; *Spannowsky*, ZGR 1996, 400, 414; *Raiser*, ZGR 1996, 458, 476.
418 *Schmidt-Aßmann/Ulmer*, BB 1988, Beil. 13, 1, 13; *Spannowsky*, ZGR 1996, 400, 423.
419 *Schmidt-Aßmann/Ulmer*, BB 1988, Beil. 13, 1, 13; *Spannowsky*, ZGR 1996, 400, 422.
420 *Schmidt-Aßmann/Ulmer*, BB 1988, Beil. 13, 1, 13.
421 LG Bremen NJW 1976, 333, 335.
422 OLG Bremen NJW 1977, 1153, 1156; *Ehlers*, Verwaltung in Privatrechtsform, S. 131.
423 *Ehlers*, Verwaltung in Privatrechtsform, S. 131.
424 *Ehlers*, Verwaltung in Privatrechtsform, S. 132.

IV. Die Frage nach einem Verwaltungsgesellschaftsrecht

1. Kollisionslage

Das öffentliche Recht auf der einen und das private Recht auf der anderen Seite stellen an die Kommunen unterschiedliche Anforderungen: Während das Privatrecht auf individuelle Handlungsfreiheit ausgerichtet ist, folgt die öffentliche Hand anderen Ordnungsprinzipien.[425] Denn diese unterfällt der Gemeinwohlbindung. Folge ist eine Kollision insbesondere der Einwirkungs- und Kontrollpflicht der Kommune mit den auf dem Grundsatz der Privatautonomie fußenden Vorschriften des Privatrechts.[426] Der Unternehmensträger ist einem „Dilemma zwischen Autonomie und Einwirkung“[427] ausgesetzt. Seit jeher gibt es in der öffentlich-rechtlichen Literatur Bestrebungen, diese Kollisionslage durch rechtsdogmatische Ansätze zu korrigieren.

2. Thesen im Schrifttum

Einige ältere Stimmen in der Literatur betrachteten die öffentliche Wahl einer privatrechtlichen Gesellschaftsform als Umwandlung in eine quasi-staatliche Gesellschaft.

Ballerstedt spricht sich für eine Durchbrechung der aktienrechtlichen Grundsätze aus und rechtfertigt diese mit der „öffentlichen Widmung und Indienstnahme des Unternehmens“[428]. Daraus folge zum einen, dass die Einheit der Gemeindeverwaltung nicht gefährdet werde, wenn sich die Gemeinde zur Aufgabenerledigung einer Rechtsform des privaten Rechts bediene. Darüber hinaus sei Ausfluss der bloßen Widmung und Indienstnahme des Unternehmens durch die öffentliche Hand das „Recht einer gewissen Oberleitung“[429], welches den erforderlichen Einfluss sichere. Ferner ist *Ipsen* der Auffassung, dass die bloße Wahl privatrechtlicher Gesellschaften durch die öffentliche Hand es „aus zwingenden und ganz unausweichbaren Gründen der öffentlichen Ordnung“[430] gebiete, dass der Staat „in Ergänzung und Überhöhung der ihm aus der bloßen Kapitalbeteiligung schon zivilrechtlich zukommenden Ein- und Mitwirkungsbefugnisse bestimmte zulängliche Aufsichtsbefugnisse öffentlichen Rechts“[431] innehabe. Er plädiert folglich ebenfalls für einen Vorrang des öffentlichen Rechts vor dem Gesellschaftsrecht.

---

425 Siehe dazu 1. Kapitel C.I.

426 *Schmidt*, ZGR 1996, 345, 350.

427 *Pitschas/Schoppa*, in: Mann/Püttner, Handbuch der kommunalen Wissenschaft und Praxis, § 43 Rn. 30.

428 *Ballerstedt*, DÖV 1951, 449, 452.

429 *Ballerstedt*, DÖV 1951, 449, 452.

430 *Ipsen*, JZ 1955, 593, 598.

431 *Ipsen*, JZ 1955, 593, 598.

Quack knüpft an die Vorschrift des § 75 des Aktiengesetzes von 1937[432] an, welcher regelte, dass der Vorstand einer Aktiengesellschaft vom Aufsichtsrat zu bestellen ist. Zwar würden, so *Quack*, Rechtsprechung und Literatur der Vorschrift zwingenden Charakter beimessen, weshalb dem Aufsichtsrat das unbedingte Recht der Personenwahl zustehen müsse.[433] Jedoch sei bei dieser Auslegung § 70 Abs. 2 DGO, welcher eine kommunale Weisungsbindung für entsandte Vorstands- und Aufsichtsratsmitglieder in ein kommunales Unternehmen statuierte, nicht in ausreichendem Maße berücksichtigt worden. Die Vorschrift des § 75 AktG (1937) gelte daher nur „im Bereich der privaten AG"[434]. *Quack* scheint daher ebenfalls davon auszugehen, dass die öffentlich-rechtlichen Vorschriften denjenigen des Privatrechts vorgingen.[435]

Kraft[436] und daran anschließend *Ossenbühl*[437] wählen als Anknüpfungspunkt das Verwaltungsprivatrecht[438]. In der Überlagerung des Privatrechts durch öffentlich-rechtliche Bindungen sei ein solches „Sonderprivatrecht für Hoheitsträger"[439] zu erblicken. Vor diesem Hintergrund sei nicht einzusehen, weshalb das Gesellschaftsrecht in dieses Verwaltungsprivatrecht nicht einbezogen werden und „zu einem „Verwaltungsgesellschaftsrecht" als Sondergebiet des Verwaltungsprivatrechts"[440] fortgebildet werden sollte. *Von Danwitz* entscheidet sich für einen ähnlichen Ansatz und spricht sich für eine verfassungs- und verwaltungsrechtskonforme Auslegung des Gesellschaftsrechts aus.[441] Ausgehend von dem Leitgedanken der praktischen Konkordanz von Gesellschaftsrecht einerseits und Verwaltungsrecht andererseits seien die hoheitlichen Ingerenzen vorrangig auf der Ebene des Gesellschaftsrechts wahrzunehmen. Gerate die verfassungskonforme Auslegung des Gesellschaftsrechts sodann an ihre Grenzen, könne sogar „seine Ergänzung und Modifizierung erforderlich werden"[442].

432 RGBl. [1937] I S. 120.
433 *Quack*, DVBl 1965, 345, 348.
434 *Quack*, DVBl 1965, 345, 348.
435 So auch *Lampert*, Einflussnahme auf Aufsichtsratsmitglieder, S. 15.
436 *Kraft*, Verwaltungsgesellschaftsrecht, S. 237 ff.
437 *Ossenbühl*, ZGR 1996, 504, 511 ff.; so auch bereits *Stober*, NJW 1984, 449, 454 f.
438 Zum Verwaltungsprivatrecht allgemein siehe *Maurer*, in: Maurer/Waldhoff, Allgemeines Verwaltungsrecht, § 17 Rn. 1 f. („Die Verwaltung bleibt auch bei der Wahrnehmung unmittelbarer Verwaltungsaufgaben in der Form des Privatrechts an öffentlich-rechtliche Grundsätze und Regelungen gebunden, sodass eine Gemengelage von öffentlichem Recht und Privatrecht, das Verwaltungsprivatrecht, entsteht.").
439 *Ossenbühl*, ZGR 1996, 504, 513.
440 *Ossenbühl*, ZGR 1996, 504, 514.
441 *von Danwitz*, AöR 120 (1995), 595, 622.
442 *von Danwitz*, AöR 120 (1995), 595, 622.

3. *Ablehnung der Lehre vom Verwaltungsgesellschaftsrecht*

Die Lehre vom Verwaltungsgesellschaftsrecht ist mit der herrschenden Meinung abzulehnen.[443] Aus dem Demokratie- und Rechtsstaatsprinzip, welches im Wesentlichen von der Gegenauffassung zur dogmatischen Begründung ihres Standpunktes herangezogen wird, lässt sich nicht ableiten, wie die Einwirkungsmöglichkeiten der öffentlichen Hand im Einzelnen auszusehen haben und welche Intensität eine solche Einwirkung haben muss. Aus diesen Verfassungsprinzipien lassen sich vielmehr gegenüber der öffentlichen Hand wirkende Gestaltungsanforderungen herleiten, welche vom Gesetzgeber auszufüllen sind.[444] Dem öffentlich-rechtlichen Gesellschafter ist es auch ohne Vornahme einer verfassungsrechtlichen Korrektur möglich, seine ihm obliegenden Einwirkungs- und Kontrollpflichten zu erfüllen.[445] Der Gesetzgeber hat der Verwaltung ausreichende Instrumente zur Einflusssicherung an die Hand gegeben.[446] Entschließt sich die öffentliche Hand, sich einer privatrechtlichen Organisationsform zu bedienen, so hat sie Sorge dafür zu tragen, dass sie ihren Ingerenzpflichten Rechnung trägt und auch die Verfolgung des öffentlichen Interesses im Gesellschaftsvertrag sicherstellt. Gelingt ihr dies nicht, so hat sie sich der Privatisierungsmaßnahmen zu enthalten oder sich wieder aus der Gesellschaft zurückzuziehen.[447]

Darüber hinaus vermag auch die Heranziehung der Lehre des Verwaltungsprivatrechts nicht zu überzeugen. Denn bei dieser geht es darum, die öffentlich-rechtlichen Bindungen auch für das Privatrecht für anwendbar zu erklären, während das Verwaltungsgesellschaftsrecht zwingendes Privatrecht zur Verfolgung öffentlich-rechtlicher Vorgaben außer Geltung setzen will.[448] Beim Verwaltungsgesellschaftsrecht geht es daher vorrangig um das Verhältnis der Gesellschafter untereinander, also um die Binnenorganisation der Gesellschaft, und um die Statuierung der organisatorischen Grundlagen für die Erfüllung der öffentlichen Aufgabe. Das Verhältnis der Gesellschaft zum Bürger im Außenverhältnis wird dagegen erst gar nicht berührt.[449] Weiter würde die Annahme eines durch Verfassungsprinzipien

---

443 *Püttner*, DVBl 1986, 748, 751; *Spannowsky*, ZGR 1996, 400, 422 ff.; *Schwintowski*, NJW 1995, 1316, 1319; *Schmidt*, ZGR 1996, 345, 350 f.; *Habersack*, ZGR 1996, 544, 555 f.; *Ehlers*, DVBl 1997, 137, 139; *Harbarth*, Anlegerschutz in öffentlichen Unternehmen, S. 112 ff.; *Mann*, Die öffentlich-rechtliche Gesellschaft, S. 269 ff.; *Kiethe*, NZG 2006, 45, 47 f.; *Schürnbrand*, in: MüKo AktG, Vorb. §§ 394, 395 Rn. 19 ff.; *Schall*, in: Spindler/Stilz, Aktiengesetz, § 394 Rn. 3; *Koch*, in: Hüffer/Koch, Aktiengesetz, § 394 Rn. 2a.

444 *Spannowsky*, ZGR 1996, 400, 423.

445 *Spannowsky*, ZGR 1996, 400, 423; *Kiethe*, NZG 2006, 45, 48.

446 *Spannowsky*, ZGR 1996, 400, 423.

447 *Ehlers*, DVBl 1997, 137, 139; *Habersack*, ZGR 1996, 544, 555; *Schürnbrand*, in: MüKo AktG, Vorb. §§ 394, 395 Rn. 19.

448 *Ehlers*, DVBl 1997, 137, 139.

449 *Habersack*, ZGR 1996, 544, 555.

überlagerten Gesellschaftsrechts bei einem gemischt-wirtschaftlichen Unternehmen die Gefahr in sich bergen, dass die Interessen eines privaten Gesellschafters durch die Unternehmensziele der öffentlichen Gesellschafterin aufgeopfert würden.[450] Dies muss jedoch auch für eine Eigengesellschaft gelten, da sonst eine Typenvermischung im Sinne einer öffentlich-rechtlichen „Anstalt ohne Gewährträgerhaftung“[451] die Folge wäre, was aus statusrechtlichen Gründen der Aufnahme weiterer Aktionäre entgegenstehen würde.[452]

Schließlich dürfte die Annahme besonderer Einflussnahmemöglichkeiten bei Gesellschaften, die am Kapitalmarkt operieren, der „Golden-Share-Rechtsprechung“ des EuGH[453] zuwiderlaufen. Denn vom öffentlichen Zweck getragene Unternehmensentscheidungen in privaten Unternehmen machen den Anteilserwerb weniger attraktiv und behindern folglich potentiell die europäische Kapitalverkehrsfreiheit aus Artt. 63 ff. AEUV.[454]

B. Die Steuerung über das Aufsichtsorgan

In den Gemeindeordnungen der Länder finden sich verschiedentlich ausgestaltete Möglichkeiten der Einflussnahme auf die kommunalen Unternehmen. Zentrales Steuerungsinstrument der Gemeinden ist die Realisierung eines angemessenen Einflusses in den Aufsichtsorganen ihrer kommunalen Gesellschaften. Hierauf konzentriert sich die folgende Darstellung.

I. Gemeinderechtliches Instrumentarium und Vorgaben

Als allgemeines Element der Steuerung wirtschaftlicher Betätigung der Gemeinden[455] sehen einige Gemeindeordnungen für die wirtschaftlichen Unternehmen den Vorrang einer öffentlich-rechtlichen Rechtsform vor einer privaten Rechtsform vor.[456] Weiter wird landesrechtlich teilweise eine Subsidiarität der Aktiengesellschaft als wählbare Rechtsform des Privatrechts festgeschrieben,[457] während die Kommunalverfassung von Mecklenburg-Vorpommern für diese Gesellschaftsform

---

450 *Kiethe*, NZG 2006, 45, 48.
451 *Schürnbrand*, in: MüKo AktG, Vorb. §§ 394, 395 Rn. 20.
452 *Koch*, in: Hüffer/Koch, Aktiengesetz, § 394 Rn. 2d.
453 EuGH EuZW 2002, 429; EuZW 2002, 433; EuZW 2002, 437.
454 *Grundmann/Möslein*, ZGR 2003, 317, 347.
455 Zu den allgemeinen Steuerungsinstrumenten siehe *Grünewald*, in: Danner/Theobald, Energierecht, Ziff. 200 Rn. 59 ff.
456 Vgl. § 69 Abs. 1 Nr. 2 KV M-V; § 136 Abs. 4 S. 4 NKomVG; § 102 Abs. 1 S. 1 GO SH; § 129 Abs. 1 Nr. 1 KVG LSA; § 110 Abs. 1 Nr. 1 KSVG SL; § 122 Abs. 2 S. 2 HGO; § 108 Abs. 1 S. 1 Nr. 2 GO NRW; § 87 Abs. 1 S. 1 Nr. 1 GO RP.
457 Vgl. § 103 Abs. 2 GO BW; § 87 Abs. 2 GO RP; § 108 Abs. 4 GO NRW; § 96 Abs. 4 BbgKVerf; § 96 Abs. 2 SächsGO; § 102 Abs. 4 GO SH; § 122 Abs. 3 HGO.

sogar einen Ausschluss vorsieht.[458] Als weitere Möglichkeit der Steuerung enthalten die Regelungen vieler Länder die Verpflichtung, den Gesellschaftsvertrag oder die Satzung so auszugestalten, dass der öffentliche Zweck des Unternehmens erfüllt wird.[459] Für die Entscheidung zur Auslagerung auf einen privatrechtlichen Rechtsträger wird oftmals gefordert, dass in einem Bericht zur Vorbereitung des jeweiligen Beschlusses der Gemeinde die Vor- und Nachteile umfassend abgewogen werden.[460] Eingang in diese Abwägung muss zum Teil auch die konkrete wirtschaftliche Eignung einer entsprechenden Organisationsform des Privatrechts im Verhältnis zu derjenigen einer Rechtsform des öffentlichen Rechts finden.[461]

Die Einflussnahme- und Steuerungsmöglichkeiten beziehen sich nicht nur auf den Akt der Gründung eines Unternehmens, sondern es bestehen darüber hinaus gesetzliche Pflichten der Gemeinden, bei der Einsetzung von Tochterunternehmen oder bloß mittelbaren Unternehmensbeteiligungen die allgemeinen kommunalwirtschaftlichen Vorschriften einzuhalten.[462] So gelten die Prüfrechte und die Vorschriften über die Finanz- und Wirtschaftsführung auch für Tochterunternehmen und Beteiligungen. Bei Mehrheitsbeteiligungen müssen derartige Pflichten im Gesellschaftsvertrag beziehungsweise in der Satzung verankert werden, bei einer Minderheitsbeteiligung sehen die Gemeindeordnungen entsprechende Einwirkungspflichten vor.[463] Die landesgesetzliche Verpflichtung, die überörtlichen Prüfungsbehörden mit entsprechenden Prüfungsbefugnissen auszustatten, verstößt nicht gegen die Garantie der kommunalen Selbstverwaltung der Gemeinden.[464]

Zentrales Steuerungsinstrument der Gemeinden ist die Sicherung eines angemessenen Einflusses über das Aufsichtsorgan der kommunalen Gesellschaft.[465] Teilweise normieren die Gemeindeordnungen sogar eine gemeindliche Pflicht, bei der Ausgestaltung des Gesellschaftsvertrages einer Kapitalgesellschaft darauf hinzuwirken, dass der Gemeinde ein Recht zur Entsendung von Mitgliedern in den Aufsichtsrat der Gesellschaft eingeräumt wird.[466]

---

458 § 68 Abs. 4 S. 2 KV M-V.

459 § 103 Abs. 1 S. 1 Nr. 2 GO BW; Art. 92 Abs. 1 S. 1 Nr. 1 BayGO, § 96 Abs. 1 S. 1 Nr. 1 BbgKVerf; § 69 Abs. 1 Nr. 3 KV M-V; § 137 Abs. 1 Nr. 5 NKomVG; § 108 Abs. 1 S. 1 Nr. 7 GO NRW; § 96 Abs. 1 Nr. 1 SächsGO; § 129 Abs. 1 Nr. 2 KVG LSA; § 102 Abs. 2 S. 1 Nr. 1 GO SH; § 87 Abs. 1 S. 1 Nr. 2 GO RP; § 73 Abs. 1 S. 1 Nr. 1 ThürKO.

460 § 69 Abs. 1 Nr. 2 KV M-V; § 135 Abs. 1 S. 1 KVG LSA; § 92 Abs. 1 S. 1 GO RP; § 102 Abs. 1 S. 2 GO SH; § 95 Abs. 2 S. 2 SächsGO; § 136 Abs. 4 S. 4 NKomVG.

461 Siehe nur § 136 Abs. 4 S. 4 NKomVG.

462 *Grünewald*, in: Danner/Theobald, Energierecht, Ziff. 200 Rn. 62a.

463 Siehe nur § 111 KSVG SL; § 96a Abs. 1, 2 SächsGO.

464 SächsVerfGH NVwZ 2005, 1057.

465 Art. 93 Abs. 2 BayGO; § 71 Abs. 2 KV M-V; § 131 Abs. 3 KVG LSA; § 114 Abs. 3 KSVG SL; § 104 Abs. 2 GO BW; § 125 Abs. 2 HGO; § 97 Abs. 2 BbgKVerf; § 98 Abs. 2 SächsGO; § 88 Abs. 3 GO RP.

466 Siehe nur § 113 Abs. 3 S. 1 GO NRW; 138 Abs. 3 NKomVG.

II. Der kommunale Aufsichtsrat

Die Gemeinde kann, um Einfluss auf ihre kommunalen Unternehmen zu nehmen, an der personellen Besetzung der Aufsichtsorgane der Gesellschaft teilhaben.[467] Die folgende Darstellung soll sich aus Gründen der Relevanz auf die Aufsichtsräte der kommunalen Aktiengesellschaft und der kommunalen GmbH beschränken.

1. *Aufsichtsrat der Aktiengesellschaft*

a) *Aufgabe und Funktion*

Naturgemäß statuiert das Aktiengesetz die zentralen Aufgaben und Funktionen des Aufsichtsrates. Darüber hinaus hat der Deutsche Städtetag im Jahr 2009 Eckpunkte für einen Public Corporate Governance Kodex für kommunale Unternehmen abgefasst, welcher Empfehlungen für kommunal beherrschte Gesellschaften enthält.

aa) Aktiengesetz

Die Vorschrift des § 111 AktG trifft die zentrale Aussage, dass der Aufsichtsrat das Geschäftsführungsorgan zu überwachen und die Geschäftsführung dem Vorstand zu überlassen hat (§ 111 Abs. 1, 4 S. 1 AktG). Der Aufsichtsrat hat dabei hinzunehmen, dass der Vorstand die Geschäftsführung in eigener Verantwortung wahrnimmt.[468] Dies ist Ausfluss des sog. dualistischen Systems, auf dem das deutsche Aktienrecht aufbaut und welches zwischen dem Vorstand als Geschäftsführungsorgan und dem Aufsichtsrat als Überwachungsorgan unterscheidet.[469] Diese Überwachungsfunktion, welche sich in eine nachträgliche und präventive Kontrolle aufteilt,[470] bezieht sich ausschließlich auf die Geschäftsführung und nicht auf das ganze Unternehmen und seine Mitarbeiter.[471] Im Rahmen seiner Überwachungsaufgabe muss der Aufsichtsrat sicherstellen, dass der Vorstand seiner Compliance-Verantwortung durch Etablierung eines funktionierenden Compliance-Systems in ausreichendem Maße nachkommt.[472] Das Erfordernis einer Überwachung ergibt

---

467 *Bergmann*, Die Einflußnahme öffentlicher Körperschaften, S. 7 ff.; *Laux*, Der Einfluß der Gemeinden und Gemeindeverbände, S. 49 ff.; *Lang*, Der Einfluß der öffentlichen Hand, S. 146 ff.; *Bremme*, Die Gemeinden als Aktionäre, S. 68 ff.; *von Trott zu Solz*, Die staatlich beeinflusste Aktiengesellschaft, S. 27 ff.; *Nesselmüller*, Rechtliche Einwirkungsmöglichkeiten der Gemeinden, S. 39 ff.; *Klein*, Betätigung der öffentlichen Hand, S. 61 ff.; *Koch*, Der rechtliche Status, S. 160 ff.; *Mann*, in: Mann/Püttner, Handbuch der kommunalen Wissenschaft und Praxis, § 46 Rn. 19; *Lampert*, Einflussnahme auf Aufsichtsratsmitglieder, S. 11 ff.

468 *Goette*, ZHR 175 (2011), 388, 392 ff.

469 *Henssler*, in: Henssler/Strohn, Gesellschaftsrecht, § 111 AktG, Rn. 2.

470 *Habersack*, MüKo AktG, § 111 Rn. 12.

471 *Arnold*, ZGR 2014, 76, 85.

472 *Goette*, ZHR 175 (2011), 388, 392 f.; *Arnold*, ZGR 2014, 76, 85.

sich aus der besonderen Struktur der Hauptversammlung. Diese wird nämlich gerade bei einer Publikumsgesellschaft nicht in der Lage sein, zu kontrollieren, ob das Geschäftsführungsorgan mit den ihm anvertrauten Mitteln stets ausschließlich zum Wohle der Gesellschaft haushaltet und wirtschaftet.[473]

Die Vorschrift des § 111 AktG umreißt zwar noch weitere einzelne Aufgaben und Befugnisse des Aufsichtsrats, ist jedoch nicht abschließend. Vielmehr finden sich in den einzelnen Vorschriften des Aktiengesetzes weitere Kompetenzen, welche ihm einzelne Mitsprache- und Teilhabebefugnisse in Fragen der Geschäftsführung einräumen.[474] So erlässt er unter anderem die Geschäftsordnung für den Vorstand (§ 77 Abs. 2 S. 1 AktG), nimmt die Bestellung und Abberufung des Vorstandes vor (§ 84 AktG), nimmt Berichte des Vorstandes entgegen (§ 90 AktG), vertritt die Aktiengesellschaft gegenüber den Vorstandsmitgliedern gerichtlich und außergerichtlich (§ 112 AktG), prüft den Jahresabschluss, den Lagebericht und den Vorschlag für die Verwendung des Bilanzgewinns (§ 171 AktG), wirkt bei der Feststellung des Jahresabschlusses mit (§ 172 AktG), nimmt Zustimmungsrechte gegenüber dem Vorstand bei der Entscheidung über den Inhalt der Aktienrechte und der Bedingungen der Aktienausgabe wahr (§ 204 Abs. 1 S. 2 AktG) und prüft den Beziehungsbericht (§ 314 Abs. 1 S. 2 AktG).

bb) Public Corporate Governance Kodex für kommunale Unternehmen

Mit Beschluss des Präsidiums vom 12.05.2009 hat der Deutsche Städtetag Eckpunkte für einen Public Corporate Governance Kodex (PCGK) für kommunale Unternehmen formuliert.[475] Dieses Regelwerk, welches den Kommunen bei der Formulierung eigener Kodizes als Hilfestellung dienen soll, gilt insbesondere für privatrechtliche Organisationsformen mit Mehrheitsbeteiligung sowie Anstalten des öffentlichen Rechts (Ziff. 1 PCGK). Ziff. 3.2 PCGK legt Aufgaben und Zuständigkeiten des Aufsichtsrates fest. Dazu zählt die Überwachung der Geschäftsführung, und zwar auch im Hinblick auf die Umsetzung der strategischen Zielvorgaben der Gesellschafterin beziehungsweise der Gesellschafterversammlung. Zahlreiche deutsche Kommunen verfügen mittlerweile über eigene Public Corporate Governance Kodizes für ihre kommunalen Beteiligungsgesellschaften.[476]

---

473 *Koch,* Gesellschaftsrecht, § 30 Rn. 24.

474 Siehe dazu ausführlich *Rellermeyer,* ZGR 1993, 77, 78 ff.

475 Deutscher Städtetag, Eckpunkte für einen Public Corporate Governance Kodex (PCGK) für kommunale Unternehmen, Fassung nach Beschluss des Präsidiums des Deutschen Städtetages vom 12.05.2009, abrufbar unter http://www.staedtetag.de/imperia/md/content/dst/eck punkte_pcgk_kommunale_unternehmen.pdf (zuletzt abgerufen am 25.05.2020).

476 Siehe beispielhaft die Kodizes der Stadt Düsseldorf, abrufbar unter https://www.duesseldorf.de/fileadmin/Amt20/finanzen/kodex/Duesseldorfer_Kodex_2017_03_10.pdf, und der Stadt Köln, abrufbar unter http://www.stadt-koeln.de/mediaasset/content/pdf20/pcgk-k__ln.pdf (beide zuletzt abgerufen am 25.05.2020).

b) Zusammensetzung, Bestellung und Abberufung

aa) Aktiengesetz

Der Aufsichtsrat besteht nach der zentralen Vorschrift des § 95 S. 1 AktG aus drei Mitgliedern. Die Satzung kann eine bestimmte höhere Zahl festsetzen, welche jedoch stets durch drei teilbar sein muss, wenn dies aus mitbestimmungsrechtlichen Gründen erforderlich ist (§ 95 S. 2, 3 AktG). Die Obergrenze liegt jedoch bei 21 Aufsichtsratsmitgliedern (§ 95 S. 4 AktG). Die Mitglieder werden grundsätzlich von der Hauptversammlung gewählt (§§ 101, 119 Abs. 1 Nr. 1 AktG) und abberufen (§ 103 AktG). Gemäß § 101 Abs. 2 S. 1 AktG kann durch die Satzung und nur für bestimmte Aktionäre oder für die jeweiligen Inhaber bestimmter Aktien ein Entsendungsrecht begründet werden. Derartige Rechte können jedoch insgesamt für höchstens ein Drittel der sich aus dem Gesetz oder Satzung ergebenden Zahl der Aufsichtsratsmitglieder der Aktionäre eingeräumt werden (§ 101 Abs. 2 S. 4 AktG).

bb) Mitbestimmungsrechtliche Vorschriften

Besonderheiten bezüglich der Zusammensetzung des Aufsichtsrates können sich insbesondere aus dem Mitbestimmungsgesetz und dem Drittelbeteiligungsgesetz ergeben (vgl. § 96 Abs. 1 AktG).[477]

(1) Mitbestimmungsgesetz

In Aktiengesellschaften, die in der Regel mehr als 2.000 Arbeitnehmer beschäftigen, haben die Arbeitnehmer im Aufsichtsrat ein Mitbestimmungsrecht nach Maßgabe des Mitbestimmungsgesetzes (§ 1 Abs. 1 MitbestG). Leiharbeiter bleiben bei der Ermittlung von mitbestimmungsrechtlichen Schwellenwerten unberücksichtigt.[478] Der unter dieses Regelungsregime fallende Aufsichtsrat ist paritätisch mit Vertretern der Anteilseigner und Arbeitnehmer zu besetzen. Die Größe des Aufsichtsrates orientiert sich an der Größe des Unternehmens (vgl. § 7 Abs. 1 MitbestG). Auch die im Unternehmen vertretenen Gewerkschaften erhalten je nach Gesamtzahl der Aufsichtsratsmitglieder zwei oder drei Sitze (§ 7 Abs. 2 MitbestG). Das Übergewicht der Anteilseigner wird durch das Doppelstimmrecht des Aufsichtsratsvorsitzenden gewahrt (§ 29 Abs. 2 MitbestG).[479]

(2) Drittelbeteiligungsgesetz

Unter das Drittelbeteiligungsgesetz fallen nach § 1 DrittelbG unter anderem Aktiengesellschaften mit regelmäßig mehr als 500, aber weniger als 2.001 Arbeitnehmern, die nicht der Mitbestimmung nach dem Montan-Mitbestimmungsgesetz

---

477 Siehe Überblick bei *Windbichler*, Gesellschaftsrecht, § 28 Rn. 9 ff.

478 OLG Hamburg NZG 2014, 787; *Lunk*, NZG 2014, 778, 780.

479 *Henssler*, in: Henssler/Strohn, Gesellschaftsrecht, § 96 AktG, Rn. 3.

unterliegen und keine Tendenzunternehmen sind.[480] Der Aufsichtsrat muss zu einem Drittel aus Arbeitnehmern bestehen (§ 4 Abs. 1 DrittelbG). Die Zahl der Aufsichtsratsmitglieder richtet sich nach § 95 AktG.[481] Sind bei Aufsichtsräten mit drei oder sechs Mitgliedern nur ein oder zwei Vertreter der Arbeitnehmerseite zu wählen, so müssen diese Arbeitnehmer des Unternehmens sein. Bei größeren Aufsichtsräten können neben ihnen auch unternehmensfremde Personen, also insbesondere Gewerkschaftsvertreter, gewählt werden.[482] Die Aufsichtsratsmitglieder der Arbeitnehmer werden nach den Grundsätzen der Mehrheitswahl in allgemeiner, geheimer, gleicher und unmittelbarer Wahl gewählt (§ 5 Abs. 1 DrittelbG).

(3) Weitere mitbestimmungsrechtliche Vorschriften

Mitbestimmungsrechte können sich weiter aus den nur noch wenig praxisrelevanten Vorschriften über die Montanmitbestimmungen ergeben. Hier sind das Montan-Mitbestimmungsgesetz[483] und das entsprechende Ergänzungsgesetz[484] zu nennen. Schließlich regelt das MgVG[485] die Mitbestimmung der Arbeitnehmer in den Unternehmensorganen der aus einer grenzüberschreitenden Verschmelzung hervorgehenden Gesellschaft.

2. Der Aufsichtsrat der GmbH

a) Fakultativer und obligatorischer Aufsichtsrat

Im Grundsatz ist die Einrichtung eines Aufsichtsrates bei einer GmbH freiwillig (sog. fakultativer Aufsichtsrat). In einigen wenigen Fällen ist ein Aufsichtsrat aufgrund gesetzlicher Anordnung zwingend vorgeschrieben (sog. obligatorischer Aufsichtsrat).

aa) Fakultativer Aufsichtsrat

Der Vorschrift des § 52 Abs. 1 GmbHG ist zu entnehmen, dass die Einrichtung eines Aufsichtsrates bei der GmbH grundsätzlich freiwillig erfolgt und einer gesonderten Anordnung im Gesellschaftsvertrag bedarf. Ein einfacher Gesellschafterbeschluss genügt insoweit nicht.[486] Wird im Gesellschaftsvertrag nichts Abweichendes bestimmt, finden die in § 52 Abs. 1 GmbHG genannten Regelungen des Aktiengesetzes entsprechend Anwendung. In der Satzung können diese Vorschriften des Aktiengesetzes jedoch auch abbedungen oder weitere Vorschriften

480 *Henssler*, in: Henssler/Strohn, Gesellschaftsrecht, § 96 AktG, Rn. 6.
481 *Henssler*, in: Henssler/Strohn, Gesellschaftsrecht, § 96 AktG, Rn. 6.
482 *Windbichler*, Gesellschaftsrecht, § 28 Rn. 18.
483 BGBl. [1951] I S. 347.
484 BGBl. [1956] I S. 707.
485 BGBl. [2006] I S. 3332.
486 *Spindler*, in: MüKo GmbHG, § 52 Rn. 34.

für anwendbar erklärt werden.[487] Dem Aufsichtsrat muss jedoch mindestens die Aufgabe der Überwachung der Geschäftsführung zwingend übertragen werden.[488] Die Grenzen der Satzungsautonomie finden sich in den zwingenden Zuständigkeiten anderer Gesellschaftsorgane. So kann der Aufsichtsrat nicht zur Geschäftsführung oder zur Vertretung der Gesellschaft ermächtigt werden. Darüber hinaus bleibt die Kompetenz für Änderungen des Gesellschaftsvertrages zwingend bei der Gesellschafterversammlung.[489] Hinsichtlich der Mitgliederzahl bestehen für den fakultativen Aufsichtsrat keine gesetzlichen Vorgaben. Die Anzahl der Mitglieder ergibt sich daher aus der Satzung und kann nach herrschender Meinung aus einer wie auch aus mehreren Personen bestehen.[490]

bb) Obligatorischer Aufsichtsrat

Aus verschiedenen mitbestimmungsrechtlichen Vorschriften kann sich das zwingende Erfordernis der Bildung eines Aufsichtsrats für eine GmbH ergeben.

(1) Drittelbeteiligungsgesetz

Die Bildung eines Aufsichtsrates ist nach dem Drittelbeteiligungsgesetz obligatorisch, wenn die GmbH in der Regel mehr als 500 Arbeitnehmer beschäftigt und weder unter das Montan-Mitbestimmungsgesetz noch unter das Montan-Mitbestimmungsergänzungsgesetz fällt (§ 1 Abs. 1 Nr. 3 S. 1 iVm Abs. 2 S. 1 Nr. 1 DrittelbG). Bei der Beurteilung der Zahl der Beschäftigten kommt es auf die Anzahl der regelmäßig beschäftigten Arbeitnehmer an, wobei eine nur vorübergehende Überschreitung der Grenze von 500 Arbeitnehmern, zum Beispiel im Hinblick auf Spitzen bei der Saisonarbeit, genauso wenig eine Pflicht zur Bildung eines Aufsichtsrates generiert wie eine vorübergehende Unterschreitung eine Entbindung von der Pflicht zur Bildung begründet.[491] Leitende Angestellte im Sinne des § 5 Abs. 3 BetrVG werden nicht einbezogen.[492] Die Größe des Aufsichtsrates richtet sich nach § 95 AktG (vgl. § 1 Abs. 1 Nr. 3 S. 2 DrittelbG). Da § 95 AktG vollumfänglich Anwendung findet, können satzungsmäßig auch mehr als drei Aufsichtsratsmitglieder bestimmt werden, sofern die Gesamtzahl durch drei teilbar ist und die Höchstgrenzen des § 95 Abs. 1 S. 4 AktG eingehalten werden.[493] Der Aufsichtsrat muss nach § 4 Abs. 1 DrittelbG zu einem Drittel aus Arbeitnehmervertretern

---

487 *Giedinghagen*, in: Heidinger/Leible/Schmidt, GmbHG, § 52 Rn. 16.
488 *Wicke*, GmbHG, § 52 Rn. 3; *Zöllner/Noack*, in: Baumbach/Hueck, GmbHG, § 52 Rn. 100.
489 *Wicke*, GmbHG, § 52 Rn. 3.
490 *Simon*, GmbHR 1999, 257, 258; *Spindler*, in: MüKo GmbHG, § 52 Rn. 82; *Wicke*, GmbHG, § 52 Rn. 4; *Zöllner/Noack*, in: Baumbach/Hueck, GmbHG, § 52 Rn. 32.
491 *Nießen*, NJW-Spezial 2008, 367.
492 *Nießen*, NJW-Spezial 2008, 367.
493 *Nießen*, NJW-Spezial 2008, 367.

bestehen. Diese werden von den Arbeitnehmern des Unternehmens nach Maßgabe des § 5 DrittelbG, welcher eine Wahlordnung normiert, gewählt. Die Hauptversammlung wählt dagegen grundsätzlich die Vertreter der Anteilseignerseite, § 101 Abs. 1 AktG.

(2) Mitbestimmungsgesetz

Nach dem Mitbestimmungsgesetz ist bei einer GmbH ein Aufsichtsrat zu bilden, wenn sie in der Regel mehr als 2.000 Arbeitnehmer beschäftigt und nicht andere mitbestimmungsrechtlichen Vorschriften gelten (§ 1 Abs. 1, 2 iVm § 6 MitbestG). Für die Berechnung der Grenze der einzubeziehenden Arbeitnehmer gelten grundsätzlich dieselben Grundsätze wie beim Drittelbeteiligungsgesetz mit der Ausnahme, dass in die Beschäftigtenzahl auch leitende Angestellte im Sinne des § 5 Abs. 3 BetrVG einzubeziehen sind.[494] Die Vorschrift des § 7 MitbestG regelt die Zusammensetzung des Aufsichtsrates. Je nach Anzahl der Beschäftigten setzt sich der Aufsichtsrat aus zwölf, 16 oder 20 Aufsichtsratsmitgliedern zusammen, wobei jeweils die eine Hälfte aus Vertretern der Anteilseigner und die andere aus solchen der Arbeitnehmer bestehen muss (§ 7 Abs. 1 S. 1 MitbestG). Die Vorschrift des § 7 Abs. 2 MitbestG sieht vor, dass sich unter den Aufsichtsratsmitgliedern der Arbeitnehmer stets Arbeitnehmer des Unternehmens sowie Gewerkschaftsvertreter zu befinden haben, wobei die Norm, je nach Größe des Aufsichtsrates, verschiedentlich ausgestaltete Quotelungen bereithält. Gemäß § 15 Abs. 1 S. 2 MitbestG muss dem Aufsichtsrat ein leitender Angestellter angehören. Die Aufsichtsratsmitglieder der Anteilseigner werden regelmäßig entweder durch Wahl der Gesellschafterversammlung oder im Wege der Benennung durch die Gesellschafter bestellt.[495] Die Aufsichtsratsmitglieder der Arbeitnehmer eines Unternehmens mit in der Regel weniger als 8.000 Arbeitnehmern werden grundsätzlich in unmittelbarer Wahl von den Arbeitnehmern gewählt (§ 9 Abs. 2 iVm § 18 MitbestG). Sind in einem Unternehmen regelmäßig mehr als 8.000 Arbeitnehmer beschäftigt, werden die Arbeitnehmervertreter grundsätzlich durch Delegierte gewählt, welche wiederum von Arbeitnehmern des Unternehmens gewählt werden (§ 9 Abs. 1 iVm §§ 10 ff. MitbestG).

(3) Montan-Mitbestimmungesetz

Eine GmbH muss nach dem Montan-Mitbestimmungsgesetz einen Aufsichtsrat einrichten, wenn sie mehr als 1.000 Arbeitnehmer im Montanbereich beschäftigt (§ 1 Abs. 1, 2 iVm § 3 MontanMitbestG). Der Anwendungsbereich des Gesetzes ist gering, da, soweit ersichtlich, keine GmbH (mehr) unter das Gesetz fällt.[496]

---

494 *Nießen*, NJW-Spezial 2008, 367, 368.
495 *Nießen*, NJW-Spezial 2008, 367, 368.
496 *Spindler*, in: MüKo GmbHG, § 52 Rn. 55; aus diesem Grund wird in der weiteren Darstellung weitestgehend auf eine Berücksichtigung des nach dem MontanMitbestG obligatorischen Aufsichtsrat verzichtet.

b) *Pauschale Pflicht zur Einrichtung eines Aufsichtsrates bei kommunaler Beteiligung?*

aa) These in der Literatur

Zieglmeier vertritt die Auffassung, dass die landesgesetzlichen Vorschriften die Gründung einer beziehungsweise die Beteiligung an einer GmbH nur dann zulassen, wenn ein Aufsichtsrat eingerichtet worden sei.[497] Er verweist dabei auf das Demokratieprinzip, welches eine „ununterbrochene Legitimationskette vom Volk zu den mit staatlichen Aufgaben betrauten Organen und Amtswaltern der Verwaltung"[498] verlange. Bei der Privatisierung der öffentlichen Hand müsse folglich sichergestellt werden, dass das Handeln sich auf den Willen des Volkes zurückführen lasse. Dem trügen die kommunalverfassungsrechtlichen Regelungen[499] der Bundesländer dadurch Rechnung, dass sie die Gründung, Übernahme oder Beteiligung an einem Unternehmen in einer Rechtsform des privaten Rechts nur dann zuließen, wenn die Gemeinden einen angemessenen Einfluss, insbesondere im Aufsichtsrat oder in einem entsprechenden Überwachungsorgan des Unternehmens, *habe*. Damit werde landesrechtlich abgesichert, „dass im Gesellschaftsvertrag die Bestellung eines Aufsichtsrates oder eines ähnlichen Gremiums geregelt werden *muss*"[500].

bb) Stellungnahme

Diesem Ansatz muss entgegengehalten werden, dass mit diesen landesrechtlichen Vorschriften die von Rechtsprechung und Literatur formulierte Verpflichtung der Gemeinden, sich Einwirkungs- und Kontrollrechte im Hinblick auf ihre Unternehmen zu erhalten, gesetzlich abgesichert wird.[501] Was als „angemessener Einfluss" beispielsweise im Sinne des § 108 Abs. 1 S. 1 Nr. 6 GO NRW bewertet werden kann und wie die Ausgestaltung eines solchen Einflusses im Einzelfall auszusehen hat, wird sich jedoch primär an der Größe und dem Umfang der jeweiligen Beteiligung zu orientieren haben.[502] Die Einrichtung eines Aufsichtsrates ist daher lediglich ein Beispiel dafür, wie die Einflusssicherung vorgenommen werden kann.[503]

---

497 *Zieglmeier*, LKV 2005, 338, 339.
498 *Zieglmeier*, LKV 2005, 338, 339.
499 Gemeint ist beispielsweise § 108 Abs. 1 S. 1 Nr. 6 GO NRW.
500 *Zieglmeier*, LKV 2005, 338, 339.
501 *Huffmann*, in: Mann/Püttner, Handbuch der kommunalen Wissenschaft und Praxis, § 51 Rn. 35; *Cronauge*, Kommunale Unternehmen, Rn. 315; *Schulz*, in: PdK BayGO, Art. 92 Erl. 1.2; *Dietl/Bacher*, KommJur 2018, 45, 47 f.
502 *Cronauge*, Kommunale Unternehmen, Rn. 315; siehe auch 2. Kapitel A.III.2.
503 *Cronauge*, Kommunale Unternehmen, Rn. 315; vgl. auch Wortlaut des § 108 Abs. 1 S. 1 Nr. 6 GO NRW: Die Gemeinde kann „*insbesondere* in einem Überwachungsorgan" ihren Einfluss sichern.

Art. 28 Abs. 2 S. 1 GG sichert den Gemeinden einen Bereich der eigenverantwortlichen Wahrnehmung ihrer Geschäfte. Ausgehend davon muss es ihrer eigenverantwortlichen Disposition obliegen, über die Einsetzung eines Aufsichtsorgans zu entscheiden.[504] Ein Obligatorium zur Einrichtung eines Aufsichtsrates bei kommunaler Beteiligung ist damit grundsätzlich abzulehnen.

Dennoch kann sich aus den Umständen des Einzelfalles ausnahmsweise eine Verpflichtung zur Errichtung eines Aufsichtsrates ergeben. Eine solche Pflicht im Sinne einer Ermessensreduzierung auf Null kann etwa dann vorliegen, wenn bei Beteiligung eines privaten Dritten dessen Gewinnstreben mit der Erfüllung öffentlicher Aufgaben des öffentlichen Gesellschafters in Konflikt gerät.[505] In einem solchen Fall kann der Aufsichtsrat das einzig geeignete Instrument darstellen, die widerstreitenden Interessen in Ausgleich zu bringen.[506]

c) Vorteile des Einsatzes eines Aufsichtsrates bei einer kommunalen GmbH

Funktionstypische Aufgabe des Aufsichtsrats einer GmbH ist die Überwachung der Geschäftsführung auf Wirtschaftlichkeit, Zweckmäßigkeit und Rechtmäßigkeit.[507] Obwohl die Gesellschafter einer GmbH mehr Möglichkeiten zur Einflussnahme als bei der Aktiengesellschaft besitzen,[508] besteht auch bei einer kommunalen GmbH die Notwendigkeit einer wirksamen Überwachung[509]. Der Aufsichtsrat eignet sich dazu, Fehlentwicklungen frühzeitig zu identifizieren und bildet für eine Kommune als Gesellschafterin ein wichtiges Informationssystem.[510] Die Existenz eines Aufsichtsrates erweckt darüber hinaus bei Dritten den Eindruck adäquater Risikovorsorge bei der Überwachung der Geschäftsführertätigkeit und leistet daher einen beachtlichen Beitrag zum Schutz des Rechtsverkehrs.[511] Weitere Vorteile sind, dass der öffentliche Gesellschafter gegenüber Aufsichtsräten Weisungen aussprechen kann[512] und der Aufsichtsrat der Geschäftsführung als wertvoller

504 *Dietl/Bacher*, KommJur 2018, 45, 46.

505 *Huffmann*, in: Mann/Püttner, Handbuch der kommunalen Wissenschaft und Praxis, § 51 Rn. 36 mit Hinweis in Fn. 32.

506 *Huffmann*, in: Mann/Püttner, Handbuch der kommunalen Wissenschaft und Praxis, § 51 Rn. 36.

507 BGH NJW 2011, 221, 223; *Henze*, BB 2000, 209, 213 ff.; *Müller/Wolff*, NZG 2003, 751, 752; *Zöllner/Noack*, in: Baumbach/Hueck, GmbHG, § 52 Rn. 100.

508 Dies ergibt sich daraus, dass die Befugnisse der Gesellschafterversammlung nach § 45 Abs. 1 GmbHG durch die Satzung im Grundsatz frei definiert werden können, während das Aktiengesetz die Satzungsautonomie weitgehend einschränkt; vgl. dazu *Koch*, in: Hüffer/Koch, Aktiengesetz, § 119 Rn. 10.

509 *Huffmann*, in: Mann/Püttner, Handbuch der kommunalen Wissenschaft und Praxis, § 51 Rn. 36; *Cronauge*, Kommunale Unternehmen, Rn. 316.

510 *Cronauge*, Kommunale Unternehmen, Rn. 316.

511 *Keßler*, GmbHR 2000, 71, 72.

512 *Cronauge*, Kommunale Unternehmen, Rn. 317.

Beratungs- und Diskussionspartner dient[513]. Schließlich kann die Gesellschafterversammlung vor gewichtigen Entscheidungen vom Aufsichtsrat eine zweite Meinung einholen.[514]

3. Zusammensetzung des kommunalen Aufsichtsrates unter Berücksichtigung kommunalrechtlicher Regelungen und Prinzipien

a) Ausdrückliche gesetzliche Vorgaben und Praxis

Die Gemeindeordnungen einiger Bundesländer sehen vor, dass die kommunalen Aufsichtsratsmitglieder nach dem Verhältniswahlrecht (sog. Spiegelbildlichkeitsprinzip) zu bestimmen sind. So erfolgt in Nordrhein-Westfalen die Bestellung durch eine Abstimmung nach den Grundsätzen der Verhältniswahl in einem Wahlgang (§ 50 Abs. 3, 4 GO NRW).[515] Ähnliche Regelungen enthalten etwa auch die Gemeindeordnungen von Mecklenburg-Vorpommern[516], des Saarlandes[517] und Sachsens[518].

In der Praxis wird die Besetzung des fakultativen Aufsichtsrates oftmals freiwillig dem Leitbild des mitbestimmten Aufsichtsrates nachgebildet. Dabei wird regelmäßig der Parteienproporz der Gemeindevertretung berücksichtigt, was zur Folge hat, dass kleinere Fraktionen nicht in kommunalen Aufsichtsorganen vertreten sind.[519]

b) Rechtslage bei fehlender gesetzlicher Vorgabe

Fraglich ist, ob Minderheitenschutz in entsprechender Anwendung der kommunalrechtlichen Vorschriften über einen Fraktionenproporz bei der Besetzung eines Ausschusses gewährleistet werden kann.

aa) Minderheitenschutz durch analoge Anwendung des kommunalrechtlichen Fraktionenproporzes bei der Ausschussbesetzung?

Die Gemeindeordnung von Bayern enthält keine Bestimmung dahingehend, dass die Aufsichtsratsmitglieder nach dem Spiegelbildlichkeitsprinzip zu bestimmen sind, sodass die Rechtslage hier fraglich ist.[520] Die Proporzvorschrift des Art. 33 Abs. 1 S. 2 BayGO, welche regelt, dass bei der Zusammensetzung der

513 *Cronauge*, Kommunale Unternehmen, Rn. 318.
514 *Cronauge*, Kommunale Unternehmen, Rn. 319.
515 Siehe dazu auch OVG Münster NVwZ 2003, 494.
516 § 71 Abs. 1 S. 4 KV M-V.
517 § 114 Abs. 2 S. 2 KSVG SL.
518 § 98 Abs. 1 S. 3 iVm § 42 Abs. 2 SächsGO.
519 *van Kann/Keiluweit*, DB 2009, 2251, 2252.
520 Die Gemeindeordnungen beispielsweise von Niedersachsen, Hessen und Schleswig-Holstein enthalten ebenfalls keine derartige Regelung.

Gemeinderatsausschüsse dem Stärkeverhältnis der im Gemeinderat vertretenen Parteien und Wählergruppen Rechnung zu tragen ist, ist weder direkt noch analog anwendbar. Für eine Analogie fehlt es bereits an einer vergleichbaren Interessenlage.[521] Der Bayerische Verwaltungsgerichtshof hat in einem Urteil aus dem Jahr 2000[522] ausgeführt, dass die „Entfernung der wirtschaftlichen Betätigung der Kommunen von den unmittelbaren Verwaltungsaufgaben des Gemeinderats [...] beispielsweise auch bei der Bildung von Kommunalunternehmen (vgl. Art. 89, 90 BayGO) dazu [führt], dass die Bestellung der Mitglieder des Verwaltungsrats ohne Bindung an einen Fraktionenproporz stattfinden kann"[523]. Reiche daher der gemeinderechtlich vorgesehene Parteienproporz „nicht bis in die kommunalrechtlich organisierte Mitwirkung des Gemeinderats in anderen Gremien als gemeindlichen Ausschüssen hinein, kann für die sich primär nach Gesellschaftsrecht richtende Ausgestaltung der Organe einer GmbH von Gesetzes wegen nichts anderes gelten"[524]. Es gehe dabei vorrangig um die Wahrnehmung von Kontrollbefugnissen der Gemeinde gegenüber einer anderen juristischen Person und nicht um eine innergemeindliche Mitwirkung des Stadtrates. Für die gesetzliche Anordnung, dass die Ausschüsse als Ausdruck des Wählerwillens ein „verkleinertes Abbild des Gemeindesrates" darzustellen hätten, bestehe „außerhalb der eigentlichen Verwaltungstätigkeit" im Grundsatz kein Anlass.[525]

Etwas anderes muss jedoch dann gelten, wenn die Gemeinde den Gesellschaftsvertrag derart ausgestaltet, dass dem fakultativen Aufsichtsrat sämtliche Befugnisse der Gesellschafterversammlung beziehungsweise nahezu die gesamte Geschäftsführung übertragen wird. Denn dann nimmt der Aufsichtsrat unmittelbar kommunale Verwaltungstätigkeit in privatrechtlicher Form wahr.[526] Da die Gemeinde auch bei der Wahl einer privatrechtlichen Rechtsform grundsätzlichen öffentlich-rechtlichen Bindungen und damit auch dem Demokratieprinzip unterworfen ist, legt es der Rechtsgedanke des Art. 33 Abs. 1 S. 2 BayGO als Ausfluss dieses Prinzips nahe, bei derartigen Gesellschaften die Entsendung von Gemeinderatsmitgliedern in den Aufsichtsrat nach dem Fraktionenproporz vorzunehmen.[527] Eine rechtliche Verpflichtung hierzu besteht jedoch de lege lata (in Bayern) nicht.[528]

---

521 *Lohner/Zieglmeier*, BayVBl 2007, 581, 584 unter Berufung auf VGH München, Urt. v. 02.02.2000, Az. 4 B 99.1377.
522 VGH München, Urt. v. 02.02.2000, Az. 4 B 99.1377.
523 VGH München, Urt. v. 02.02.2000, Az. 4 B 99.1377, Rn. 23 (juris).
524 VGH München, Urt. v. 02.02.2000, Az. 4 B 99.1377, Rn. 23 (juris).
525 VGH München, Urt. v. 02.02.2000, Az. 4 B 99.1377, Rn. 23 (juris).
526 *Lohner/Zieglmeier*, BayVBl 2007, 581, 584.
527 *Lohner/Zieglmeier*, BayVBl 2007, 581, 584.
528 *Lohner/Zieglmeier*, BayVBl 2007, 581, 584.

bb) Minderheitenschutz kraft Gesellschaftsvertrags

Der Gesellschaftsvertrag einer kommunalen GmbH kann eine Regelung enthalten, „wonach die Vergabe der aus der Mitte des Stadtrats zu berufenden Aufsichtsratssitze unter Anwendung des d'Hondt'schen Berechnungsverfahrens erfolgt"[529]. Fraglich ist allerdings, ob eine derartige Regelung bezüglich einer kommunalen Entsendung von Mitgliedern in einen Aufsichtsrat in der Satzung der GmbH überhaupt wirksam geregelt werden kann. Während Art. 93 Abs. 2 BayGO das „Ob" eines Entsendungsrechts der Gemeinde regelt, betrifft die Frage, wie dem Stärkeverhältnis der im Gemeinderat vertretenen Parteien bei der Entsendung Rechnung getragen werden kann, das „Wie" des Entsendungsrechts. Auch dieses fällt jedoch in das Organisationsrecht der Gemeinde und nicht in dasjenige der Gesellschaft.[530] Vor diesem Hintergrund kann es zu einem Konflikt kommen, wenn die Gemeinde lediglich Minderheitsgesellschafterin ist. Denn es besteht dann die Gefahr, dass der Mehrheitsgesellschafter Bestimmungen in den Gesellschaftsvertrag einfügt, welche das interne Abstimmungsverfahren in Bezug auf die kommunalen Mitglieder des Aufsichtsrates präjudizieren.[531] Die Folge wäre ein ungerechtfertigter Eingriff in das Selbstverwaltungsrecht der Gemeinde aus Art. 28 Abs. 2 S. 1 GG.[532] Aus diesem Grund können Regelungen bezüglich der Verwendung einer Proporzregelung oder des d'Hondt'schen Berechnungsverfahrens allein in der jeweiligen kommunalen Geschäftsordnung getroffen werden.[533]

4. Das kommunale Aufsichtsratsmitglied

Im Folgenden wird dargestellt, welche persönlichen Voraussetzungen ein möglicher kommunaler Aufsichtsratskandidat mit sich bringen muss und welche Personen von einer Bestellung ausgeschlossen sind. Teilweise enthalten die Gemeindeordnungen insoweit präzisierende Vorgaben. Im Anschluss werden die Akte der Bestellung beziehungsweise der Entsendung sowie der Abberufung näher erläutert, bevor ein Überblick über den Rechte- und Pflichtenkreis des kommunalen Organmitgliedes gegeben wird.

a) Gemeinderechtliche Vorgaben

Grundsätzlich können Rats- und Ausschussmitglieder als auch Bedienstete oder Dritte zu Vertretern der Gemeinde bestellt werden.[534] Jedoch enthalten

529 So im zugrundeliegenden Sachverhalt von VGH München, Urt. v. 02.02.2000, Az. 4 B 99.1377, Rn. 24 (juris).
530 *Lohner/Zieglmeier*, BayVBl 2007, 581, 585.
531 *Lohner/Zieglmeier*, BayVBl 2007, 581, 585.
532 *Lohner/Zieglmeier*, BayVBl 2007, 581, 585.
533 *Lohner/Zieglmeier*, BayVBl 2007, 581, 585.
534 *Geerlings*, in: Mann/Püttner, Handbuch der kommunalen Wissenschaft und Praxis, § 52 Rn. 30.

beinahe[535] sämtliche Kommunalverfassungen der Bundesländer konkretisierende Vorschriften über die Person des Vertreters einer Gemeinde im Aufsichtsrat eines in privatrechtlicher Rechtsform geführten Unternehmens mit öffentlicher Beteiligung. Einige gemeinderechtliche Vorgaben gehen von einer vorrangigen Vertretungszuständigkeit des Hauptverwaltungsbeamten[536] beziehungsweise des Gemeindevorstandes[537] aus, während andere insoweit ein freies Entsendungsermessen vorsehen[538]. Die Gemeindeordnungen von Nordrhein-Westfalen[539] und Niedersachsen[540] normieren, dass erst in dem Falle, dass mehrere Vertreter zu benennen sind, der Bürgermeister Berücksichtigung finden muss.

b) Persönliche Voraussetzungen

Das Gesellschaftsrecht enthält einige Vorgaben im Hinblick auf die persönlichen Anforderungen an die Person eines Aufsichtsratsmitgliedes. Darüber hinaus formulieren die vom Deutsche Städtetag beschlossenen Eckpunkte für einen Public Corporate Governance Kodex für kommunale Unternehmen entsprechende Empfehlungen.

aa) Gesellschaftsrecht

(1) Aufsichtsratsratsmitglied einer Aktiengesellschaft

Mitglied des Aufsichtsrats kann nur eine natürliche, unbeschränkt geschäftsfähige Person sein (§ 100 Abs. 1 S. 1 AktG). Damit wird der persönlichen Verantwortlichkeit des Aufsichtsratsmitgliedes für seine Amtsführung Rechnung getragen.[541] Ein Erfordernis für eine spezielle fachliche Qualifikation hält lediglich § 100 Abs. 5 AktG für den Finanzexperten bereit. Der BGH verlangt jedoch, dass „ein Aufsichtsratsmitglied diejenigen Mindestkenntnisse und -fähigkeiten besitzen oder sich aneignen muß, die es braucht, um alle normalerweise anfallenden Geschäftsvorgänge auch ohne fremde Hilfe verstehen und sachgerecht beurteilen

535 § 74 ThürKO schweigt zur Person des Vertreters im Aufsichtsrat und setzt diesen bereits voraus. In Betracht kommt hier insbesondere der Bürgermeister oder ein Gemeinderatsmitglied; die Bestellung erfolgt durch Beschlussfassung des Gemeinderates, *Strobel*, PdK ThürKO, § 74 Erl. 1.2.

536 § 97 Abs. 2 BbgKVerf; § 114 Abs. 1 S. 2 KSVG SL; § 131 Abs. 3 KVG LSA; § 88 Abs. 3 GO RP.

537 § 125 Abs. 2 HGO.

538 Art. 93 Abs. 2 BayGO; § 71 Abs. 2 KV M-V; § 98 Abs. 2 SächsGO; § 104 Abs. 2 GO BW; § 104 Abs. 1 GO SH; für Bayern siehe auch *Lohner/Zieglmeier*, BayVBl 2007, 581, 582.

539 § 113 Abs. 2 GO NRW.

540 § 138 Abs. 3 NKomVG.

541 *Henssler*, in: Henssler/Strohn, Gesellschaftsrecht, § 100 AktG, Rn. 2.

zu können“[542]. Eine ausreichende Sachkunde und ein stichhaltiges Verständnis für die wirtschaftlichen Zusammenhänge in Bezug auf das Unternehmen können also erwartet werden,[543] auch wenn eine pauschale Bestimmung nicht möglich ist[544]. Zu den erforderlichen Mindestkenntnissen zählen etwa solche über die gesetzlichen und in der Satzung festgeschriebenen Aufgaben des Unternehmens sowie über die Rechts- und Pflichtstellung des Aufsichtsrates.[545] Ein Aufsichtsratsmitglied muss, um sachlich angezeigte Schlussfolgerungen ziehen zu können, vorliegende Berichte verstehen und zutreffend bewerten können. Dazu gehören auch Kenntnisse bezüglich des Jahresabschlusses sowie solche zur Beurteilung der Rechtmäßigkeit und Zweckmäßigkeit von Entscheidungen des Geschäftsführungsorgans.[546] Der Deutsche Corporate Governance Kodex (DCGK)[547] formuliert entsprechend, dass der Aufsichtsrat so zusammenzusetzen ist, dass seine Mitglieder insgesamt über die zur ordnungsgemäßen Wahrnehmung der Aufgaben erforderlichen Kenntnisse, Fähigkeiten und fachlichen Erfahrungen verfügen (Ziff. 5.4.1 DCGK).

Die Vorschrift des § 100 Abs. 2 S. 1 AktG enthält enumerativ einzelne Hinderungsgründe. So kann Mitglied des Aufsichtsrates beispielsweise nicht sein, wer bereits in zehn Handelsgesellschaften, welche eine gesetzliche Verpflichtung zur Bildung eines Aufsichtsrates treffen, Aufsichtsratsmitglied ist oder gesetzlicher Vertreter eines von der Gesellschaft abhängigen Unternehmens ist (§ 100 Abs. 2 S. 1 Nr. 1, 2 AktG). Darüber hinaus ergibt sich aus § 105 Abs. 1 AktG, dass ein Aufsichtsratsmitglied nicht zugleich Vorstandsmitglied, dauernd Stellvertreter von Vorstandsmitgliedern, Prokurist oder zum gesamten Geschäftsbetrieb ermächtigter Handlungsbevollmächtigter der Gesellschaft sein kann. In der Satzung können weitere persönliche Anforderungen, wie etwa das Erfordernis einer besonderen Sachkunde, Altersgrenzen[548] oder Inkompatibilitätsgründe, geregelt werden.[549] Dies gilt jedoch nicht für Arbeitnehmervertreter (vgl. § 100 Abs. 4 AktG). Die Vorschrift des § 100 Abs. 3 AktG bestimmt, dass sich die anderen persönlichen Voraussetzungen der Arbeitnehmervertreter sowie der weiteren Vertreter nach den entsprechenden mitbestimmungsrechtlichen Vorschriften richten.

---

542 BGH NJW 1983, 991 („Gebot persönlicher und eigenverantwortlicher Amtsausübung“).

543 *Cronauge*, Kommunale Unternehmen, Rn. 316.

544 *Keller/Paetzelt*, KommJur 2005, 451, 452.

545 *Keller/Paetzelt*, KommJur 2005, 451, 452.

546 *Keller/Paetzelt*, KommJur 2005, 451, 452.

547 Deutscher Corporate Governance Kodex in der Fassung vom 07.02.2017 mit Beschlüssen aus der Plenarsitzung vom 07.02.2017.

548 Zur Vereinbarkeit mit dem AGG siehe *Lutter*, BB 2007, 725, 730.

549 *Henssler*, in: Henssler/Strohn, Gesellschaftsrecht, § 100 AktG, Rn. 12 f.

(2) Aufsichtsratsratsmitglied einer GmbH

Auf gesellschaftsrechtlicher Ebene gelten für die Vertreter eines fakultativen GmbH-Aufsichtsrats § 100 Abs. 1 und Abs. 2 S. 1 Nr. 2 AktG. Dies ergibt sich aus § 52 Abs. 1 GmbHG. Mitglied des Aufsichtsrats kann demgemäß auch hier nur eine natürliche, unbeschränkt geschäftsfähige Person sein (§ 100 Abs. 1 S. 1 AktG). Nach einhelliger Meinung kann auch durch Satzungsregelung nicht erlaubt werden, dass juristische Personen oder nicht voll geschäftsfähige Personen, welche durch ihren gesetzlichen Vertreter handeln, Mitglied eines Aufsichtsrates werden dürfen.[550] Ausgeschlossen von der Bestellung als Aufsichtsratsmitglied ist eine Person, die gesetzlicher Vertreter eines von der Gesellschaft abhängigen Unternehmens ist (§ 100 Abs. 2 S. 1 Nr. 2 AktG). Streitig ist die Disponibilität dieser Vorschrift.[551] Für den fakultativen Aufsichtsrat gilt darüber hinaus die unabdingbare[552] Unvereinbarkeitsregelung des § 105 AktG, auf welche § 52 Abs. 1 GmbHG ebenfalls verweist.

Für nach dem Mitbestimmungsgesetz und nach dem Drittelbeteiligungsgesetz mitbestimmte Gesellschaften gilt § 100 AktG ausweislich der entsprechenden Verweisungsvorschriften[553] vollumfänglich. Ferner verweisen diese Vorschriften auf § 105 AktG.[554] Nach § 6 Abs. 2 MitbestG gilt die Besonderheit, dass die Wählbarkeit eines Prokuristen als Aufsichtsratsmitglied der Arbeitnehmer nur dann ausgeschlossen ist, wenn dieser dem zur gesetzlichen Vertretung des Unternehmens befugten Organ unmittelbar unterstellt und zur Ausübung der Prokura für den gesamten Geschäftsbereich des Organs ermächtigt ist. Das Drittelbeteiligungsgesetz enthält eine derartige Sonderregelung nicht.[555]

---

550 *Altmeppen*, in: Roth/Altmeppen, GmbHG, § 52 Rn. 9; *Lutter/Hommelhoff*, in: Lutter/Hommelhoff, GmbHG, § 52 Rn. 11; *Jaeger*, in: BeckOK GmbHG, § 52 Rn. 8; für die Aktiengesellschaft siehe BGH NJW 1962, 864, 865; a.A. *Spindler*, in: MüKo GmbHG, § 52 Rn. 135; *Wicke*, GmbHG, § 52 Rn. 4; *Zöllner/Noack*, in: Baumbach/Hueck, GmbHG, § 52 Rn. 34; differenzierend *Giedinghagen*, in: Heidinger/Leible/Schmidt, GmbHG, § 52 Rn. 56 ff.; allgemein dazu mit europarechtliche Bezügen *Fleischer*, RIW 2004, 16 ff.

551 Dafür *Giedinghagen*, in: Heidinger/Leible/Schmidt, GmbHG, § 52 Rn. 57; *Wicke*, GmbHG, § 52 Rn. 4; dagegen: *Lutter/Hommelhoff*, in: Lutter/Hommelhoff, GmbHG, § 52 Rn. 11; *Zöllner/Noack*, in: Baumbach/Hueck, GmbHG, § 52 Rn. 36.

552 OLG Frankfurt OLGZ 1982, 33 f.; OLG Frankfurt OLGZ 1987, 41, 43; *Spindler*, in: MüKo GmbHG, § 52 Rn. 137.

553 § 6 Abs. 2 MitbestG, § 1 Abs. 1 Nr. 3 DrittelbG.

554 § 6 Abs. 2 MitbestG, § 1 Abs. 1 Nr. 3 DrittelbG.

555 *Zöllner/Noack*, in: Baumbach/Hueck, GmbHG, § 52 Rn. 172.

bb) Public Corporate Governance Kodex für kommunale Unternehmen

Nach Ziff. 2.2 PCGK[556] soll der Aufsichtsrat der kommunalen Gesellschaften mit qualifizierten Kräften besetzt werden. Diese müssen in unabhängiger Weise die Stadtinteressen vertreten, sich persönlich und fachlich weiterbilden und die Anzahl ihrer Mandate beschränken. Ferner sind sie dem Unternehmensinteresse verpflichtet, müssen die besonderen Interessen der Stadt vertreten und dürfen Entscheidungen nicht für ihre persönlichen Interessen nutzen.

Ein besonderes Augenmerk ist auf das Erfordernis der Unabhängigkeit zu werfen. Die Gebietskörperschaft soll nur solche Personen benennen, die hinreichend unabhängig sind. Ein Interessenwiderstreit kann etwa dann entstehen, wenn das Aufsichtsratsmitglied solchen Interessen des öffentlichen Gesellschafters zum Durchbruch verhilft, die dem Unternehmensinteresse widersprechen.[557] Bei einer Verletzung bedeutender Unternehmensinteressen darf das Mandat im Einzelfall erst gar nicht angenommen werden und muss, wenn eine Bestellung bereits erfolgt ist, wieder niedergelegt werden.[558]

c) Ausgeschlossene Personen

Einige Vorschriften verbieten für bestimmte Personen die Kandidatur für einen Aufsichtsrat eines Wirtschaftsunternehmens von Grund auf, und zwar unabhängig von der Erfüllung der persönlichen Voraussetzungen. So dürfen der Bundespräsident sowie die Mitglieder der Bundesregierung von Verfassungs wegen nicht dem Aufsichtsrat eines auf Erwerb gerichteten Unternehmens angehören (Artt. 55 Abs. 2, 66 GG).[559] Mit Zustimmung des Bundestages können jedoch für den Bundeskanzler und die Bundesminister bezüglich der Mitgliedschaft in einem Aufsichtsrat Ausnahmen zugelassen werden (Art. 66 GG, § 5 Abs. 1 S. 3 BminG). Ziel dieses Verbots ist es, höchste Staatsämter von privatwirtschaftlichen Interessen und Bindungen freizuhalten (Integritätsgedanke) und daraus resultierende Interessenkollisionen zu vermeiden.[560] In der Staatspraxis wird von dem Ausnahmevorbehalt kaum Gebrauch gemacht. Vielmehr werden nicht Vertreter aus der Ministerebene,

---

556 Deutscher Städtetag, Eckpunkte für einen Public Corporate Governance Kodex (PCGK) für kommunale Unternehmen, Fassung nach Beschluss des Präsidiums des Deutschen Städtetages vom 12.05.2009, abrufbar unter http://www.staedtetag.de/imperia/md/content/dst/eckpunkte_pcgk_kommunale_unternehmen.pdf (zuletzt abgerufen am 25.05.2020).

557 OLG Hamburg NJW-RR 1990, 673, 674.

558 OLG Hamburg NJW-RR 1990, 673; *Meier*, NZG 2003, 54, 57 f.

559 Ausführlich zur Inkompatibilitätsvorschrift des Art. 66 GG siehe *Veen*, Vereinbarkeit von Regierungsamt und Aufsichtsratsmandat, S. 82 ff.

560 *Busse*, BMinG, § 5 Rn. 1; für das Amt des Bundespräsidenten vgl. *Herzog*, in: Maunz/Dürig, Grundgesetz, Art. 55 Rn. 24; siehe auch *Keese*, Regierungsmitglieder als Vertreter, S. 29 ff.

sondern hohe Staatsbeamte eingesetzt.[561] Für parlamentarische Staatssekretäre gelten die für die Mitglieder der Bundesregierung aufgestellten Grundsätze (§ 7 S. 1 ParlStG iVm § 5 BMinG). Über eine Ausnahme entscheidet jedoch anstelle des Bundestages die Bundesregierung (§ 7 S. 1 Hs. 2 ParlStG).

Nach § 3 Abs. 4 S. 1 BVerfGG ist mit der Tätigkeit eines Richters am Bundesverfassungsgericht eine andere berufliche Tätigkeit als die eines Lehrers des Rechts an einer deutschen Hochschule unvereinbar. Die Vorschrift verbietet im Grundsatz jede andere berufliche Tätigkeit und soll die richterliche Unabhängigkeit wahren und stützen.[562]

Teilweise enthalten auch die Landesverfassungen der Bundesländer Regelungen, welche eine Tätigkeit eines Regierungsmitgliedes im Aufsichtsrat eines Unternehmens grundsätzlich verbieten oder einem Genehmigungsvorbehalt unterstellen.[563] Die bayerische Landesverfassung sieht eine Ausnahme für Gesellschaften vor, bei denen der überwiegende Einfluss des Staates sichergestellt ist (Art. 57 S. 2 Bay. Verf.).

d) Bestellung und Entsendung von Aufsichtsratsmitgliedern

Aufsichtsratsmitglieder werden regelmäßig von der Mitgliederversammlung der Gesellschaft bestellt oder von einem Entsendungsberechtigten in den Aufsichtsrat entsandt. Dabei ergeben sich für den Aufsichtsrat einer Aktiengesellschaft einerseits und den Aufsichtsrat einer GmbH andererseits Unterschiede.

aa) Aufsichtsrat einer Aktiengesellschaft

(1) Bestellung und Amtszeit

Die Bestellung des Aufsichtsrates richtet sich nach § 101 AktG. Die Mitglieder des Aufsichtsrates werden von der Hauptversammlung gewählt, soweit sie nicht in den Aufsichtsrat zu entsenden oder als Aufsichtsratsmitglieder der Arbeitnehmer nach mitbestimmungsrechtlichen Vorschriften zu wählen sind (§ 101 Abs. 1 S. 1 AktG). Das Wahlrecht der Hauptversammlung kann weder einem anderen Gesellschaftsorgan noch einem Dritten übertragen werden[564] und wird durch Beschlussfassung nach §§ 133 ff. AktG ausgeübt[565]. Die zwingende Vorschrift[566] des § 102 Abs. 1 AktG bestimmt, dass Aufsichtsratsmitglieder nicht für längere Zeit als bis zur Beendigung der Hauptversammlung bestellt werden können, die über die Entlastung für

561 *Busse*, BMinG, § 5 Rn. 1.
562 *Hömig*, in: Maunz/Schmidt-Bleibtreu/Klein/Bethge, BVerfGG, § 3 Rn. 20, 22.
563 Siehe nur Art. 64 Abs. 3 NRW Verf.; Art. 53 Abs. 2 Ba.-Wü. Verf.; Art. 95 Bbg. Verf.; Art. 113 Verf. Bremen.
564 *Habersack*, in: MüKo AktG, § 101 Rn. 11.
565 *Habersack*, in: MüKo AktG, § 101 Rn. 7.
566 *Henssler*, in: Henssler/Strohn, Gesellschaftsrecht, § 102 AktG, Rn. 1.

das vierte Geschäftsjahr nach dem Beginn der Amtszeit beschließt. Eine gerichtliche Bestellung kann unter den Voraussetzungen des § 104 AktG erfolgen.

(2) Entsendungsrechte

Nach § 101 Abs. 2 S. 1 AktG können in der Satzung zugunsten einzelner Aktionäre oder Inhaber bestimmter Aktien Entsendungsrechte begründet werden. Um eine übermäßige Verzerrung der Einflussproportionen zu vermeiden, dürfen sie höchstens für ein Drittel der Gesamtzahl der Sitze eingeräumt werden (§ 101 Abs. 2 S. 4 AktG).[567] Das sog. persönliche Entsendungsrecht steht einem Aktionär beziehungsweise einer Gruppe von Aktionären und niemals einem Außenstehenden zu, wohingegen das sog. aktiengebundene Entsendungsrecht an die vinkulierte Namensaktie gekoppelt ist.[568] Letzteres geht daher ohne weiteren Übertragungsakt gemeinsam mit der Aktie auf den neuen Inhaber über.[569] Das Entsendungsrecht muss bereits in der Gründungssatzung vorgesehen sein oder kann später mit der erforderlichen Mehrheit nach § 179 Abs. 2 AktG in die Satzung integriert werden.[570] Eine nachträgliche Aufhebung oder Einschränkung ohne Zustimmung des Berechtigten ist nicht möglich, da es sich bei dem Entsendungsrecht um ein Sonderrecht gemäß § 35 BGB handelt.[571] Die Ausübung des Rechts zur Entsendung erfolgt durch formlose Erklärung durch den Entsendungsberechtigten gegenüber dem Vorstand der Aktiengesellschaft.[572]

bb) Aufsichtsrat einer GmbH

(1) Bestellung und Amtszeit

Die Vorschrift des § 52 Abs. 1 GmbHG verweist auf § 101 Abs. 1 S. 1 AktG, sodass auch die Mitglieder des fakultativen Aufsichtsrates einer GmbH grundsätzlich[573] von der Gesellschafterversammlung durch Beschluss mit einfacher Mehrheit nach § 47 Abs. 1 GmbHG bestellt werden.[574] Die Bestellung erfolgt im Grundsatz auf unbestimmte Zeit, falls weder der Gesellschaftsvertrag noch der Bestellungsbeschluss

567 *Grigoleit/Tomasic*, in: Grigoleit, Aktiengesetz, § 101 Rn. 16.
568 *Simons*, in: Hölters, Aktiengesetz, § 101 Rn. 26 f.
569 *Simons*, in: Hölters, Aktiengesetz, § 101 Rn. 26.
570 *Simons*, in: Hölters, Aktiengesetz, § 101 Rn. 27.
571 *Grigoleit/Tomasic*, in: Grigoleit, Aktiengesetz, § 101 Rn. 18.
572 *Seeling/Zwickel*, BB 2008, 622, 625.
573 In der Satzung können jedoch auch besondere Mehrheiten oder die Bestellung durch einen besonderen Gesellschafterausschuss vorgesehen werden, siehe *Spindler*, in: MüKo GmbHG, § 52 Rn. 112.
574 *Altmeppen*, in: Roth/Altmeppen, GmbHG, § 52 Rn. 11; *Spindler*, in: MüKo GmbHG, § 52 Rn. 111.

eine Amtsdauer festlegen.[575] Die Vorschrift des § 102 AktG ist aufgrund fehlender Verweisung auch nicht durch eine ergänzende Auslegung anwendbar.[576] In der kommunalen Praxis wird die Amtsdauer im Gesellschaftsvertrag regelmäßig an die Wahlperiode des Gemeinderates gekoppelt, weil die Kommunen die Organe ihrer Unternehmen in der Regel kongruent zu der Besetzung des Gemeinderates besetzen.[577] Eine Ersatzbestellung durch das Gericht in analoger Anwendung des § 104 AktG ist bei einer GmbH mit einem fakultativen Aufsichtsrat nicht möglich.[578] Das Aufsichtsratsmitglied muss seine Bestellung zumindest konkludent annehmen.[579] In diesem Zeitpunkt beginnt auch das Amt, sofern bei der Bestellung nicht ein späterer Zeitpunkt festgelegt worden ist.[580]

Für den obligatorischen Aufsichtsrat nach dem Drittelbeteiligungsgesetz verweist § 1 Abs. 1 Nr. 3 DrittelbG auf die §§ 95 bis 114 AktG, sodass sich die Bestellung der Anteilseignervertreter nach § 101 AktG und die Amtszeit nach § 102 AktG richten. Für die Wahl der Aufsichtsratsmitglieder der Arbeitnehmer gilt dagegen das Verfahren nach § 5 DrittelbG. Im Hinblick auf das Wahlverfahren der Anteilseignervertreter kann der Gesellschaftsvertrag der Gesellschaft Abweichungen vorsehen, da hierdurch die Mitwirkungsrechte der Arbeitnehmervertreter grundsätzlich nicht berührt werden.[581] Auch bei dem zwingenden Aufsichtsrat nach dem Mitbestimmungsgesetz werden die Anteilseignervertreter grundsätzlich durch die Gesellschafterversammlung gewählt (§ 8 Abs. 1 MitbestG), wobei auch hier die Satzung Abweichungen regeln kann.[582] Die Wahl der Arbeitnehmervertreter richtet sich nach den Vorschriften der §§ 9 ff. MitbestG. Die Amtszeit der Aufsichtsratsmitglieder regelt § 102 AktG, da § 6 Abs. 2 MitbestG hierauf verweist.

(2) Entsendungsrechte

Ferner kann einem oder mehreren GmbH-Gesellschaftern in der Satzung ein Entsendungsrecht für ein oder mehrere Mitglieder des Aufsichtsrates übertragen werden.[583] So kann sich etwa eine Gemeinde als Gesellschafterin bereits im

---

575 *Altmeppen*, in: Roth/Altmeppen, GmbHG, § 52 Rn. 11; siehe näher zur Amtsdauer *Habersack*, ZGR 1994, 354 ff.

576 *Zöllner/Noack*, in: Baumbach/Hueck, GmbHG, § 52 Rn. 46.

577 *Geerlings*, in: Mann/Püttner, Handbuch der kommunalen Wissenschaft und Praxis, § 52 Rn. 26.

578 OLG Hamm NJW-RR 2000, 1283; OLG Frankfurt a.M. NZG 2014, 462.

579 *Altmeppen*, in: Roth/Altmeppen, GmbHG, § 52 Rn. 11.

580 *Wicke*, GmbHG, § 52 Rn. 5.

581 *Spindler*, in: MüKo GmbHG, § 52 Rn. 150.

582 *Giedinghagen*, in: Heidinger/Leible/Schmidt, GmbHG, § 52 Rn. 97; *Spindler*, in: MüKo GmbHG, § 52 Rn. 166.

583 *Reichert*, Die besondere Stellung der Vertreter, S. 66 ff.; *Giedinghagen*, in: Heidinger/Leible/Schmidt, GmbHG, § 52 Rn. 91; zur Zulässigkeit eines Entsendungsrechts

Gesellschaftsvertrag ein Entsendungsrecht vorbehalten.[584] Doch selbst wenn es an einem solchen fehlt, kann die Gemeinde als Alleingesellschafterin in der kommunalen GmbH mit fakultativem Aufsichtsrat sämtliche Mitglieder bestimmen (§ 52 Abs. 1 GmbHG iVm § 101 AktG).[585] Das Entsendungsrecht kann wie bei einer Aktiengesellschaft mit der Person oder aber auch mit dem Anteil verbunden werden. Im Zweifel wird im Hinblick auf § 15 GmbHG Letzteres angenommen werden müssen.[586] Da das Entsendungsrecht das Stimmrecht sämtlicher Gesellschafter verkürzt, bedarf es gemäß § 53 GmbHG eines satzungsändernden Mehrheitsbeschlusses und der Zustimmung aller Gesellschafter.[587]

Für den zwingenden Aufsichtsrat gilt unabhängig vom jeweiligen Mitbestimmungsgesetz, dass der Gesellschaftsvertrag Entsendungsrechte für bestimmte Gesellschafter regeln kann. Aufgrund der Strukturunterschiede von Aktiengesellschaft und GmbH gelten die Einschränkungen des § 101 Abs. 2 AktG entgegen anderslautender Verweisungsvorschriften in den Mitbestimmungsgesetzen nicht.[588]

e) Abberufung

Sowohl das Gesellschaftsrecht wie auch das Kommunalrecht enthalten verschiedentlich ausgestaltete Vorschriften im Hinblick auf die Abberufung von Aufsichtsratsmitgliedern aus einem Aufsichtsorgan. Diese sollen im Folgenden dargestellt werden.

aa) Gesellschaftsrecht

(1) Aktiengesellschaft

Die Vorschrift des § 103 AktG regelt die Abberufung von Aufsichtsratsmitgliedern einer Aktiengesellschaft. Nach Absatz 1 der Vorschrift kann die Hauptversammlung ein Aufsichtsratsmitglied, welches ohne Bindung an einen Wahlvorschlag gewählt worden ist, vor Ablauf der Amtszeit abberufen. Ein sachlicher Grund ist dazu nicht erforderlich.[589] Vielmehr bedarf der Beschluss lediglich einer Mehrheit,

---

Dritter beziehungsweise Nichtgesellschafter vgl. *Spindler*, in: MüKo GmbHG, § 52 Rn. 140.

584 *Altmeppen*, NJW 2003, 2561, 2563.

585 *Altmeppen*, NJW 2003, 2561, 2563.

586 *Altmeppen*, in: Roth/Altmeppen, GmbHG, § 52 Rn. 11; *Giedinghagen*, in: Heidinger/Leible/Schmidt, GmbHG, § 52 Rn. 91.

587 *Spindler*, in: MüKo GmbHG, § 52 Rn. 139.

588 *Reichert*, Die besondere Stellung der Vertreter, S. 68 f.; *Giedinghagen*, in: Heidinger/Leible/Schmidt, GmbHG, § 52 Rn. 97a; *Spindler*, in: MüKo GmbHG, § 52 Rn. 156; a.A. *Zöllner/Noack*, in: Baumbach/Hueck, GmbHG, § 52 Rn. 177.

589 *Henssler*, in: Henssler/Strohn, Gesellschaftsrecht, § 103 AktG, Rn. 3.

die mindestens drei Viertel der abgegebenen Stimmen umfasst (§ 103 Abs. 1 S. 2 AktG). Auf diese Weise soll sichergestellt werden, dass das Aufsichtsratsmitglied zu jeder Zeit das Vertrauen der Hauptversammlung genießt.[590] Darüber hinaus kann so beispielweise veränderten Beteiligungsverhältnissen Rechnung getragen werden.[591] Nach § 103 Abs. 1 S. 3 AktG kann die Satzung eine andere Mehrheit und weitere Erfordernisse bestimmen. So können etwa sowohl geringere als auch strengere Mehrheitserfordernisse geregelt werden.[592] Einer Aktionärsminderheit kann ein Abberufungsrecht jedoch selbst bei einer Kopplung der Abberufung an einen wichtigen Grund nicht zugestanden werden.[593] „Weitere Erfordernisse" im Sinne des Satzes 3 meint lediglich Verfahrensvoraussetzungen, nicht aber solche materieller Natur.[594] Wirksam wird die Abberufung grundsätzlich mit Zugang der Abberufungserklärung des Vorstandes gegenüber dem Aufsichtsratsmitglied.[595]

Nach § 103 Abs. 2 S. 1 AktG kann ein entsandtes Aufsichtsratsmitglied von dem Entsendungsberechtigten jederzeit abberufen und durch ein anderes ersetzt werden. Auch hierzu bedarf es keines sachlichen Grundes.[596] Weder durch eine Regelung im Gesellschaftsvertrag noch durch eine vertragliche Abrede zwischen der Gesellschaft und dem Entsendungsberechtigten kann die jederzeitige freie Abberufbarkeit ausgeschlossen oder beschränkt werden.[597] Entfällt das Entsendungsrecht, so bleibt das entsandte Aufsichtsratsmitglied im Amt.[598] Das Recht zur Abberufung geht dann auf die Hauptversammlung über. Abweichend von der Abberufung eines gewählten Mitgliedes bedarf es hier jedoch nur einer einfachen Stimmenmehrheit (§ 103 Abs. 2 S. 2 AktG).

Gemäß § 103 Abs. 3 S. 1 AktG hat das Gericht[599] auf Antrag des Aufsichtsrates ein Aufsichtsratsmitglied abzuberufen, wenn in dessen Person ein wichtiger Grund vorliegt. Das Vorliegen eines wichtigen Grundes beurteilt sich an der für den Bestellungswiderruf von Vorstandsmitgliedern geltenden Vorschrift des § 84 Abs. 3 S. 2 AktG.[600] Es ist also im konkreten Einzelfall zu fragen, ob der Verbleib eines Mitgliedes im Aufsichtsorgan bis zum Ablauf der Amtszeit für die

590 *Henssler*, in: Henssler/Strohn, Gesellschaftsrecht, § 103 AktG, Rn. 3.
591 *Habersack*, in: MüKo AktG, § 103 Rn. 2.
592 *Henssler*, in: Henssler/Strohn, Gesellschaftsrecht, § 103 AktG, Rn. 4.
593 OLG Düsseldorf, Urt. v. 14.06.1996, Az. 17 U 172/95, Rn. 47 (juris); a.A. *Schneider*, in: Scholz, GmbHG, § 52 Rn. 291.
594 *Henssler*, in: Henssler/Strohn, Gesellschaftsrecht, § 103 AktG, Rn. 4.
595 *Henssler*, in: Henssler/Strohn, Gesellschaftsrecht, § 103 AktG, Rn. 6.
596 *Koch*, in: Hüffer/Koch, Aktiengesetz, § 103 Rn. 7.
597 *Habersack*, in: MüKo AktG, § 103 Rn. 24.
598 *Henssler*, in: Henssler/Strohn, Gesellschaftsrecht, § 103 AktG, Rn. 9.
599 Sachlich zuständig ist das Amtsgericht, § 23a Abs. 1 S. 1 Nr. 2, Abs. 2 Nr. 4 GVG, § 375 Nr. 3 FamFG; die örtliche Zuständigkeit ergibt sich aus §§ 376, 377 FamFG.
600 *Koch*, in: Hüffer/Koch, Aktiengesetz, § 103 Rn. 10.

Aktiengesellschaft unzumutbar ist.[601] Antragsberechtigt ist der Aufsichtsrat mit in einem in einfacher Mehrheit gefassten Antragsbeschluss (§ 103 Abs. 3 S. 2 AktG). Soll ein entsandtes Aufsichtsratsmitglied abberufen werden, können auch diejenigen Aktionäre den Antrag stellen, deren Anteile zusammen zehn Prozent des Grundkapitals oder den anteiligen Betrag von einer Million Euro erreichen (§ 103 Abs. 3 S. 3 AktG). Das Gericht entscheidet durch Beschluss (§ 38 FamFG), gegen den die Beschwerde zulässig ist (§ 103 Abs. 3 S. 4 AktG).

Die Vorschrift des § 103 Abs. 4 AktG bestimmt, dass für die Abberufung der Aufsichtsratsmitglieder, die weder von der Hauptversammlung ohne Bindung an einen Wahlvorschlag gewählt worden sind noch auf Grund der Satzung in den Aufsichtsrat entsandt sind, außer § 103 Abs. 3 AktG die mitbestimmungsrechtlichen Gesetze, also insbesondere das Mitbestimmungsgesetz und das Drittelbeteiligungsgesetz, gelten. Von der Vorschrift umfasst sind sämtliche Mitglieder, die nicht schon unter § 103 Abs. 1 oder Abs. 2 AktG fallen, also vor allem die Arbeitnehmervertreter.[602]

(2) GmbH

Die Abberufung eines Aufsichtsratsmitgliedes richtet sich bei einem fakultativen Aufsichtsrat grundsätzlich nach § 103 Abs. 1 S. 1 und 2 AktG, da § 52 Abs. 1 GmbHG eine dementsprechende Verweisung enthält. Danach können Aufsichtsratsmitglieder einer GmbH, die von der Hauptversammlung ohne Bindung an einen Wahlvorschlag gewählt worden sind, von ihr vor Ablauf der Amtszeit ohne wichtigen Grund nach freiem Ermessen[603] abberufen werden. Der Beschluss bedarf einer Dreiviertelmehrheit der abgegebenen Stimmen, und zwar auch in dem Fall, dass die Abberufung aus wichtigem Grund erfolgt.[604] Der Gesellschaftsvertrag kann jedoch abweichende Mehrheitserfordernisse oder Verfahrensvorschriften regeln.[605]

Eine gerichtliche Abberufung ist nicht möglich, da § 103 Abs. 3 AktG von § 52 Abs. 1 GmbHG nicht in Bezug genommen wird. Teilweise wird insoweit vertreten, dass die Begründung einer Abberufungszuständigkeit des Gerichts durch den Gesellschaftsvertrag zulässig sein soll.[606]

---

601 LG Frankfurt NJW 1987, 505, 506; OLG Frankfurt DStR 2008, 519; *Habersack*, in: MüKo AktG, § 103 Rn. 39.

602 *Habersack*, in: MüKo AktG, § 103 Rn. 50.

603 *Spindler*, in: MüKo GmbHG, § 52 Rn. 197.

604 Str., so *Giedinghagen*, in: Heidinger/Leible/Schmidt, GmbHG, § 52 Rn. 143; *Altmeppen*, in: Roth/Altmeppen, GmbHG, § 52 Rn. 15; *Spindler*, in: MüKo GmbHG, § 52 Rn. 198; *Zöllner/Noack*, in: Baumbach/Hueck, GmbHG, § 52 Rn. 47; a.A. *Lutter/Hommelhoff*, in: Lutter/Hommelhoff, GmbHG, § 52 Rn. 9 (grundsätzlich einfache Mehrheit ausreichend).

605 *Spindler*, in: MüKo GmbHG, § 52 Rn. 200.

606 *Spindler*, in: MüKo GmbHG, § 52 Rn. 202; a.A. *Giedinghagen*, in: Heidinger/Leible/Schmidt, GmbHG, § 52 Rn. 151; *Zöllner/Noack*, in: Baumbach/Hueck, GmbHG, § 52 Rn. 48.

Auch wenn § 52 Abs. 1 GmbHG nicht auf § 103 Abs. 2 AktG verweist, ist dessen Rechtsgedanke kraft ergänzender Auslegung der Satzung anzuwenden: Entsandte Aufsichtsratsmitglieder können also durch den Entsendungsberechtigten jederzeit abberufen werden.[607] Liegt ein wichtiger Grund vor, kann die Abberufung auch durch die Gesellschafterversammlung erfolgen, wobei eine Dreiviertelmehrheit erforderlich ist.[608]

Für die Abberufung der Anteilseignervertreter aus einem obligatorischen GmbH-Aufsichtsrat verweisen die mitbestimmungsrechtlichen Vorschriften der § 1 Abs. 1 Nr. 3 DrittelbG und § 6 Abs. 2 MitbestG auf § 103 AktG. Die Satzung kann die Mehrheitserfordernisse jedoch erhöhen oder abschwächen oder anderweitige Verfahrensregelungen aufstellen.[609] Arbeitnehmervertreter können nur durch ihr jeweiliges Wahlorgan oder durch gerichtlichen Beschluss nach § 103 Abs. 3 AktG abberufen werden.[610]

bb) Gemeinderechtliche Vorgaben

Die kommunalrechtlichen Vorschriften enthalten teilweise ausdrückliche Regelungen über ein Abberufungsrecht der Gemeinden. So haben beispielsweise die vom Rat bestellten Vertreter in kommunalen Aufsichtsräten nach nordrhein-westfälischem Landesrecht ihr Amt auf Beschluss des Rates jederzeit niederzulegen (§ 113 Abs. 1 S. 3 GO NRW).[611] Insoweit muss berücksichtigt werden, dass sich dieses Abberufungsrecht nur auf entsandte und gerade nicht auf gewählte Aufsichtsratsmitglieder beziehen kann, weil das gewählte Mitglied in den Verantwortungsbereich der Haupt- beziehungsweise Gesellschafterversammlung fällt.[612] Für gewählte Mitglieder des Aufsichtsrates einer Aktiengesellschaft gilt demgemäß § 103 Abs. 1 AktG. Für den freiwilligen Aufsichtsrat einer GmbH ergibt sich Selbiges aus § 52 Abs. 1 GmbHG und für den mitbestimmten GmbH-Aufsichtsrat aus den entsprechenden Verweisungsvorschriften. Da die Abberufung entsandter Aufsichtsratsmitglieder aufgrund entsprechender Anwendung des § 103 Abs. 2 AktG jederzeit erfolgen kann und sich die Abberufung im Wesentlichen nach gesellschaftsrechtlichen Regeln zu verhalten hat, haben die dementsprechenden kommunalrechtlichen Abberufungsvorschriften nur deklaratorischen Charakter.[613] Ihre Bedeutung erschöpft sich in einer Zuständigkeitsbeschreibung.[614]

---

607 *Zöllner/Noack*, in: Baumbach/Hueck, GmbHG, § 52 Rn. 49.

608 *Spindler*, in: MüKo GmbHG, § 52 Rn. 141.

609 *Spindler*, in: MüKo GmbHG, § 52 Rn. 203.

610 *Spindler*, in: MüKo GmbHG, § 52 Rn. 204.

611 Siehe auch § 125 Abs. 2 iVm Abs. 1 S. 6 HGO; § 131 Abs. 3 S. 1 iVm Abs. 1 S. 3 KVG LSA; § 114 Abs. 2 S. 1 iVm Abs. 1 KSVG SL; § 98 Abs. 2 S. 3 SächsGO.

612 *Janitschek*, VR 1993, 115, 122.

613 *Janitschek*, VR 1993, 115, 123.

614 *Janitschek*, VR 1993, 115, 123.

Die Gemeindeordnung von Hessen[615] regelt in § 125 Abs. 2 S. 4 HGO, dass die Mitgliedschaft gemeindlicher Vertreter im Aufsichtsrat mit ihrem Ausscheiden aus dem hauptamtlichen oder ehrenamtlichen Dienst der Gemeinde endet. Diese Vorschrift verstößt allerdings gegen gesellschaftsrechtliche Regelungen und ist daher unbeachtlich.[616] Die Mitgliedschaft entsandter Vertreter endet nach dem Gesellschaftsrecht gerade nicht automatisch mit dem Ausscheiden aus dem Gemeindeamt, weshalb es dem Kommunalrechtsgesetzgeber aus Kompetenzgründen versagt ist, eigene, in das Gesellschaftsrecht hineinwirkende Erlöschenstatbestände aufzustellen.[617]

f) Die Rechtsstellung der kommunalen Aufsichtsratsmitglieder

Mit der Wahl oder Entsendung und der darauffolgenden Annahme durch das Aufsichtsratsmitglied wird zwischen diesem und der Gesellschaft ein organschaftliches beziehungsweise korporationsrechtliches Verhältnis begründet.[618] Umstritten ist, ob das Aufsichtsratsmitglied daneben auch in ein Anstellungsverhältnis eintritt. Hier setzt sich immer mehr die Ansicht durch, dass die Rechtsstellung des Aufsichtsratsmitgliedes alleine durch das organschaftliche Verhältnis bestimmt wird. Ein zusätzlicher vertraglicher Anstellungsvertrag besteht also, anders als bei Vorstandsmitgliedern, daneben grundsätzlich nicht.[619] Das Aufsichtsratsmitglied ist kein eigenständiges Organ, sondern vielmehr Teil des Gesamtorgans Aufsichtsrat. Diesem wird das Verhalten seiner Mitglieder zugerechnet, sodass alle Aufgaben, Rechte und Pflichten im Grundsatz vom Aufsichtsrat als Kollegialorgan wahrgenommen werden.[620] Das Aufsichtsratsmitglied kann nur innerhalb des Organs handeln und hat sich unter Umständen der Aufsichtsratsmehrheit, die sich in einem Beschluss manifestiert hat, unterzuordnen.[621]

---

615 Siehe auch ähnliche Vorschriften in Sachsen-Anhalt (§ 131 Abs. 3 S. 3 KVG LSA) oder Thüringen (§ 74 Abs. 4 ThürKO).

616 *Janitschek*, VR 1993, 115, 123.

617 *Janitschek*, VR 1993, 115, 123.

618 Für AG: *Habersack*, in: MüKo AktG, § 101 Rn. 67; für GmbH: *Giedinghagen*, in: Heidinger/Leible/Schmidt, GmbHG, § 52 Rn. 171.

619 Für AG: LG München I BB 2013, 396; *Grigoleit/Tomasic*, in: Grigoleit, Aktiengesetz, § 101 Rn. 27; *Habersack*, in: MüKo AktG, § 101 Rn. 67; *Simons*, in: Hölters, Aktiengesetz, § 101 Rn. 7; *Spindler*, in: Spindler/Stilz, Aktiengesetz, § 101 Rn. 9; *Koch*, in: Hüffer/Koch, Aktiengesetz, § 101 Rn. 2; für GmbH: *Altmeppen*, in: Roth/Altmeppen, GmbHG, § 52 Rn. 17; *Giedinghagen*, in: Heidinger/Leible/Schmidt, GmbHG, § 52 Rn. 171; für die Annahme eines Dienstverhältnisses zwischen Aufsichtsratsmitglied und Aktiengesellschaft aus der älteren Literatur siehe *Bergmann*, Die Einflußnahme öffentlicher Körperschaften, S. 64 ff.

620 Für AG: *Habersack*, in: MüKo AktG, Vorb. §§ 95 ff. Rn. 4; für GmbH: *Giedinghagen*, in: Heidinger/Leible/Schmidt, GmbHG, § 52 Rn. 172.

621 BayObLG BayObLGZ 1968, 118, 121; OLG Stuttgart NZG 2007, 549, 550; OLG Frankfurt DStR 2008, 519.

g) Rechte und Pflichten kommunaler Aufsichtsratsmitglieder

aa) Rechte der Mandatsausübung

Ein Aufsichtsratsmitglied verfügt über eine Fülle an organinternen Mitwirkungsbefugnissen. Zu nennen sind hier insbesondere das Teilnahmerecht an Sitzungen, das Einsichtsrecht in schriftliche Berichte des Vorstands und Beschlussvorlagen des Aufsichtsrats, das Recht auf Sitzungseinberufung, die Befugnis zur Erzwingung der Ergänzung der Tagesordnung, das Vetorecht in Bezug auf eine Beschlussfassung ohne förmliche Aufsichtsratssitzung, das Teilnahmerecht auch an den Sitzungen solcher Ausschüsse, denen das Mitglied nicht angehört, der Anspruch auf Protokollaushändigung sowie das Recht auf Abgabe von Erklärungen zum Protokoll.[622] Ferner stehen dem Mitglied Rechte gegenüber den anderen Organen der Gesellschaft zu. Es kann insbesondere jederzeit vom Vorstand Berichtserstattung verlangen und ist zur Teilnahme an der Hauptversammlung berechtigt und verpflichtet.[623] Darüber hinaus besteht grundsätzlich ein Anspruch auf eine angemessene Vergütung und auf Aufwendungsersatz.[624]

bb) Pflichten der Mandatsausübung

Das Aufsichtsratsmitglied ist zur gewissenhaften, eigenverantwortlichen und unabhängigen Amtsausübung verpflichtet. Es darf sich daher nicht auf die Ausübung einer passiven Organmitgliedschaft in Form eines interessierten Beobachters beschränken, sondern hat alles Zumutbare zu unternehmen, um seiner Aufgabe in bestmöglicher Art und Weise nachzukommen.[625] Aus dieser Pflicht zur Mitarbeit erwächst die Pflicht zur Urteilsbildung. Das Aufsichtsratsmitglied ist mithin verpflichtet, sich über die Verhandlungsgegenstände des Gesamtorgans ein umfassendes Urteil zu bilden.[626] Dazu zählt insbesondere die Pflicht zur Urteilsbildung über die Eignung der Mitglieder des Vorstandes, und zwar im Speziellen im Hinblick auf eine Wiederbestellung.[627] Durch seine Urteilsbildung hat ein Aufsichtsratsmitglied auch bei den das Kollegialorgan als solches treffenden Prüfungspflichten (§ 171 AktG) mitzuwirken.[628] Im Rahmen seiner Organisationspflicht ist

---

622 *Keller/Paetzelt*, KommJur 2005, 451, 453; *Lutter/Krieger/Verse*, Rechte und Pflichten des Aufsichtsrats, Rn. 824 ff. (zu den Befugnissen auf Herbeiführung einer gerichtlichen Entscheidung siehe Rn. 831 ff.).

623 *Lutter/Krieger/Verse*, Rechte und Pflichten des Aufsichtsrats, Rn. 829 f.

624 *Keller/Paetzelt*, KommJur 2005, 451, 453; *Habersack*, in: MüKo AktG, § 113 Rn. 11 ff. (zur erfolgsorientierten Vergütung siehe *Lutter/Krieger/Verse*, Rechte und Pflichten des Aufsichtsrats, Rn. 848 ff.).

625 *Keller/Paetzelt*, KommJur 2005, 451, 452.

626 *Lutter/Krieger/Verse*, Rechte und Pflichten des Aufsichtsrats, Rn. 887; siehe dazu auch OLG Düsseldorf ZIP 1984, 825; OLG Stuttgart AG 2012, 298, 301.

627 *Lutter/Krieger/Verse*, Rechte und Pflichten des Aufsichtsrats, Rn. 888.

628 *Lutter/Krieger/Verse*, Rechte und Pflichten des Aufsichtsrats, Rn. 891.

das Aufsichtsratsmitglied verpflichtet, auf eine gesetzeskonforme und funktionsgerechte Organisation hinzuwirken, um so zur Effizienz der Verfahrensabläufe im Aufsichtsorgan beizutragen.[629] Um sich im Hinblick auf anstehende Beschlüsse des Aufsichtsrates ein Urteil bilden zu können, muss sich das Aufsichtsratsmitglied eigeninitiativ mit den dazu erforderlichen Informationen versorgen (Informationspflicht). Dazu muss es sich über den Inhalt der Vorstandsberichte gegenüber dem Aufsichtsrat Kenntnis verschaffen.[630] Weiter trifft ein Aufsichtsratsmitglied eine Pflicht zum Einschreiten. Zeigen sich Anhaltspunkte, dass das Geschäftsführungsorgan die ihm obliegenden Pflichten verletzt, muss der Aufsichtsrat eingreifen und die Geschäftsführung zu ordnungsgemäßem Verhalten veranlassen.[631] In der Praxis wird sich jedoch empfehlen, das Fehlverhalten zunächst dem Aufsichtsratsvorsitzenden anzeigen, um das Vertrauensverhältnis zwischen den Gesellschaftsorganen nicht übermäßig zu belasten.[632] Schließlich sind die Aufsichtsratsmitglieder keine Vertreter von Partikularinteressen ihrer Wähler. Ihre Amtsausübung hat sich vielmehr allein am Wohl der Gesellschaft, also am Unternehmensinteresse, auszurichten.[633]

C. Zusammenfassende Würdigung

Das Prinzip der Volkssouveränität aus Art. 20 Abs. 2 GG, welches auch in den Gemeinden und Gemeindeverbänden Geltung beansprucht, verlangt, dass jedwede staatliche Gewaltausübung auf den Volkswillen rückführbar ist. Nach vorzugswürdiger Ansicht stellt auch die privat-erwerbswirtschaftliche, rein fiskalische Aufgabenwahrnehmung durch die öffentliche Hand Staatsgewalt im Sinne des Demokratieprinzips dar. Daher ist auch insofern eine Rückbindung des staatlichen Handels an den Willen des Volkes sicherzustellen. Folge ist, dass die Kommunalverwaltung auch dann noch für ihr Handeln verantwortlich ist, wenn sie sich zur Erfüllung ihrer Aufgaben Organisationsformen des Privatrechts bedient. Während sich ein privater Gesellschafter im Grunde nicht weiter um die Geschicke seiner Gesellschaft zu sorgen hat, treffen die öffentliche Hand von Verfassungs wegen sog. Ingerenzpflichten. Diese verpflichten den Staat zum Erhalt von Instrumenten zur Einflussnahme und Überwachung seiner Unternehmen.

Teile der Literatur versuchen, durch die Figur des Verwaltungsgesellschaftsrechts oder eine verfassungskonforme Auslegung des Gesellschaftsrechts die Kollisionslage zu korrigieren, welche sich daraus ergibt, dass sich die öffentliche Hand bei einer Betätigung in privatrechtlicher Rechtsform ihrer öffentlich-rechtlichen Bindungen nicht entledigen kann. Diese Ansätze sind jedoch abzulehnen,

---

629 *Habersack*, in: MüKo AktG, § 116 Rn. 30.
630 *Lutter/Krieger/Verse*, Rechte und Pflichten des Aufsichtsrats, Rn. 890.
631 BGH NZG 2009, 107, 110; NZG 2009, 550, 551; NZG 2011, 1271, 1274.
632 *Lutter/Krieger/Verse*, Rechte und Pflichten des Aufsichtsrats, Rn. 892.
633 *Lutter/Krieger/Verse*, Rechte und Pflichten des Aufsichtsrats, Rn. 893.

da verfassungsrechtlich nicht vorgegeben wird, wie die staatlichen Einwirkungsinstrumente im Einzelnen ausgestaltet sein müssen. Vielmehr lassen sich aus der Verfassung lediglich abstrakte Anforderungen herleiten, welche vom Gesetzgeber zu konkretisieren sind. Die so geschaffenen Instrumente sind ausreichend, um eine effektive Einflussnahme sicherzustellen, sodass es einer Korrektur über rechtsdogmatische Ansätze nicht bedarf.

Obwohl sich in den Gemeindeordnungen der Länder eine Vielzahl verschiedener Möglichkeiten zur Einflussnahme finden lassen, stellt die Sicherung eines angemessenen Einflusses in den Aufsichtsorganen der öffentlichen Gesellschaften das zentrale Steuerungsinstrument der Kommunen dar. Wenngleich bei einer GmbH auch bei einer kommunalen Beteiligung grundsätzlich eine pauschale Pflicht zur Einrichtung eines Aufsichtsrates nicht besteht, empfiehlt sich doch aus praktischen Erwägungen eine entsprechende Etablierung. Kommunale Aufsichtsratsmitglieder können durch Wahl oder Entsendung in das Aufsichtsorgan bestellt werden. Das Gesellschaftsrecht, also insbesondere das Aktiengesetz und das GmbH-Gesetz, sowie der Public Corporate Governance Kodex für kommunale Unternehmen enthalten besondere Bestimmungen im Hinblick auf die persönlichen Voraussetzungen eines kommunalen Vertreters. Das Mandat berechtigt dieses einerseits zu einer umfassenden organinternen Mitwirkung und zur Ausübung von Rechten gegenüber anderen Organen der Gesellschaft. Andererseits bringt die Mandatsausübung eine Vielzahl an Verpflichtungen mit sich.

3. Kapitel Gesellschaftsrechtliche Weisungsfreiheit trifft auf Weisungsrechte

Wie ausgeführt[634] organisieren sich die Kommunen zur Erledigung ihrer öffentlichen Aufgaben zunehmend in privatrechtlicher Rechtsform. Dabei nimmt die Gemeinde eine besondere Rolle ein. Denn sie ist zum einen wirtschaftlicher Unternehmer und zum anderen (Gebiets-)Körperschaft des öffentlichen Rechts. Entsendet die Gebietskörperschaft beispielsweise Mitglieder ihres Gemeinderates in den Aufsichtsrat eines kommunalen Unternehmens, stellt sich für ein solches Organmitglied häufig die Frage, ob und inwieweit es erteilten Weisungen seiner Entsendungskörperschaft Folge zu leisten hat. Konkret geht es dabei um die Beantwortung der Frage, ob den Interessen der Gesellschaft oder aber denjenigen der öffentlichen Hand der Vorrang einzuräumen ist. Einen ersten Anhaltspunkt zur Konfliktlösung gibt das Rangverhältnis der betroffenen Bestimmungen des bundesgesetzlichen Gesellschaftsrechts einerseits und der landesgesetzlichen Gemeindeordnungen mit den dort enthaltenen Weisungsrechten andererseits.

Im Folgenden wird erörtert, ob die gesellschaftsrechtliche Weisungsfreiheit eines kommunalen Aufsichtsratsmitgliedes durch gesetzliche oder rechtsgeschäftliche Weisungsrechte durchbrochen werden kann. Maßgeblich für die Beurteilung ist dabei insbesondere die Wahl der konkreten Rechtsform (Aktiengesellschaft oder – insoweit wohl praxisrelevanter[635] – GmbH). Bei der Wahl der Rechtsform der GmbH ist von tragender Bedeutung, ob die Gemeinde in Gestalt einer Einpersonen-Gesellschafterin auftritt oder ob neben ihr weitere private oder öffentliche Unternehmensbeteiligungen existieren.

A. Weisungsbindung der Aufsichtsratsmitglieder des Aufsichtsrates einer kommunalen Aktiengesellschaft

Im Folgenden soll das Verhältnis des aktienrechtlichen Grundsatzes der Weisungsfreiheit eines AG-Aufsichtsratsmitgliedes zu kommunalwirtschaftsrechtlichen Weisungsrechten geklärt werden. Als Grundlage gesetzlicher Weisungsrechte kommen ferner das Haushalts- sowie das Beamtenrecht in Betracht. Darüber hinaus fragt sich, ob die Weisungsfreiheit zur satzungsrechtlichen oder einzelvertraglichen Disposition steht.

634 Siehe 1. Kapitel B.IV.

635 *Altmeppen*, in: FS Schneider, S. 1.

I. Aktienrechtliche Weisungsfreiheit

Die Vorschrift des § 111 Abs. 6 AktG[636] schreibt vor, dass die Aufsichtsratsmitglieder ihre Aufgaben nicht durch andere wahrnehmen lassen können. Dieser Grundsatz der höchstpersönlichen Amtswahrnehmung, welcher mit der persönlichen Haftung des Aufsichtsratsmitgliedes nach §§ 116, 93 ff. AktG korrespondiert,[637] umfasst auch das Gebot der weisungsfreien Ausübung des Aufsichtsratsamtes[638]. Dem Aufsichtsratsmitglied ist es zwar nicht versagt, die Interessen des Entsenders oder seiner Wähler in die Beratungen des Aufsichtsrats einzubringen. Das Aktienrecht verlangt jedoch, dass das Aufsichtsratsmitglied seine Entscheidungen stets am Unternehmensinteresse ausrichtet und sich nicht an von ihm repräsentierte Interessen bindet oder gebunden fühlt.[639] Es gehört daher zu den rechtlichen Verpflichtungen des Aufsichtsratsmitgliedes, das Wohl der Gesellschaft bei der Amtsausübung zu berücksichtigen und zum obersten Pflichten- und Verantwortungsmaßstab seines Handelns zu machen.[640]

Konkret schließt § 111 Abs. 6 AktG die Bindung an Weisungen im eigentlichen Sinne aus. So sind solche Weisungen untersagt, die das Aufsichtsratsmitglied verpflichten, das ihm zustehende Stimmrecht nach Weisung eines Weisungsgebers, etwa eines Aktionärs oder einer Gewerkschaft, auszuüben.[641] Darüber hinaus sind auch sämtliche Ersatzformen einer Weisungsbindung verwehrt. Dazu zählt etwa ein Vertrag, durch den sich das Aufsichtsratsmitglied verpflichtet, bei Nichtbefolgung von Weisungen eine Vertragsstrafe zu leisten oder sein Amt niederzulegen.[642] Rein faktische Einflüsse bleiben zwar grundsätzlich zulässig und lassen sich mit rechtlichen Mitteln kaum verhindern[643]. Sie dürfen jedoch nicht einen solchen Grad erreichen, dass es zu einer Erschwerung der eigenverantwortlichen

---

636 Anmerkung: Bis zum 01.05.2015 war der Grundsatz der höchstpersönlichen Amtswahrnehmung in § 111 Abs. 5 AktG geregelt (vgl. BGBl. [2015] I S. 642), weshalb in der älteren Literatur auf diese Vorschrift Bezug genommen wird.

637 *Kiethe*, NZG 2006, 45, 49.

638 BGH BKR 2006, 496, 498; *Raiser*, ZGR 1978, 391, 404; *Kiethe*, NZG 2006, 45, 49; *Sydow/Gebhardt*, NVwZ 2006, 986, 987; *Altmeppen*, in: FS Schneider, S. 1, 4; *Habersack*, in: MüKo AktG, § 111 Rn. 160; *Reichert*, ZGR 2015, 1, 7; *Spindler*, in: Spindler/Stilz, Aktiengesetz, § 111 Rn. 79.

639 BGH BKR 2006, 496, 498; *Stober*, NJW 1984, 449, 455; *Dreher*, JZ 1990, 896, 897; *Spindler*, ZIP 2011, 689, 694; *Habersack*, in: MüKo AktG, § 111 Rn. 160; zur Eignung des Unternehmensinteresses als Verhaltensmaxime kritisch *Steinbeck*, Überwachungspflicht und Einwirkungsmöglichkeiten, S. 45 ff.

640 *Säcker*, in: FS Rebmann, S. 781, 785.

641 *Habersack*, in: MüKo AktG, § 111 Rn. 161.

642 *Habersack*, in: MüKo AktG, § 111 Rn. 161; *Koch*, in: Hüffer/Koch, Aktiengesetz, § 111 Rn. 60.

643 *Raiser*, ZGR 1978, 391, 395.

Amtsausführung des Aufsichtsratsmitgliedes und somit zu einer Behinderung des Willensbildungsprozesses im Aufsichtsrat kommt.[644]

II. Weisungsrechte

Diesem Gebot der weisungsfreien Amtsausübung stehen zahlreiche gesetzliche Weisungsrechte gegenüber. Hier stellt sich die Frage nach einer Lösung dieser im Grunde gegensätzlichen Rechtspositionen. In diesem Zusammenhang fragt sich, ob ein Weisungsrecht gegenüber einem Aufsichtsratsmitglied einer Aktiengesellschaft kraft Vereinbarung begründet werden kann. Diesen Fragestellungen soll im Folgenden nachgegangen werden.

1. Kommunalverfassungsrechtliche Weisungsrechte

a) Kommunalrechtliche Vorgaben

Die meisten Kommunalverfassungen enthalten Weisungsrechte der Gemeinden gegenüber kommunal bestellten Aufsichtsratsmitgliedern, wobei sich die Regelungen in den Einzelheiten unterscheiden. So sind beispielsweise nach § 113 Abs. 1 S. 1, 2 GO NRW die Vertreter der Gemeinden in Aufsichtsräten von juristischen Personen oder Personenvereinigungen, an denen die Gemeinde unmittelbar oder mittelbar beteiligt ist, an die Beschlüsse des Rates und seiner Ausschüsse gebunden. Ferner sieht die Vorschrift des Art. 93 Abs. 2 S. 3 BayGO vor, dass sich die Gemeinde, soweit zulässig, gegenüber von ihr entsandten Aufsichtsratsmitgliedern Weisungsrechte im Gesellschaftsvertrag oder in der Satzung vorbehalten soll. Nach § 131 Abs. 3 S. 1 iVm Abs. 1 S. 5 KVG LSA kann die Gemeindevertretung den entsandten Aufsichtsratsmitgliedern Weisungen erteilen, soweit nicht Vorschriften des Gesellschaftsrechts dem entgegenstehen.[645] Insbesondere durch diese gesetzlichen Vorgaben wird versucht, das kommunale Aufsichtsratsmitglied an die Interessen der Gemeinden zu binden.[646]

b) Lösung des Konflikts

aa) Kommunalrechtliche Vorbehalte

Einige kommunalrechtliche Vorschriften enthalten Vorbehalte dahin, dass ein Weisungsrecht der Kommune gegenüber den entsandten Aufsichtsratsmitgliedern nur dann bestehen soll, „soweit durch Gesetz nichts anderes bestimmt ist“[647] oder „soweit nicht Vorschriften des Gesellschaftsrechts dem entgegenstehen“[648].

---

644 *Habersack*, in: MüKo AktG, § 111 Rn. 162.

645 Weitere Beispiele: § 71 Abs. 2 S. 2 KV M-V; § 104 Abs. 2 iVm § 25 Abs. 1 GO SH; § 125 Abs. 2 S. 1 iVm Abs. 1 S. 4 HGO.

646 *Gundlach/Frenzel/Schmidt*, LKV 2001, 246.

647 So beispielsweise § 113 Abs. 1 S. 2 GO NRW.

648 So beispielsweise § 131 Abs. 3 S. 1 iVm Abs. 1 S. 5 KVG LSA.

Diese gesetzlichen Formulierungen sind jedoch irreführend und zur Konfliktlösung ungeeignet. Denn sie lassen den missverständlichen und in der Sache unzutreffenden Schluss zu, dass der Gemeinde im Grundsatz ein Weisungsrecht zusteht, welches in seinen Einzelheiten aufgrund anderweitiger – etwa höherrangiger gesellschaftsrechtlicher – Rechtsvorschriften Begrenzungen erfahren kann.[649] So gehen Teile der Literatur davon aus, dass die kommunalrechtlichen Weisungsrechte allein aufgrund entsprechender Öffnungsklauseln zugunsten des Gesellschaftsrechts unbeachtlich seien.[650] Dem ist jedoch entgegenzuhalten, dass der gemeinderechtliche Gesetzestext auf die überholten Vorstellungen der Deutschen Gemeindeordnung von 1935 zurückgeht, welche von einem Subordinationsverständnis geprägt war und daher strukturgemäß Weisungsrechte enthielt.[651] Die privatrechtlich ausgestaltete Verbindung zwischen der dem öffentlichen Recht zuzuordnenden Gemeinde und der privatrechtlichen Gesellschaft wird demgegenüber von den aktuellen kommunalrechtlichen Vorschriften vollends außer Acht gelassen. Das Gesellschaftsrecht ist nunmehr vielmehr neben den Subordinationsmodellen des öffentlichen Rechts zu berücksichtigen.[652] Wie dargestellt kann über die Figur des Verwaltungsgesellschaftsrechts oder eine verfassungskonforme Auslegung ein Vorrang des öffentlichen Rechts und damit eine Modifikation des gesellschaftsrechtlichen Rechtsrahmens nicht hergeleitet werden.[653] *Püttner* führt zur historischen Entwicklung dieses Rangverhältnisses prägnant aus: „Das Gesellschaftsrecht modifizierende Regelungen der DGO von 1935 (insbesondere § 70 Abs. 2: Weisungsrecht gegenüber entsandten Aufsichtsratsmitgliedern) waren allerdings bis zur Neufassung des Aktiengesetzes 1965 rechtsgültig, weil die DGO dem Aktiengesetz gleichrangiges Reichsrecht war und die Nachfolgebestimmungen zur DGO auf dieser Grundlage zunächst weitergalten. Mit dem Aktiengesetz von 1965 hat dagegen der Bundesgesetzgeber eine geschlossene bundesgesetzliche und damit höherrangige Regelung geschaffen, in die der Landesgesetzgeber nicht mehr einbrechen kann."[654]

Die Vorbehalte in den kommunalrechtlichen Vorschriften sind daher zur Lösung des Konflikts ungeeignet und sollten reformiert werden.[655]

649 *Janitschek*, VR 1993, 115, 119.

650 *Klein*, Betätigung der öffentlichen Hand, S. 72; *Meier*, VR 1998, 217; siehe auch *Schürnbrand*, in: MüKo AktG, Vorb. §§ 394, 395 Rn. 45 m.w.N.

651 *Janitschek*, VR 1993, 115, 119.

652 *Janitschek*, VR 1993, 115, 119.

653 Siehe 2. Kapitel A.IV.3.

654 *Püttner*, Die öffentlichen Unternehmen, S. 234.

655 *Janitschek*, VR 1993, 115, 119.

bb) Durchbrechung der aktienrechtlichen Weisungsfreiheit durch kommunalrechtliche Weisungsbefugnisse

(1) Fortgeltung von § 70 Abs. 2 DGO 1935?

Nach § 70 Abs. 1 S. 1 DGO vertritt der Bürgermeister die Gemeinde in der Gesellschafterversammlung oder in dem dieser gleichgestellten Organ der Unternehmen, an denen die Gemeinde beteiligt ist. Eine Weisungsbindung soll nach § 70 Abs. 1 S. 2 DGO dann möglich sein, wenn der Bürgermeister Beamte oder Angestellte als seine Vertreter bestellt. Dieser Absatz 1 des § 70 DGO gilt nach Absatz 2 der Vorschrift entsprechend, wenn der Gemeinde das Recht eingeräumt ist, Mitglieder des Vorstandes, des Aufsichtsrats oder eines ähnlichen Organs von Unternehmen zu bestellen.

Teile der Literatur erachteten vor Inkrafttreten des Aktiengesetzes 1965 die kommunalrechtlichen Bestimmungen über die Weisungsrechte als Nachfolgebestimmungen der §§ 70, 71 DGO für ausreichend, um den gewählten oder entsandten Aufsichtsratsmitgliedern Weisungen zu erteilen.[656] Zwar ist die Deutsche Gemeindeordnung 1935 durch die Gemeindeordnungen der Bundesländer abgelöst worden. Nichtsdestotrotz sah ein Teil der Literatur diese Bestimmungen als noch geltendes Bundesrecht an.[657] Ausgangspunkt war die Überlegung, dass die Deutsche Gemeindeordnung 1935 und das Aktiengesetz 1937 als gleichrangiges Reichsrecht einzustufen waren[658] und dass § 70 Abs. 2 DGO als zum Gesellschaftsrecht gehörig betrachtet werden musste[659]. *Fischer* hielt die scharfe Entgegensetzung des privaten und öffentlichen Rechts im Geltungszeitraum des Aktiengesetzes 1937 und der Deutschen Gemeindeordnung 1935 insoweit für unrichtig.[660] Hierbei verweist er auf die Einheit der Rechtsordnung. Es sei ausdrücklich erklärter Wille des Gesetzgebers gewesen, den Gemeinden Weisungsrechte einzuräumen. Dies hätte „auch nicht mit irgendwelchen aktienrechtlichen Erwägungen in Frage“[661] gestellt werden können. Da das Aktiengesetz 1937 die kurz zuvor getroffenen Regelungen über ein gemeindliches Weisungsrecht in der Deutschen Gemeindeordnung 1935 nicht berühre und gesetzgeberischerseits bewusst keine eigene aktienrechtliche Regelung installiert worden sei, habe der Weitergeltung des § 70 Abs. 2 DGO als Landesrecht nichts im Wege gestanden.[662] Daher hätte auch den einzelnen Bundesländern bei der Neuregelung ihres

656 *Bremme*, Die Gemeinden als Aktionäre, S. 119 f.; *Quack*, DVBl 1965, 345, 347 ff.; siehe auch *Fischer*, AG 1982, 85, 87 ff.

657 *Bremme*, Die Gemeinden als Aktionäre, S. 119; *Quack*, DVBl 1965, 345, 349.

658 *Bremme*, Die Gemeinden als Aktionäre, S. 119.

659 *Quack*, DVBl 1965, 345, 348.

660 *Fischer*, AG 1982, 85, 88.

661 *Fischer*, AG 1982, 85, 88.

662 *Fischer*, AG 1982, 85, 90.

Gemeinderechts die Befugnis zugestanden, das Weisungsrecht zu übernehmen oder in den Einzelheiten anders zu regeln.

Der Bundesgesetzgeber hat das Problem der Vereinbarkeit der für die Kommune geltenden öffentlich-rechtlichen Vorschriften mit denen des Aktiengesetzes jedoch erkannt. Mit Inkrafttreten des Aktiengesetzes 1965 mit seinen abschließenden Sondervorschriften der §§ 394, 395 AktG ist daher die oben ausgeführte Literaturauffassung überholt.[663]

(2) Stellungnahme zugunsten der Unzulässigkeit kommunalrechtlicher Weisungsrechte

Mit der heute herrschenden Auffassung in der Rechtsprechung und Literatur ist bei einer Aktiengesellschaft eine Durchbrechung der gesellschaftsrechtlichen Weisungsfreiheit eines Aufsichtsratsmitgliedes durch kommunalrechtliche Weisungsrechte abzulehnen.[664] Denn auch bei von einer Gebietskörperschaft gewählten oder entsandten Aufsichtsratsmitgliedern gilt der Grundsatz, dass diese eigenverantwortlich und weisungsunabhängig ihr Mandat wahrzunehmen haben.[665] Dabei ist den Interessen der Gesellschaft stets der Vorrang einzuräumen.[666] Dies lässt sich bereits damit begründen, dass der Aufsichtsrat nicht etwa zur Förderung des Allgemeinwohls, sondern zum Wohle der Gesellschaft geschaffen wurde.[667]

Soweit das Gesellschaftsinteresse unberührt bleibe und Pflichtenkollisionen vollständig ausgeschlossen seien, solle nach vereinzelten Auffassungen in der Literatur ausnahmsweise Raum für die Berücksichtigung der Interessen des entsendenden Aktionärs bleiben und folglich entsprechende Weisungen zulässig sein.[668] Diesem Ansatz muss jedoch widersprochen werden. Das Unternehmensinteresse

663 *Klein*, Betätigung der öffentlichen Hand, S. 72; *Schwintowski*, NJW 1995, 1316, 1317; *Faber*, Gesellschaftsrechtliche Bindungen für Aufsichtsratsmitglieder, S. 179; *Koch*, in: Hüffer/Koch, Aktiengesetz, § 394 Rn. 30; *Oetker*, in: Schmidt/Lutter, Aktiengesetz, Vorb. §§ 394, 395 Rn. 15; siehe auch *Püttner*, Die öffentlichen Unternehmen, S. 234.

664 BVerfG NVwZ 2018, 51, 56; BGH NJW 1962, 864, 866; VGH Kassel NVwZ-RR 2012, 566, 568; *Raiser*, ZGR 1978, 391, 402; *Ehlers*, Verwaltung in Privatrechtsform, S. 136 f.; *Decher*, ZIP 1990, 277, 280 f.; *Schwintowski*, NJW 1995, 1316, 1317 ff.; *Engellandt*, DÖV 1996, 71; *Schmidt*, ZGR 1996, 345, 353; *Grams*, LKV 1997, 397, 400; *Schmidt-Aßmann/Ulmer*, BB 1988, Beil. 13, 1, 4; *Wehrstedt*, MittRhNotK 2000, 269, 278; *Gundlach/Frenzel/Schmidt*, LKV 2001, 246, 249; *Meier*, NZG 2003, 54, 56; *Kiethe*, NZG 2006, 45, 49; *Lutter*, ZIP 2007, 1991 f.; *Leisner*, GewArch 2009, 337, 339; *Altmeppen*, in: FS Schneider, S. 1, 4 ff.; *Spindler*, ZIP 2011, 689, 694.

665 *Altmeppen*, in: FS Schneider, S. 1, 4; *Spindler*, ZIP 2011, 689, 694; *Hoffmann-Becking*, NZG 2014, 801, 807.

666 *Schmidt-Aßmann/Ulmer*, BB 1988, Beil. 13, 1, 4; *Decher*, ZIP 1990, 277, 281.

667 *Gundlach/Frenzel/Schmidt*, LKV 2001, 246, 247.

668 *Hoffmann-Becking*, NZG 2014, 801, 807; so wohl auch *Schmidt-Aßmann/Ulmer*, BB 1988, Beil. 13, 1, 4.

markiert den Ermessensspielraum, in welchem das Verhalten des Aufsichtsrates als pflichtgemäß einzustufen ist. Agiert das Aufsichtsratsmitglied außerhalb dieses Rahmens, ist sein Verhalten als pflichtwidrig zu qualifizieren.[669] Innerhalb dieses Ermessensrahmens müssen der Aufsichtsrat und seine Mitglieder jedoch frei und unabhängig darüber befinden können, ob die Gesellschaftsinteressen zweckmäßig verwirklicht werden. Wird das Aufsichtsratsmitglied nunmehr Weisungen unterworfen, droht eine zweckwidrige Entscheidungsfindung innerhalb des eingeräumten Handlungsrahmens.[670] Verwaltungsrechtlich gesprochen würde ein Ermessensfehlgebrauch vorliegen.[671] Darüber hinaus darf die Prüfung, ob eine von mehreren Handlungsalternativen eines Aufsichtsratsmitgliedes im Unternehmensinteresse liegt, nur der höchstpersönlichen Amtsausübung des Mitgliedes und gerade nicht einem Dritten überlassen werden.[672] Daher liegt auch bei einer im Unternehmensinteresse liegenden Weisung ein Verstoß gegen die Unabhängigkeit eines Aufsichtsratsmitgliedes vor.

Der BGH differenziert nicht danach, ob das Aufsichtsratsmitglied gewählt oder aber entsandt worden ist. So führt er aus: „Entsandte Aufsichtsratsmitglieder haben dieselben Pflichten wie die gewählten Aufsichtsratsmitglieder. Als Angehörige eines Gesellschaftsorgans haben sie den Belangen der Gesellschaft den Vorzug vor denen des Entsendungsberechtigten zu geben und die Interessen der Gesellschaft wahrzunehmen, ohne an Weisungen des Entsendungsberechtigten gebunden zu sein“.[673] Die Literatur stimmt dem zu.[674] Eine gesetzgeberische Intention, wonach entsandte und gewählte Aufsichtsratsmitglieder im Hinblick auf ihre Weisungsunabhängigkeit unterschiedlich zu behandeln seien, sei gerade nicht erkennbar.

In der Literatur wird vereinzelt vertreten, dass aus der organisationsrechtlichen Unabhängigkeit der Aufsichtsratsmitglieder nicht auch die Unzulässigkeit interner Weisungen folge. So ist *Schneider* der Auffassung, dass solche internen Weisungen zum einen dann zulässig seien, wenn einzelnen Gesellschaftern ein Entsendungsrecht im Hinblick auf Aufsichtsratsmitglieder eingeräumt werde.[675] Ein solches Weisungsrecht solle darüber hinaus dann bestehen können, wenn es sich bei der Gesellschaft um ein gemein- oder gemischt-wirtschaftliches Unternehmen handele.[676] Dem ist jedoch entgegenzuhalten, dass ein solches internes Weisungsrecht „in grober Weise den Grundsatz der rechtlichen Gleichstellung aller Aufsichtsratsmitglieder“[677] verletzt. Das Aufsichtsratsmitglied steht in einem organschaftlichen

669 *Schön*, ZGR 1996, 429, 449.
670 *Schön*, ZGR 1996, 429, 449.
671 *Lutter/Grunewald*, WM 1984, 385, 396; *Schön*, ZGR 1996, 429, 450.
672 *Kersting*, in: Zöllner/Noack, KK Aktiengesetz, §§ 394, 395 Rn. 85.
673 BGH NJW 1962, 864, 866.
674 *Altmeppen*, NJW 2003, 2561, 2564; *Faber*, Gesellschaftsrechtliche Bindungen für Aufsichtsratsmitglieder, S. 172.
675 *Schneider*, ZGR 1977, 335, 339 f.
676 *Schneider*, ZGR 1977, 335, 340.
677 *Säcker*, DB 1977, 1791, 1793.

Rechts- und Pflichtenverhältnis zu der Gesellschaft, zu deren Wohl es ausschließlich verpflichtet ist.[678] Wenn die Weisungsfreiheit der Aufsichtsratsmitglieder der Natur des Aktienrechts entspricht, so kann die Weisungsgebundenheit nicht „durch die Hintertür" über eine Wirkung lediglich im Innenverhältnis eingeführt werden.[679]

Eine Weisungsgebundenheit kann der Gesetzgeber nur durch ein Bundesgesetz einführen.[680] *Püttner* weist zutreffend darauf hin, dass die zur Lösung des Konflikts zwischen dem Kommunal- und Gesellschaftsrecht gern bemühte Regelung des Art. 31 GG („Bundesrecht bricht Landesrecht") bei anfänglicher Betrachtung wenig ergiebig sei, weil es doch darum gehe, zu klären, wo das vorrangig geltende Gesellschaftsrecht ende und die Kompetenz der Landesgesetzgeber beginne.[681] Wie ausgeführt regelt das Gesellschaftsrecht die Weisungsunabhängigkeit der Aufsichtsratsmitglieder jedoch abschließend, sodass den Landesgesetzgebern keine Kompetenz zur Schaffung von Weisungsrechten zusteht. Sofern die Gemeindeordnungen der Länder daher Weisungsrechte enthalten, verstoßen sie gegen höherrangiges Recht und sind wegen Art. 31 GG unwirksam.[682] Sie bleiben jedoch bis zur Aufhebung durch das Bundesverfassungsgericht für das jeweilige Aufsichtsratsmitglied verbindlich (Art. 93 Abs. 1 Nr. 2 GG).[683]

2. *Haushaltsrechtliche Weisungsrechte*

Für die öffentlichen Unternehmen des Bundes regelt § 65 Abs. 6 BHO, dass das zuständige Bundesministerium darauf hinwirken soll, dass die auf Veranlassung des Bundes gewählten oder entsandten Mitglieder der Aufsichtsorgane der Unternehmen bei ihrer Tätigkeit auch die besonderen Interessen des Bundes berücksichtigen. *Zeichner* stellt jedoch zutreffend fest, dass diese Vorschrift keine Weisungsgebundenheit der Aufsichtsratsmitglieder generieren kann.[684] Dies folgt bereits aus der „vorsichtigen Formulierung"[685] der Vorschrift, welche auf eine bloße Verpflichtung des zuständigen Ministers hindeutet. Das Gesetz fordert lediglich zur Ausnutzung bestehender Einflussrechte auf, ermächtigt jedoch nicht zu weitergehenden Einflüssen.[686] Die Vorschrift vermag daher das Gesellschaftsrecht und

---

678 *Säcker*, DB 1977, 1791, 1793.

679 *Klein*, Betätigung der öffentlichen Hand, S. 73.

680 *Oetker*, in: Schmidt/Lutter, Aktiengesetz, Vorb. §§ 394, 395 Rn. 15; *Koch*, in: Hüffer/Koch, Aktiengesetz, § 394 Rn. 30.

681 *Püttner*, DVBl 1986, 748, 751.

682 *Raiser*, ZGR 1978, 391, 402; *Lampert*, Einflussnahme auf Aufsichtsratsmitglieder, S. 24; *Koch*, in: Hüffer/Koch, Aktiengesetz, § 394 Rn. 2a.

683 *Oetker*, in: Schmidt/Lutter, Aktiengesetz, Vorb. §§ 394, 395 Rn. 15; a.A. wohl *Faber*, Gesellschaftsrechtliche Bindungen für Aufsichtsratsmitglieder, S. 170.

684 *Zeichner*, AG 1985, 61, 69.

685 *Zeichner*, AG 1985, 61, 69.

686 *Zeichner*, AG 1985, 61, 69.

damit die aktienrechtliche Unabhängigkeit eines Aufsichtsratsmitgliedes nicht zu durchbrechen.[687]

Diese Rechtsauffassung beansprucht auch für die entsprechenden Vorschriften in den Landeshaushaltsordnungen Geltung. Diese vermögen vor dem Hintergrund von Art. 31 GG das bundesrechtliche Aktiengesetz nicht zu ändern[688] und beinhalten daher ebenfalls keine Weisungsrechte[689]. Der Gesetzgeber hat schließlich auch die Grenzvorschriften der §§ 53, 54 HGrG in entsprechender Weise äußerst zurückhaltend und mit der Intention der Wahrung der Einheit und Geschlossenheit des Gesellschaftsrechts ausgestaltet.[690] Dies ist bereits darauf zurückzuführen, dass auch die öffentliche Hand im haushaltsrechtlichen Sinne gehalten ist, die Grundsätze der Sparsamkeit und Wirtschaftlichkeit zu beachten.[691] Auch diese haushaltsrechtlichen Vorschriften beinhalten daher keine Weisungsbefugnisse.[692]

3. Beamtenrechtliche Weisungsrechte

Fraglich ist, ob das Beamtenrecht[693] verbeamtete Aufsichtsratsmitglieder einer Aktiengesellschaft an die Weisungen ihres Dienstherrn binden kann. In der Rechtsprechung und Literatur existieren zu dieser Frage unterschiedliche Meinungsströmungen. Die überzeugenden Gründe sprechen für die Unzulässigkeit eines beamtenrechtlichen Weisungsrechts.

a) These von einem uneingeschränkten beamtenrechtlichen Weisungsrecht

Ältere Ansichten in der Literatur gehen von einem uneingeschränkten beamtenrechtlichen Weisungsrecht aus, und zwar selbst dann, wenn diese Weisungen für die Gesellschaft nachteilig sind. *Stober* führt dafür an, dass auch die privatrechtlich organisierte Verwaltung ein Teil der öffentlichen Hand bleibe.[694] Daher müsse sie ihre demokratische und rechtsstaatliche Verantwortung auch gegenüber ihren Tochtergesellschaften realisieren können. Grund dafür sei, dass hier gerade nicht Privat-, sondern Gemeinwohlsinteressen verfolgt und darüber hinaus nicht Privat-, sondern öffentliche Gelder verwaltet würden. Bei „einer verfassungskonformen Interpretation der Konfliktsituation“[695] müsse deshalb im Zweifel davon

---

687 *Klein*, Betätigung der öffentlichen Hand, S. 68.
688 *Zeichner*, AG 1985, 61, 69; *Schwintowski*, NJW 1990, 1009, 1013.
689 *Klein*, Betätigung der öffentlichen Hand, S. 68.
690 Siehe dazu 4. Kapitel A.III.
691 *Schwintowski*, NJW 1990, 1009, 1013.
692 *Schwintowski*, NJW 1990, 1009, 1013; *Leisner*, GewArch 2009, 337, 340 f.
693 Vgl. hierzu § 62 Abs. 1 S. 2 BBG und § 35 S. 2 BeamtStG.
694 *Stober*, NJW 1984, 449, 455; siehe auch *Ipsen*, JZ 1955, 593, 597; *Berkemann*, Staatliche Kapitalbeteiligung, S. 233 ff.
695 *Stober*, NJW 1984, 449, 455.

ausgegangen werden, dass der unmittelbar demokratisch legitimierte kommunale Wille der Vertretungskörperschaft im Gesellschaftsrecht durchsetzbar bleibe. Nach *Berkemann*[696] findet die beamtenrechtliche Weisungsbindung seine Grenze im Strafrecht. Bei einer Kollision des Strafrechts mit dem öffentlichen Dienstrecht besitze das ius poenale die stärkere Geltungskraft.

Diese These beruht auf dem abzulehnenden[697] Ansatz in der Literatur, der sich für eine Überlagerung des Privatrechts durch das öffentliche Recht ausspricht und somit die Existenz eines Verwaltungsgesellschaftsrechts postuliert[698]. Jedoch vermag auch eine in der Verfassung wurzelnde Ingerenzpflicht der privatrechtlich handelnden Verwaltung einen absoluten Vorrang der Interessen des öffentlichen Gesellschafters vor den gesellschaftsrechtlich geschützten Belangen der außenstehenden Gesellschafter nicht zu begründen.[699] Begibt sich die Verwaltung auf den Boden des Privatrechts, muss sie die dort geltenden Spielregeln beachten. Ist es ihr demgegenüber nicht möglich, den ihr obliegenden öffentlich-rechtlichen Anforderungen hinreichend Rechnung zu tragen, wird sie einen anderen Weg der Organisation und Erfüllung ihrer öffentlichen Aufgaben finden müssen.[700]

b) These von einem eingeschränkten beamtenrechtlichen Weisungsrecht

Schwintowski[701] ist der Auffassung, dass entsandte Aufsichtsratsmitglieder an Weisungen der Entsendungskörperschaft insoweit gebunden seien, als das Gesellschaftsinteresse des kontrollierten Unternehmens nicht berührt werde. Dies sei zur Erhaltung der Funktionsfähigkeit der Kapitalgesellschaft als Organisationstypus sowie zum Schutz außenstehender Gläubiger sowie etwaiger Minderheitsaktionäre oder -gesellschafter erforderlich. Darüber hinaus gehe es um die rechtliche Verwirklichung gesellschaftsvertraglicher Zwecksetzungen, welche aus Verkehrsschutzgründen nicht unter Berufung auf Interessen Dritter ins Gegenteil gewendet werden dürften.

Da vorrangig das Aktienrecht zu beachten ist und dieses eine Weisungsgebundenheit eines Aufsichtsratsmitglieds nicht zulässt, ist auch dieser Literaturauffassung nicht zu folgen.[702] Die These vom eingeschränkten beamtenrechtlichen Weisungsrecht hat, worauf *Koch* hinweist,[703] im Anschluss an zwei Entscheidungen des VG Arnsberg[704] und des OVG Münster[705] kurzfristig größere Aufmerksamkeit

---

696 *Berkemann*, Staatliche Kapitalbeteiligung, S. 239.
697 2. Kapitel A.IV.3.
698 Siehe dazu 2. Kapitel A.IV.2.
699 *Koch*, Der rechtliche Status, S. 159 f.
700 *Koch*, Der rechtliche Status, S. 160.; *Koch*, in: Hüffer/Koch, Aktiengesetz, § 394 Rn. 29.
701 *Schwintowski*, NJW 1995, 1316, 1319; siehe auch VG Arnsberg ZIP 2007, 1988, 1990 und *Heidel*, NZG 2012, 48 ff.
702 *Koch*, in: Hüffer/Koch, Aktiengesetz, § 394 Rn. 29.
703 *Koch*, in: Hüffer/Koch, Aktiengesetz, § 394 Rn. 29.
704 VG Arnsberg ZIP 2007, 1988, 1990.
705 OVG Münster NVwZ 2007, 609.

erfahren, ist jedoch im Anschluss vom OVG Münster[706] selbst sowie vom Bundesverwaltungsgericht[707] verworfen worden.

c) These von der Differenzierung nach dem Außen- und Innenverhältnis

Zwischen einer Weisungsfreiheit im Außenverhältnis und einer Weisungsbindung im Innenverhältnis unterscheidet – wie bereits dargelegt[708] – *Schneider*.[709] Gerade weil der Aufsichtsrat im Verhältnis zu den anderen Organen der Gesellschaft als unabhängiges Gremium institutionalisiert worden sei, müssten die Aufsichtsratsmitglieder bei den von ihnen zu treffenden Entscheidungen im Außenverhältnis unabhängig sein. Die Aufsichtsratsmitglieder seien daher bei der Ausübung ihrer Tätigkeit keiner organisationsrechtlichen Folgepflicht unterworfen und würden kein gebundenes Mandat ausüben.[710] Daraus folge jedoch nicht, dass sich ein Aufsichtsratsmitglied nicht einem Dritten gegenüber binden könne, entsprechend einer von diesem formulierten Ermessensentscheidung abzustimmen. Eine solche interne Weisung sei zum einen dann zulässig, wenn einzelnen Gesellschaftern das Recht zur Entsendung von Aufsichtsratsmitgliedern eingeräumt worden sei und zum anderen dann, wenn ein gemein- oder gemischt-wirtschaftliches Unternehmen vorliege.[711]

Auch *Schroeder*[712] spricht sich für eine derartige Differenzierung aus. Zwar gelte im Außenverhältnis zwischen dem Gesellschaftsorgan und der Gesellschaft das Prinzip der Unabhängigkeit. Im Innenverhältnis, also zum Dienstherrn, bleibe der Beamte jedoch voll weisungsgebunden.[713] Dies habe zwar zur Folge, dass der Beamte auch dem Gesellschaftsinteresse zuwiderlaufenden beamtenrechtlichen Weisungen folgen werde, um sich nicht Disziplinarmaßnahmen auszusetzen. Mache er sich auf diese Weise schadensersatzpflichtig, so stehe ihm jedoch ein Regressanspruch gegen seinen Dienstherrn zu. Obwohl sich der Beamte stets gegen das Gesellschaftsinteresse entscheiden werde, so diene diese Konstruktion doch letztlich dem Schutz des Unternehmens sowie außenstehender Gesellschafter.[714]

In der Theorie hält eine nur auf das Innenverhältnis beschränkte Weisungsbindung die Weisungsfreiheit eines Aufsichtsratsmitgliedes de facto zwar aufrecht. Dabei wird jedoch übersehen, dass es nur schwer vorstellbar ist, bei einem

---

706 OVG Münster AG 2009, 840, 842 f.

707 BVerwG NJW 2011, 3735, 3736.

708 Siehe 3. Kapitel A.II.1.b)bb)(2).

709 *Schneider*, ZGR 1977, 335, 338 ff.; siehe auch *Reichert*, Die besondere Stellung der Vertreter, S. 95 ff.

710 *Schneider*, ZGR 1977, 335, 339.

711 *Schneider*, ZGR 1977, 335, 339 f.

712 *Schroeder*, ZögU 2 (1979), 149, 155.

713 *Schroeder*, ZögU 2 (1979), 149, 155.

714 *Schroeder*, ZögU 2 (1979), 149, 155.

einheitlichen Vorgang wie der Willensbildung im Aufsichtsrat zwischen gesellschaftsrechtlichem Außenverhältnis und öffentlich-rechtlichem Innenverhältnis zu unterscheiden.[715] Übt ein Aufsichtsratsmitglied sein Stimmrecht zugunsten des öffentlichen Gesellschafters aus, so drohen ihm gesellschaftsrechtliche Haftungssanktionen. Im umgekehrten Fall dürfen jedoch öffentlich-rechtliche, aus dem Beamtenrecht hergeleitete Sanktionen nicht zu einer faktischen Schranke freier und sachgerechter Entscheidungsfindung mutieren.[716] Daher ist auch diese Auffassung abzulehnen.

d) *Stellungnahme zugunsten der Unzulässigkeit beamtenrechtlicher Weisungen*

Beamtenrechtliche Weisungen sind mit der wohl herrschenden Meinung abzulehnen.[717] Ein Stufenverhältnis derart, dass das höherrangige Gesetz das niederrangige verdrängt (lex superior derogat legi inferiori), besteht zwischen dem Aktien- und Beamtenrecht zwar nicht.[718] Es muss jedoch beachtet werden, dass das Aktienrecht ein Mitglied des Aufsichtsrats einer Aktiengesellschaft dazu verpflichtet, das Wohl und die Interessen der Gesellschaft zu beachten und zu wahren. Eine kommunale Gebietskörperschaft wird Weisungen unter Berufung auf das Beamtenrecht jedoch regelmäßig erst dann aussprechen, wenn ein verbeamtetes Mitglied des Aufsichtsrats eine im Gesellschaftsinteresse liegende Entscheidung treffen will, die dem öffentlichen Interesse des kommunalen Gesellschafters widerspricht.[719] Es muss einem öffentlichen Verwaltungsträger jedoch verwehrt sein, das Aufsichtsratsmitglied unter Rückgriff auf beamtenrechtliche Vorschriften zu einem aus gesellschaftsrechtlicher Sicht unzulässigen Handeln zu veranlassen.[720] Dies kann auch nicht etwa deshalb anders beurteilt werden, weil die kommunale Gebietskörperschaft für den entstehenden Schaden einzustehen hat.[721]

Gegen eine beamtenrechtliche Weisungsbindung spricht ferner, dass es sich bei dem Amt eines Aufsichtsratsmitgliedes um ein höchstpersönliches Amt handelt, welches selbst einer Stellvertretung nicht zugänglich ist (§§ 101 Abs. 3 S. 1, 111

715 *Ehlers*, Verwaltung in Privatrechtsform, S. 137; *Schön*, ZGR 1996, 429, 450 f.
716 *Schön*, ZGR 1996, 429, 451.
717 *von Trott zu Solz*, Die staatlich beeinflusste Aktiengesellschaft, S. 117 f.; *Fischer*, AG 1982, 85, 90 ff.; *Ehlers*, Verwaltung in Privatrechtsform, S. 136 f.; *Lutter/Grunewald*, WM 1984, 385, 396; *Schmidt-Aßmann/Ulmer*, BB 1988, Beil. 13, 1, 4; *Säcker*, in: FS Rebmann, S. 781, 793 f.; *Dreher*, JZ 1990, 896, 897; *Koch*, Der rechtliche Status, S. 158 f.; *Schmidt*, ZGR 1996, 345, 354; *Maier*, Beamte als Aufsichtsratsmitglieder, S. 121 f.; *Lutter*, ZIP 2007, 1991; *Spindler*, ZIP 2011, 689, 694; *Oetker*, in: Schmidt/Lutter, Aktiengesetz, Vorb. §§ 394, 395 Rn. 14.
718 *von Trott zu Solz*, Die staatlich beeinflusste Aktiengesellschaft, S. 109.
719 *Koch*, Der rechtliche Status, S. 158.
720 *Koch*, Der rechtliche Status, S. 158 f.
721 *Koch*, Der rechtliche Status, S. 159.

Abs. 6 AktG).[722] Die Organstellung und die damit verbundenen Pflichten überlagern eine eventuelle beamtenrechtliche Weisungsgebundenheit. Denn das Aufsichtsratsmitglied nimmt gerade nicht die Stellung eines Stellvertreters der öffentlichen Körperschaft ein, weshalb die Tätigkeit im Aufsichtsrat nicht dem dienstlichen Bereich zugeordnet werden kann.[723] Ferner würde es der Fürsorgepflicht des Dienstherrn widersprechen, wenn dieser ein verbeamtetes Aufsichtsratsmitglied in einen Interessenkonflikt stürzen dürfte, in welchem sich der Beamte zwischen einer Verletzung beamtenrechtlicher oder aber gesellschaftsrechtlicher Pflichten entscheiden müsste, wobei es nicht darauf ankommt, ob eine Interessenkollision in tatsächlicher Hinsicht vorliegt.[724] Diese Dienerschaft zugunsten zweier Herren würde ansonsten zu einem „unerträglichen Widerspruch“[725] führen.

4. Rechtsgeschäftliche Begründung eines Weisungsrechts

Fraglich ist, ob ein Weisungsrecht der gemeindlichen Gebietskörperschaft durch einzelvertragliche Regelungen oder durch Regelungen in der Satzung der kommunalen Aktiengesellschaft statuiert werden kann.

a) Weisungsrecht durch Einzelvertrag

Gelegentlich bestehen zwischen den gewählten und entsandten Aufsichtsratsmitgliedern und einzelnen Aktionären vertragliche Bindungen. Insoweit ist naheliegend, diese Vertragsverhältnisse mit Weisungsrechten auszugestalten und diese sogar mit Vertragsstraferegelungen für den Fall der Nichtbefolgung zu versehen.[726]

Im Ansatz könnte erwogen werden, durch Einzelvertrag diejenigen kommunalrechtliche Vorschriften abzubedingen, welchen einen Vorrang des Gesellschaftsrechts normieren,[727] also beispielsweise „§ 113 Abs. 1 S. 4 GO NRW findet keine Anwendung“. Dem ist jedoch bereits entgegenzuhalten, dass gerade nicht diese gemeinderechtlichen Vorschriften den Vorrang des Gesellschaftsrechts statuieren, sondern sie in umgekehrter Weise Ausfluss dieses Grundsatzes sind.[728] Aufgrund dessen kann dieser Grundsatz nicht kraft vertraglichen Ausschlusses abgeändert werden. Ein vertraglicher Ausschluss einer kommunalrechtlichen Vorrangregelung sagt daher noch nichts über das Bestehen eines Weisungsrechts aus.[729]

---

722 *Wehrstedt*, MittRhNotK 2000, 269, 278; *Gundlach/Frenzel/Schmidt*, LKV 2001, 246, 249.

723 *Dreher*, JZ 1990, 896, 897; *Maier*, Beamte als Aufsichtsratsmitglieder, S. 121.

724 *Ehlers*, Verwaltung in Privatrechtsform, S. 137; *Koch*, Der rechtliche Status, S. 159.

725 *Raiser*, ZGR 1978, 391, 400.

726 *Klein*, Betätigung der öffentlichen Hand, S. 66; *Faber*, Gesellschaftsrechtliche Bindungen für Aufsichtsratsmitglieder, S. 184; zu Stimmbindungsverträgen im Allgemeinen vgl. *Baumann/Reiss*, ZGR 1989, 157, 183 ff.

727 Beispielsweise § 113 Abs. 1 S. 4 GO NRW; Art. 93 Abs. 2 S. 3 BayGO; § 125 Abs. 2 S. 1 iVm Abs. 1 S. 4 HGO.

728 Siehe hierzu auch *Janitschek*, VR 1993, 115, 119.

729 *Meier*, VR 1998, 217, 218.

Hat ein Wahlkörper das Aufsichtsratsmitglied in sein Amt gewählt und besteht zwischen diesem Wahlkörper und dem Weisungsgeber keine Identität, folgt die Unzulässigkeit eines durch Einzelvertrag begründeten Weisungsrechts darüber hinaus aus den Grundsätzen des Wahlrechts und der demokratischen Repräsentation. Denn der Gewählte ist nicht zur Bindung an den Willen eines Dritten befugt.[730]

Die aktienrechtlich geforderte Unabhängigkeit und die gesetzliche Eigenverantwortlichkeit eines Aufsichtsratsmitgliedes sind durch rechtsverbindliche und sanktionsbewehrte Weisungen selbst dann beeinträchtigt, wenn sie von einem Mehrheitsaktionär oder von einem Entsendungsberechtigten ausgehen. Demgemäß sind derartige Weisungen unzulässig.[731] Handelt es sich bei dem Mehrheitsaktionär oder dem Entsendungsberechtigten nicht um eine natürliche, sondern um eine juristische Person, wie beispielsweise eine Kommune, folgt ein Verbot auch aus § 100 Abs. 1 AktG. Mitglied des Aufsichtsrates kann nach Satz 1 dieser Vorschrift nämlich nur eine natürliche Person sein. Daraus folgt, dass der Wille eines Aufsichtsratsmitgliedes nicht durch eine hinter ihm stehende juristische Person substituiert werden darf.[732]

b) Weisungsrecht durch Satzungsregelung

Der Gemeinde ist es auch verwehrt, durch Ausgestaltung der Satzung der Aktiengesellschaft (beispielsweise „Die Vertreter der Gemeinde im Aufsichtsrat sind an die Beschlüsse des Rates gemäß § 113 Abs. 1 S. 2 GO NRW gebunden. “) ein Weisungsrecht gegenüber einem kommunalen Aufsichtsratsmitglied zu generieren.[733] Denn die Satzung der Aktiengesellschaft kann von den Vorschriften des Aktiengesetzes wegen des in § 23 Abs. 5 S. 1 AktG normierten Grundsatzes der Satzungsstrenge nur dann abweichende Regelungen treffen, wenn dies ausdrücklich zugelassen ist. Ein Weisungsrecht zugunsten der Gemeinde sieht das Aktiengesetz jedoch nicht vor.[734]

Ergänzende Satzungsbestimmungen sind vorbehaltlich einer abschließenden Regelung im Aktiengesetz demgegenüber zulässig (§ 23 Abs. 5 S. 2 AktG). Eine solche Ergänzung liegt vor, wenn das Aktiengesetz über eine in der Satzung geregelte Frage nichts bestimmt oder eine gesetzliche Regelung in ihrem Grundgedanken weitergeführt wird, also im Grundsatz unberührt bleibt.[735] Wesentliche und satzungsfeste[736] Aufgabe des Aufsichtsrats einer Aktiengesellschaft ist jedoch die Überwachung der Geschäftsführung.[737] Aufgrund dessen ist es der Hauptversammlung

730 *Raiser*, ZGR 1978, 391, 399.
731 *Raiser*, ZGR 1978, 391, 400.
732 *Raiser*, ZGR 1978, 391, 400.
733 *Meier*, VR 1998, 217, 218.
734 *Meier*, VR 1998, 217, 218.
735 *Pentz*, in: MüKo AktG, § 23 Rn. 165; *Koch*, in: Hüffer/Koch, Aktiengesetz, § 23 Rn. 37.
736 *Engellandt*, DÖV 1996, 71 f.
737 *Habersack*, in: MüKo AktG, § 111 Rn. 18.

verwehrt, dem Aufsichtsrat oder einzelnen Aufsichtsratsmitgliedern Weisungen zu erteilen. Daraus folgt, dass, wenn schon die Hauptversammlung zur Erteilung von Weisungen nicht berechtigt ist, dies erst recht für eine Gemeinde als Gesellschafterin gelten muss.[738]

Darüber hinaus widerspricht eine Einflussnahme von außen der Kontrollfunktion des Aufsichtsrates. Muss der Aufsichtsrat bei der Kontrolle der Geschäftsführung zugleich gesellschaftsfremde Interessen berücksichtigen, kann er seiner Funktion als Kontrollorgan nicht mehr gerecht werden. Denn es ist nicht auszuschließen, dass Interessen Dritter gegenüber Gesellschaftsinteressen abzuwägen sind und sich gegenüber diesen im Einzelfall durchsetzen.[739]

B. Weisungsbindung der Aufsichtsratsmitglieder des Aufsichtsrates einer kommunalen GmbH

Im Folgenden wird der Frage der Weisungsbindung von Aufsichtsratsmitgliedern einer kommunalen GmbH nachgegangen. Dabei ist danach zu differenzieren, ob der betreffende Aufsichtsrat freiwillig eingerichtet worden oder ob seine Einsetzung obligatorischerweise zu erfolgen hatte. Bei einem fakultativen Aufsichtsrat ist vor dem dargestellten Hintergrund der Unzulässigkeit gesetzlicher Weisungsrechte[740] die Öffnungsklausel in § 52 Abs. 1 GmbHG zugunsten einer gesellschaftsvertraglichen Regelung von entscheidender Relevanz. Maßgeblich ist darüber hinaus, ob an der Gesellschaft nur die konkrete Gemeinde oder aber auch weitere öffentliche oder private Gesellschafter beteiligt sind.

I. Weisungsbindung von Aufsichtsratsmitgliedern eines fakultativen Aufsichtsrates

Die Aufgaben und Kompetenzen eines fakultativen GmbH-Aufsichtsrates bestimmen sich aufgrund der Verweisung in § 52 Abs. 1 GmbHG grundsätzlich nach dem Aktiengesetz. Diese Vorschrift verweist vollumfänglich auf § 111 AktG. Daher ist das Amt eines Aufsichtsratsmitgliedes auch für den Aufsichtsrat einer GmbH höchstpersönlicher Natur.[741] Folge ist, dass auch das Organmitglied des freiwillig eingerichteten Aufsichtsrates nach der gesetzlichen Ausgangssituation frei von Weisungen ist.[742] Dies gilt grundsätzlich unabhängig davon, ob es sich um ein

---

738 *Meier*, VR 1998, 217, 218; *Faber*, Gesellschaftsrechtliche Bindungen für Aufsichtsratsmitglieder, S. 188.

739 *Schwintowski*, NJW 1995, 1316, 1318; *Meier*, VR 1998, 217, 218.

740 Siehe oben 3. Kapitel A.II.1. bis 3.

741 *Spindler*, in: MüKo GmbHG, § 52 Rn. 216.

742 *Schwintowski*, NJW 1995, 1316, 1318; *Schön*, ZGR 1996, 429, 452; *Meier*, VR 1998, 217, 218; *Zieglmeier*, LKV 2005, 338, 339 f.; *Kiethe*, NZG 2006, 45, 49; *Spindler*, ZIP 2011, 689, 694; *Weckerling-Wilhelm/Mirtsching*, NZG 2011, 327, 329; *Hoffmann-Becking*,

gewähltes oder entsandtes Organmitglied handelt, ob es die Anteilseigner- oder die Arbeitnehmerseite vertritt oder ob es sich um einen Vertreter der öffentlichen Hand handelt.[743] Insoweit gilt für die GmbH nichts anderes als für die Aktiengesellschaft.

Obwohl § 52 Abs. 1 GmbHG eine Öffnungsklausel zugunsten einer gesellschaftsvertraglichen Regelung enthält, welche für eine Abdingbarkeit der aktienrechtlichen Weisungsunabhängigkeit und eine Schaffung von Weisungsbefugnissen der öffentlichen Gesellschafterin sprechen könnte, ist Gegenstand einer breiten Diskussion in der rechtswissenschaftlichen Literatur, ob dieser Grundsatz der Weisungsfreiheit der Aufsichtsratsmitglieder eines fakultativen GmbH-Aufsichtsrates durch eine Regelung im Gesellschaftsvertrag durchbrochen werden kann. Von maßgeblicher Bedeutung ist in diesem Zusammenhang ein Urteil des Bundesverwaltungsgerichts aus August 2011.

1. Lösungsansätze

a) These von der Indisponibilität der Weisungsunabhängigkeit

Teilweise wird für die Indisponibilität der Weisungsunabhängigkeit angeführt, dass im umgekehrten Fall dem Aufsichtsratsmitglied eine bloß repräsentative Stellung zukomme.[744] Zwar könne § 111 Abs. 6 AktG abbedungen werden. Die Funktion des Aufsichtsrates schließe jedoch aus, dass dort anderswo getroffene Entscheidungen umgesetzt werden. Darüber hinaus müsse der Rechtsverkehr geschützt werden. Denn dieser erwarte mit der Einrichtung eines Aufsichtsrates ein besonderes Beratungs- und Überwachungsorgan.[745] Hieran anknüpfend wird argumentiert, dass die Gesellschafter auch beispielsweise einen Beirat schaffen könnten.[746] Da die Einrichtung eines solchen gesetzlich nicht geregelt sei, könne seine Einsetzung frei gestaltet werden. Es bestehe jedoch kein Bedürfnis, ein solches Organ „Aufsichtsrat“ zu nennen, wenn nicht einmal dessen Grundkompetenzen und -strukturen gewollt seien. Daher müsse die Satzungsfreiheit eingeschränkt werden.[747] *Keiluweit* weist darüber hinaus auf die ein Aufsichtsratsmitglied persönlich treffende Verantwortlichkeit und Haftung hin.[748] Weiter sehe das GmbH-Gesetz ausdrücklich nur gegenüber einem Geschäftsführer Weisungsrechte vor. Eine

---

NZG 2014, 801, 807; *Meyer*, LKRZ 2014, 349, 350; *Ziche/Herrmann*, DÖV 2014, 111; *Ahnis/Brunz*, IR 2016, 4, 5.

743 *Spindler*, in: MüKo GmbHG, § 52 Rn. 217; *Zöllner/Noack*, in: Baumbach/Hueck, GmbHG, § 52 Rn. 130.

744 *Zöllner/Noack*, in: Baumbach/Hueck, GmbHG, § 52 Rn. 130.

745 *Keßler*, GmbHR 2000, 71, 77.

746 *Spindler*, ZIP 2011, 689, 695; so auch *Schwintowski*, NJW 1995, 1316, 1319; *Keiluweit*, BB 2011, 1795, 1796.

747 *Spindler*, ZIP 2011, 689, 695.

748 *Keiluweit*, BB 2011, 1795, 1796.

unangemessene Einschränkung der Rechte der Gesellschafter sei – so *Keiluweit* – in der Einschränkung der Disponibilität der Weisungsunabhängigkeit nicht zu erblicken. Denn es obliege den Gesellschaftern selbst, den Aufsichtsrat zu besetzen und gegebenenfalls durch vorzeitige Abberufung und Neubestellung ein solches Aufsichtsratsmitglied einzusetzen, welches eher im Gesellschaftsinteresse handeln werde.[749] *Keßler* ist der Auffassung, dass zwar unbestreitbar sei, dass außerhalb des Anwendungsbereichs mitbestimmungsrechtlicher Vorschriften grundsätzlich keine Verpflichtung zur Einrichtung eines GmbH-Aufsichtsrates bestehe.[750] Dies sage jedoch wenig über die Pflichtenstellung der Organwalter aus, sollten sich die Gesellschafter nun doch zur Einrichtung eines Aufsichtsrates entscheiden. Nach *Keßler* müsse daher die organschaftliche Rechte- und Pflichtenstellung der Aufsichtsratsmitglieder im Wege einer „funktionalen Betrachtung"[751] hergeleitet werden. Dafür maßgeblich sei die gesellschaftsrechtliche Aufgabenzuweisung im Hinblick auf das Überwachungsorgan. Auszugehen sei insoweit von der Überwachungsfunktion des Aufsichtsrates als unentziehbarem Kernbereich. Es liege daher in der Funktion der Tätigkeit der Aufsichtsratsmitglieder und ihrer personalen Verantwortung selbst begründet, „diesen im Rahmen ihrer Aufsichtsfunktion einen eigenständigen, ausschließlich am Unternehmensinteresse orientierten und damit weisungsfreien Autonomiebereich zuzubilligen"[752].

b) Stellungnahme zugunsten der gesellschaftsvertraglichen Einschränkungsmöglichkeit der Weisungsunabhängigkeit

Die besseren Gründe sprechen für die Befugnis, bei einer GmbH durch gesellschaftsvertragliche Regelungen Weisungsrechte der kommunalen Gebietskörperschaft begründen zu können. Richtigerweise ist insoweit danach zu unterscheiden, ob es sich bei dem betreffenden Unternehmen um eine Eigengesellschaft oder aber um eine gemischte beziehungsweise mehrgliedrige GmbH handelt. Im Jahr 2011 hatte sich auch das Bundesverwaltungsgericht mit der Frage der Weisungserteilung bei fakultativen Aufsichtsräten einer kommunalen Gesellschaft zu befassen. Dabei ist fraglich, ob dieses Urteil zur Klärung dieses Spannungsfeldes einen sachgerechten Beitrag leistet.

aa) Begründung der Möglichkeit der Schaffung von Weisungsrechten

Nach Auffassung der wohl überwiegenden Literatur können Weisungsrechte der Gemeinde zu Recht durch Ausgestaltung des Gesellschaftsvertrages normiert werden. Dadurch können die Aufsichtsratsmitglieder von ihrer Pflicht zur

749 *Keiluweit*, BB 2011, 1795, 1796.
750 *Keßler*, GmbHR 2000, 71, 77.
751 *Keßler*, GmbHR 2000, 71, 77.
752 *Keßler*, GmbHR 2000, 71, 77; so auch: *Schodder*, EWiR 2009, 715, 716; *Trölitzsch*, EWiR 2011, 779, 780.

eigenverantwortlichen Aufgabenwahrnehmung befreit und an Weisungen gebunden werden.[753]

Zur Begründung dieser Ansicht ist zunächst auf die Öffnungsklausel des § 52 Abs. 1 GmbHG zugunsten einer gesellschaftsvertraglichen Regelung hinzuweisen.[754] Der Gesetzgeber hat mit dieser Öffnungsklausel den Gesellschaftern bewusst die Möglichkeit einer Abweichung von den aktienrechtlichen Regelungen zugestanden und diese gerade keinen Begrenzungen unterstellt.[755] Weiter muss ein fakultativ eingerichteter Aufsichtsrat auch nicht die Anforderungen eines unabhängigen Überwachungsorgans erfüllen. Denn die Ausgestaltung des Aufgabenbereichs obliegt allein den Gesellschaftern, die dies selbstständig im Gesellschaftsvertrag regeln können.[756] Wenn die Gesellschafter es schon selbst in der Hand haben, auf die Einrichtung eines Aufsichtsrates zu verzichten, so muss ihnen auch eine Befugnis zur Erteilung von Weisungen zugebilligt werden.[757]

Zu berücksichtigen ist ferner die Organisationsverfassung der GmbH: Würden die Gesellschafter auf die Installation eines Aufsichtsrates verzichten, würden ihnen die Überwachungsaufgabe selbst zufallen, wobei sie sich von ihren eigenen Interessen leiten lassen würden. Vor diesem Hintergrund ist nicht ersichtlich, warum ein Ausschluss der Unabhängigkeit der (fakultativen) Aufsichtsratsmitglieder durch eine gesellschaftsvertragliche Regelung nicht möglich sein soll, wenn den Gesellschaftern doch von vornherein die Berücksichtigung eigener Interessen zugestanden wird.[758] Auch ein Hinweis auf die „personale Verantwortung“[759] führt nicht weiter, denn eine solche entsteht überhaupt erst dann, wenn die Tätigkeit des Aufsichtsratsmitgliedes nach dem Gesellschaftsvertrag frei von Weisungen ausgeübt werden soll.[760] Ferner greift das Argument der Gegenmeinung bezüglich der Schutzbedürftigkeit des Rechtsverkehrs[761] zu kurz, da der Gesellschaftsvertrag einer GmbH für jedermann bei dem Handelsregister einsehbar ist und daher erkenntlich ist, ob der konkrete Aufsichtsrat Weisungen unterliegt oder nicht.

---

753 *Schmidt*, ZGR 1996, 345, 354; *Meier*, VR 1998, 217, 219; *Grziwotz*, NZG 1999, 55, 58; *Strobel*, DVBl 2005, 77, 80 f.; *Zieglmeier*, LKV 2005, 338, 339 f.; *Kiethe*, NZG 2006, 45, 49; *Lohner/Zieglmeier*, BayVBl 2007, 581, 585 f.; *Faber*, Gesellschaftsrechtliche Bindungen für Aufsichtsratsmitglieder, S. 233; *Weckerling-Wilhelm/Mirtsching*, NZG 2011, 327, 329 ff.; *Pauly/Schüler*, DÖV 2012, 339, 342; *Meyer*, LKRZ 2014, 349, 352; *Ziche/Herrmann*, DÖV 2014, 111, 112 f.; *Ahnis/Brunz*, IR 2016, 4, 6 f.

754 *Schmidt*, ZGR 1996, 345, 354; *Pauly/Schüler*, DÖV 2012, 339, 342; *Ziche/Herrmann*, DÖV 2014, 111, 113; *Ahnis/Brunz*, IR 2016, 4, 6.

755 *Weckerling-Wilhelm/Mirtsching*, NZG 2011, 327, 330; *Ahnis/Brunz*, IR 2016, 4, 6.

756 *Pauly/Schüler*, DÖV 2012, 339, 342; *Ahnis/Brunz*, IR 2016, 4, 6.

757 *Zieglmeier*, LKV 2005, 338, 340; *Lohner/Zieglmeier*, BayVBl 2007, 581, 585.

758 *Ahnis/Brunz*, IR 2016, 4, 6.

759 So *Keßler*, GmbHR 2000, 71, 77.

760 *Pauly/Schüler*, DÖV 2012, 339, 342.

761 So *Keßler*, GmbHR 2000, 71, 77.

Daher entsteht erst gar kein Vertrauen, es mit einem eigenverantwortlich und weisungsungebunden handelnden Organ zu tun zu bekommen.[762]

Schließlich ist auf die Doberlug-Entscheidung des BGH[763] aus September 2010 hinzuweisen.[764] Der BGH hat hier betont, dass es den Gesellschaftern einer GmbH bei freiwilliger Einrichtung eines Aufsichtsrates lediglich darum gehe, ein Gremium zu schaffen, das für die Gesellschafterversammlung als dem maßgeblichen Willensbildungs- und Kontrollorgan der Gesellschaft Überwachungsaufgaben im Hinblick auf die Geschäftsführung übernehme und so sicherstelle, dass das Geschäftsführungsorgan die Geschäfte im Einklang mit den wohlverstandenen Interessen der Gesellschafter ausführe. Anders als der obligatorische Aufsichtsrat werde das freiwillige Aufsichtsorgan „nicht im Interesse der Allgemeinheit in die Pflicht genommen und hat keine über seine ihm von der Gesellschafterversammlung übertragenen Aufgaben hinausgehenden öffentlichen Belange zu wahren"[765]. Dadurch hebt das Gericht, worauf *Meyer* zutreffend hinweist, die enge Verbindung eines fakultativen Aufsichtsratsmitgliedes an das Mandat der Gesellschafter hervor.[766] Dies rechtfertigt im Ergebnis die gesellschaftsvertragliche Gestaltbarkeit von Weisungsrechten.[767]

bb) Differenzierung nach mehrgliedriger GmbH und Einpersonen-Gesellschaft

Die vorzugswürdige Literaturauffassung, die sich für eine gesellschaftsvertragliche Begründbarkeit von kommunalen Weisungsbefugnissen ausspricht, differenziert zumeist nicht im Hinblick auf die gesellschaftlichen Beteiligungsverhältnisse. Gegenstand der Betrachtung ist vielmehr regelmäßig die kommunale Eigengesellschaft.[768] Es fragt sich daher, ob Einschränkungen der gesellschaftsrechtlichen Weisungsunabhängigkeit eines Aufsichtsratsmitgliedes durch Regelungen im Gesellschaftsvertrag auch dann möglich sind, wenn es sich bei dem kommunalen Unternehmen um eine mehrgliedrige GmbH handelt, an der neben der Kommune auch andere Anteilseigner – seien es andere öffentlich-rechtliche Körperschaften, seien es Private – beteiligt sind.

762 *Ziche/Herrmann*, DÖV 2014, 111, 113.
763 BGH NZG 2010, 1186.
764 *Meyer*, LKRZ 2014, 349, 352.
765 BGH NZG 2010, 1186, 1188.
766 *Meyer*, LKRZ 2014, 349, 352.
767 So auch *Meyer*, LKRZ 2014, 349, 352.
768 Diesen Umstand bemängelt auch *Altmeppen*, in: FS Schneider, S. 1, 3.

(1) Gesellschaftsvertragliche Weisungsrechte bei der kommunalen Eigengesellschaft

Für die Möglichkeit der Einräumung von Weisungsbefugnissen bei der mitbestimmungsfreien Einpersonen-GmbH qua Regelung im Gesellschaftsvertrag spricht Folgendes: Der Hinweis der Gegenmeinung, welche sich im Grundsatz gegen kommunale gesellschaftsvertragliche Weisungsbefugnisse ausspricht, auf die personale Verantwortung der Aufsichtsratsmitglieder[769] kann nur dann einschlägig sein, wenn diese weisungsfrei handeln können. Eine persönliche Haftung scheidet jedoch dann aus, wenn und soweit sie den Weisungen der Gesellschafter nachzukommen haben. In diesem Fall erledigt sich das Haftungsproblem.[770]

Auch das Argument der Gegenmeinung, dass ein Aufsichtsratsmitglied allein dem Unternehmensinteresse verpflichtet sei,[771] ist zur Begründung der Notwendigkeit einer Weisungsunabhängigkeit der Aufsichtsratsmitglieder untauglich.[772] Der Grund dafür ist, dass dieses Unternehmensinteresse bei der Einpersonen-GmbH zur ausschließlichen Disposition des Alleingesellschafters steht und daher von diesem selbst definiert wird.[773] In materieller Hinsicht ist die GmbH, die lediglich aus Gründen der Haftungsbeschränkung als juristische Person konzipiert worden ist, mit einer Personengesellschaft gleichzustellen.[774] Dies erlaubt ihren Gesellschaftern, die Geschäfte der Gesellschaft auch gegen ihre Interessen zu leiten oder die Gesellschaft sogar vorsätzlich zu schädigen.[775] Es widerspricht daher dem Gesellschaftsrecht, eine Verpflichtung der Gesellschaftsorgane auf das Unternehmensinteresse zum Schutz der Gläubiger einer Einpersonen-GmbH zu verlangen. Allein durch die Vorschriften über die Kapitalerhaltung sind Grenzen gesetzt.[776] In diesem Lichte ist es als unproblematisch zu beurteilen, dass eine Kommune als Alleingesellschafterin über das Geschäftsführungsorgan kommunalpolitische Interessen durchsetzt, obwohl diese dem Unternehmensinteresse der Gesellschaft in betriebswirtschaftlicher Hinsicht widersprechen.[777] Diese Grundsätze müssen jedoch auch dann gelten, wenn eine Gemeinde ihre öffentlichen Aufgaben in Form einer Einpersonen-GmbH erledigt und für diese Gesellschaft einen freiwilligen Aufsichtsrat einsetzt. Denn das Unternehmensinteresse steht bei einer solchen Gesellschaft

769 *Keiluweit*, BB 2011, 1795, 1796.
770 *Altmeppen*, NJW 2003, 2561, 2564.
771 *Keßler*, GmbHR 2000, 71, 77.
772 *Altmeppen*, NJW 2003, 2561, 2565; siehe hierzu auch *Leisner*, GewArch 2009, 337, 341 ff.
773 *Engel*, Grenzen und Formen, S. 167; *Stober*, NJW 1984, 449, 455; *Altmeppen*, NJW 2003, 2561, 2565; *von Danwitz*, AöR 120 (1995), 595, 612; *Altmeppen*, in: FS Schneider, S. 1, 7.
774 Siehe dazu auch BGH DStR 1994, 214, 216.
775 *Altmeppen*, NJW 2003, 2561, 2565; *Altmeppen*, in: FS Schneider, S. 1, 7.
776 *Altmeppen*, NJW 2003, 2561, 2565.
777 *Altmeppen*, NJW 2003, 2561, 2565.

zur Disposition der Alleingesellschafterin, wobei einzig die Regelungen über den zwingenden Gläubigerschutz zu berücksichtigen sind.[778]

Es kann ferner keine Rede davon sein, dass sich die Gesellschafter endgültig ihrer Kompetenzen entledigen wollen, wenn sie zu ihrer eigenen Entlastung ein fakultatives Gesellschaftsorgan einrichten.[779] Dies gilt insbesondere vor dem Hintergrund, dass der Einpersonen-Gesellschafter stets die Möglichkeit hat, das freiwillig eingerichtete Organ durch schlichten Satzungsänderungsbeschluss wieder aufzulösen.[780] Auch erwartet der Rechtsverkehr regelmäßig nicht, dass die Organwalter eines Aufsichtsrats weisungsfrei agieren. Denn es kann lediglich erwartet werden, dass bei einer Einpersonen-GmbH die zwingenden Gläubigerschutzregeln eingehalten werden. Da die Delegatare gesellschaftsrechtliche Befugnisse wahrnehmen, die grundsätzlich dem Deleganten zustehen, müssen Dritte zwingend davon ausgehen, dass eine Delegation im Zweifel mit einer Weisungsgebundenheit des Delegatars verbunden ist.[781]

Auch muss der Unterschied zwischen den Kapitalgesellschaften Aktiengesellschaft und GmbH im Hinblick auf ihre körperschaftliche Organisationsstruktur berücksichtigt werden.[782] Denn während bei der mitbestimmungsfreien GmbH Privatautonomie bezüglich der Errichtung eines fakultativen Aufsichtsrats herrscht, kommt diese bei der Aktiengesellschaft nicht einmal im Ansatz in Betracht. Hier gelten nämlich das Prinzip der formellen Satzungsstrenge und die gesetzgeberische Grundentscheidung „für die eigenverantwortliche Leitung und Überwachung der Geschäftsleitung durch die Organe Vorstand und Aufsichtsrat, die unabhängig von Individualinteressen des Aktionärs allein im Interesse der Körperschaft AG zu erfolgen haben“[783]. Dieser Unterschied zwischen den beiden Gesellschaftsformen hat in der Schaffung des § 52 Abs. 1 GmbHG sodann gesetzlichen Niederschlag gefunden, indem der Gesetzgeber Satzungsautonomie bezüglich des fakultativen Aufsichtsrats angeordnet hat:[784] Weil den Gesellschaftern der GmbH die übergeordnete Kompetenz zur Geschäftsführung zukommt, besteht im Grundsatz kein Bedürfnis für eine Überwachung. Ob und wie die Gesellschafter den Geschäftsführer der GmbH überwachen lassen, unterliegt ausschließlich ihrer privatautonomen Entscheidung. Daraus folgt die Legitimität von im Gesellschaftsvertrag manifestierten Weisungsrechten der Gesellschafter gegenüber den Organwaltern im fakultativen Aufsichtsrat einer GmbH.[785]

---

778 *Altmeppen*, NJW 2003, 2561, 2565.
779 *Altmeppen*, NJW 2003, 2561, 2565.
780 *Altmeppen*, NJW 2003, 2561, 2565.
781 *Altmeppen*, NJW 2003, 2561, 2565.
782 *Altmeppen*, in: FS Schneider, S. 1, 8.
783 *Altmeppen*, in: FS Schneider, S. 1, 8.
784 *Altmeppen*, in: FS Schneider, S. 1, 8.
785 *Altmeppen*, in: FS Schneider, S. 1, 8.

Schließlich schädigt sich der Gesellschafter im Falle der Einpersonen-GmbH allenfalls selbst, wenn er einem Aufsichtsratsmitglied Weisungen erteilt, die der Gesellschaft zum Nachteil gereichen. Bei der Eigengesellschaft besteht nämlich gerade nicht die Gefahr, dass, wie bei der mehrgliedrigen GmbH, ein Aufsichtsratsmitglied schädigende Handlungen gegenüber einem Mitgesellschafter vornimmt, weil es Weisungen des entsendenden Gesellschafters befolgt.[786]

(2) Gesellschaftsvertragliche Weisungsrechte bei der mehrgliedrigen GmbH

Zweifelhaft ist, ob die für die Einpersonen-GmbH dargestellten Grundsätze uneingeschränkt auf die Mischgesellschaft übertragen werden können. Dies ist deshalb problematisch, weil die Einzelinteressen der unterschiedlichen Beteiligten einer Gesellschaft regelmäßig inkongruent sein werden.

(a) Grundsatz: Keine Weisungsbindung durch gesellschaftsvertragliche Regelung

Es fragt sich, ob durch Gesellschaftsvertrag begründete Weisungen bei einer gemischt-wirtschaftlichen Gesellschaft zulässig sind, wenn von einem kommunalen Anteilseigner entsandte Aufsichtsratsmitglieder angewiesen werden, im volkswirtschaftlichen Gesamtinteresse zu handeln und damit öffentliche Belange zu fördern, dies andererseits jedoch den Gewinn des Unternehmens schmälert oder dessen Bestand sogar auf Dauer gefährdet. Diskussionswürdig ist ferner die Situation bei Vorliegen einer gemischt-öffentlichen Gesellschaft.

(aa) Gemischt-wirtschaftliche GmbH

Schon das Reichsgericht hat betont, dass bei einer mehrgliedrigen GmbH entsandte Aufsichtsratsmitglieder nicht nur die Belange des entsendenden Gesellschafters zu berücksichtigen haben, sondern Rücksicht auf die Interessen der gesamten Gesellschaft nehmen müssen.[787] Das Gesellschaftsrecht verpflichtet die Mitglieder des Aufsichtsrates, den Interessen der Gesellschaft stets Vorrang vor den Interessen der einzelnen Gesellschafter einzuräumen. Aus der organschaftlichen Stellung folgt insoweit die rechtliche Verpflichtung, das Unternehmenswohl zum obersten Pflichten- und Verantwortungsmaßstab zu erheben.[788] Das Aufsichtsratsmitglied hat daher die Gesellschaftsinteressen zum Richtmaß seines Handelns zu machen, und gerade nicht die Interessen derjenigen, denen es seine Bestellung verdankt.[789] Die Aufsichtsratsmitglieder müssen sich stets innerhalb

---

786 *Altmeppen*, in: FS Schneider, S. 1, 8 f.

787 RGZ 165, 68, 79.

788 *Säcker*, in: FS Rebmann, S. 781, 783 ff.; *Lutter/Krieger/Verse*, Rechte und Pflichten des Aufsichtsrats, Rn. 893; vgl. Ziff. 5.5.1 DCGK Bund, Ziff. 5.4.1 PCGK Bund.

789 *Säcker*, in: FS Rebmann, S. 781, 785.

des Unternehmensgegenstands halten, also insbesondere die Ziele der Gesellschaft verfolgen, wie sie im Gesellschaftsvertrag oder in entsprechenden Beschlüssen festgeschrieben sind. Dies gilt gleichermaßen für die Aktiengesellschaft und die GmbH und unabhängig davon, ob der öffentliche Aktionär das Unternehmen sogar vollständig beherrscht.[790] Besonderheiten ergeben sich auch nicht deshalb, weil ein Organmitglied seine Rechtsstellung aus der Wahl oder Entsendung einer öffentlich-rechtlichen Körperschaft ableitet. Auch diese sind dem Unternehmensinteresse verpflichtet. Das allgemeine Gesellschaftsrecht gilt uneingeschränkt auch für die privatrechtliche Betätigung von Gebietskörperschaften. Darüber hinaus vermag die öffentliche Beteiligung nicht die normativen Verhaltensanforderungen an ein Aufsichtsratsmitglied außer Kraft zu setzen.[791]

Der Gegenstand der Bindung der Aufsichtsratsmitglieder, das Unternehmensinteresse, ist nach einer älteren Auffassung von *Raiser* darauf gerichtet, für eine dauerhafte Rentabilität des Unternehmens zu sorgen und das Unternehmen und seinen Fortbestand als Wertschöpfungseinheit zu erhalten.[792] Maßnahmen, die geeignet seien, diesen Zielen der Selbsterhaltung und des wirtschaftlichen Erfolges näherzukommen, dienen dem Unternehmensinteressen, während ihm widersprechende Akte diese Zielsetzungen gefährden.[793] Auch die Einzelinteressen der Anteilseigner sind wesentlicher Bestandteil des Unternehmensinteresses und bei dessen Bestimmung zu berücksichtigen.[794] Sind an der Gesellschaft auch private Gesellschafter beteiligt, werden diese regelmäßig auf eine langfristig gewinnorientiert ausgerichtete Unternehmensführung bestehen.[795] Demgegenüber wird es öffentlichen Anteilseignern vorrangig um die Erfüllung der Gemeinwohlverpflichtung auf eine effektive öffentliche Aufgabenwahrnehmung gehen.[796] Die Produktion und die Bereitstellung von bestimmten Gütern sowie das Anbieten von Leistungen erfolgen zumeist nicht zum Zwecke der Generierung wirtschaftlicher Gewinne, sondern stellen vielmehr, im Einklang mit den Vorgaben der kommunalrechtlichen Schrankentrias, das Hauptmotiv der Betätigung selbst dar.[797] In rechtsdogmatischer Hinsicht ist für kommunale Beteiligungsgesellschaften festzustellen,

790 *Leisner*, GewArch 2009, 337, 342; *Habersack*, in: MüKo AktG, Vorb. §§ 95 ff. Rn. 13; *Schürnbrand*, in: MüKo AktG, Vorb. §§ 394, 395 Rn. 41.

791 *Nesselmüller*, Rechtliche Einwirkungsmöglichkeiten der Gemeinden, S. 93 ff.; *Lutter/Grunewald*, WM 1984, 385, 395; *Püttner*, Die öffentlichen Unternehmen, S. 234, 282; *Säcker*, in: FS Rebmann, S. 781, 791.

792 *Raiser*, in: FS Schmidt, S. 101, 105 ff.; in diese Richtung auch *Steinbeck*, Überwachungspflicht und Einwirkungsmöglichkeiten, Berlin 1992, S. 49; zur Berücksichtigung der Interessen der einzelnen Unternehmensbeteiligten siehe *Raisch*, in: FS Hefermehl, S. 347, 362 ff.

793 *Raiser*, in: FS Schmidt, S. 101, 105.

794 *Martens*, AG 1984, 29; *von Danwitz*, AöR 120 (1995), 595, 613.

795 *Habersack*, ZGR 1996, 544, 553.

796 *von Danwitz*, AöR 120 (1995), 595, 611 ff.

797 *von Danwitz*, AöR 120 (1995), 595, 614.

dass die Interessen der Kommune an der Erfüllung der sozialstaatlichen Daseinsvorsorge oder anderen politischen Zielen (beispielweise Umweltschutz) in einem konträren Verhältnis zu den Interessen der privaten Investoren stehen, welchen es um den gewinnbringenden Einsatz ihres Kapitals geht. Es kommt also zu einem Auseinanderfallen der Interessen der Beteiligungsgesellschaft und den öffentlichen Belangen der öffentlichen Beteiligungsträger.[798] Folglich wird ein Widerspruch zur grundsätzlichen Definition des Unternehmensinteresses einer privatrechtlichen Gesellschaft von *Raiser* offenkundig.[799]

In der neueren Literatur wird darauf hingewiesen, dass die besonderen Interessen der öffentlichen Hand bei der Bestimmung des Gesellschaftsinteresses eines in Privatrechtsform organisierten Unternehmens zu berücksichtigen seien.[800] Dafür spricht, dass die Gemeinwohlinteressen in die von den Leitungsorganen der Gesellschaft vorzunehmende Interessenabwägung einzubeziehen sind. Dies muss jedoch in der Pflicht des Vorstands, für den Bestand des Unternehmens und seine dauerhafte Rentabilität Sorge zu tragen, seine Schranken finden.[801] Der Ansatz von *Hommelhoff* ist sogar weitergehend, wenn er ausführt, dass jedenfalls bei der Deutschen Bahn AG das Gesellschaftsinteresse „auch von der spezifischen Gemeinwohlverantwortung ihres Alleinaktionärs Bund mitgeprägt“[802] wird. Im Hinblick auf die Spielräume für eine Interessenberücksichtigung ist entscheidend, ob die Gemeinwohlinteressen in einem Abhängigkeitsverhältnis zu den Interessen der Gesellschafter stehen (shareholder value approach) oder unabhängig davon zu betrachten sind (stakeholder value approach).[803] Die wohl herrschende Auffassung spricht sich für eine shareholder-value-Orientierung aus.[804] Dafür ist insbesondere anzuführen, dass auf diese Weise eine klare Zielfunktion der Unternehmensführung definiert wird. Darüber hinaus könnte ein stakeholder-value-Management für nahezu jedes Vorstandshandeln als Rechtfertigung herangezogen werden („Ein Diener vieler Herren ist am Ende aller ledig und niemandem mehr verantwortlich.“).[805]

Auch wenn Gemeinwohlbelange mit der neueren Literatur Eingang in die Bestimmung des Unternehmensinteresses gemischt-wirtschaftlicher Unternehmen finden müssen, kann der kommunalen Entsendungskörperschaft aufgrund der

798 *Windel*, ZögU (22) 1999, 52, 55; *Leisner*, GewArch 2009, 337, 341 f.

799 *Siedentopf*, Grenzen und Bindungen, S. 68; *Schmidt-Aßmann*, AöR 116 (1991), 329, 385 ff.; *von Danwitz*, AöR 120 (1995), 595, 611 ff.; *Windel*, ZögU (22) 1999, 52, 55; *Leisner*, GewArch 2009, 337, 341 ff.

800 *Koch*, in: Hüffer/Koch, Aktiengesetz, § 394 Rn. 31; *Hommelhoff*, ZHR 182 (2018), 296, 312; *Schmolke*, WM 2018, 1913, 1914.

801 *Koch*, in: Hüffer/Koch, Aktiengesetz, § 76 Rn. 28 ff.; § 394 Rn. 31.

802 *Hommelhoff*, ZHR 182 (2018), 296, 312.

803 *Schmolke*, WM 2018, 1913, 1914; ausführlich zu shareholder value versus stakeholder value siehe *Fleischer*, in: Spindler/Stilz, Aktiengesetz, § 76 Rn. 21 ff.

804 *Fleischer*, in: Spindler/Stilz, Aktiengesetz, § 76 Rn. 34.

805 *Fleischer*, in: Spindler/Stilz, Aktiengesetz, § 76 Rn. 34.

dennoch vorliegenden Kollision der unterschiedlichen Interessenlagen der einzelnen Gesellschafter ein Weisungsrecht gegenüber ihren Aufsichtsratsmitgliedern grundsätzlich nicht eingeräumt werden.[806] Dies kann nicht etwa anders beurteilt werden, weil das GmbH-Recht, anders als das Aktienrecht, den Gesellschaftern und ihren Organvertretern weitreichende Initiativ- und Entscheidungsrechte gewährt. Denn auch diese entbinden sie nicht von ihrer Treuepflicht gegenüber der Gesellschaft.[807] Ein unangemessener Nachteil für die öffentliche Hand ist mit dieser Annahme auch nicht verbunden, weil diese sich zur Verfolgung ihrer öffentlichen Zwecke auch einer öffentlich-rechtlichen Gesellschaftsform bedienen könnte.[808] Das Bundesverfassungsgericht führte in diesem Zusammenhang jüngst aus: „Die Wahl privater Unternehmensformen für die Wahrnehmung öffentlicher Aufgaben kann […] zu einem Kontroll-, Steuerungs- und Legitimationsdefizit führen. Dies bedeutet aber nicht, dass das Gesellschaftsrecht an die Steuerungsbedürfnisse des Staates als Anteilseigner anzupassen ist, sondern dass dieser selbst die Rechtsform für die ihm obliegende Aufgabenwahrnehmung zu wählen hat, die die erforderlichen Einwirkungsmöglichkeiten gewährleistet."[809] Öffentliche und unternehmerische Belange werden sich bei einer kommunalen, auf dem Gebiet der Daseinsvorsorge tätigen gemischt-wirtschaftlichen Gesellschaft darüber hinaus regelmäßig nicht decken oder überschneiden, da die möglichst umfassende Erfüllung öffentlicher Aufgaben und die Einhaltung der rechtlichen Vorgaben das Tätigwerden im Rahmen der Leistungsverwaltung bestimmen.[810] Aus diesem Grund liefe eine rein unternehmerische Betriebsführung dem öffentlichen Mandat zuwider. Sogar Rationalisierungs- sowie Effektivierungsmaßnahmen öffentlicher Verwaltung können daher nur aus der auf Dauer angelegten Sicherung der Aufgabenerfüllung gerechtfertigt werden.[811]

Kommt es zu einer Interessenkollision, weil ein Aufsichtsratsmitglied aufgrund seiner kommunalen Bestellung mittelbar auch staatliche Interessen verfolgt, kann die Erfüllung der einen Aufgabe nicht die fehlsame Wahrnehmung der anderen rechtfertigen. In einem solchen Fall darf sich das konkret betroffene Aufsichtsratsmitglied nicht an der Beratung und Beschlussfassung im Aufsichtsrat beteiligen und hat den Sitzungsraum zu verlassen.[812] Hier kann nichts anderes gelten als für die Teilnahme an kommunalen Ratssitzungen.[813]

---

806 So im Ergebnis auch *Leisner*, GewArch 2009, 337, 342; *Lampert*, Einflussnahme auf Aufsichtsratsmitglieder, S. 30.

807 *Leisner*, GewArch 2009, 337, 342.

808 *Säcker*, in: FS Rebmann, S. 781, 787; vgl. dazu VGH Kassel NVwZ-RR 2014, 791; *Leisner*, GewArch 2009, 337, 342; *Lampert*, Einflussnahme auf Aufsichtsratsmitglieder, S. 30.

809 BVerfG NVwZ 2018, 51, 56.

810 *von Danwitz*, AöR 120 (1995), 595, 611 f.

811 *von Danwitz*, AöR 120 (1995), 595, 612.

812 *Säcker*, in: FS Rebmann, S. 781, 787.

813 *Säcker*, in: FS Rebmann, S. 781, 787; siehe dazu VGH Kassel NVwZ-RR 2014, 563.

(bb) Gemischt-öffentliche GmbH

Zu fragen ist, ob die für die gemischt-wirtschaftliche GmbH dargestellten Grundsätze auf die gemischt-öffentliche Gesellschaft übertragbar sind, bei welcher eine Mehrzahl an Gemeinden Gesellschafter sind.

Ausgangspunkt der Analyse ist die Prämisse, dass einem solchen, in privatrechtlicher Rechtsform geführten Gemeinschaftsunternehmen grundsätzlich nicht die kommunalen Aufgaben vollständig übertragen werden, sondern dass die Gesellschaft lediglich zur Erfüllung der bei den Kommunen zurückverbleibenden Aufgaben eingebunden wird. Die Kommunen bleiben somit trotz der privatrechtlichen Rechtsformwahl im Besitz ihrer hoheitlichen Eingriffsbefugnisse.[814] Das Unternehmensinteresse der gemischt-öffentlichen GmbH muss unter Berücksichtigung dieses Aufgabenverbleibes bei den Trägerkommunen und deren Interessengefüge ausgelegt werden. Insoweit ist die öffentliche Hand bei ihrer wirtschaftlichen Betätigung auf die Verfolgung von Gemeinwohlbelangen festgelegt.[815] Darüber hinaus ist eine Gewinnmitnahme nur solange zulässig, wie die Erfüllung des öffentlichen Zwecks nicht beeinträchtigt wird und sozialwirtschaftliche Gründe im Vordergrund stehen oder wenn sie lediglich einer nichtwirtschaftlichen Haupttätigkeit der öffentlichen Hand als Unterstützung dient.[816] Den öffentlichen Anteilseignern wird es daher vordergründig um die Verfolgung eigener öffentlicher Interessen oder volkswirtschaftlicher Belange gehen.[817] Das Unternehmensinteresse eines kommunalen Gemeinschaftsunternehmens wird sich folglich hin zu einem „öffentlichen Unternehmensinteresse“[818] oder „öffentlichen Verwaltungsinteresse“[819] auslegen lassen.

Bei dieser Betrachtung darf nunmehr nicht übersehen werden, dass, soll die Beteiligungsgesellschaft nicht auf Gewinnerzielung ausgerichtet werden, die Gebietskörperschaft ihren gemeinnützigen oder öffentlichen Zweck in der Satzung mit hinreichender Deutlichkeit festlegen muss.[820] Der Grund dafür ist, dass die GmbH als Unternehmensträgerin insbesondere für die erwerbswirtschaftliche Teilnahme am Wirtschaftsleben konzipiert worden ist und sie daher im Zweifel mit dem Zweck der Gewinnerzielung und der dauerhaften Rentabilität betrieben wird.[821] Die staatliche Beteiligung an einer Kapitalgesellschaft rechtfertigt vor diesem Hintergrund für sich noch nicht die Annahme, dass der Gesellschaftszweck

814 *Cronauge*, Kommunale Unternehmen, Rn. 349.
815 *Ehlers*, JZ 1990, 1089, 1091; siehe auch oben 1. Kapitel B.I.4.a).
816 *Ehlers*, DVBl 1998, 497, 500 f.; siehe auch 1. Kapitel A.II.3.a).
817 *von Danwitz*, AöR 120 (1995), 595, 611; *Leisner*, GewArch 2009, 337, 341.
818 So ohne Begründung *Lampert*, Einflussnahme auf Aufsichtsratsmitglieder, S. 32.
819 *von Danwitz*, AöR 120 (1995), 595, 614.
820 *Stober*, NJW 1984, 449, 454; *Püttner*, Die öffentlichen Unternehmen, S. 236; *Schuppert*, ZGR 1992, 454, 464; *Habersack*, ZGR 1996, 544, 553; *Schön*, ZGR 1996, 429, 440.
821 *Habersack*, ZGR 1996, 544, 551 f.; *Schön*, ZGR 1996, 429, 440; *Fleischer*, in: MüKo GmbHG, § 1 Rn. 18.

des Unternehmens auch einen Gemeinwohlbezug enthält.[822] Der Ansatz von *Altmeppen* bezüglich der Bestimmung des Unternehmensinteresses durch den (einzigen) Gesellschafter[823] ist insoweit nicht übertragbar, da dieses Interesse bei einer mehrgliedrigen Gesellschaft gerade nicht zur Disposition eines einzelnen Gesellschafters steht. Die Satzung muss somit zumindest erkennen lassen, dass die Gewinnerzielung nur von untergeordneter Bedeutung ist.[824] Rückschlüsse können auch aus dem Unternehmensgegenstand gewonnen werden, doch fehlt es an der erforderlichen Klarheit, wenn derselbe Gegenstand auch von einer auf Gewinnerzielung ausgerichteten Gesellschaft verfolgt werden könnte.[825] Konsequenz ist, dass im Falle des Fehlens einer entsprechenden Festlegung des öffentlichen Unternehmenszwecks in der Satzung Interessenkollisionen auf der Hand liegen werden, wenn die eine Trägerkommune im Allgemeininteresse liegende Zwecke verfolgt, während die andere auf eine Gewinnerzielung orientierte Unternehmensführung besteht, welche sogar im Einklang mit dem grundsätzlichen Unternehmenszweck einer Kapitalgesellschaft steht. Aufgrund dessen kann für die gemischt-öffentliche GmbH nichts anderes gelten als für die gemischt-wirtschaftliche GmbH: Den Entsendungskörperschaften können im Hinblick auf die von ihnen bestellten Aufsichtsratsmitglieder Weisungsrechte nicht zugestanden werden.[826]

(b) Ausnahme: Ausrichtung des Gesellschaftsvertrages auf die Verfolgung eines einheitlichen öffentlichen Interesses

Dem Konflikt zwischen den divergierenden Einzelinteressen der Anteilseigner, seien es öffentliche oder private Gesellschafter, kann begegnet werden, indem das Gesellschaftsinteresse des gemischten Unternehmens mittels Regelung im Gesellschaftsvertrag auf die Verfolgung eines einheitlichen öffentlichen Zwecks ausgerichtet wird („Zweckprogrammierung“[827]).[828] In diesem Fall kommt es, obwohl Gemeinwohlbelange ohnehin im Unternehmensinteresse Berücksichtigung finden,[829] zu einem unwiderlegbaren Zusammenfallen von Gesellschafts- und öffentlichen Ingerenzinteressen[830], sodass der kommunalrechtlichen Einwirkungspflicht keine Schranken gesetzt sind[831]. Nicht ausreichend ist hingegen, wenn der

822 *Cannivé*, NZG 2009, 445, 447.
823 *Altmeppen*, NJW 2003, 2561, 2565.
824 *Habersack*, ZGR 1996, 544, 554.
825 *Schürnbrand*, in: MüKo AktG, Vorb. §§ 394, 395 Rn. 97.
826 So im Ergebnis auch *Lampert*, Einflussnahme auf Aufsichtsratsmitglieder, S. 32.
827 *Schmolke*, WM 2018, 1913, 1914.
828 *Stober*, NJW 1984, 449, 454; *Püttner*, Die öffentlichen Unternehmen, S. 236; *Schuppert*, ZGR 1992, 454, 464; *Habersack*, ZGR 1996, 544, 553; *Schön*, ZGR 1996, 429, 440; *Leisner*, GewArch 2009, 337, 342 f.
829 Siehe 3. Kapitel B.I.1.b)bb)(2)(a)(aa).
830 *von Danwitz*, AöR 120 (1995), 595, 614; *Leisner*, GewArch 2009, 337, 342.
831 *Habersack*, ZGR 1996, 544, 553.

Unternehmensgegenstand etwa auf „Stromerzeugung“ oder „Abfallentsorgung“ lautet, da so der auf die Verfolgung unternehmensübergreifender öffentlicher Interessen gerichtete Zweck der Gesellschaft nicht eindeutig erkennbar ist.[832]

Über die Festschreibung im Gesellschaftsvertrag kann eine klare Verantwortungssituation geschaffen werden, durch die verhindert wird, dass von der Kontrolle eines öffentlichen Aufgabenträgers befreite Bereiche auftreten oder dass ein öffentlicher Aufgabenträger mit einem anderen Aufgabenträger in Konflikt gerät.[833] Durch eine solche Fixierung der öffentlichen Verwaltungsinteressen in der Satzung wird den Anteilseignern unter Wahrung der gesellschaftsrechtlichen Grundsätze die Möglichkeit eröffnet, den von ihnen gewählten oder entsandten Aufsichtsratsmitgliedern Weisungen zu erteilen.[834] Diese sind nunmehr berechtigt und verpflichtet, das durch die öffentlichen Anteilseigner definierte und in der Satzung manifestierte einheitliche öffentliche Unternehmensinteresse zu verfolgen.[835] Die so formulierte Zielvorgabe muss vom Aufsichtsrat bei der Ausübung seines Leitungsermessens selbst dann beachtet werden, wenn es bei der Gesellschaft zum Eintritt von Gewinneinbußen kommt.[836]

Zu berücksichtigen ist, dass eine Änderung des grundsätzlichen Gesellschaftszwecks, welche etwa aus einem Wechsel von der erwerbswirtschaftlichen zur sozialwirtschaftlichen Zielsetzung bestehen kann, gemäß § 33 Abs. 1 S. 2 BGB analog der Zustimmung sämtlicher Gesellschafter bedarf, da hier die Vermögensinteressen sämtlicher Anteilseigner betroffen sind.[837]

cc) Auffassung des Bundesverwaltungsgerichts

Das Bundesverwaltungsgericht hatte sich im Jahr 2011 mit der Möglichkeit von Weisungsrechten einer Gemeinde gegenüber den von ihr gewählten und entsandten Aufsichtsratsmitgliedern des fakultativen Aufsichtsrats einer städtischen GmbH zu befassen.[838] Im Ergebnis nahm das Gericht trotz des Fehlens einer entsprechenden ausdrücklichen Regelung im Gesellschaftsvertrag eine Weisungsgebundenheit der Aufsichtsratsmitglieder an und bestätigte damit die Entscheidungen der Vorinstanzen[839].

---

832 *Habersack*, ZGR 1996, 544, 553.
833 *Spannowsky*, ZGR 1996, 400, 425.
834 *Leisner*, GewArch 2009, 337, 342.
835 *Leisner*, GewArch 2009, 337, 342.
836 *Schürnbrand*, in: MüKo AktG, Vorb. §§ 394, 395 Rn. 98.
837 *Schön*, ZGR 1996, 429, 445.
838 BVerwG, Urt. v. 31.08.2011, Az. 8 C 16/10 = ZIP 2011, 2054 = NJW 2011, 3735 = AG 2011, 882 = NVwZ 2012, 115.
839 OVG Münster ZIP 2009, 1718; VG Arnsberg ZIP 2007, 1988.

(1) Sachverhalt

Die Kläger des Verfahrens waren Mitglieder eines Stadtrats und gleichzeitig auf dessen Vorschlag in den fakultativen Aufsichtsrat eines städtischen Versorgungsunternehmens in der Rechtsform einer mitbestimmungsfreien GmbH gewählt und entsandt worden. Diese Gesellschaft wurde 1972 als Eigengesellschaft gegründet, bevor sich im Jahr 1984 zwei private Gesellschafter beteiligten. Die Stadt verfügte sodann noch über 74,88 Prozent des Stammkapitals. Nach einer Regelung im Gesellschaftsvertrag sollten die Bestimmungen des Aktiengesetzes auf den Aufsichtsrat keine Anwendung finden. Eine positive Regelung über etwaige Weisungsrechte fand sich in der Satzung nicht. Die Kläger gingen gerichtlich gegen einzelne Weisungen des beklagten Stadtrats vor, nach denen sie ihr Stimmrecht im Aufsichtsrat in einer bestimmten Weise ausüben sollten.

(2) Inhalt der Entscheidung

Das Bundesverwaltungsgericht führte zunächst aus, dass das Landesrecht die Frage beantworte, ob kommunale Aufsichtsratsmitglieder verpflichtet seien, Weisungen der Entsendungskörperschaft in Anbetracht ihrer Mandatswahrnehmung im Aufsichtsrat entgegenzunehmen und zu befolgen.[840] Die hier maßgebliche kommunalrechtliche Rechtsgrundlage des § 113 Abs. 1 GO NRW bestimme in seinem Satz 4 jedoch, dass dies nur dann gelte, soweit durch Gesetz nichts anderes bestimmt sei. Eine derartige anderweitige gesetzliche Bestimmung stelle jedoch § 52 Abs. 1 GmbHG dar, welcher unter anderem auf diejenigen aktiengesetzlichen Vorschriften verweise, aus denen der aktienrechtliche Grundsatz hergeleitet werde, dass Aufsichtsratsmitglieder allein den Interessen des Unternehmens verpflichtet seien und im Rahmen ihrer persönlich zu erbringenden Amtsführung keinen Weisungen unterliegen würden.[841] Darüber hinaus sei ein ungeschriebener allgemeiner gesellschaftsrechtlicher Grundsatz der Weisungsunabhängigkeit von Aufsichtsratsmitgliedern für den fakultativen Aufsichtsrat einer GmbH nicht begründbar. Denn § 52 Abs. 1 GmbHG räume den Gesellschaftern eine große organisatorische Gestaltungsfreiheit ein, welche es ihnen erlaube, explizit abweichende Regelungen von den Vorschriften zu normieren, aus denen die Weisungsfreiheit der Aufsichtsratsmitglieder hergeleitet werde.[842]

Eine Weisungsgebundenheit der Aufsichtsratsmitglieder könne, so das Bundesverwaltungsgericht weiter, nicht allein deshalb angenommen werden, weil der Gesellschaftsvertrag die Anwendbarkeit des Aktiengesetzes ausschließe. Dies gehe schon aus dem Wortlaut des § 52 Abs. 1 GmbHG hervor, der verlange, dass im Gesellschaftsvertrag ein anderes bestimmt sein müsse. Der Gesellschaftsvertrag müsse daher die gesetzliche Regelung durch eine abweichende Regelung ersetzen.

840 BVerwG NVwZ 2012, 115 (Rn. 19).
841 BVerwG NVwZ 2012, 115 (Rn. 20).
842 BVerwG NVwZ 2012, 115 (Rn. 21).

Diese müsse ausreichend bestimmt sein, um gemeinsam mit den nicht abbedungenen gesetzlichen Vorschriften des Aktiengesetzes die Zusammensetzung, Aufgaben, Befugnisse und die Verfahrensweise des Aufsichtsrats zweifelsohne erkennen zu lassen.[843]

Das Bundesverwaltungsgericht kam durch eine ergänzende Auslegung des Gesellschaftsvertrages zu dem Ergebnis, dass dem beklagten Stadtrat Weisungsrechte gegenüber den gewählten und entsandten Aufsichtsratsmitgliedern zugestanden hätten.[844] Für die Auslegung des Gesellschaftsvertrages einer Gesellschaft, an der eine Gemeinde maßgeblich beteiligt sei und die auf dem Gebiet der kommunalen Daseinsvorsorge tätig werde, seien diejenigen Vorschriften zu berücksichtigen, welche für die Gemeinde verbindlich seien. Es spreche eine tatsächliche Vermutung dafür, dass die Gemeinde die betreffenden gesetzlichen Vorschriften einhalten wollte und will.[845] Im konkreten Fall sei der Gesellschaftsvertrag dahin auszulegen gewesen, dass anstelle der abbedungenen Vorschriften des Aktiengesetzes ein Weisungsrecht des beklagten Stadtrates gegenüber den gewählten und entsandten Aufsichtsratsmitgliedern vereinbart worden wäre. Dies lasse sich aus § 108 Abs. 5 Nr. 2 GO NRW schließen. Denn danach dürfe sich eine Gemeinde an einem Unternehmen in der Rechtsform einer GmbH nur dann beteiligen, wenn der Rat den von der Gemeinde bestellten oder auf Vorschlag der Gemeinde gewählten Mitgliedern des Aufsichtsrats Weisungen erteilen könne.[846] Für dieses Ergebnis streite ferner das Demokratieprinzip aus Artt. 20 Abs. 2, 28 Abs. 1 GG, welches gebiete, dass eine Gemeinde, bediene sie sich zur Erfüllung ihrer Aufgaben einer juristischen Person des Privatrechts, durch Einwirkungs- und Kontrollrechte ausreichend Einfluss auf die Gesellschaft nehmen könne.[847]

(3) Bewertung und Kritik

Das Urteil des Bundesverwaltungsgerichts ist unter verschiedenen Gesichtspunkten zu kritisieren. So fragt sich insbesondere, ob das Gericht von der richtigen Rechtsgrundlage ausgegangen ist und ob die ergänzende Vertragsauslegung zu überzeugen vermag.

(a) Fehlende Auseinandersetzung mit der Legitimität von kommunalgesetzlichen Weisungsrechten

Noch zutreffend erkennt das Bundesverwaltungsgericht unter Heranziehung der Öffnungsklausel des § 52 Abs. 1 GmbHG mit der wohl herrschenden Auffassung in der Literatur, dass eine Weisungsfreiheit der Aufsichtsratsmitglieder einer

843 BVerwG NVwZ 2012, 115 (Rn. 23).
844 BVerwG NVwZ 2012, 115 (Rn. 25).
845 BVerwG NVwZ 2012, 115 (Rn. 27).
846 BVerwG NVwZ 2012, 115 (Rn. 28).
847 BVerwG NVwZ 2012, 115 (Rn. 29).

kommunalen mitbestimmungsfreien GmbH durch eine gesellschaftsvertragliche Regelung abbedungen werden kann.[848]

Das Gericht ging hier jedoch im Ausgangspunkt von der Rechtsgrundlage des § 113 Absatz 1 S. 2 GO NRW aus.[849] Diese schreibt vor, dass Vertreter der Gemeinde in Aufsichtsräten von juristischen Personen, an denen die Gemeinde beteiligt ist, an die Beschlüsse des Rates gebunden sind. Indem das Bundesverwaltungsgericht auf Satz 4 der Vorschrift hinweist, der normiert, dass das kommunale Weisungsrecht unter dem Vorbehalt anderer gesetzlicher Bestimmungen steht und § 52 Abs. 1 GmbHG als eine derartige anderweitige Vorschrift anerkennt, macht es jedoch einen „methodischen Fehler"[850]: Das Bundesverwaltungsgericht ist offensichtlich der Auffassung, dass grundsätzlich ein Weisungsrecht der Gemeinde gegenüber den Vertretern in den Aufsichtsräten ihrer Unternehmen kraft Kommunalrechts generiert werden könne. Dem Konflikt zwischen grundsätzlicher (bundes-)gesellschaftsrechtlicher Weisungsunabhängigkeit eines Aufsichtsratsmitgliedes und (landes-)kommunalrechtlichen Weisungsbefugnissen einer Gemeinde stellt es sich demgegenüber nicht.[851] Gerade dies widerspricht jedoch den Rechtsauffassungen namhafter Literaten des Gesellschaftsrechts, die argumentieren, dass kommunalrechtliche Weisungsrechte gegen höherrangiges Bundesrecht verstießen und eine kommunale Weisungsgebundenheit daher unbeachtlich sei.[852] Das Gericht scheint nicht erkannt zu haben, dass der Landesgesetzgeber einen Vorbehalt im Sinne des § 113 Abs. 1 S. 4 GO NRW zugunsten „anderweitiger Bestimmungen" schon nicht regeln kann, wenn ihm bereits im Grundsatz die Kompetenz zur Schaffung von kommunalen Weisungsrechten fehlt.[853] Eine Weisungsgebundenheit kann der Gesetzgeber nämlich nur durch eine bundesgesetzliche Vorschrift einführen.[854] Zweifelhaft ist daher bereits, ob das Bundesverwaltungsgericht von der richtigen Rechtsgrundlage ausgegangen ist.

(b) Fragwürdigkeit der ergänzenden Vertragsauslegung

Fragwürdig ist auch die ergänzende Auslegung des Gesellschaftsvertrages durch das Bundesverwaltungsgericht. Bei der ergänzenden Vertragsauslegung eines Gesellschaftsvertrages einer GmbH ist zur Schließung einer Regelungslücke zu untersuchen, wie die Parteien des Vertrages bei unterstelltem redlichen Verhalten den nicht geregelten Punkt unter Berücksichtigung aller in Betracht kommenden Umstände geregelt haben würden, wenn sie ihn bei Vertragsschluss bedacht hätten.

848 So auch *Altmeppen*, NJW 2011, 3737.
849 BVerwG NVwZ 2012, 115 (Rn. 19).
850 *Altmeppen*, NJW 2011, 3737.
851 So auch *Altmeppen*, NJW 2011, 3737.
852 *Altmeppen*, NJW 2011, 3737; *Lampert*, Einflussnahme auf Aufsichtsratsmitglieder, S 38.
853 Siehe 3. Kapitel A.II.1.b)aa); vgl. dazu *Janitschek*, VR 1993, 115, 119.
854 *Oetker*, in: Schmidt/Lutter, Aktiengesetz, Vorb. §§ 394, 395 Rn. 15; *Koch*, in: Hüffer/Koch, Aktiengesetz, § 394 Rn. 30.

Auf die Sicht der individuellen Vertragsteile kommt es dabei nicht an. Es ist vielmehr darauf abzustellen, was die Vertragsparteien „nach angemessener Abwägung ihrer Interessen nach Treu und Glauben und der Verkehrssitte unter Anknüpfung an die im Vertrag enthaltenen Regelungen und Wertungen als redliche Vertragspartner vereinbart hätten“[855].[856]

Zweifelhaft ist jedoch, ob in dem vom Bundesverwaltungsgericht zu entscheidenden Fall eine Regelungslücke im Vertrag vorlag und ob die vorgenommene Lückenfüllung überzeugen kann. Der Gesellschaftsvertrag des städtischen Versorgungsunternehmens enthielt nämlich zahlreiche Regelungen für den Aufsichtsrat: Während er die Bildung und Zusammensetzung, den Aufgabenbereich und die Beschlussfassung des Aufsichtsrates konkret regelte, schwieg er sich über ein etwaiges Weisungsrecht aus. Dies lässt den zwanglosen Rückschluss zu, dass es bei der vom Aktienrecht vorgegebenen grundsätzlichen Weisungsunabhängigkeit bleiben sollte. Denn von einer planwidrigen Unvollständigkeit des Vertrages kann in einem solchen Fall nicht ausgegangen werden.[857] Der BGH erkennt eine solche nur dann an, „wenn der Vertrag eine Bestimmung vermissen lässt, die erforderlich ist, um den ihm zu Grunde liegenden Regelungsplan der Parteien zu verwirklichen, mithin ohne Vervollständigung des Vertrags eine angemessene, interessengerechte Lösung nicht zu erzielen wäre“[858]. Fraglich ist, warum im konkreten Fall eine solche angemessene und interessengerechte Lösung nicht möglich gewesen sein soll, wenn für die Aufsichtsratsmitglieder der aktienrechtliche Grundsatz der Weisungsunabhängigkeit gegolten hätte. Dies hätte einer weitergehenden Begründung durch das Bundesverwaltungsgericht bedurft.[859]

Fragwürdig ist auch die Art und Weise der Ausfüllung der vermeintlichen Regelungslücke durch das Bundesverwaltungsgericht. In zeitlicher Hinsicht ist bei der ergänzenden Auslegung eines Gesellschaftsvertrages auf den Zeitpunkt des Vertragsabschlusses abzustellen. Wird die ergänzungsbedürftige Vertragsregelung jedoch später geändert, so ist demgegenüber der Zeitpunkt der Vertragsänderung maßgeblich.[860] *Heidel* wirft dem Bundesverwaltungsgericht insoweit zu Recht vor, dass hier nicht auf den Zeitpunkt der Gründung des Unternehmens abzustellen gewesen wäre, sondern auf den Zeitpunkt des Eintritts der Privatgesellschafter im Jahr 1984. Es hätte gefragt werden müssen, ob redliche Vertragspartner *in diesem Zeitpunkt* die Weisungs(un)abhängigkeit geregelt hätten.[861] „Auf schwankendem Boden“ befinde sich die Vertragsergänzung durch das Bundesverwaltungsgericht, da die Rechtsauffassung des Gerichts durchscheine, „dass redliche Vertragspartner

855 OLG Schleswig NZG 2015, 1076, 1077.
856 OLG Schleswig NZG 2015, 1076, 1077.
857 So auch *Heidel*, NZG 2012, 48, 50 f.
858 BGH NJW-RR 2007, 687, 690; siehe auch BGH NJW 2001, 600, 602.
859 So auch *Heidel*, NZG 2012, 48, 51.
860 *Heinze*, in: MüKo GmbHG, § 2 Rn. 156.
861 *Heidel*, NZG 2012, 48, 51.

eine Befolgungspflicht von für die Gesellschaft schädlichen Weisungen vereinbart hätten".[862] Das Bundesverwaltungsgericht würde es vermeiden ausdrücklich auszusprechen, dass auch gegen das Gesellschaftswohl verstoßende Weisungen wirksam seien, was bei den dem Rechtsstreit zugrundeliegenden Weisungen der Fall gewesen sei.[863]

Vor diesem Hintergrund ist im Hinblick auf Weisungsrechte eines GmbH-Gesellschafters die Vereinbarung einer ausdrücklichen positiven Regelung im Gesellschaftsvertrag zu fordern. Denn durch Auslegung lässt sich nicht überzeugend die Frage beantworten, ob hinzutretende Gesellschafter auf die Beseitigung der Weisungsabhängigkeit hätten drängen müssen oder ob umgekehrt die Gemeinde eine Weisungsgebundenheit hätte vertraglich manifestieren müssen.[864] Dafür spricht schon der Wortlaut des § 52 Abs. 1 GmbHG.[865]

(c) Weitere Kritikpunkte

Ferner kann sich die Gemeinde, und auch dies hat das Bundesverwaltungsgericht verkannt, nicht auf das Demokratieprinzip berufen, wenn sie bewusst die Ebene des Privatrechts betritt. In dieser Rolle kann sie sich nicht gleichzeitig auf ihre Eigenschaft als Hoheitsträger berufen, um die Geltung zwingender gesellschaftsrechtlicher Grundsätze für sich in Abrede zu stellen.[866] Insoweit ist auf den Parallelfall bei der Aktiengesellschaft hinzuweisen: Ließe sich die Weisungsgebundenheit der Vertreter des AG-Aufsichtsrates aus dem Demokratieprinzip herleiten, würde sich die Frage der Verfassungsgemäßheit des Aktiengesetzes stellen. Bei der Aktiengesellschaft ist § 111 Abs. 6 AktG nämlich gerade nicht dispositiv und eine Weisungsgebundenheit daher nicht herstellbar.[867]

Weiter ist zu kritisieren, dass das Bundesverwaltungsgericht nicht ausreichend dem Umstand Rechnung getragen hat, dass an dem Versorgungsunternehmen nicht nur die mehrheitsbeteiligte Gemeinde, sondern auch noch private Gesellschafter beteiligt gewesen sind. In einem solchen Fall ist das Unternehmensinteresse nämlich, wie dargestellt,[868] auch auf Gewinnerzielung ausgerichtet und der Rechtsstreit durch sämtliche Instanzen falsch entschieden worden.[869]

---

862 *Heidel*, NZG 2012, 48, 51.
863 *Heidel*, NZG 2012, 48, 51.
864 So auch *Cranshaw*, jurisPR-InsR 23/2011 Anm. 4 C. I.
865 So auch *Weckerling-Wilhelm/Mirtsching*, NZG 2011, 327, 330 zu OVG Münster ZIP 2009, 1718.
866 *Altmeppen*, NJW 2011, 3737.
867 *Altmeppen*, NJW 2011, 3737, 3738.
868 Siehe 3. Kapitel B.I.1.b)bb)(2)(a)(aa).
869 So auch *Lampert*, Einflussnahme auf Aufsichtsratsmitglieder, S. 36 f.

II. Weisungsbindung von Aufsichtsratsmitgliedern eines obligatorischen Aufsichtsrates

Die Vorschriften der § 25 Abs. 1 S. 1 Nr. 2 MitbestG sowie § 1 Abs. 1 Nr. 3 DrittelbG verweisen für solche GmbHs, die den jeweiligen Mitbestimmungsgesetzen unterfallen, unter anderem auch auf § 111 AktG. Insbesondere aus dieser Vorschrift wird, wie dargestellt,[870] der Grundsatz der Weisungsunabhängigkeit eines Aufsichtsratsmitgliedes abgeleitet. Im Anwendungsbereich der mitbestimmungsrechtlichen Vorschriften ist eine Abweichung von aktienrechtlichen Vorschriften und damit auch von der Weisungsungebundenheit der Aufsichtsratsmitglieder auch durch eine gesellschaftsvertragliche Regelung nicht möglich. Dies wird in § 25 Abs. 2 MitbestG ausdrücklich festgeschrieben und wird auch für das Drittelbeteiligungsgesetz angenommen.[871] Weisungsrechte sind daher gegenüber den Mitgliedern des obligatorischen GmbH-Aufsichtsrates unzulässig. Hier gilt nichts anderes als gegenüber den Mitgliedern des Aufsichtsrates einer Aktiengesellschaft.

C. Zusammenfassende Würdigung

Im Aktienrecht gilt der Grundsatz der weisungsfreien Amtswahrnehmung. Davon umfasst ist das Gebot der weisungsfreien Ausübung des Aufsichtsratsmandats. Insoweit hat das Organmitglied seine Entscheidungen stets am Unternehmensinteresse auszurichten. Diesem Gebot stehen zahlreiche Weisungsrechte gegenüber. Die in den meisten Gemeindeordnungen der Länder enthaltenen Weisungsrechte der Gebietskörperschaften gegenüber ihren kommunalen Aufsichtsratsmitgliedern vermögen die gesellschaftsrechtliche Weisungsfreiheit nicht zu durchbrechen. Dafür sprechen bereits der Vorrang des Gesellschaftsinteresses sowie Gründe der Normenhierarchie. Ferner ermächtigt auch das Haushaltsrecht nicht zur Vornahme entsprechender Weisungen. Da ein kommunales Aufsichtsratsmitglied im Aufsichtsrat nicht die Position eines Stellvertreters der öffentlichen Hand einnimmt und seine Tätigkeit daher nicht seinem dienstlichen Bereich zugeordnet werden kann, scheidet auch das Beamtenrecht als Grundlage einer Weisungsbindung aus. Schließlich können Weisungsrechte auch nicht durch einen Einzelvertrag oder durch eine Satzungsregelung begründet werden. Gegen eine einzelvertragliche Generierung spricht bereits der Vorrang des Gesellschaftsrechts, welcher vertraglich nicht abbedungen werden kann. Da das Aktiengesetz ein Weisungsrecht zugunsten einer Gemeinde nicht kennt, ist vor dem Hintergrund der aktienrechtlichen Satzungsstrenge nach § 23 Abs. 5 AktG auch eine entsprechende Regelung in der Gesellschaftssatzung unzulässig.

---

870 Siehe 3. Kapitel B.I.

871 *Meier*, VR 1998, 217, 219; *Spindler*, ZIP 2011, 689, 694; *Weckerling-Wilhelm/Mirtsching*, NZG 2011, 327, 329.

Auch das Amt des fakultativen GmbH-Aufsichtsrates ist höchstpersönlicher Natur. Daraus folgt, dass auch ein solches Aufsichtsratsmitglied grundsätzlich frei von Weisungen handeln kann und muss. Dieser Grundsatz gilt auch dann, wenn es sich um einen Vertreter der öffentlichen Hand handelt.

Nach vorzugswürdiger Auffassung kann die Weisungsunabhängigkeit eines GmbH-Aufsichtsratsmitgliedes durch eine gesellschaftsvertragliche Regelung abbedungen werden. Dabei muss beachtet werden, wie die gesellschaftlichen Beteiligungsverhältnisse im Einzelnen ausgestaltet sind. Für die Legitimität der Einräumung von Weisungsbefugnissen bei der mitbestimmungsfreien Einpersonen-GmbH spricht insbesondere, dass das Unternehmensinteresse einer solchen Gesellschaft ausschließlich vom Alleingesellschafter selbst bestimmt wird. Bei der gemischt-privaten und gemischt-öffentlichen GmbH sind im Gesellschaftsvertrag verankerte Weisungsrechte der Bestellungskörperschaft gegenüber den von ihr gewählten oder entsandten Aufsichtsratsmitgliedern grundsätzlich unzulässig. Grund dafür ist, dass zwischen den einzelnen Gesellschaftern regelmäßig Interessenkollisionen vorliegen werden, obwohl mit der neueren Literatur auch Gemeinwohlbelange bei der Bestimmung des Unternehmensinteresses eines gemischten Unternehmens zu berücksichtigen sind. Eine Ausnahme gilt jedoch dann, wenn das Unternehmensinteresse der gemischten Gesellschaft durch eine Regelung im Gesellschaftsvertrag auf die Verfolgung eines einheitlichen öffentlichen Zwecks ausgerichtet wird („Zweckprogrammierung“).

Das Urteil des Bundesverwaltungsgerichts aus dem Jahr 2011[872] ist unter verschiedenen Gesichtspunkten zu kritisieren. Zweifelhaft ist bereits, ob das Gericht die richtige Rechtsgrundlage zugrunde gelegt hat. Darüber hinaus hat es nicht ausreichend dem Umstand Rechnung getragen, dass es gegenständlich um kommunale Weisungsrechte bezüglich eines gemischt-wirtschaftlichen Unternehmens ging. Auch vermag die ergänzende Vertragsauslegung durch das Gericht nicht zu überzeugen. Eine höchstrichterliche Klärung der Frage um die Weisungsbindung von (GmbH-)Aufsichtsratsmitgliedern hat die Entscheidung daher nicht mit sich gebracht.

Im Hinblick auf den obligatorischen Aufsichtsrat einer GmbH verhält sich die Rechtslage entsprechend derjenigen eines Aufsichtsrates einer Aktiengesellschaft. Hier sind Weisungsrechte stets unzulässig.

---

872 BVerwG, Urt. v. 31.08.2011, Az. 8 C 16/10 = ZIP 2011, 2054 = NJW 2011, 3735 = AG 2011, 882 = NVwZ 2012, 115.

4. Kapitel Kommunale Unterrichtungspflichten treffen auf die gesellschaftsrechtliche Verschwiegenheitspflicht

Der Konflikt zwischen kommunalen Unterrichtungspflichten und der gesellschaftsrechtlichen Verschwiegenheitspflicht wird offenbar, wenn Gemeinderatsfraktionen oder einzelne Gemeindevertreter unter Berufung auf kommunale Unterrichtungspflichten von in den Aufsichtsrat eines kommunalen Unternehmens entsandten Organmitgliedern Berichterstattung über geheimnisbedürftige Informationen verlangen, die diese aufgrund ihrer Tätigkeit im Aufsichtsrat erlangt haben. Hiermit wird nicht nur der Wunsch nach unmittelbarer Berichterstattung über die Abläufe in dem kommunalen Unternehmen verbunden sein, sondern nicht selten wird ein Ratsmitglied die Hoffnung hegen, auf diesem Wege an sensible Unternehmensinterna zu gelangen.[873] Die betroffenen Unternehmen werden einwenden, dass aufgrund der Größe und der Zusammensetzung der Gemeindevertretungen die gesetzlich vorgeschriebene Geheimhaltung bezüglich der vertraulichen Angaben und Geheimnisse regelmäßig nicht gewährleistet werden wird und aufgrund dessen schwerwiegende Nachteile für das Unternehmen drohen.[874]

Im Folgenden sollen die Unterrichtungspflichten auf der einen und die Verschwiegenheitspflicht eines kommunalen Aufsichtsratsmitgliedes auf der anderen Seite dar- und gegenübergestellt werden. Im Anschluss daran wird auf die Vorschriften der §§ 394, 395 AktG eingegangen, die zur Lösung des Pflichtenkonflikts geschaffen und durch das Gesetz zur Änderung des Aktiengesetzes aus Dezember 2015 (Aktienrechtsnovelle 2016)[875] letztmalig modifiziert worden sind.

A. Unterrichtungspflichten des kommunalen Aufsichtsratsmitgliedes

Mögliche Rechtsquellen für Auskunftsansprüche aus der Sphäre der Gemeinde und damit korrespondierende Unterrichtungspflichten können das Kommunalverfassungsrecht, das Kommunalbeamtenrecht sowie Vorschriften des Haushaltsrechts sein.

---

873 *Schmidt-Aßmann/Ulmer*, BB 1988, Beil. 13, 1, 3.
874 *Schmidt-Aßmann/Ulmer*, BB 1988, Beil. 13, 1, 3.
875 BGBl. [2015] I S. 2565.

I. Unterrichtungspflichten kraft Kommunalverfassungsrechts

Die meisten gemeindewirtschaftsrechtlichen Vorschriften enthalten mittlerweile Unterrichtungspflichten der gemeindlichen Vertreter in den Aufsichtsräten kommunaler Gesellschaften gegenüber den Entsendungskommunen. Derartige Auskunftspflichten können sich darüber hinaus aus der kommunalverfassungsrechtlichen Kontrollkompetenz der Volksvertretung ergeben. Diese kann insbesondere dann relevant werden, wenn eine gemeinderechtliche Vorschrift einen Auskunftsanspruch beispielsweise nur zugunsten des Gemeindevorstandes vorsieht[876] und nunmehr die Gemeindevertretung in Gänze oder einzelne Gemeindeausschüsse oder Ratsfraktionen eine Informationsweitergabe begehren.[877] Darüber hinaus kann die kommunalverfassungsrechtliche Kontrollkompetenz in denjenigen Bundesländern eine Berichtspflicht begründen, in welchen die Gemeindeordnungen ausdrückliche Berichtspflichten nicht vorsehen.

1. Unterrichtungspflichten kraft kommunalrechtlicher Regelungen

a) Kommunalrechtliche Unterrichtungspflichten

Die Gemeindeordnungen der meisten[878] Flächenstaaten sehen ausdrückliche Auskunftspflichten ihrer Vertreter in den Aufsichtsräten ihrer kommunalen Unternehmen vor. So heißt es nach nordrhein-westfälischem Landesrecht, dass die Vertreter der Gemeinde den Rat über alle Angelegenheiten von besonderer Bedeutung frühzeitig zu unterrichten haben, soweit gesetzlich nichts anderes bestimmt ist.[879] Eine Auskunftspflicht über alle wichtigen Angelegenheiten beziehungsweise Angelegenheiten mit besonderer Bedeutung lediglich zugunsten des Gemeindevorstands beziehungsweise des Hauptverwaltungsbeamten sehen die hessische[880] sowie die brandenburgische[881] Gemeindeordnung vor. Die schleswig-holsteinische Gemeindeordnung normiert, dass die Vertreterinnen und Vertreter der Gemeinde auf Verlangen Auskunft zu erteilen und sie über die Entscheidungen zur Steuerung der Unternehmen zur Erreichung strategischer Ziele möglichst frühzeitig zu unterrichten haben, insbesondere im Hinblick auf Kreditaufnahmen, die nicht im Wirtschaftsplan der Gesellschaft enthalten sind.[882] Gegenständlich eingegrenzt ist die Unterrichtungspflichten in Rheinland-Pfalz: In § 88 Abs. 5 S. 1 GO RP ist

---

876 Beispielsweise § 125 Abs. 2 S. 1 iVm Abs. 1 S. 5 HGO.

877 Siehe 4. Kapitel A.I.2.f)aa).

878 Nur in den Gemeindeordnungen von Thüringen, Baden-Württemberg und Sachsen-Anhalt finden sich keine Unterrichtungspflichten für kommunale Aufsichtsratsmitglieder.

879 § 113 Abs. 5 S. 1 GO NRW; ähnlich auch Art. 93 Abs. 2 S. 2 BayGO; § 138 Abs. 4 S. 1, 2 NKomVG; § 115 Abs. 1 KSVG SL; § 98 Abs. 3 SächsGO; § 71 Abs. 4 KV M-V.

880 § 125 Abs. 2 S. 1 iVm Abs. 1 S. 5 HGO.

881 § 97 Abs. 7 BbgKVerf.

882 § 104 Abs. 1 S. 3 S-H.

eine sog. Befassungskompetenz des Gemeinderates vorgesehen. Danach haben die zuständigen Gemeindeorgane die zentralen Entscheidungen der privatrechtlichen kommunalen Unternehmen vor der Beschlussfassung in diesem Unternehmen zu beraten und darüber zu beschließen. Zu diesen zentralen Entscheidungen gehören insbesondere die Änderung des Gesellschaftsvertrages, Maßnahmen der Kapitalbeschaffung und der Kapitalherabsetzung, der Abschluss von Ergebnisabführungsverträgen sowie der Erwerb und die Veräußerung von Unternehmen und Beteiligungen. Handelt es sich bei dem konkreten Unternehmen um ein solches aus dem Bereich der Energieversorgung, so haben die Vertreter der Gemeinde in den Organen dieser Gesellschaft die zuständigen Gemeindeorgane über die Angelegenheiten, welche die benannten zentralen Entscheidungen betreffen, vor der Beschlussfassung des zuständigen Gesellschaftsorgans zu unterrichten.[883]

Die Unterrichtungspflichten und das Auskunftsrecht sollen der besseren Anbindung der Unternehmen und Einrichtungen an die Gemeinde dienen und den Tendenzen begegnen, dass sich die wirtschaftlichen Unternehmen von den demokratisch legitimierten Willensbildungsorganen der Gemeinden verselbstständigen. Folglich dienen die Vorschriften der demokratischen Kontrolle der öffentlichen Unternehmen der Gemeinden.[884]

b) Gegenstand der Unterrichtungspflicht

Die Unterrichtungspflichten beziehen sich regelmäßig auf „Angelegenheiten von besonderer Bedeutung“[885] oder „alle wichtigen Angelegenheiten“[886]. Diese unbestimmten Rechtsbegriffe bedürfen einer einzelfallabhängigen Konkretisierung. Da bei der Beurteilung stets auf die Sichtweise und die Bedürfnisse der konkreten Gemeinde und nicht auf diejenigen der Gesellschaft abzustellen ist, liefert der in den Gemeindeordnungen angelegte Kanon exklusiver Zuständigkeiten des Gemeinderates[887] einen ersten Anhaltspunkt.[888] Bei der Auslegung muss aber auch der Sinn und Zweck der Auskunftspflicht berücksichtigt werden: Um die Kontroll- und Einflussnahmemöglichkeiten der Gemeinde auf die Gesellschaft sicherzustellen, sind auch solche Angelegenheiten wichtig beziehungsweise von besonderer

---

883 § 88 Abs. 5 S. 3 GO RP.

884 Landtag Nordrhein-Westfalen LT-Drs. 11/4983, S. 26; Landtag Mecklenburg-Vorpommern LT-Drs. 1/3645, S. 134; *Strobel*, Verschwiegenheits- und Auskunftspflicht kommunaler Vertreter, S. 111; *Schulz*, in: PdK BayGO, Art. 93 Erl. 3.2.2.

885 § 113 Abs. 5 S. 1 GO NRW; § 71 Abs. 4 KV M-V (nach S. 2 sind Kreditaufnahmen außerhalb des gültigen Wirtschaftsplanes stets Angelegenheiten von besonderer Bedeutung); § 138 Abs. 4 S. 1, 2 NKomVG; § 98 Abs. 3 SächsGO; § 97 Abs. 7 BbgKVerf.

886 Art. 93 Abs. 2 S. 2 BayGO; § 115 Abs. 1 KSVG SL; § 125 Abs. 2 S. 1 iVm Abs. 1 S. 5 HGO.

887 Beispielsweise § 41 Abs. 1 S. 2 GO NRW.

888 *Kaster*, in: BeckOK KommR NRW, § 113 GO NRW, Rn. 25.

Bedeutung, bei deren Entscheidung die Gemeinde unter Umständen eine Weisung erteilen oder ein Mitspracherecht eingeräumt bekommen will.[889] Dies werden in aller Regel sämtliche Informationen sein, deren Kenntnis für den Betrieb eines Unternehmens von großem Gewicht ist, und zwar unabhängig davon, ob die Informationen dem finanziellen, planerischen, kaufmännischen, technischen oder personellen Unternehmensbereich entstammen.[890] Die Berichterstattung muss schließlich so frühzeitig[891] erfolgen, dass die Gemeindevertretung in zeitlicher Hinsicht noch die Möglichkeit hat, eine Entscheidung zu treffen und so ihre Steuerung- und Kontrollbefugnisse in Bezug auf das gemeindliche Unternehmen auszuüben.[892]

c) Vorbehalt zugunsten anderer Regelungen

Die meisten in den Gemeindeordnungen der Flächenstaaten enthaltenen Informations- und Auskunftspflichten sind nach ihrem Wortlaut nicht schrankenlos, sondern stehen unter dem Vorbehalt entgegenstehender gesetzlicher Vorschriften.[893] Damit sind die bundesgesetzlichen Bestimmungen über die Verschwiegenheitspflicht gemeint.[894] Der bayerische Gesetzgeber hat bei Normierung der Informationspflicht und des entsprechenden Auskunftsrechts ausdrücklich einen Zusammenhang mit den einschlägigen Vorschriften des Gesellschaftsrechts erkannt und die gesellschaftsrechtliche Verschwiegenheitspflicht als vorrangig eingestuft.[895] In der Konsequenz bedeutet dies, dass die kommunalen Aufsichtsratsmitglieder durch gemeindewirtschaftliche Vorschriften grundsätzlich nicht zur Berichtserteilung über vertrauliche Angaben und Geheimnisse der Gesellschaft im Sinne der § 116 iVm § 93 Abs. 1 S. 3 AktG verpflichtet werden dürfen und die kommunalen Vertreter ausschließlich zur Weiterleitung von Informationen berechtigt und verpflichtet sind, die nicht unter die gesellschaftsrechtliche Verschwiegenheitsverpflichtung fallen.[896] Zu berücksichtigen sind jedoch die aktienrechtlichen Sondervorschriften der §§ 394, 395 AktG, welche für kommunale Aufsichtsratsmitglieder eine Ausnahme vorsehen. Nach § 394 S. 1 AktG unterliegen nämlich solche Aufsichtsratsmitglieder, die auf Veranlassung einer Gebietskörperschaft in den Aufsichtsrat gewählt oder entsandt worden sind, hinsichtlich der Berichte, die sie

---

889 *Klaß*, in: BeckOK KommR Niedersachsen, § 138 Rn. 29; siehe dazu auch Katalog von *Passarge/Kölln*, NVwZ 2014, 982, 983.

890 *Strobel*, Verschwiegenheits- und Auskunftspflicht kommunaler Vertreter, S. 111.

891 Vgl. nur § 113 Abs. 5 S. 1 GO NRW.

892 *Klaß*, in: BeckOK KommR Niedersachsen, § 138 Rn. 31.

893 Siehe § 97 Abs. 7 S. 3 BbgKVerf; § 113 Abs. 5 S. 2 GO NRW; Art. 93 Abs. 2 S. 2 BayGO; § 125 Abs. 2 S. 1 iVm Abs. 1 S. 5 HGO; § 138 Abs. 4 S. 3 NKomVG; § 115 Abs. 1 S: 3 KSVG SL; § 71 Abs. 4 S. 4 KV M-V.

894 *Schulz*, in: PdK BayGO, Art. 93 Erl. 3.2.2.

895 Bayerischer Landtag LT-Drs. 13/10828, S. 22.

896 *Strobel*, Verschwiegenheits- und Auskunftspflicht kommunaler Vertreter, S. 112.

der Gebietskörperschaft zu erstatten haben, keiner Verschwiegenheitspflicht. Eine Berichtspflicht in diesem Sinne kann nach Satz 3 der Vorschrift auf Gesetz, auf Satzung oder, nunmehr durch die Aktienrechtsnovelle 2016 ausdrücklich gesetzlich festgeschrieben, auf dem Aufsichtsrat in Textform mitgeteiltem Rechtsgeschäft beruhen. Zweck dieser speziellen gesetzlichen Regelung ist, die kommunalen Aufsichtsratsmitglieder „aus dem Pflichtenkonflikt zwischen Verschwiegenheitspflicht und Auskunftspflicht und der sich daraus ergebenden Doppelloyalität zum Zwecke der Ermöglichung einer effizienten Kontrolle der unternehmenswirtschaftlichen Betätigung zu befreien“[897]. Die kommunalverfassungsrechtlichen Rechtsgrundlagen, wie sie sich, wie dargestellt, mittlerweile in den meisten Gemeindeordnungen finden, stellen eine solche gesetzliche Berichtspflicht dar. Sie vermögen daher grundsätzlich die Verschwiegenheitspflicht des kommunalen Aufsichtsratsmitgliedes zu durchbrechen.[898]

2. *Unterrichtungspflichten kraft Kontrollkompetenz*

a) *Herleitung der Kontrollkompetenz des Gemeinderates*

Das den Gemeindevertretern eingeräumte Kontrollrecht kann zum einen aus dem Grundsatz der Gewaltenteilung nach Art. 20 Abs. 2 GG abgeleitet werden. Denn dieser erschöpft sich „nicht in einer Aufteilung der Staatsgewalt auf verschiedene voneinander weisungsunabhängige Staatsorgane“[899]. Sie ist vielmehr durch den Grundsatz der Gewaltenhemmung geprägt, der besagt, dass die drei Gewalten bei ihrer Tätigkeit in einem Abhängigkeitsverhältnis zueinander stehen, in welchem sie sich gegenseitig überwachen und erforderlichenfalls hemmen. Aus diesem Grund stehen den Organen der einen Gewalt aufgrund verschiedener gesetzlicher Bestimmungen Kontrollkompetenzen bezüglich einer anderen Gewalt zu.[900]

Zum anderen folgt aus Art. 28 Abs. 1 S. 2 GG, dass das Volk in den Gemeinden eine Vertretung haben muss, die aus allgemeinen, unmittelbaren, freien, gleichen und geheimen Wahlen hervorgegangen ist. Der Gemeinderat stellt das verfassungsrechtlich vorgeschriebene Repräsentativorgan in diesem Sinne dar.[901] Obwohl der Rat einige parlamentstypische Merkmale aufweist und auch Recht setzt, ist er als Verwaltungsorgan zu qualifizieren und als ein solches nach Art. 20 Abs. 3 GG an Recht und Gesetz gebunden.[902] Er ist für die kommunalpolitische Führung zuständig und stellt die politische Vertretung der kommunalen Bürgerschaft dar. Darüber hinaus legt er die Grundsätze für die Verwaltung der Gemeinde

---

897 *Strobel*, Verschwiegenheits- und Auskunftspflicht kommunaler Vertreter, S. 112.

898 Bayerischer Landtag LT-Drs. 13/10828, S. 22; *Schulz*, in: PdK BayGO, Art. 93 Erl. 3.2.2.; *Schürnbrand*, in: MüKo AktG, § 394 Rn. 22; siehe 4. Kapitel C.IV.3.a).

899 *Pösentrup*, Akteneinsicht durch Gemeindevertreter, S. 7.

900 *Pösentrup*, Akteneinsicht durch Gemeindevertreter, S. 7.

901 *Burgi*, Kommunalrecht, § 12 Rn. 1.

902 *Gern*, Deutsches Kommunalrecht, Rn. 314 f.

fest und entscheidet grundsätzlich über alle wichtigen und grundsätzlichen Angelegenheiten der Gemeinde.[903]

Bei den dem Gemeinderat zugewiesenen Aufgaben kann zwischen zwei Gruppen unterschieden werden: Die Aufgaben der einen Gruppe zielen auf bestimmte thematische Materien ab, die dem Gemeinderat oder dem Bürgermeister zugewiesen werden. Da der Gemeinderat das zentrale Leitungsorgan auf der Gemeindeebene darstellt, ist er und gerade nicht der Bürgermeister für die Grundlinien der politischen Gestaltung zuständig, wozu insbesondere die Wahrnehmung der gemeindlichen Selbstverwaltungsaufgaben gehört. Die Kompetenzen des Bürgermeisters beschränken sich demgegenüber im Grunde auf den administrativen Vollzug.[904] Bei diesen Materien des Gemeinderates ist zwischen Vorbehaltsaufgaben und fakultativ wahrzunehmenden Aufgaben zu differenzieren. Der Katalog der Vorbehaltsaufgaben ist in den Gemeindeordnungen der Bundesländer unterschiedlich ausgestaltet.[905] Aus den verfassungsrechtlichen Vorgaben – wie etwa dem Erfordernis einer ununterbrochenen Legitimationskette vom Staatsvolk zu den mit staatlichen Aufgaben betrauten Verwaltungsorganen sowie der Pflicht der Gemeinden zur Sicherstellung der Erfüllung des öffentlichen Zwecks durch ein entsprechendes kommunales Unternehmen – folgt, dass den Gemeinden Informations- und Kontrollrechte erhalten bleiben müssen, wenn sie Verwaltungsaufgaben in privatrechtlicher Rechtsform erledigen.[906] Die Organe und Vertretungen der Gemeinden bedürfen nach verfassungsgerichtlicher Rechtsprechung, „soweit sie Staatsgewalt ausüben, einer Legitimation, die sich auf die Gesamtheit der Bürger als dem Volk, von dem alle Gewalt ausgeht, zurückführen"[907] lässt. Hiermit korrespondiert die andere dem Gemeinderat zugewiesene Aufgabengruppe: Diese betrifft die Kontrollausstattung der Gemeindevertretung gegenüber der Gemeindeverwaltung.[908] Aus dem Homogenitätsgebot des Art. 28 Abs. 2 GG und den entsprechenden landesverfassungsrechtlichen Vorschriften folgt das Erfordernis der Kontrolle des Gemeindevorstandes als vordringliche Aufgabe des Gemeinderates.[909] Der Gemeinderat personifiziert als demokratisch gewählte Vertretung der

903 *Gern*, Deutsches Kommunalrecht, Rn. 315.

904 *Burgi*, Kommunalrecht, § 12 Rn. 19.

905 *Gern*, Deutsches Kommunalrecht, Rn. 315; *Burgi*, Kommunalrecht, § 12 Rn. 20 f.; vgl. Kataloge der § 39 Abs. 2 GO BW; Art. 32 Abs. 2 BayGO; § 28 Abs. 2 BbgKVerf; § 51 HGO; § 22 Abs. 3 KV M-V; § 58 Abs. 1 NKomVG; § 41 Abs. 1 GO NRW; § 32 Abs. 2 GO RP; § 35 KSVG SL; § 41 Abs. 2 SächsGO; § 45 Abs. 2 KVG LSA; § 28 GO SH; § 26 Abs. 2 ThürKO.

906 *Zieglmeier*, LKV 2005, 338, 340.

907 BVerfGE 47, 253, 272; siehe auch *Gersdorf*, Öffentliche Unternehmen im Spannungsfeld, S. 30.

908 *Faber*, Gesellschaftsrechtliche Bindungen für Aufsichtsratsmitglieder, S. 136 f.; *Gern*, Deutsches Kommunalrecht, Rn. 316; *Burgi*, Kommunalrecht, § 12 Rn. 19.

909 *Petri*, NVwZ 2005, 399, 400; *Wolff*, NVwZ 2012, 205, 207.

Bürger zugleich das oberste Kontrollorgan der Gemeinde.[910] Die Kontrollkompetenz soll Korruption verhindern, die Verantwortlichkeit des Kontrollierten transparent machen und diesen zu gesetzmäßigem Verhalten anhalten. Darüber hinaus dient sie der Erzwingung der Durchsetzung des politischen Willens der Einwohnerschaft der Gemeinde und der Steigerung der Effizienz der Verwaltung.[911] Die Kontrollkompetenz der demokratisch legitimierten Volksvertretung der Gemeinde kompensiert dessen fehlendes Recht zur Selbstentscheidung und stellt einen gesetzespositiven Ausdruck des Kontrollaspekts der die Gemeinde treffenden kommunalen Ingerenzpflichten[912] dar.[913]

b) Gemeindeordnungsrechtliche Ausgestaltung der Kontrollkompetenz am Beispiel der nordrhein-westfälischen Gemeindeordnung

In instrumenteller Hinsicht enthalten die meisten Gemeindeordnungen Kontroll- und Informationsrechte für einzelne Ratsmitglieder[914] oder für eine Gemeinschaft aus mehreren Mandatsträgern. So ist der Bürgermeister nach nordrhein-westfälischem Gemeinderecht verpflichtet, einem Ratsmitglied auf Verlangen Auskunft zu erteilen oder zu einem Tagesordnungspunkt Stellung zu nehmen (§ 55 Abs. 1 S. 2 GO NRW).[915]

Das OVG Münster hat in einem Beschluss aus April 2010[916] Inhalt und Umfang des Fragerechts näher konkretisiert: Zwar ermächtige der Gesetzgeber in § 47 Abs. 2 S. 2 GO NRW den Rat, in der Geschäftsordnung den Inhalt und den Umfang des Fragerechts näher auszugestalten. Dabei habe dieser jedoch die Funktion des Fragerechts zu beachten. Das Ratsmitglied müsse selbst darüber befinden können, welcher Informationen es für die eigenverantwortliche Erfüllung seiner Aufgaben und Pflichten bedürfe, wenn es sein Mandat nach seiner freien, nur durch Rücksicht auf das Gemeinwohl bestimmten Überzeugung ausüben wolle. Unter dieser Prämisse sei der Bürgermeister als Leiter der Stadtverwaltung dazu verpflichtet, auf die Fragen eines Ratsmitgliedes stets Antwort zu leisten. Daher könne die Geschäftsordnung eine Antwortpflicht nicht generell ausschließen.[917] Jedoch

---

910 *Wolf*, GewArch 1999, 177 ff.

911 NRWVerfGH NVwZ-RR 2009, 41, 43; OVG Magdeburg NVwZ-RR 2010, 123, 124; VG Gelsenkirchen BeckRS 1994, 31206391; VG Köln NVwZ 2017, 248, 249; *Stadler*, Parlamentarische Kontrolle, S. 9; *Strobel*, Verschwiegenheits- und Auskunftspflicht kommunaler Vertreter, S. 115.

912 Siehe 2. Kapitel A.III.1.

913 *Strobel*, Verschwiegenheits- und Auskunftspflicht kommunaler Vertreter, S. 115 f.

914 Da in Bayern die Kontrolle der Verwaltung dem Gemeinderat als Gesamtorgan zugewiesen wird, hat das einzelne Gemeinderatsmitglied grundsätzlich keine Informationsrechte (VGH München BayVBl 2001, 666).

915 Siehe auch § 24 Abs. 4 GO BW; § 50 Abs. 2 S. 4, 5 HGO; § 56 NKomVG; § 34 Abs. 3 KV M-V; § 28 Abs. 6 SächsGO.

916 OVG Münster NVwZ-RR 2010, 650 f.

917 Siehe dazu auch *Knirsch*, Information und Geheimhaltung, S. 48.

unterliege die Antwortpflicht des Bürgermeisters bestimmten Grenzen. Beschränkungen könnten sich zum einen aus der Funktion des Fragerechts ergeben. Da dieses sich im Rahmen des Aufgabenbereichs des Rates zu halten habe, könne sich die Antwortpflicht nur auf solche Gegenstände erstrecken, für die der Bürgermeister unmittelbar oder mittelbar verantwortlich sei und die den Kompetenzbereich des Gemeinderates oder seiner Ausschüsse berührten. Weitere Grenzen könnten sich zum anderen, so das OVG Münster schließlich, aus dem Vorliegen eines unzumutbaren Aufwandes oder bei Beeinträchtigung grundrechtlich geschützter Positionen privater Dritter ergeben.

Nach nordrhein-westfälischem Recht ist darüber hinaus jedem Ratsmitglied vom Bürgermeister auf Verlangen Akteneinsicht zu gewähren, soweit die Akten der Vorbereitung oder der Kontrolle von Beschlüssen des Rates oder eines Ausschusses, dem er angehört, dienen (§ 55 Abs. 5 S. 1 GO NRW). Aus dieser gesetzlichen Formulierung wird deutlich, dass es sich hierbei nicht um ein allgemeines, sondern um ein zweckgebundenes Akteneinsichtsrecht handelt.[918] Weiter können Ausschussvorsitzende vom Bürgermeister jederzeit Auskunft und Akteneinsicht über Angelegenheiten verlangen, die zum Aufgabenbereich des Ausschusses gehören (§ 55 Abs. 2 GO NRW). Diese Vorschrift dient dem Interesse an einem lückenlosen System der Kontrolle der Kommunalverwaltung.[919] Die Gemeindeordnungen unter anderem von Baden-Württemberg, Bayern und Hessen kennen Akteneinsichtsrechte eines einzelnen Ratsmitgliedes demgegenüber nicht.[920] In Niedersachsen ist erst auf Verlangen eines Viertels der Gemeinderatsmitglieder, einer Fraktion oder einer Gruppe einem einzelnen Gemeindeabgeordneten Akteneinsicht zu gewähren (§ 58 Abs. 4 S. 3 NKomVG).

Nach § 55 Abs. 1 S. 1 GO NRW[921] ist der Rat durch den Bürgermeister über alle wichtigen Angelegenheiten der Gemeindeverwaltung zu unterrichten. Aus dieser Unterrichtungspflicht des Bürgermeisters resultiert ein Unterrichtungsrecht des Gemeinderates, welches nur dem Rat als Ganzes, nicht aber Fraktionen, Gruppen, einer qualifizierten Minderheit der Ratsmitglieder oder gar einem einzelnen Ratsmitglied zusteht.[922] Die Vorschrift des § 55 Abs. 3 S. 1 GO NRW unterstreicht die Stellung des Gemeinderates als das maßgebliche Kontrollorgan und normiert die allgemeine Überwachungsfunktion des Gemeinderates.[923] Danach hat er unter

918 *Rohde*, in: BeckOK KommR NRW, § 55 GO NRW, Rn. 11; siehe auch § 34 Abs. 4 KV-MV.
919 *Rohde*, in: BeckOK KommR NRW, § 55 GO NRW, Rn. 17.
920 Für Baden-Württemberg vgl. § 24 Abs. 3 S. 2 GO BW; für Bayern vgl. VG Würzburg BeckRS 2003, 30038; in Hessen ist die Bildung eines Akteneinsichtsausschusses erforderlich (§ 50 Abs. 2 S. 2 HGO).
921 Siehe auch § 50 Abs. 3 HGO; § 24 Abs. 3 S. 1 GO BW (Unterrichtungsrecht zugunsten einer Fraktion oder einem Sechstel der Gemeinderäte); § 33 GO RP; § 34 Abs. 1 KV M-V; § 28 Abs. 5 S. 1 SächsGO.
922 *Rohde*, in: BeckOK KommR NRW, § 55 GO NRW, Rn. 18.
923 Siehe auch Art. 30 Abs. 3 BayGO; § 24 Abs. 1 S. 3 GO BW; § 50 Abs. 2 HGO; § 58 Abs. 4 NKomVG; *Rohde*, in: BeckOK KommR NRW, § 55 GO NRW, Rn. 20.

anderem seine Beschlüsse und diejenigen der Ausschüsse sowie den Ablauf der Verwaltungsangelegenheiten, also den originären Zuständigkeitsbereich des Bürgermeisters, zu überwachen. Neben dieser Überwachungsfunktion weist die Vorschrift dem Gemeinderat weitergehende Befugnisse nicht zu. Insbesondere verleiht das Überwachungsrecht bezüglich der Umsetzung der Beschlüsse dem Rat keine eigenen Entscheidungsbefugnisse.[924] Zentrales Instrument zur Sicherstellung der Überwachungsfunktion ist das Akteneinsichtsrecht des Rates nach § 55 Abs. 3 S. 2 GO NRW. Weiter muss nach § 55 Abs. 4 S. 1 GO NRW in Einzelfällen auf Beschluss des Rates mit einer Mehrheit der Mitglieder einem einzelnen Ratsmitglied Akteneinsicht gewährt werden. Dasselbe gilt, wenn ein Fünftel der Ratsmitglieder oder eine Fraktion dies verlangen. Dadurch wird das Kontrollrecht des Rates insbesondere im Hinblick auf Ratsminderheiten insgesamt gestärkt.[925] Das Gesetz sieht zwar keine besonderen materiellen Voraussetzungen für das Akteneinsichtsrecht in diesem Sinne vor. Jedoch kann es zumindest dann beschränkt oder ausgeschlossen sein, wenn gleichrangige gesetzliche Vorschriften über den Schutz von Daten verletzt werden oder wenn das Akteneinsichtsgesuch in keinem Zusammenhang mit der Aufgabe des Gemeinderates zur Kontrolle der Verwaltung steht.[926]

c) Gegenständlicher Geltungsbereich

Die Angelegenheiten auf der Tagesordnung des Gemeinderates geben die Informationsgegenstände vor. Bei diesen handelt es sich um solche der örtlichen Gemeinschaft im Sinne des Art. 28 Abs. 2 S. 1 GG.[927] Klärungsbedürftig ist daher, ob die kommunale wirtschaftliche Betätigung in einer Rechtsform des Privatrechts eine Angelegenheit der örtlichen Gemeinschaft darstellt und damit der Gemeindeverwaltung zugeordnet werden muss. Dies ist insbesondere für ein gemischt-wirtschaftliches Unternehmen mit kommunaler Beteiligung fraglich.

aa) Das kommunale Unternehmen als Teil der Gemeindeverwaltung

Privatrechtlich organisierte kommunale Wirtschaftsunternehmen sind grundsätzlich als Verwaltungsträger anzusehen und stehen „in einer spezifischen Nähe zur übrigen Gemeindeverwaltung“[928].[929] Derartige Unternehmen unterscheiden sich

924 VG Gelsenkirchen BeckRS 2015, 53797.

925 *Rohde*, in: BeckOK KommR NRW, § 55 GO NRW, Rn. 25.

926 OVG Münster NVwZ 1999, 1252, 1253; VG Aachen BeckRS 2014, 56418; *Rohde*, in: BeckOK KommR NRW, § 55 GO NRW, Rn. 27; siehe auch *Knirsch*, Information und Geheimhaltung, S. 48.

927 VGH Kassel, Beschl. v. 06.09.1999, Az. 8 UZ 2202/99, Rn. 4 f. (juris); VG Gießen NVwZ-RR 2003, 378, 379; *Rothe*, NVwZ 1990, 936, 937.

928 *Stern*, BayVBl 1962, 129, 130.

929 *Ipsen*, JZ 1955, 593, 598; *Bachof*, AöR 83 (1958), 208, 233 ff.; *Siedentopf*, Grenzen und Bindungen, S. 68.

von gleichorganisierten Privatunternehmen allein dadurch, dass sie einer öffentlichen Zweckbindung und Zweckverfolgung unterliegen, da die Gemeinde das Privatrechtssubjekt zur Erfüllung ihrer Aufgaben einsetzt.[930] Die privatrechtlich organisierten Eigengesellschaften und auch die gemischt-wirtschaftlichen Unternehmen seien daher, so pauschal *Siedentopf*, als öffentliche Verwaltung anzusehen.[931] Bei Ausgliederung einer öffentlichen Aufgabe auf eine gemeindliche Gesellschaft verbleibt die Erfüllungsverantwortung stets bei der Kommune und die Organisationsprivatisierung führt gerade nicht zu einer Loslösung der Aufgabenerledigung aus der Sphäre der öffentlichen Verwaltung. Die Tätigkeit der privatrechtlich organisierten Gesellschaft stellt daher eine materielle Verwaltungstätigkeit einer Gemeinde dar.[932] Dieser Grundsatz gilt nicht nur für die kommunale Eigengesellschaft, sondern auch für die gemischt-öffentliche Gesellschaft, und zwar unabhängig davon, in welchem Verhältnis die einzelnen öffentlichen Gesellschafter zueinander stehen.[933] Öffentliche Unternehmen stehen in einem besonderen Verhältnis zum Staat, welches es rechtfertigt, sie als Teil der Verwaltung anzusehen. Da sie nicht unter den organisatorischen Begriff der Verwaltung[934] fallen, jedoch der Erfüllung öffentlicher Aufgaben dienen, sind sie als mittelbarer Teil der Verwaltung anzusehen.[935]

Maßgebliches Kriterium dieser Betrachtungsweise ist auf kommunaler Ebene der Umstand, dass die Gemeinde das öffentliche Unternehmen lediglich als besondere Organisationsform zur Erfüllung ihrer Aufgaben einsetzt. Da sich die Gemeinden nach den zwingenden Vorschriften des Gemeindewirtschaftsrechts nur bei Erfüllung eines öffentlichen Zwecks wirtschaftlich betätigen dürfen und die Generierung von Gewinnen nur Nebenzweck des Hauptziels der öffentlichen Aufgabenerfüllung sein darf, überträgt sich die Gemeinwohlbindung der öffentlichen Hand auf ihre kommunalen Unternehmen und prägt wesentlich deren Charakter.[936]

Konsequenz dieser Zugehörigkeit der kommunalen Gesellschaften zum Staatsgefüge des Grundgesetzes ist ihre grundsätzliche Grundrechtsunfähigkeit und das für sie geltende Erfordernis demokratischer Legitimation. Da die öffentliche Hand weder über die Reichweite des Prinzips demokratischer Legitimation noch über den Zuweisungsgehalt des Art. 19 Abs. 3 GG verfügen darf, vermag auch die Wahl

---

930 *Siedentopf*, Grenzen und Bindungen, S. 68; *Machura*, Kontrolle öffentlicher Unternehmen, S. 20.

931 *Siedentopf*, Grenzen und Bindungen, S. 68 f.; zum gemischt-wirtschaftlichen Unternehmen siehe 4. Kapitel A.I.2.c)bb).

932 *Kund*, Nachwirkende Pflichten der Gemeinden, S. 145.

933 *Schachtschneider*, Staatsunternehmen und Privatrecht, S. 176; *Pfeifer*, Möglichkeiten und Grenzen, S. 21.

934 Siehe hierzu *Ehlers*, Verwaltung in Privatrechtsform, S. 3 f.

935 *Machura*, Kontrolle öffentlicher Unternehmen, S. 20; *Machura*, ZögU 17 (1994), 156, 159; siehe auch *Himmelmann*, in: Kontrolle öffentlicher Unternehmen, S. 61.

936 *Strobel*, Verschwiegenheits- und Auskunftspflicht kommunaler Vertreter, S. 118 f.

einer privatrechtlichen Organisationsform dieses Ergebnis nicht zu ändern.[937] Die Verfassungsnorm des Art. 1 Abs. 3 GG bindet zudem alle Staatsgewalt und somit auch die Eigengesellschaft und das gemischt-öffentliche Unternehmen an die Grundrechte. Wenn der Staat privatwirtschaftlich handelt, übt er zwar keine Staatsgewalt im engeren Sinne aus. Dennoch kommt es zu einer „Äußerung staatlichen Potenzials, die sich verkürzend auf den Freiheitsraum des Bürgers auswirken kann“[938]. Da im Bereich der Leistungsverwaltung die Organisationsform, in der Verwaltungstätigkeit ausgeführt wird, weitestgehend austauschbar ist, fehlt es an einer Rechtfertigung dafür, eine Grundrechtsbindung nur für die in öffentlich-rechtlicher Rechtsform erfolgte Leistungsverwaltung zu fordern.[939]

Auf dieser Linie bewegt sich auch die Rechtsprechung des Bundesverfassungsgerichts. Richtungsweisend ist insoweit ein Beschluss aus dem Jahr 1977[940]. Hier ging es um die Beschwerdeberechtigung nach § 90 Abs. 1 BVerfGG unter anderem einer Gemeinde und der im Alleineigentum dieser Gemeinde stehenden Stadtwerke, welche in der Rechtsform einer Aktiengesellschaft betrieben wurden. Das Verfassungsgericht verwies zunächst auf Art. 19 Abs. 3 GG und führte aus, dass die Grundrechte auch für juristische Personen Geltung beanspruchten, soweit sie ihrem Wesen nach auf diese anwendbar seien.[941] Hierbei bezog es sich zunächst auf seine gängige Rechtsprechung, wonach die Verfassungsbeschwerde auf juristische Person des öffentlichen Rechts grundsätzlich nicht anwendbar sei, soweit sie öffentliche Aufgaben erfüllen würden.[942] Zwar sei nach dieser Rechtsprechung unter Zugrundelegung des Wortlauts des Art. 19 Abs. 3 GG eine Grundrechtsfähigkeit von juristischen Personen des öffentlichen Rechts nicht von vornherein ausgeschlossen.[943] Jedoch widerspreche diese Auslegung der zentralen Vorstellung des Verfassungsgebers. Denn die Würde und Freiheit des Menschen als natürlicher Personen bestimmten das Wertesystem der Grundrechte.[944] Die Grundrechte, so das Bundesverfassungsgericht, „sollen in erster Linie die Freiheitssphäre des Einzelnen gegen Eingriffe der staatlichen Gewalt schützen und ihm insoweit zugleich die Voraussetzungen für eine freie aktive Mitwirkung und Mitgestaltung

---

937 *Kund*, Nachwirkende Pflichten der Gemeinden, S. 145; *Gersdorf*, Öffentliche Unternehmen im Spannungsfeld, S. 135; zur Problematik der Geltung dieses Ergebnisses für gemischt-wirtschaftliche Unternehmen 4. Kapitel A.I.2.c)bb).

938 *Otting*, Neues Steuerungsmodell, S. 154.

939 *Kraft*, Verwaltungsgesellschaftsrecht, S. 62; *Koch*, Der rechtliche Status, S. 86; *Strobel*, Verschwiegenheits- und Auskunftspflicht kommunaler Vertreter, S. 119 f.; a.A. *Püttner*, Die öffentlichen Unternehmen, S. 119.

940 BVerfGE 45, 63 ff.

941 BVerfGE 45, 63, 78.

942 BVerfGE 21, 362, 369 ff.; 23, 353, 372; 25, 198, 205; 26, 228, 244; 35, 263, 271; 39, 302, 312 ff.

943 BVerfGE 21, 362, 368.

944 BVerfGE 21, 362, 369.

im Gemeinwesen sichern“[945]. Diese Vorstellung sei auch bei der Auslegung des Art. 19 Abs. 3 GG heranzuziehen. Eine Einbeziehung einer juristischen Person des öffentlichen Rechts in den Schutzbereich eines Grundrechts sei daher nur dann gerechtfertigt, wenn ihre Bildung und Betätigung die freie Entfaltung einer natürlichen Person zum Ausdruck bringe.[946] Wenn die Grundrechte dem Schutze des Einzelnen vor der öffentlichen Gewalt dienten, so sei es damit unvereinbar, den Staat zum Teilhaber der Grundrechte zu machen. Denn dieser könne „nicht gleichzeitig Adressat und Berechtigter der Grundrechte sein“[947].[948] Dieser Maßstab müsse auch dann gelten, wenn sich die öffentliche Hand zur Erfüllung ihrer öffentlichen Aufgaben eines selbstständigen Rechtsgebildes bediene. Denn aus der Sicht des Bürgers handele es sich bei einer juristischen Person des öffentlichen Rechts lediglich um eine besondere Erscheinungsform der einheitlichen Staatsgewalt, innerhalb derer es keine Grundrechte als subjektive öffentliche Rechte geben könne.[949] Das Bundesverfassungsgericht legte in seinem Beschluss aus dem Jahr 1977 nunmehr dar, dass es nicht darauf ankomme, in welcher Rechtsform eine daseinsfürsorgende Leistung der öffentlichen Hand, hier konkret einer Gemeinde, erbracht werde. Entscheidend sei vielmehr, dass diese Leistung den Charakter der Erfüllung einer öffentlichen Aufgabe aufweise, und zwar unabhängig davon, ob die Leistungserbringung durch privat- oder öffentlich-rechtliches Rechtssubjekt erfolge.[950] Diese Rechtsprechung ist auch in neuerer Zeit immer wieder bestätigt worden.[951]

bb) Der Sonderfall der gemischt-wirtschaftlichen Gesellschaft

In der Literatur und Rechtsprechung lassen sich im Hinblick auf die Zuordnung gemischt-wirtschaftlicher Unternehmen zum Verwaltungsbereich des öffentlichen Gesellschafters verschiedene Ansätze finden. Diese reichen von der pauschalen Herausnahme aus dem Einflussbereich der öffentlichen Hand über eine Differenzierung nach Art der wahrgenommenen Aufgaben durch das Unternehmen bis hin zu der Annahme, dass die staatliche Beherrschung das maßgebliche Kriterium darstelle. Hieran anknüpfend ist zu erörtern, wie eine solche beherrschende Einflussnahme ausgestaltet sein muss und ob weitere Kriterien zu fordern sind, wie dies teilweise in der Rechtsprechung[952] in Ansatz gebracht wird.

---

945 BVerfGE 21, 362, 369.
946 BVerfGE 21, 362, 369.
947 BVerfGE 21, 362, 370.
948 BVerfGE 21, 362, 369 f.; siehe auch BVerfGE 15, 256, 262.
949 BVerfGE 21, 362, 370.
950 BVerfGE 45, 63, 78 f.
951 Siehe nur BVerfG NJW 1990, 1783; BVerfGE 128, 226, 244 ff.; BVerfG NVwZ-RR 2016, 242, 243.
952 BVerfG NJW 1990, 1783.

(1) Pauschale Zuordnung zum Privatrecht

Gemischt-wirtschaftliche Gesellschaften, an denen nicht nur die Gemeinde als Hoheitsträger, sondern auch Private beteiligt sind, können anders als Eigengesellschaften oder gemischt-öffentliche Unternehmen nicht bereits deshalb der Gemeindeverwaltung zugeordnet werden, weil sie einen öffentlichen Zweck erfüllen.[953] Dies würde nämlich dazu führen, dass auch eine geringe Beteiligung der öffentlichen Hand die Unterwerfung des Unternehmens unter das öffentlich-rechtliche Regelungsregime zur Folge hätte. Die unternehmerische Betätigungsfreiheit der privaten Miteigentümer wäre Einschränkungen ausgesetzt, die sich aus der Bindung an öffentlich-rechtliche Prinzipien ergeben.[954] *Gusy* führt daher aus, dass ein Unternehmen dem Regime des Zivilrechts und nicht dem Verwaltungsbereich zu unterstellen sei, wenn der Staat nur einen von mehreren Anteilseignern darstelle.[955] Die staatliche Berechtigung zur Teilprivatisierung sei eine Frage des entsprechenden Organisationsrechts. Im Hinblick auf die Ausübung von Mitgliedschaftsrechten unterliege die öffentliche Hand jedoch öffentlich-rechtlichen Bindungen.[956]

Auch *Schmidt-Aßmann* tritt gegen eine Zuordnung gemischt-wirtschaftlicher Unternehmen zum Verwaltungsbereich der öffentlichen Hand ein.[957] Er knüpft an die Grundrechtsberechtigung eines solchen Unternehmens an und ist der Auffassung, dass diese bereits aus der privatrechtlichen Organisationsform resultiere. Für juristische Personen des Privatrechts gelte nämlich „als Regelaussage die Anerkennung ihrer Grundrechtsberechtigung" und es bestehe keine Veranlassung, von „dieser Regelaussage für gemischt-wirtschaftliche Unternehmen abzuweichen".[958] Auch sei, wie dies einige Autoren forderten, keine Aufspaltung nach den Beteiligungsverhältnissen (je stärker die öffentliche Kapitalbeteiligung, desto schwächer der Grundrechtsschutz) vorzunehmen. Hierfür spreche bereits, dass sich im Hinblick auf die materielle Schutzbedürftigkeit der beteiligten Privatinteressen eine Grenze nur schwer finden lasse, von der an die Behandlung des privaten Gesellschafters gleich einem Hoheitsträger gerechtfertigt wäre. Weiter seien Gründe der Rechtssicherheit anzuführen, welche insbesondere im Hinblick auf komplizierte Schachtelbeteiligungen und Verflechtungsstrukturen bei gemischt-wirtschaftlichen Unternehmen von besonderer Bedeutung seien.[959] Darüber hinaus führe, so

---

953 *Strobel*, Verschwiegenheits- und Auskunftspflicht kommunaler Vertreter, S. 126.

954 *Strobel*, Verschwiegenheits- und Auskunftspflicht kommunaler Vertreter, S. 126; zum Verweis auf die Interessen privater Miteigentümer siehe auch *Ehlers*, JZ 1990, 1089; *Koppensteiner*, NJW 1990, 3105, 3113 ff.; *Kühne*, JZ 1990, 335, 336; *von Arnauld*, DÖV 1998, 437, 450.

955 *Gusy*, DÖV 1984, 872, 879 f.

956 *Gusy*, DÖV 1984, 872, 880.

957 *Schmidt-Aßmann*, BB 1990 Beil. 34, 1, 10 ff.

958 *Schmidt-Aßmann*, BB 1990 Beil. 34, 1, 10.

959 *Schmidt-Aßmann*, BB 1990 Beil. 34, 1, 10.

Schmidt-Aßmann, der Zuweisungsgehalt der Privatrechtsform zu einer ausgewogenen Berücksichtigung der Interessen nicht nur der privaten, sondern auch der öffentlichen Anteilseigner.[960]

Ehlers wählt einen anderen Ansatz und erkennt in der Betätigung gemischtwirtschaftlicher Unternehmen keine Ausübung von Staatsgewalt.[961] Auch ist er der Auffassung, dass gemischt-wirtschaftliche Unternehmen nicht unmittelbar an die Grundrechte gebunden seien.[962] Sei die öffentliche Hand im Rahmen eines Mischunternehmens zu einer Kooperation mit Privaten bereit, bestehe „prinzipiell kein Raum für besondere Unterwerfungsakte unter das öffentliche Recht“[963]. Für die Geltung öffentlich-rechtlicher Bindungen bedürfe es einer förmlichen Indienstnahme des öffentlichen Rechts durch Beleihung. Im Falle des Fehlens einer solchen müssten die gemischt-wirtschaftlichen Unternehmen wie rein private Organisationen behandelt werden.[964]

Gegen diese Literaturauffassungen ist einzuwenden, dass eine pauschale Zuordnung eines gemischt-wirtschaftlichen Unternehmens zum privaten Wirtschaftsrecht aufgrund der spezifischen Interessenlagen der verschiedenen Gesellschafter eines solchen Unternehmens nicht möglich ist. Abgewogen werden muss nämlich das Verlangen der privaten Anteilseigner nach grundrechtlichem Schutz mit dem Interesse der Gemeinde an einer möglichst weitreichenden Einwirkung auf ihr Mischunternehmen.[965] Insbesondere in dem Fall, dass der öffentlichen Hand umfassende Einflussnahmemöglichkeiten auf die Geschäftsführung eines solchen Unternehmens zustehen und vor diesem Hintergrund die wesentlichen Leitungsentscheidungen durch den Hoheitsträger getroffen werden, ist eine Gleichstellung eines gemischt-wirtschaftlichen Unternehmens mit einer im Privateigentum stehenden Gesellschaft nicht gerechtfertigt.[966]

(2) Differenzierung nach der Art der wahrgenommenen Aufgabe

Erwogen werden könnte, das gemischt-wirtschaftliche Unternehmen dann dem Verwaltungsbereich des Staates zuzuordnen, wenn es öffentliche Aufgaben wahrnimmt und ihm in dem Fall die Grundrechtsberechtigung zuzubilligen, wenn es mit der Erledigung privater Aufgaben befasst ist. Dementsprechend fordert *Kämmerer,*

---

960 *Schmidt-Aßmann*, BB 1990 Beil. 34, 1, 11 ff.; so auch *Pieroth*, NWVBl 1992, 85, 87.

961 *Ehlers*, JZ 1987, 218, 227; siehe hierzu auch *Pfeifer*, Möglichkeiten und Grenzen, S. 20, der erst bei qualifizierten Mehrheitsbeteiligungen der öffentlichen Hand von Staatsgewalt gemäß Art. 20 Abs. 2 GG ausgeht.

962 *Ehlers*, Verwaltung in Privatrechtsform, S. 249.

963 *Ehlers*, Verwaltung in Privatrechtsform, S. 249.

964 *Ehlers*, Verwaltung in Privatrechtsform, S. 249.

965 *Strobel*, Verschwiegenheits- und Auskunftspflicht kommunaler Vertreter, S. 128; siehe dazu auch *Goldhammer*, JuS 2014, 891, 893 f. („grundrechtliches Nullsummenspiel“).

966 *Strobel*, Verschwiegenheits- und Auskunftspflicht kommunaler Vertreter, S. 128.

eine rein funktionale, an der tatsächlichen Rolle der Gesellschaft anknüpfende Betrachtungsweise vorzuziehen. Entscheidend sei, ob das Unternehmen in die Erledigung von Verwaltungsaufgaben einbezogen werde oder ob es im wirtschaftlichen Wettbewerb mit anderen privaten Unternehmen stehe.[967] Auch das Bundesverwaltungsgericht schloss in einer telekommunikationsrechtlichen Entscheidung aus dem Jahr 2001, in der es um die Einräumung eines diskriminierungsfreien Zugangs zu Teilnehmeranschlussleitungen durch die Deutsche Telekom AG ging, von der ausschließlich privatwirtschaftlichen Tätigkeit und Aufgabenstellung der Telekom auf deren Grundrechtsfähigkeit. Das Gericht betrachtete es dabei ausdrücklich als unerheblich, dass die Telekom aus staatlichem Sondervermögen beziehungsweise Teilsondervermögen hervorgegangen ist und sich noch immer mehrheitlich in staatlicher Hand befindet.[968]

Diese Ansätze, die den Charakter der wahrgenommenen Aufgabe als ausschließliches Zuordnungskriterium eines gemischt-wirtschaftlichen Unternehmens zum staatlichen oder zum privaten Bereich betrachten, sind abzulehnen. Denn zum einen lässt sich der Begriff der öffentlichen Aufgabe schon nicht mit der erforderlichen Präzision definieren.[969] Darüber hinaus umfasst der Begriff lediglich im öffentlichen Interesse liegende Zielsetzungen, die sowohl von öffentlich-rechtlichen Rechtssubjekten wie auch von staatlichen Akteuren verfolgt werden können. Daher ist die Kategorie der öffentlichen Aufgabe nicht geeignet, den Dualismus von Gesellschaft und Staat zu kennzeichnen.[970]

(3) Staatliche Beherrschung als maßgebliches Kriterium

Nach der Rechtsprechung des Bundesverfassungsgerichts und auch der wohl herrschenden Literatur entscheidet die Beherrschung der Kapitalgesellschaft durch die öffentliche Hand über deren Zugehörigkeit zum Kompetenzbereich der Gemeinde. Uneinigkeit besteht jedoch im Hinblick auf die Frage, wann der Staat als beherrschend in diesem Sinne angesehen werden muss.

(a) Judikatur des Bundesverfassungsgerichts

Das Bundesverfassungsgericht befasste sich in den nachfolgend dargestellten Entscheidungen mit der Grundrechtsfähigkeit und der Grundrechtsbindung von gemischt-wirtschaftlichen Unternehmen. Dreh- und Angelpunkt der gerichtlichen Argumentationslinie ist die staatliche Beherrschung des jeweiligen Unternehmens. Das Gericht argumentiert regelmäßig mit der Höhe der jeweiligen staatlichen Kapitalbeteiligung.

---

967 *Kämmerer*, Privatisierung, S. 469.
968 BVerwG NVwZ 2001, 1399, 1406.
969 *Krebs*, VVDStRL 52 (1993), 248, 274 („diffus"); *Di Fabio*, JZ 1999, 585 ff.
970 *Berger*, Staatseigenschaft gemischtwirtschaftlicher Unternehmen, S. 91.

(aa) HEW-Beschluss

Das Bundesverfassungsgericht setzte sich erstmals in seinem HEW-Beschluss aus dem Jahr 1989 mit der Grundrechtsfähigkeit eines gemischt-wirtschaftlichen Unternehmens auseinander.[971] Beschwerdeführerin war hier die Hamburger Electricitäts-Werke AG (HEW), welche sich zu etwa 72 Prozent in der Hand der Hansestadt Hamburg befand. Das Gericht verwies zunächst bezüglich der Grundrechtsfähigkeit von juristischen Personen auf seine Durchgriffs-Rechtsprechung[972] und führte aus, dass sich juristische Personen des öffentlichen Rechts grundsätzlich nicht auf Grundrechte berufen könnten, soweit sie öffentliche Aufgaben wahrnehmen würden.[973] Diese Grundsätze wendete es sodann auch auf die privatrechtlich verfasste HEW an und stellte zum einen fest, dass es sich bei der Versorgung der Bevölkerung mit Strom um eine öffentliche Aufgabe handele, welche die Stadt Hamburg mit Hilfe der HEW erbringe. Auch wenn sich das Unternehmen nur zu etwa 72 Prozent in öffentlicher Hand befinde, sei darüber hinaus davon auszugehen, dass es dem materiellen Verwaltungsbereich der Stadt Hamburg zuzuordnen sei. Dies sei damit zu begründen, dass die Hansestadt die Möglichkeit habe, auf die Geschäftsführung des Unternehmens entscheidenden Einfluss auszuüben.[974] Das Bundesverfassungsgericht schloss somit vom kumulativen Vorliegen der Kriterien „beherrschender Einfluss“, welcher in der überwiegenden Beteiligung der öffentlichen Hand zum Ausdruck kommen soll, und „öffentlicher Aufgabencharakter“ der Unternehmenstätigkeit auf den Ausschluss der Grundrechtsfähigkeit des gemischt-wirtschaftlichen Unternehmens.

(bb) Telekom-Beschluss

Im Jahr 2006 nahm das Bundesverfassungsgericht im Telekom-Beschluss die Grundrechtsfähigkeit der teilprivatisierten Deutschen Telekom AG an. Es begründete dies damit, dass ein beherrschender Einfluss des Bundes auf die Führung des Unternehmens – zum damaligen Zeitpunkt befanden sich 42,8 Prozent der Anteile in den Händen der Bundesrepublik Deutschland – nicht vorliege.[975] Mit dem im HEW-Beschluss entwickelten Kriterium des öffentlichen Aufgabencharakters der Unternehmenstätigkeit setzte sich das Gericht nicht auseinander. Auch ließ es offen, ob andere Gesichtspunkte für die Grundrechtsfähigkeit von gemischt-wirtschaftlichen Unternehmen bedeutsam sein können.[976]

---

971 BVerfG NJW 1990, 1783.
972 Siehe nur BVerfG NJW 1985, 1385.
973 BVerfG NJW 1990, 1783.
974 BVerfG NJW 1990, 1783.
975 BVerfG NVwZ 2006, 1041, 1042.
976 Siehe Kritik von *Remmert*, in: Maunz/Dürig, Grundgesetz, Art. 19 Abs. 3 Rn. 67 (Fn. 3).

(cc) Mainova-Beschluss

Die im HEW-Beschluss entwickelte Rechtsprechung bestätigte das Bundesverfassungsgericht im Jahr 2009 im Mainova-Beschluss.[977] In diesem hatte es sich mit der Grundrechtsfähigkeit der Mainova AG zu befassen. Anteilseignerin der Mainova zu 75,2 Prozent war die Stadtwerke Frankfurt am Main Holding GmbH, welche sich wiederum vollständig im Eigentum der Stadt Frankfurt am Main befand. Auch hier legte das Gericht dar, dass sich überwiegend im Eigentum der öffentlichen Hand befindliche juristische Personen des Privatrechts nicht auf den materiellen Grundrechtsschutz berufen könnten, soweit sie bestimmungsgemäß mit der Wahrnehmung öffentlicher Aufgaben betraut seien.[978]

(dd) Fraport-Urteil

Nicht um die Grundrechtsberechtigung, sondern um die Grundrechtsbindung eines gemischt-wirtschaftlichen Unternehmens ging es in der im Schrifttum[979] und in der Tagespresse[980] vielbeachteten Fraport-Entscheidung des Bundesverfassungsgerichts vom 22.02.2011[981].

Die Fraport AG betrieb den Flughafen Frankfurt am Main. An dieser Gesellschaft waren als Minderheitsgesellschafter die Stadt Frankfurt am Main, das Bundesland Hessen sowie zunächst die Bundesrepublik Deutschland beteiligt. Gemeinsam besaßen sie zum entscheidungserheblichen Zeitpunkt circa 70 Prozent der Aktien, während sich die restlichen Anteile in privater Hand befanden. Menschenrechtsaktivisten hatten an einem Abfertigungsschalter des Flughafens demonstriert und waren in der Folge von der Fraport AG mit einem Demonstrationsverbot belegt worden. Nachdem die Beschwerdeführerin, ein Mitglied der Aktivistengruppe, zivilrechtlich erfolglos gegen das Verbot vorgegangen war, rügte sie nunmehr unter anderem eine Verletzung ihrer Grundrechte auf Meinungs- sowie Versammlungsfreiheit durch die zivilgerichtlichen Entscheidungen.

Zunächst hatte das Bundesverfassungsgericht die Grundrechtsbindung der Fraport AG zu erörtern. Im Ergebnis bejahte es diese und erklärte, dass aus dieser

---

977 BVerfG NVwZ 2009, 1282.

978 BVerfG NVwZ 2009, 1282, 1283.

979 Siehe nur *Sachs*, JuS 2011, 665 ff.; *Enders*, JZ 2011, 577 ff.; *Joite*, BLJ 2011, 100 ff.; *Muckel*, JA 2011, 557 ff.; *Gurlit*, NZG 2012, 249 ff.; *Krüger*, DÖV 2012, 837 ff.; *Schaefer*, Der Staat 51 (2012), 251 ff.; *Wendt*, NVwZ 2012, 606 ff.

980 Siehe nur *Budras*, Proteste in Unternehmen erlaubt, faz.net vom 22.02.2011, abrufbar unter: http://www.faz.net/aktuell/wirtschaft/recht-steuern/BVerfG-proteste-in-unternehmen-erlaubt-1596147.html (zuletzt abgerufen am 25.05.2020); *Prantl*, Der Flughafen ist kein Wohnzimmer, sueddeutsche.de vom 22.02.2011, abrufbar unter: http://www.sueddeuts che.de/politik/urteil-des-BVerfGs-der-flughafen-ist-kein-wohnzimmer-1.1063255 (zuletzt abgerufen am 25.05.2020).

981 BVerfGE 128, 226.

Bindung an die Grundrechte („spiegelbildlich“[982]) die fehlende Grundrechtsberechtigung des Unternehmens folge.[983] Ausgangspunkt der verfassungsgerichtlichen Argumentation war Art. 1 Abs. 3 GG.[984] Die Verfassungsnorm enthalte die elementare Grundentscheidung, dass der einzelne Bürger prinzipiell frei sei, während der Staat einer prinzipiellen Bindung unterliege. Die Grundrechte würden dem Bürger die freie Entfaltung seiner Individualität gewährleisten. Dies finde auch Niederschlag in der Gründung und Gestaltung von Vereinigungen und Einrichtungen. Demgegenüber handle der Staat im Hinblick auf seine Aufgabenwahrnehmung in einer treuhänderischen Funktion für die Bürger und sei ihnen daher rechenschaftspflichtig. Die staatlichen Aktivitäten seien nämlich gerade kein Ausdruck „freier subjektiver Überzeugungen in Verwirklichung persönlicher Individualität“[985]. Die Bindung an die Grundrechte, welche gerade nicht unter einem Nützlichkeits- oder Funktionsvorbehalt stehe, sei unabhängig davon, in welcher Rechtsform der Staat tätig werde, und zwar auch dann, wenn er auf zivilrechtliche Organisationsformen zurückgreife.[986] Die Grundrechtsverpflichtung betreffe nicht nur öffentliche Unternehmen, sondern auch gemischtwirtschaftliche Gesellschaften, wenn diese von der öffentlichen Hand beherrscht würden.[987] Das Gericht stellte klar, dass die Grundrechtsbindung das Unternehmen insgesamt als Einheit betreffe und eine quotenmäßige Realisierung nicht möglich sei.[988] Alleiniges Kriterium für die unmittelbare Grundrechtsbindung sei die Beherrschung des Unternehmens durch die öffentliche Hand.[989] Hier liegt ein Unterschied zum HEW-Beschluss, denn in jenem verlangte das Bundesverfassungsgericht im Hinblick auf die Frage der (fehlenden) Grundrechtsberechtigung neben der staatlichen Beherrschung eine Qualifikation der durch das konkrete Unternehmen erledigten Aufgaben als öffentlich.[990] Den zivilrechtlichen Wertungen der §§ 16, 17 AktG sowie Art. 2 Abs. 1 f) der Richtlinie 2004/109/EG sei, so das Bundesverfassungsgericht schließlich, zu entnehmen, dass eine Beherrschung regelmäßig dann vorliege, wenn mehr als die Hälfte der Anteile im Eigentum der öffentlichen Hand stehen.[991]

---

982 So *Ludwigs/Friedmann*, NVwZ 2018, 22, 23.

983 BVerfGE 128, 226, 244 und 247; siehe auch *Harks*, in: Emmenegger/Wiedmann, Rechtsprechung des Bundesverfassungsgerichts, S. 118.

984 BVerfGE 128, 226, 244 f.

985 BVerfGE 128, 226, 245.

986 BVerfGE 128, 226, 245.

987 BVerfGE 128, 226, 245 ff.

988 BVerfGE 128, 226, 246.

989 BVerfGE 128, 226, 246 f.

990 Siehe auch *Ludwigs/Friedmann*, NVwZ 2018, 22, 23.

991 BVerfGE 128, 226, 246 f.

(ee) *Kritik an der Rechtsprechung*

Insbesondere der HEW-Beschluss des Bundesverfassungsgerichts ist zu kritisieren. Einzuwenden ist, dass der pauschale Rückschluss des Gerichts von der Mehrheitsbeteiligung der Stadt Hamburg an der HEW auf den bestimmenden Einfluss der öffentlichen Gesellschafterin fehlgeht. Denn hierbei wird der aktienrechtliche Rahmen übersehen, in dem sich die Möglichkeiten zur Einflussnahme bewegen müssen.[992] Der Auffassung des Bundesverfassungsgerichts ist ferner entgegenzuhalten, dass sie die Rechte der privaten Anteilseigner – bei der HEW handelte es sich immerhin um 28.000 private Aktionäre – völlig außer Acht lässt.[993] Gemischt-wirtschaftlichen Unternehmen kann der Grundrechtsschutz auch nicht allein aufgrund der von ihnen wahrgenommenen Aufgaben aberkannt werden: Zum einen sind sie nicht auf die Erfüllung bestimmter öffentlicher Aufgabe festgelegt. Zum anderen würde die gegenteilige Annahme dazu führen, dass jede im öffentlichen Interesse wahrgenommene Aufgabe nur unter besonderen öffentlich-rechtlichen Restriktionen wahrgenommen werden dürfte, und zwar unabhängig davon, ob der Staat an der konkreten Unternehmung beteiligt ist oder nicht.[994] Öffentliche Aufgaben sind nicht in jedem Falle mit Staatsaufgaben gleichzusetzen, weshalb ihre Wahrnehmung durch ein privates Rechtssubjekt nicht automatisch zu einer „Verwaltungsähnlichkeit" mit den dazugehörigen Einschränkungen führen kann.[995] Außerdem sind die Begrifflichkeiten „öffentliche Aufgabe" und „Daseinsvorsorge" – wie bereits dargelegt[996] – zu unbestimmt und „im Verhältnis von Staat und Grundrechtsträgern ohne klare Abgrenzungswirkung"[997]. In diesem Zusammenhang berücksichtigt das Verfassungsgericht auch nicht, dass es sich bei der Aufgabe der Daseinsvorsorge nicht um eine genuin-staatliche Aufgabe handelt. Denn die Versorgung der Bürgerinnen und Bürger mit Elektrizität ist keine den Kommunen durch Gesetz zugewiesene Aufgabe.[998] Auch wird nicht deutlich, ob die Kammer die konkrete Betätigung des gemischt-wirtschaftlichen Unternehmens, das übliche Betätigungsfeld, eine nach Unternehmenssparten aufgeschlüsselte Betätigung oder die laut festgelegtem Unternehmensgegenstand ausgedrückte Betätigung für maßgeblich erachtet.[999] Zudem bleibt offen, ob die Leistungserbringung in anderen Sektoren einer anderen Beurteilung zugänglich ist.[1000] Die Heranziehung der

---

992 So auch *Kühne*, JZ 1990, 335, 336.
993 So auch *Koppenheimer*, NJW 1990, 3105, 3108; *Kühne*, JZ 1990, 335, 336.
994 *Schmidt-Aßmann*, in: FS Niederländer, S. 383, 394.
995 *Schmidt-Aßmann*, in: FS Niederländer, S. 383, 394.
996 Siehe 1. Kapitel A.II.3.c).
997 *Heintzen*, VVDStRL 62 (2003), 220, 248; siehe auch *Selmer*, in: Merten/Papier, Handbuch der Grundrechte, § 53 Rn. 12; *Huber*, in: von Mangoldt/Klein/Starck, Grundgesetz, Art. 19 Abs. 3 Rn. 283.
998 *Koppenheimer*, NJW 1990, 3105, 3108; *Scholz*, in: FS Lorenz, S. 213, 216.
999 *Selmer*, in: Merten/Papier, Handbuch der Grundrechte, § 53 Rn. 12.
1000 *Selmer*, in: Merten/Papier, Handbuch der Grundrechte, § 53 Rn. 12.

wahrgenommenen Funktion ist ferner in sich widersprüchlich, da von der Grundrechtsausübung auf die Grundrechtsberechtigung geschlossen wird, diese jedoch die vorgelagerte Voraussetzung darstellen muss.[1001]

Gegen das gerichtliche Ergebnis spricht auch die Bedeutung der privatrechtlichen Rechtsform. Ein Privatrechtssubjekt kann nämlich trotz staatlicher Beherrschung nicht der mittelbaren Staatsverwaltung gleichgestellt werden.[1002] Ferner stellt die Verteilung von Stimmrechten und Kapitalanteilen ein untaugliches Kriterium zur Feststellung der staatlichen Beherrschung dar.[1003]

Der Richter am Bundesverfassungsgericht *Schluckebier* widersprach in einem Sondervotum der von seinem Senat getroffenen Fraport-Entscheidung unter einigen Gesichtspunkten und stimmte dem Urteil nicht zu.[1004] Hinsichtlich der Grundrechtsbindung der gemischt-wirtschaftlichen Fraport AG forderte er zu Recht eine echte Beherrschung. Eine solche sei bei einer Mehrmüttergesellschaft mit mehreren Minderheitsbeteiligungen nur dann gegeben, wenn „die öffentlichen Anteilseigner ihre addierten Anteile am Grundkapital einer rechtlich verbindlichen Koordination ihrer Einflusspotenziale unterworfen haben oder sonst ein Interessengleichlauf sichergestellt ist“[1005]. Die Senatsmehrheit hielt diesen Gesichtspunkt offenbar für unerheblich.

(b) Maßgeblichkeit der staatlichen Einwirkungsqualität

(aa) Bestimmender Einfluss der öffentlichen Hand als Ausgangskriterium

Mit der wohl herrschenden Ansicht in der Literatur ist der bestimmende Einfluss der öffentlichen Hand als das maßgebliche Kriterium für die (fehlende) Grundrechtsfähigkeit beziehungsweise Grundrechtsbindung eines gemischt-wirtschaftlichen Unternehmens einzuordnen. Die Beherrschung eines gemischt-wirtschaftlichen Unternehmens entscheidet folglich über die Zugehörigkeit der Gesellschaft zur Verwaltungsorganisation.[1006]

1001 *Selmer*, in: Merten/Papier, Handbuch der Grundrechte, § 53 Rn. 12.

1002 *Heintzen*, VVDStRL 62 (2003), 220, 248 f.; so auch *Scholz*, in: FS Lorenz, S. 213, 214.

1003 *Heintzen*, VVDStRL 62 (2003), 220, 248.

1004 BVerfGE 128, 226, 269 ff.

1005 BVerfGE 128, 226, 270.

1006 *Janson*, Rechtsformen öffentlicher Unternehmen, S. 24; *Ipsen*, VVDStRL 48 (1990), 177, 183; *Koch*, Der rechtliche Status, S. 153; *Mann*, Die öffentlich-rechtliche Gesellschaft, S. 13; *Strobel*, Verschwiegenheits- und Auskunftspflicht kommunaler Vertreter, S. 128 ff.; *Bethge*, in: FS Schnapp, S. 3, 14; *Huber*, in: von Mangoldt/Klein/Starck, Grundgesetz, Art. 19 Abs. 3 Rn. 284; *Groß*, in: Hoffmann-Riem/Schmidt-Aßmann/Voßkuhle, Grundlagen des Verwaltungsrechts, § 13 Rn. 92; *Jestaedt*, in: Hoffmann-Riem/Schmidt-Aßmann/Voßkuhle, Grundlagen des Verwaltungsrechts, § 14 Rn. 30; *Dreier*, in: Dreier, Grundgesetz, Art. 19 Abs. 3 Rn. 77; *Schockenhoff*, NZG 2018, 521, 524.

Für die Grundrechtsbindung ist anzuführen, dass sich eine öffentlich beherrschte Gesellschaft nicht in einer grundrechtstypischen Gefährdungslage befindet und die privaten Minderheitsgesellschafter in einer spezifischen Nähe zum Staat stehen. Diese besitzen zudem Kenntnis über die Umstände der Gesellschaft und die dahingehenden Risiken. Zudem sind sie nichtsdestotrotz befugt, ihre gesellschaftsrechtlichen Befugnisse wahrzunehmen.[1007] Außerdem wird nur so ein Ausgleich der widerstreitenden Interessen der beteiligten Akteure geschaffen.[1008] Nimmt die öffentliche Hand lediglich die Rolle einer Minderheitsgesellschafterin ein, ist in ihrer Beteiligung eine Finanzlage zu erblicken, welche den privaten Charakter des gemischt-wirtschaftlichen Unternehmens unberührt lässt.[1009] Für gemischt-wirtschaftliche Unternehmen kann nicht stets angenommen werden, dass ihre Betätigung – im Anschluss an die Rechtsprechung des Bundesverfassungsgerichts – die freie Entfaltung der hinter ihnen stehenden natürlichen Person zum Ausdruck bringt. Hat nämlich die öffentliche Hand eine dominierende Stellung in der Gesellschaft inne, kann das Unternehmen trotz der Beteiligung Privater nicht mit einem in privater Trägerschaft befindlichen Unternehmen verglichen werden.[1010] Berücksichtigt werden muss bei dieser Betrachtungsweise, dass ein und dasselbe Rechtssubjekt im Sinne des Art. 19 Abs. 3 GG nur als Einheit grundrechtsfähig sein kann oder eben nicht („Ja/Nein-Dichotomie"). Es ist aus Gründen der Rechtssicherheit geboten, ein „einzelfallabhängiges Schwanken" zu unterbinden.[1011] Gegen die Grundrechtsberechtigung eines von der öffentlichen Hand beherrschten Unternehmens ist demgegenüber in Anlehnung an das Konfusionsargument des Bundesverfassungsgerichts[1012] einzuwenden, dass dem Staat in diesem Fall die Inanspruchnahme der staatsgerichteten Abwehrrechte verwehrt bleiben muss.[1013]

(bb) Feststellung der tatsächlichen Beherrschung

Im Hinblick auf die Frage, wie der bestimmende Einfluss der öffentlichen Hand auf das gemischt-wirtschaftliche Unternehmen in concreto ausgestaltet sein muss, werden in der Literatur verschiedentliche Ansätze vertreten. So wird vielfach, in Anlehnung an die Rechtsauffassung des Bundesverfassungsgerichts, auf die Höhe des staatlichen Kapitalanteils abgestellt. Während die Grenze teilweise bei 51 Prozent staatlicher Kapitaltalbeteiligung gesehen wird[1014] oder aber die Sperrminorität

---

1007 *Bethge*, in: FS Schnapp, S. 3, 14; in diese Richtung auch *Groß*, in: Hoffmann-Riem/Schmidt/Aßmann/Voßkuhle, Grundlagen des Verwaltungsrechts, § 13 Rn. 92.

1008 *Bethge*, in: FS Schnapp, S. 3, 14.

1009 *Groß*, in: Hoffmann-Riem/Schmidt/Aßmann/Voßkuhle, Grundlagen des Verwaltungsrechts, § 13 Rn. 92.

1010 *Strobel*, Verschwiegenheits- und Auskunftspflicht kommunaler Vertreter, S. 128 f.

1011 *Krausnick*, JuS 2008, 965, 968 f.; *Dreier*, in: Dreier, Grundgesetz, Art. 19 Abs. 3 Rn. 73.

1012 BVerfGE 15, 256, 262; 21, 362, 370.

1013 *Ipsen*, VVDStRL 48 (1990), 177, 183.

1014 *Zeidler*, VVDStRL 19 (1961), 252 f.; siehe auch *Badura*, DÖV 1990, 353, 354.

von 25 Prozent der Gesellschaftsanteile als maßgebliches Kriterium herangezogen wird[1015], argumentiert *Pfeifer*, dass ein Unternehmen erst dann als verlängerter Arm des Staates angesehen werden könne, wenn die öffentliche-rechtliche Körperschaft mehr als 75 Prozent der Unternehmensanteile halte[1016]. Erforderlich sei nämlich die zur Satzungsänderung berechtigende Stimmenmehrheit, da einfache Mehrheiten wegen der Unabhängigkeit der Gesellschaftsorgane zur Durchsetzung des Willens der öffentlichen Hand nicht ausreichen würden. In einem solchen Fall müssten Kompromisse mit den privaten Anteilseignern eingegangen werden, wenn die staatliche Gesellschafterin über besondere Steuerungsmittel, wie beispielsweise Mehrstimmrechte, ihren Willen nicht sicher durchzusetzen vermag.[1017]

Diese Orientierung an den bloßen Beteiligungsverhältnissen ist zu kritisieren und im Ergebnis abzulehnen. Einzuwenden ist, dass eine Differenzierung nach Maßgabe der jeweiligen Beteiligungsverhältnisse zu zufälligen Ergebnissen führt. Dies ist, wie es in der Literatur heißt, im Hinblick auf die Rechtssicherheit und die Rechtsklarheit „schlechterdings unverträglich“ und erlaubt „keine juristisch saubere Lösung“.[1018] Für diese Ansicht ist anzuführen, dass ein beherrschender Einfluss der öffentlichen Hand durchaus auch dann bestehen kann, wenn sie nur Minderheitsgesellschafterin ist. Umgekehrt kann ein privater Anteilseigner womöglich ebenfalls trotz Minderheitsbeteiligung zur Ausübung beherrschenden Einflusses auf die Gesellschaft fähig sein.[1019] So könnten nämlich in der Satzung entsprechende Beschränkungen verankert worden sein.[1020] Darüber hinaus ist fraglich, wie mit der Fallgestaltung der hälftigen Beteiligung von öffentlicher Hand und Privaten umzugehen ist.[1021] Beachtet werden muss ferner, dass bei einem Unternehmen, dessen Aktien an der Börse gehandelt werden, theoretisch täglich der Charakter des Unternehmens und damit seine Zuordnung zur Privat- oder öffentlichen Hand wechseln kann.[1022] *Schmidt-Preuß* führt hierzu aus: „Eine so flüchtige Größe wie der im Zeitablauf wechselnde Anteil der öffentlichen Hand an einer juristischen Person des Privatrechts kann nicht über ihre Grundrechtsfähigkeit entscheiden.“[1023] In diesem Zusammenhang ist darauf hinzuweisen, dass die

---

1015 *Maser*, Geltung der Grundrechte, S. 159.

1016 *Pfeifer*, Möglichkeiten und Grenzen, S. 20.

1017 *Pfeifer*, Möglichkeiten und Grenzen, S. 20.

1018 *Scholz*, in: FS Lorenz, S. 213, 221; so auch *Selmer*, in: Merten/Papier, Handbuch der Grundrechte, § 53 Rn. 20.

1019 *Scholz*, in: FS Lorenz, S. 213, 221; *Strobel*, Verschwiegenheits- und Auskunftspflicht kommunaler Vertreter, S. 131; *Dreier*, in: Dreier, Grundgesetz, Art. 19 Abs. 3 Rn. 78.

1020 *Selmer*, in: Merten/Papier, Handbuch der Grundrechte, § 53 Rn. 22.

1021 *Scholz*, in: FS Lorenz, S. 213, 221; *Barden*, Grundrechtsfähigkeit gemischt-wirtschaftlicher Unternehmen, S. 72; siehe dazu die Illustrationen von *Selmer*, in: Merten/Papier, Handbuch der Grundrechte, § 53 Rn. 21.

1022 *Scholz*, in: FS Lorenz, S. 213, 221; *Selmer*, in: Merten/Papier, Handbuch der Grundrechte, § 53 Rn. 20.

1023 *Schmidt-Preuß*, RdE 1996, 1, 3.

Rechtsstellung eines öffentlichen Unternehmens durch den An- und Verkauf von Unternehmensanteilen manipulierbar wäre.[1024] Schließlich kann die Ermittlung der konkreten Beteiligungsverhältnisse im Einzelfall erhebliche Schwierigkeiten bereiten, wenn nicht nur hierarchische, sondern auch zyklische Verflechtungsstrukturen vorliegen.[1025]

Vor dem Hintergrund der Kritik an der Maßgeblichkeit allein der staatlichen Beteiligungsquote ist für die Zuordnung eines gemischt-wirtschaftlichen Unternehmens zur öffentlichen Verwaltung das Ausmaß der staatlichen Beherrschung über ein konkretes Unternehmen zu untersuchen.[1026] Zwar wird man bei einer Kapitalbeteiligung der öffentlichen Hand von mehr als 50 Prozent einen beherrschenden Einfluss widerlegbar vermuten können.[1027] Zur Feststellung der Beherrschung sind jedoch weitere Kriterien in den Blick zu nehmen, wie Einflussmöglichkeiten, die etwa auf Gesetz, auf Satzung oder auf individualvertraglicher Vereinbarung beruhen.[1028] Entscheidend sind die Qualität und der Umfang der faktischen Mittel zur Einwirkung. Trifft auf kommunaler Ebene die Gemeinde die wesentlichen Lenkungsentscheidungen, muss das Mischunternehmen der konkreten Gemeindeverwaltung zugeordnet werden. Denn in einem solchen Fall ist in dem Unternehmen ein öffentliches Unternehmen mit privater Anteilseignerschaft zu erblicken, welches nicht mit einem privaten Unternehmen vergleichbar ist.[1029] Da das Gemeindewirtschaftsrecht der Bundesländer die Gemeinden dazu verpflichtet, sich Steuerungs- und Kontrollmöglichkeiten in Bezug auf ihre Unternehmen vorzubehalten, spricht bereits eine Vermutung dafür, gemischtwirtschaftliche Unternehmen mit gemeindlicher Beteiligung der Kommunalverwaltung zuzuordnen.[1030]

1024 *Zimmermann*, JuS 1991, 294, 300; *Koch*, Der rechtliche Status, S. 149.

1025 *Schmidt-Aßmann*, in: FS Niederländer, S. 383, 394.

1026 *Haverkate*, VVDStRL 46 (1988), 217, 226 ff.; *Koch*, Der rechtliche Status, S. 153 ff.; *Habersack*, ZGR 1996, 544, 549 f.; *Strobel*, Verschwiegenheits- und Auskunftspflicht kommunaler Vertreter, S. 131 ff.; *Berger*, Staatseigenschaft gemischtwirtschaftlicher Unternehmen, S. 37 ff.; *Selmer*, in: Merten/Papier, Handbuch der Grundrechte, § 53 Rn. 24; *Krausnick*, JuS 2008, 965, 969; *Huber*, in: von Mangoldt/Klein/Starck, Grundgesetz, Art. 19 Abs. 3 Rn. 284; *Dreier*, in: Dreier, Grundgesetz, Art. 19 Abs. 3 Rn. 78 („Vielmehr ist konkret zu bestimmen, ob eine Mehrheitsbeteiligung des Staates vorliegt oder eine Beherrschung des Unternehmens durch die öffentliche Hand anzunehmen ist.").

1027 *Krausnick*, JuS 2008, 965, 969.

1028 *Huber*, in: von Mangoldt/Klein/Starck, Grundgesetz, Art. 19 Abs. 3 Rn. 284; zu den Einflussnahmeinstrumenten im Einzelnen siehe *Koch*, Der rechtliche Status, S. 153 ff.

1029 *Strobel*, Verschwiegenheits- und Auskunftspflicht kommunaler Vertreter, S. 132.

1030 *Strobel*, Verschwiegenheits- und Auskunftspflicht kommunaler Vertreter, S. 132.

d) Zeitlicher Umfang

Der Begriff Kontrolle stammt aus dem Französischen. „Contrôle“, das sich aus „contre“ und „rôle“ zusammensetzt, bedeutete im 18. Jahrhundert so viel wie Gegenrolle, Gegenliste oder Gegenbuch.[1031] Ursprünglich wurden mit einem solchen Gegenregister Angaben eines Originalregisters überprüft. Heute wird der Begriff allgemein im Sinne einer Aufsicht, Überwachung oder Prüfung verstanden.[1032] Die Kontrollkompetenz der Gemeindeverwaltung ist entgegen dieser grammatikalischen Auslegung weiter zu fassen. Sie ist nicht nur auf die nachträgliche Überprüfung bereits abgeschlossener Verwaltungsvorgänge beschränkt, sondern umfasst auch aktuelle, nicht abgeschlossene Verwaltungsangelegenheiten und kann damit präventive Wirkung entfalten.[1033] Dies ist erforderlich, da die Gemeindevertretung als zentrales Willensbildungsorgan der Gemeinde nicht auf die Korrektur begangener Fehler beschränkt sein darf, sondern ihr auch das Recht und die Pflicht zur begleitenden und vorausschauenden Kontrolle obliegen muss, zu deren Ausübung weitreichende Kenntnisse über die Geschehnisse in der Verwaltung unverzichtbar sind.[1034] Niederschlag findet der umfassende zeitliche Wirkungsbereich der gemeindlichen Kontrollkompetenz auch im Wortlaut einiger Gemeindeordnungen, wenn dort die Begriffe „Kontrolle“ und „Überwachung“ synonym verwendet werden.[1035]

e) Inhaltlicher Umfang

Die verfassungsgemäße Ordnung in den Ländern und damit auch diejenige in den eingegliederten Städten und Gemeinden muss nach Art. 28 Abs. 1 S. 1 GG nicht nur den republikanischen, demokratischen und sozialen, sondern auch den rechtsstaatlichen Grundsätzen entsprechen. Für das Rechtsstaatsprinzip fundamental und damit auch mit Bindungswirkung in den Ländern sind insbesondere der Vorrang und der Vorbehalt des Gesetzes sowie der Parlamentsvorbehalt.[1036] Folglich haben auch die Städte und Gemeinden ihr Handeln nach dem Rechtsstaatsprinzip auszurichten, und zwar auch dann, wenn sie sich zur Erledigung ihrer Aufgaben einer Rechtsform des privaten Rechts bedienen.[1037] Die Gemeindevertretungen

---

1031 Zur Etymologie siehe Internetauftritt des *Digitalen Wörterbuchs der deutschen Sprache (DWDS)*, abrufbar unter https://www.dwds.de/wb/Kontrolle (zuletzt abgerufen am 25.05.2020).

1032 *Pösentrup*, Akteneinsicht durch Gemeindevertreter, S. 10; *Eichhorn*, in: Kontrolle öffentlicher Unternehmen, S. 19.

1033 *Pösentrup*, Akteneinsicht durch Gemeindevertreter, S. 17; *von Mutius*, in: Kontrolle öffentlicher Unternehmen, S. 26 ff.; *Machura*, ZögU 17 (1994), 156, 158.

1034 *Ott*, Parlamentscharakter der Gemeindevertretung, S. 187; *Strobel*, Verschwiegenheits- und Auskunftspflicht kommunaler Vertreter, S. 141.

1035 *Strobel*, Verschwiegenheits- und Auskunftspflicht kommunaler Vertreter, S. 140; *Faber*, Gesellschaftsrechtliche Bindungen für Aufsichtsratsmitglieder, S. 141.

1036 BVerfGE 90, 60, 85.

1037 *Faber*, Gesellschaftsrechtliche Bindungen für Aufsichtsratsmitglieder, S. 142.

müssen folglich sicherstellen, dass sich die kommunalen Gesellschaften entsprechend dem rechtlichen Rahmen verhalten.[1038]

Die Kontrollkompetenz des Gemeinderates bezieht sich somit zum einen auf die Prüfung der Rechtmäßigkeit des Verwaltungshandelns.[1039] Im Hinblick auf kommunale Unternehmen hat die Gemeindevertretung daher insbesondere laufend zu kontrollieren, ob die Gesellschaften der öffentlichen Zweckerfüllung im Sinne der gemeindewirtschaftsrechtlichen Schrankentrias nachkommen. Um zu prüfen, ob die Unternehmen dieses Oberziel anstreben, ist der Gemeinderat zur Überwachung der Aufgabenplanung und -durchführung berechtigt und verpflichtet.[1040] Dies stellt die zentrale Rolle der Gemeindevertretung im Rahmen der Rechtmäßigkeitskontrolle kommunaler Unternehmen dar.[1041] Kontrollgegenstand kann speziell auch die Frage sein, ob überhaupt eine wirtschaftliche Betätigung vorliegt oder ob es sich nicht etwa um eine Tätigkeit handelt, zu deren Vornahme die Gemeinde gesetzlich verpflichtet ist[1042]. Zur Ermöglichung einer effektiven Kontrolle bietet es sich an, den öffentlichen Zweck im Gesellschaftsvertrag beziehungsweise in der Satzung festzuschreiben und zu erläutern.[1043] Um eine Loslösung der Gesellschaft von der Gemeinwohlbindung sowie eine ungewollte unternehmerische Eigenständigkeit zu verhindern, muss insbesondere die Tätigkeit des Geschäftsführungsorgans präventiv, begleitend und nachträglich kontrolliert werden.[1044]

Die Gemeindevertretung kontrolliert darüber hinaus die Zweckmäßigkeit der Handlungen der Gemeindeverwaltung.[1045] Denn aus der Stellung der Gemeindevertreter folgt ihre Pflicht, ihre Amtsausübung an den Interessen der Gemeindebürgerschaft auszurichten und so das Gemeinwohl zu fördern. Die Vornahme unzweckmäßiger Verwaltungsmaßnahmen würde jedoch dieser Gemeinwohlverpflichtung widersprechen.[1046] Die Zweckmäßigkeitskontrolle verpflichtet insbesondere zu der Prüfung, ob bei der unternehmenswirtschaftlichen Betätigung der Gemeinde die aus dem Haushaltsrecht stammenden Grundsätze der Wirtschaftlichkeit und Sparsamkeit eingehalten werden.[1047]

1038 *Pösentrup*, Akteneinsicht durch Gemeindevertreter, S. 10; *Rothe*, NVwZ 1990, 936, 937.

1039 *Pösentrup*, Akteneinsicht durch Gemeindevertreter, S. 15 f.

1040 *von Mutius*, in: Kontrolle öffentlicher Unternehmen, S. 33.

1041 *Strobel*, Verschwiegenheits- und Auskunftspflicht kommunaler Vertreter, S. 143.

1042 Vgl. etwa § 107 Abs. 2 GO NRW oder § 121 Abs. 2 HGO; *Faber*, Gesellschaftsrechtliche Bindungen für Aufsichtsratsmitglieder, S. 143.

1043 *Schulz*, BayVBl 1996, 97, 100; *Strobel*, Verschwiegenheits- und Auskunftspflicht kommunaler Vertreter, S. 143.

1044 *Strobel*, Verschwiegenheits- und Auskunftspflicht kommunaler Vertreter, S. 143 f.

1045 *Pösentrup*, Akteneinsicht durch Gemeindevertreter, S. 16; *von Loesch*, in: Kontrolle öffentlicher Unternehmen, S. 48; *Strobel*, Verschwiegenheits- und Auskunftspflicht kommunaler Vertreter, S. 144; *Faber*, Gesellschaftsrechtliche Bindungen für Aufsichtsratsmitglieder, S. 143.

1046 *Pösentrup*, Akteneinsicht durch Gemeindevertreter, S. 16.

1047 *Strobel*, Verschwiegenheits- und Auskunftspflicht kommunaler Vertreter, S. 144.

f) Kreis der Verpflichteten und Berechtigten

Im Grundsatz haben die Landesgesetzgeber die gemeindlichen Volksvertretungen in den Mittelpunkt der Kontrollkompetenz gestellt, indem sie diese mit entsprechenden Überwachungs- und Entscheidungskompetenzen ausgestattet haben.[1048] Die gemeindewirtschaftsrechtlichen Vorschriften der Bundesländer sehen jedoch vielfach Regelungen für Berichtspflichten der kommunalen Aufsichtsratsmitglieder vor. Aus diesen geht zumeist ausdrücklich hervor, wer Verpflichteter einer Berichtspflicht ist und welcher Stelle der Gemeinde gegenüber die Unterrichtung zu erfolgen hat. Nach der Kommunalverfassung von Mecklenburg-Vorpommern haben beispielsweise die Vertreterinnen und Vertreter der Gemeinde im Aufsichtsrat eines kommunalen Unternehmens den Hauptausschuss oder die Gemeindevertretung über alle Angelegenheiten von besonderer Bedeutung frühzeitig zu unterrichten (§ 71 Abs. 4 S. 1 KV M-V).[1049] Demgegenüber bestehen nach Art. 93 Abs. 2 S. 2 BayGO die Informations- und Auskunftspflichten der Aufsichtsratsmitglieder gegenüber „der Gemeinde".[1050] Da sich dies maßgeblich nach allgemeinem Kommunalverfassungsrecht richtet,[1051] ist auch hier der Gemeinderat aufgrund seiner Überwachungsbefugnis (Art. 30 Abs. 3 BayGO) zur Erlangung der Informationen und Auskünften berufen. In einigen Bundesländern finden sich jedoch auch Besonderheiten. Fraglich ist darüber hinaus, ob Ratsfraktionen oder aber Ausschüsse in die Kontrollkompetenz des Gemeinderates einzubeziehen sind.

aa) Besonderheiten in Hessen und Brandenburg

Einschränkende Besonderheiten im Hinblick auf den Verpflichteten- und Empfängerkreis weisen die Gemeindeordnungen von Hessen und Brandenburg auf.

(1) Hessen

In Hessen vertritt das Kollegialorgan des Gemeindevorstandes die Gemeinde in den Aufsichtsräten ihrer kommunalen Unternehmen. Der Gemeindevorstand wiederum wird durch den Bürgermeister vertreten. Darüber hinaus können weitere Vertreter bestellt werden (§ 125 Abs. 2 S. 1 iVm Abs. 1 S. 1 bis 3 HGO). Eine Pflicht zur frühzeitigen Unterrichtung und Auskunft besteht nach hessischem Recht nunmehr nicht, wie in den meisten anderen Bundesländern, gegenüber der Gemeindevertretung, sondern vielmehr gegenüber dem Kollegialorgan des Gemeindevorstandes (§ 125 Abs. 2 S. 1 iVm Abs. 1 S. 5 HGO). Dieser ist sodann verpflichtet, der Gemeindevertretung auf Verlangen Auskunft über die kommunalen Gesellschaften zu erteilen.

1048 *Strobel*, Verschwiegenheits- und Auskunftspflicht kommunaler Vertreter, S. 116.
1049 Siehe auch § 113 Abs. 5 S. 1 GO NRW; § 138 Abs. 4 NKomVG; § 98 Abs. 3 SächsGO.
1050 Siehe auch § 115 KSVG SL; § 104 Abs. 1 S. 3 GO SH.
1051 *Schulz*, in: PdK BayGO, Art. 93 Erl. 3.2.2; vgl. dazu auch VG Gießen GewArch 2015, 77, 78.

Ihn trifft folglich die Pflicht zur Beantwortung schriftlich oder mündlich gestellter Anfragen und zur Vorlage von Akten zum Zwecke der Einsichtnahme.[1052] Dass der Gemeindevorstand auch ohne ausdrückliche Anfrage oder Begehren auf Akteneinsicht der Gemeindevertretung Bericht zu erteilen hat, folgt bereits aus § 50 Abs. 3 HGO.[1053] Denn nach dieser Vorschrift wird der Gemeindevorstand gegenüber der Gemeindevertretung unter anderem zur laufenden Unterrichtung verpflichtet.

Fraglich ist, ob Aufsichtsratsmitglieder, die nicht dem Gemeindevorstand angehören, sondern vielmehr durch diesen in das Aufsichtsorgan einer kommunalen Gesellschaft gewählt oder entsandt worden sind, zur Erteilung von Auskünften gegenüber der Gemeinde*vertretung* verpflichtet sind. Die Vorschrift des § 50 Abs. 2 S. 5 HGO sieht insoweit lediglich ein Fragerecht der Gemeindevertretung gegenüber dem Gemeindevorstand vor. Für eine solche Verpflichtung spricht jedoch, dass für die gewählten und entsandten Aufsichtsratsmitglieder nichts anderes gelten darf als für diejenigen des Gemeindevorstands. Es würde nämlich dem Zweck einer effektiven parlamentarischen Kontrolle zuwiderlaufen, wenn nur die zum Gemeindevorstand gehörenden Aufsichtsratsmitglieder eine Verpflichtung zur Auskunftserteilung treffen würde.[1054]

(2) Brandenburg

Ähnlich verhalten sich die kommunalrechtlichen Vorschriften in Brandenburg: Hier vertritt der Hauptverwaltungsbeamte die Gemeinde im Aufsichtsrat. Darüber hinaus können weitere Mitglieder bestellt werden (§ 97 Abs. 2 iVm Abs. 1 S. 1 BbgKVerf). Die Aufsichtsratsmitglieder haben auch hier nicht die Gemeindevertretung zu unterrichten, sondern eine dementsprechende Pflicht besteht nach § 97 Abs. 7 BbgKVerf gegenüber dem Hauptverwaltungsbeamten. Satz 2 der Vorschrift normiert ein jederzeitiges Auskunftsrecht des Hauptausschusses beziehungsweise der Gemeindevertretung gegenüber dem informierten Hauptverwaltungsbeamten. Das allgemeine Auskunfts- und Akteneinsichtsrecht eines jeden Gemeindevertreters gegenüber dem Hauptverwaltungsbeamten bleibt darüber hinaus bestehen (§ 97 Abs. 7 S. 3 iVm § 29 Abs. 1 BbgKVerf). Außerdem trifft den Hauptverwaltungsbeamten die Pflicht, die Gemeindevertretung beziehungsweise den Hauptausschuss über alle wichtigen Angelegenheiten rechtzeitig zu unterrichten (§ 97 Abs. 7 S. 3 iVm § 54 Abs. 2 BbgKVerf).

Mithin besteht auch nach der brandenburgischen Gemeindeordnung keine ausdrückliche Verpflichtung der gewählten und entsandten Aufsichtsratsmitglieder zur Erteilung von Auskünften gegenüber dem Gemeinderat. Da diese Rechtslage

1052 *Faber*, Gesellschaftsrechtliche Bindungen für Aufsichtsratsmitglieder, S. 147 f.
1053 *Faber*, Gesellschaftsrechtliche Bindungen für Aufsichtsratsmitglieder, S. 148.
1054 *Faber*, Gesellschaftsrechtliche Bindungen für Aufsichtsratsmitglieder, S. 148; zur Herleitung der Kontrollkompetenz des Gemeinderates siehe auch 4. Kapitel A.I.2.a).

mit derjenigen in Hessen vergleichbar ist, ist mit der angeführten Argumentation[1055] eine Berichtspflicht auch gegenüber der Gemeindevertretung begründbar.

bb) Rechtslage in den Ländern Thüringen, Baden-Württemberg und Sachsen-Anhalt

In Baden-Württemberg und in Sachsen-Anhalt wird die Kommune im Aufsichtsrat eines in Privatrechtsform geführten Unternehmens durch den Hauptverwaltungsbeamten beziehungsweise den Bürgermeister vertreten. Dieser kann einen Gemeindebediensteten mit seiner Vertretung beauftragen. Daneben können weitere Vertreter entsendet werden (§ 104 Abs. 1 S. 1, 2 GO BW, § 131 Abs. 1 S. 1, 2 KVG LSA). Die Thüringer Kommunalordnung schweigt dagegen zur Person des Vertreters. Die Vorschrift des § 74 ThürKO setzt diesen vielmehr bereits voraus. In Betracht kommt auch hier insbesondere der Bürgermeister, ein Gemeinderatsmitglied oder ein Gemeindebediensteter, welcher zwingend vom Gemeinderat zu bestellen ist (vgl. § 26 Abs. 2 Nr. 14 ThürKO).[1056]

Wie bereits dargestellt[1057] enthalten die Gemeindeordnungen dieser drei Bundesländer keine Unterrichtungspflichten der gemeindlichen Aufsichtsratsmitglieder. Die Berichtspflicht kann deshalb nur aus der Rechtsstellung des kommunalen Vertreters selbst abgeleitet werden.[1058]

(1) Die Informationspflicht des Hauptverwaltungsorgans

Die Gemeindeordnungen der Länder enthalten Informationspflichten des Hauptverwaltungsorgans gegenüber dem Gemeinderat. So heißt es etwa in § 65 Abs. 2 S. 1 KVG LSA, dass der Hauptverwaltungsbeamte die Vertretung über alle wichtigen die Kommune und ihre Verwaltung betreffenden Angelegenheiten zu unterrichten hat.[1059] Diese Unterrichtungspflicht korrespondiert mit den Informationsrechten der Gemeindevertretung[1060] und soll dem Rat als oberstem Organ der Gemeinde zur Ausübung seiner Kontrollkompetenz und Überwachungsaufgabe verhelfen.[1061] Der Gesetzgeber hat die Informationspflicht als ständige Unterrichtung im Sinne

---

1055 Siehe 4. Kapitel A.I.2.f)aa)(1); vgl. *Faber*, Gesellschaftsrechtliche Bindungen für Aufsichtsratsmitglieder, S. 148; siehe auch *Strobel*, Verschwiegenheits- und Auskunftspflicht kommunaler Vertreter, S. 157 ff.

1056 *Strobel*, in: PdK ThürKO, § 74 Erl. 1.2.

1057 Siehe 4. Kapitel A.I.1.a).

1058 *Strobel*, Verschwiegenheits- und Auskunftspflicht kommunaler Vertreter, S. 155 ff.

1059 Für Baden-Württemberg siehe 43 Abs. 5 GO BW und für Thüringen § 22 Abs. 3 ThürKO; vgl. ferner § 62 Abs. 4 GO NRW, § 54 Abs. 2 BbgKVerf, § 85 Abs. 4 NKomVG oder § 50 Abs. 3 HGO.

1060 Siehe 4. Kapitel A.I.2.b) zu den Informationsrechten des Gemeinderates nach nordrhein-westfälischem Recht.

1061 *Knirsch*, Information und Geheimhaltung, S. 38; *Plückhahn*, in: PdK GO NRW, § 62 Erl. 13.

einer Dauerverpflichtung ausgestaltet. Die Unterrichtung bedarf daher keiner Anforderung durch die Gemeindevertretung, sondern hat unaufgefordert und auf eigene Initiative des Hauptverwaltungsorgans zu erfolgen.[1062] Dadurch soll auch dem Informationsdefizit entgegengewirkt werden, das dadurch entsteht, dass Informationsrechte des Gemeinderates regelmäßig eines Anlasses bedürfen.[1063] Die Verpflichtung darf nicht so verstanden werden, als sei eine durchgehende Unterrichtung der Gemeindevertretung gefordert. Vielmehr muss die Informierung des Rates erst dann erfolgen, wenn Gesichtspunkte auftreten, die diese für geboten erscheinen lassen.[1064] Eine Erweiterung oder Einschränkung der Unterrichtungspflicht durch eine Regelung in der Satzung oder der Geschäftsordnung oder durch einen Beschluss des Gemeinderates ist nicht möglich.[1065] Adressaten der Unterrichtungspflicht sind nicht einzelne Gemeinderäte oder Fraktionen, sondern der Gemeinderat als Gremium.[1066] Der Hauptverwaltungsbeamte bestimmt nach seinem Ermessen über den Zeitpunkt der Unterrichtung sowie über die Art und Weise. Er kann sie mündlich innerhalb der Sitzungen oder auch außerhalb in schriftlicher Form vornehmen. Darüber hinaus kann er Verwaltungsbedienstete mit der Kundgabe beauftragen.[1067]

Die Unterrichtungspflicht erstreckt sich nach dem Wortlaut der meisten gemeindeordnungsrechtlichen Vorschriften auf alle wichtigen Angelegenheiten der Gemeinde und ihrer Verwaltung.[1068] Was als „wichtig" in diesem Sinne zu bewerten ist, wird gesetzlich nicht definiert. Der unbestimmte Rechtsbegriff bedarf daher einer Auslegung im Einzelfall.[1069] Die Rechtsprechung billigt dem Hauptverwaltungsorgan dabei einen sachlich begrenzten Einschätzungsspielraum zu. Bei diesem habe er aber einerseits die maßgeblichen gemeindespezifischen Kriterien zu berücksichtigen, wozu insbesondere Größe, Finanzkraft und politische Bedeutung der Gemeinde zählen würden. Andererseits müsse er auch dem Umstand Rechnung tragen, dass die erforderlichen sachlichen Informationen die wesentliche Grundlage dafür darstellen, dass der Gemeinderat als demokratisch legitimierte Volksvertretung sein Kontroll- und Überwachungsrecht gegenüber

---

1062 *Knirsch*, Information und Geheimhaltung, S. 46; *Bennemann/Unger*, in: PdK HGO, § 50 Rn. 114; *Germer*, in: BeckOK KommR Niedersachsen, § 85 Rn. 14.

1063 *Musall*, in: PdK GO Sachsen, § 52 Erl. 6.1.

1064 *Seeger*, Gemeinderatssitzung, S. 211.

1065 *Musall*, in: PdK GO Sachsen, § 52 Erl. 6.1.

1066 OVG Münster, Beschl v. 07.03.1975, Az. III B 925/74, Rn. 25 (juris).

1067 *Seeger*, Gemeinderatssitzung, S. 210; *Musall*, in: PdK GO Sachsen, § 52 Erl. 6.3.

1068 Siehe beispielsweise § 65 Abs. 2 S. 1 KVG LSA; 43 Abs. 5 GO BW; § 62 Abs. 4 GO NRW.

1069 *Knirsch*, Information und Geheimhaltung, S. 46 f.; *Rohde*, in: BeckOK KommR NRW, § 55 GO NRW, Rn. 19.

der Verwaltung ausüben kann.[1070] Von der Informationspflicht sind nicht nur die Angelegenheiten umfasst, die in den Zuständigkeitsbereich des Gemeinderates fallen, sondern auch diejenigen, die dem Bürgermeister obliegen. Dazu zählen auch die Geschäfte der laufenden Verwaltung.[1071]

Vertritt der Bürgermeister die Gemeinde im Aufsichtsrat einer kommunalen Gesellschaft, folgt somit bereits aus seiner Rechtstellung als Hauptverwaltungsorgan eine Informationspflicht gegenüber der Gemeindevertretung. Einer gemeindewirtschaftsrechtlich normierten Berichtspflicht bedarf es daher im Grunde nicht.[1072]

(2) Die Informationspflicht anderer gemeindlicher Vertreter im Aufsichtsrat

Die Gemeindeordnungen enthalten außerhalb der in einigen Bundesländern vorhandenen gemeindewirtschaftsrechtlichen Berichtspflichten eines Aufsichtsratsmitglieds[1073] keine Rechtsgrundlagen, wonach andere Personen als der Hauptverwaltungsbeamte oder sein Vertreter zur Auskunftserteilung gegenüber dem Gemeinderat verpflichtet wären. Dies hat beispielsweise zur Folge, dass in einen Aufsichtsrat einer gemeindlichen Kapitalgesellschaft gewählte oder entsandte Ratsmitglieder die ihnen bekannt gewordenen Kenntnisse über Interna eines kommunalen Unternehmens für sich behalten oder aber lediglich mit ihrer Ratsfraktion teilen. Die daraus resultierende Ungleichbehandlung widerspricht der Grundaufgabe des Gemeinderates als parlamentarisches Kontrollorgan der Gemeinde und führt zu einer Aushöhlung der Kontrollkompetenz.[1074]

Teile der Literatur fordern daher zu Recht eine teleologische Auslegung der dem Gemeinderat zugewiesenen Kompetenz zur Kontrolle und Überwachung der Gemeinde, wonach sämtliche in einen kommunalen Aufsichtsrat bestellte Aufsichtsratsmitglieder gegenüber dem Gemeinderat zur Auskunft verpflichtet sind.[1075] Dies ist damit zu begründen, dass mit der Auslagerung der Erfüllung öffentlicher Aufgaben auf privatwirtschaftliche Unternehmen „sowohl ein Verlust von Entscheidungskompetenzen als auch ein Informationsverlust der Volksvertretung“[1076]

1070 VG Gelsenkirchen, Urt. v. 02.03.2011, Az. 15 K 95/10, Rn. 139 (juris); siehe auch *Seeger*, Gemeinderatssitzung, S. 210; *Rohde*, in: BeckOK KommR NRW, § 55 GO NRW, Rn. 19.

1071 *Seeger*, Gemeinderatssitzung, S. 210; a.A. *Knirsch*, Information und Geheimhaltung, S. 46 (nicht umfasst sein sollen Geschäfte der laufenden Verwaltung).

1072 So auch *Strobel*, Verschwiegenheits- und Auskunftspflicht kommunaler Vertreter, S. 155 ff.

1073 Siehe 4. Kapitel A.I.2.f).

1074 *Strobel*, Verschwiegenheits- und Auskunftspflicht kommunaler Vertreter, S. 157 f.

1075 *Strobel*, Verschwiegenheits- und Auskunftspflicht kommunaler Vertreter, S. 157 f.; *Faber*, Gesellschaftsrechtliche Bindungen für Aufsichtsratsmitglieder, S. 148.

1076 *Strobel*, Verschwiegenheits- und Auskunftspflicht kommunaler Vertreter, S. 157.

einhergeht. Ein gewisser Umfang an Informationen, über welche die Aufsichtsratsmitglieder regelmäßig verfügen, ist jedoch erforderlich, um der gesetzlichen Verpflichtung zur Sicherung eines angemessenen Einflusses im Aufsichtsrat oder in einem entsprechenden Überwachungsorgan gerecht zu werden. Nur so kann der Gemeinderat die ihm zugewiesene Aufgabe einer umfassenden parlamentarischen Kontrolle der Gemeindeverwaltung sach- und interessengerecht erfüllen.[1077] Durch die Möglichkeit der Einbindung weiterer Personen in einen kommunalen Aufsichtsrat haben die Landesgesetzgeber zum Ausdruck gebracht, dass die Gemeindevertretung ihren Aufgaben durch diese Verbreiterung der Informationsbasis nachkommen können soll.[1078]

cc) Ratsfraktionen als Anspruchsberechtigte

Kommunale Aufsichtsratsmitglieder, die gleichzeitig einer Wählergemeinschaft oder einer Partei angehören, dürfen Informationen über das kommunale Unternehmen, die ihnen in ihrer Rolle als Mitglied des Gesellschaftsorgans bekannt geworden sind, in einer Fraktionssitzung nicht kundgeben. Denn die gemeindliche Kontrollkompetenz steht einer einzelnen Ratsfraktion nicht zu, sondern nur der Gemeindevertretung als Einheit.[1079]

Das Bundesverfassungsgericht bezeichnet Fraktionen als „Teile und ständige Gliederungen" der jeweiligen Vertretungskörperschaft, deren Aufgabe es ist, die Willensbildung und Entscheidungsfindung in der Körperschaft zu steuern und daran mitzuwirken. Sie seien jedoch stets lediglich als „Teil eines Ganzen" zu betrachten, welcher in die organisierte Staatlichkeit eingefügt ist, und könnten daher rechtlich nicht wirksam in die Kompetenz- und Funktionsstellung des Ganzen einbezogen werden.[1080] Daraus folgt, dass aus objektiv-rechtlichen Gründen kein eigenes Informationsbedürfnis einer Fraktion besteht.[1081]

Faber weist darüber hinaus zutreffend auf Gesichtspunkte aus der kommunalen Praxis hin, die ebenfalls gegen eine Einbeziehung der Ratsfraktionen in die kommunale Kontrollkompetenz sprechen:[1082] Zum einen würden die gewonnenen Informationen primär für den politischen Wettbewerb fruchtbar gemacht, was bereits dem Zweck der gemeindlichen Kontrollkompetenz zuwiderlaufe. Weiter fehle es Fraktionssitzungen regelmäßig an einem offiziellen Rahmen, der sicherstelle, dass Dokumentations- und Geheimhaltungsbedürfnissen in ausreichendem

---

1077 *Strobel*, Verschwiegenheits- und Auskunftspflicht kommunaler Vertreter, S. 157 f.; *Faber*, Gesellschaftsrechtliche Bindungen für Aufsichtsratsmitglieder, S. 148.

1078 *Faber*, Gesellschaftsrechtliche Bindungen für Aufsichtsratsmitglieder, S. 148.

1079 *Knirsch*, Information und Geheimhaltung, S. 46; *Faber*, Gesellschaftsrechtliche Bindungen für Aufsichtsratsmitglieder, S. 145 f.; siehe auch *Rothe*, NVwZ 1990, 936, 937; *Petri*, NVwZ 2005, 339, 400.

1080 BVerfGE 20, 56, 104; 38, 258, 273 f.

1081 *Faber*, Gesellschaftsrechtliche Bindungen für Aufsichtsratsmitglieder, S. 146.

1082 *Faber*, Gesellschaftsrechtliche Bindungen für Aufsichtsratsmitglieder, S. 146.

Maße Rechnung getragen werde. Darüber hinaus verhalte es sich in vielen Fällen so, dass bestimmte Fraktionen kein Mitglied in den Aufsichtsrat eines kommunalen Unternehmens entsandt hätten. Dies würde dazu führen, dass aufgrund selektiver Informationsverteilung ein nicht gerechtfertigtes Informationsgefälle entstehe.

Auf kommunaler Ebene sind die Fraktionen daher angehalten, ihr Informationsbedürfnis mit den ihnen durch die Gemeindeordnungen eingeräumten Informationsbefugnissen gegenüber der Gemeindevertretung zu befriedigen. Hierzu gehören beispielsweise Akteneinsichtsrechte.[1083]

dd) Gemeindeausschüsse als Anspruchsberechtigte

Auch Ausschüsse der Gemeindevertretung sind auf ihre Auskunfts- und Akteneinsichtsrechte gegenüber der Gemeindeverwaltung beschränkt.[1084] Ihnen steht, vorbehaltlich vereinzelter gemeindewirtschaftsrechtlicher Regelungen,[1085] kein unmittelbarer Berichtsanspruch gegenüber kommunalen Aufsichtsratsmitgliedern zu, der aus der kommunalverfassungsrechtlichen Kontrollkompetenz abgeleitet werden könnte.[1086] Würden nur wenige Mandatsträger mit bestimmten Informationen über Unternehmensinterna von kommunalen Gesellschaften ausgestattet werden, würde verhindert, dass die Mehrzahl der Gemeindevertreter über eine Tatsachengrundlage verfügt, die eine mandatsangemessene Amtsausübung ermöglicht.[1087]

Gegen die Einbeziehung von Ratsausschüssen in die Kontrollkompetenz des Gemeinderates spricht ferner, dass die Leitung der Gemeindeverwaltung, also regelmäßig der Bürgermeister, und die Gemeindevertretung Organe der Körperschaft Gemeinde sind. Die Gemeinde selbst ist als Selbstverwaltungskörperschaft der exekutiven Staatsgewalt zuzuordnen. Dieser Zuordnung würde es jedoch zuwiderlaufen, wenn sich die zugunsten eines Gemeindeorgans aus der Verfassung abgeleitete Kontrollkompetenz auf eine Untereinheit dieses Organs erstrecken würde.[1088]

II. Unterrichtungspflichten kraft Beamtenrechts

Werden Kommunalbeamte in den Aufsichtsrat eines kommunalen Unternehmens entsandt, könnte sich eine Berichtspflicht aus der statusrechtlichen Stellung eines Beamten ergeben. Auf kommunaler Ebene richtet sich dies nach dem Gesetz zur

---

1083 Beispielsweise § 55 Abs. 4 GO NRW; siehe hierzu OVG Münster NVwZ 1999, 1252, 1254; VG Düsseldorf NWVBl 2018, 41.

1084 Beispielsweise § 55 Abs. 2 GO NRW.

1085 Beispielsweise § 71 Abs. 4 S. 1 KV M-V.

1086 *Faber*, Gesellschaftsrechtliche Bindungen für Aufsichtsratsmitglieder, S. 144.

1087 *Faber*, Gesellschaftsrechtliche Bindungen für Aufsichtsratsmitglieder, S. 144.

1088 *Faber*, Gesellschaftsrechtliche Bindungen für Aufsichtsratsmitglieder, S. 144.

Regelung des Statusrechts der Beamtinnen und Beamten in den Ländern (§ 1 BeamtStG).[1089]

1. Gehorsamspflicht nach § 35 S. 2 BeamtStG

Nach § 35 S. 2 BeamtStG[1090] sind unter anderem die Beamtinnen und Beamte der Länder, Gemeinden und Gemeindeverbände verpflichtet, die dienstlichen Anordnungen ihrer Vorgesetzten auszuführen und deren allgemeinen Richtlinien zu befolgen. Diese Gehorsamspflicht gilt bereits seit der Weimarer Reichsverfassung als hergebrachter Grundsatz des Berufsbeamtentums[1091] und wird als Grundlage für die Funktionsfähigkeit der Verwaltung angesehen[1092]. Allgemeine Richtlinien im Sinne der Norm sind untergesetzliche abstrakte Rechtssätze, die auf eine unbestimmte Anzahl an Fällen zielen, also typischerweise Verwaltungsvorschriften. Dienstliche Anordnungen hingegen umfassen allgemeine Weisungen oder Einzelweisungen.[1093]

Teilweise wird aus dieser Befolgungspflicht eines Beamten eine Berichtspflicht des in den Aufsichtsrat bestellten Kommunalbeamten hergeleitet.[1094] Dem ist jedoch entgegenzuhalten, dass, wie festgestellt,[1095] verbeamtete Aufsichtsratsmitglieder nach vorzugswürdiger Auffassung der allgemeinen beamtenrechtlichen Weisungsbindung nicht unterliegen.[1096] Denn auch ein Kommunalbeamter übt als Aufsichtsratsmitglied ein höchstpersönliches Amt aus (§ 111 Abs. 6 AktG).[1097] Die beamtenrechtliche Weisungsgebundenheit, welcher der Kommunalbeamte im Grundsatz unterliegt, wird bei der Tätigkeit im Aufsichtsrat durch die Organstellung und die daraus resultierenden Pflichten überlagert.[1098] Das Aufsichtsratsmitglied ist

1089 BGBl. [2008] I S. 1010.

1090 Für Bundesbeamte siehe § 62 Abs. 1 S. 2 BBG.

1091 BVerfGE 9, 268, 286.

1092 *Reich*, Beamtenstatusgesetz, § 35 Rn. 4.

1093 *Werres*, in: BeckOK Beamtenrecht Bund, § 35 BeamtStG, Rn. 7.

1094 *von Stebut*, Geheimnisschutz und Verschwiegenheitspflicht, S. 129; *Lutter/Grunewald*, WM 1984, 385, 397; *Lampert*, Einflussnahme auf Aufsichtsratsmitglieder, S 57; *Schürnbrand*, BOARD 2014, 225, 227; *Ihrig/Wandt*, BB 2016, 6, 14; *Koch*, in: Hüffer/Koch, Aktiengesetz, § 394 Rn. 40; *Stöber*, DStR 2016, 611, 616; *Schürnbrand*, in: MüKo AktG, § 394 Rn. 23.

1095 Siehe 3. Kapitel A.II.3.d).

1096 So auch *Schmidt-Aßmann/Ulmer*, BB 1988, Beil. 13, 1, 19 ff.; *Strobel*, Verschwiegenheits- und Auskunftspflicht kommunaler Vertreter, S. 170; *Faber*, Gesellschaftsrechtliche Bindungen für Aufsichtsratsmitglieder, S. 129; *Oetker*, in: Schmidt/Lutter, Aktiengesetz, § 394 Rn. 15; *Kersting*, in: Zöllner/Noack, KK Aktiengesetz, §§ 394, 395 Rn. 128.

1097 *Wehrstedt*, MittRhNotK 2000, 269, 278; *Gundlach/Frenzel/Schmidt*, LKV 2001, 246, 249.

1098 *Dreher*, JZ 1990, 896, 897.

dazu verpflichtet, das Gesellschaftswohl zu wahren. Eine kommunale Gebietskörperschaft wird sich jedoch erst dann des Instruments der Weisung bedienen, wenn das Aufsichtsratsmitglied eine Entscheidung treffen will, die zwar im Gesellschaftsinteresse liegt, jedoch dem öffentlichen Interesse des öffentlichen Gesellschafters widerspricht. Vor diesem Hintergrund darf es dem Verwaltungsträger nicht möglich sein, ein Aufsichtsratsmitglied zu einem gesellschaftsrechtlich unzulässigen Handeln anzuweisen.[1099] Darüber hinaus könnte die öffentliche Hand, würde man eine Art Loyalitätspflicht des Aufsichtsratsmitgliedes gegenüber der Gesellschaft nicht verlangen, die aktienrechtliche Kompetenzordnung dadurch unterlaufen, dass sie die Überwachungsfunktion des Aufsichtsorgans außer Kraft setzt.[1100] Dies ist schon deshalb zu verhindern, weil sich der Staat durch die Wahl der privatrechtlichen Rechtsform bewusst dem Privatrecht unterworfen hat.[1101] *Zöllner* weist ferner zu Recht darauf hin, dass der Wortlaut der Vorschriften, welche die beamtenrechtliche Befolgungspflicht regeln, zum Bestehen einer entsprechenden Berichtspflicht schweigen und daher schon keine taugliche Rechtsgrundlage darstellen können.[1102]

2. Hinweispflicht nach § 35 S. 1 BeamtStG

Aus § 35 S. 1 BeamtStG[1103] folgt weiter eine Beratungs- und Unterstützungspflicht des Beamten. Aus dem Zusammenspiel dieser Vorschrift mit der Pflicht aus § 36 Abs. 2 S. 1 BeamtStG, wonach Bedenken gegen die Rechtmäßigkeit dienstlicher Anordnungen unverzüglich bei dem unmittelbaren Vorgesetzten geltend zu machen sind, folgt eine generelle Hinweispflicht über nach Ansicht des Beamten rechtswidrige Umstände. Diese Hinweispflicht bezieht sich jedenfalls auf die im unmittelbaren Zusammenhang mit seinem Aufgabenbereich stehenden Umstände.[1104]

Auch diese Beratungs- und Hinweispflicht kann entgegen der Rechtsauffassung einiger Teile im Schrifttum[1105] nicht zur Begründung einer Berichtspflicht eines verbeamteten Aufsichtsratsmitgliedes gegenüber seiner kommunalen Gebietskörperschaft herangezogen werden. Zum einen folgt bereits aus Wortlaut und teleologischer Interpretation dieser Vorschrift keine Berichtspflicht.[1106] Zum anderen sind die Konturen der Beratungs- und Hinweispflicht zu unbestimmt und stellen nicht

1099 *Koch*, Der rechtliche Status, S. 158 f.
1100 *Oetker*, in: Schmidt/Lutter, Aktiengesetz, Vorb. §§ 394, 395 Rn. 14.
1101 *Oetker*, in: Schmidt/Lutter, Aktiengesetz, Vorb. §§ 394, 395 Rn. 14.
1102 *Zöllner*, AG 1984, 147, 148.
1103 Für Bundesbeamte siehe § 62 Abs. 1 S. 1 BBG.
1104 OVG Münster NVwZ-RR 2013, 850; *Werres*, in: BeckOK Beamtenrecht Bund, § 35 BeamtStG, Rn. 4.
1105 *Thode*, AG 1997, 547, 549; *Will*, VerwArch 94 (2003), 248, 262.
1106 *Zöllner*, AG 1984, 147, 148.

mehr „als eine allgemeine Umschreibung der beamtenrechtlichen Pflichtenlage gegenüber Vorgesetzten“[1107] dar. Schließlich muss beachtet werden, dass sich die Akteure der Gemeindeverwaltung auf der Ebene der Gleichordnung gegenübertreten und nicht im Rahmen einer hierarchischen Entscheidungsstruktur, wie dies im Verwaltungsaufbau auf Bundes- und Landesebene der Fall ist. Da die Koordination verschiedener hierarchischer Organisationsstufen aber das vorrangige Ziel der beamtenrechtlichen Hinweispflicht darstellt, kann sie im kommunalen Bereich auch aus diesem Grund nicht zur Begründung einer Berichtspflicht herangezogen werden.[1108]

III. Unterrichtungspflichten kraft erweiterter Abschlussprüfung nach §§ 53, 54 HGrG

1. Regelungszweck und Geltungsbereich

Die Vorschriften der §§ 53, 54 HGrG räumen der öffentlichen Hand besondere Prüfungs- und Unterrichtungsrechte gegenüber ihren Beteiligungsunternehmen ein. Mit diesen soll den Risiken begegnet werden, die aus der staatlichen Beteiligung an privaten Gesellschaften resultieren. Denn der Gebietskörperschaft als Aktionärin nach allgemeinen Vorschriften eingeräumte Informationsrechte sind nach Auffassung der staatlichen Finanzkontrolle für eine umfassende Kontrolle regelmäßig unzureichend. Die haushaltsrechtlichen Prüfungsrechte ergänzen und erweitern daher die aktienrechtlichen Regelungen der §§ 394, 395 AktG.[1109]

Da die Gesetzgebungskompetenz nicht etwa aus Art. 109 GG, sondern aus der Zuständigkeit des Bundes für das gesellschaftsrechtliche Rechtsregime folgt, sind die Vorschriften der §§ 53, 54 HGrG trotz ihrer Implementierung in das Haushaltsgrundsätzegesetz dem Gesellschaftsrecht zuzuordnen.[1110] Sie sind folglich als leges speciales gegenüber den allgemeinen gesellschafts- und handelsrechtlichen Vorschriften zu betrachten.[1111] Die Kontrollrechte stellen mitgliedschaftliche Vorzugsrechte der Gebietskörperschaft dar und normieren damit eine Abweichung vom Gleichbehandlungsgrundsatz des § 53a HGrG, was seine verfassungsrechtliche Rechtfertigung in dem Bedürfnis nach einer öffentlichen Finanzkontrolle findet.[1112]

1107 *Zöllner*, AG 1984, 147, 148 f.; siehe auch *Faber*, Gesellschaftsrechtliche Bindungen für Aufsichtsratsmitglieder, S. 128.

1108 *Schmidt-Aßmann/Ulmer*, BB 1988, Beil. 13, 1, 20 f.; *Strobel*, Verschwiegenheits- und Auskunftspflicht kommunaler Vertreter, S. 171.

1109 *Lutter/Grunewald*, WM 1984, 385, 386; *Schmidt-Aßmann/Ulmer*, BB 1988, Beil. 13, 1, 11; *Schön*, ZGR 1996, 429, 433.

1110 *Keßler/Herzberg*, NZG 2007, 531.

1111 *Hartmann*, ZögU 5 (1982), 276, 285; *Lutter/Grunewald*, WM 1984, 385, 387; *von Lewinski/Burbat*, Haushaltsgrundsätzegesetz, § 53 Rn. 1.

1112 *Schürnbrand*, in: MüKo AktG, Vorb. §§ 394, 395 Rn. 57.

In ihren Geltungsbereich fallen als Gebietskörperschaften nicht nur der Bund und die Länder (§ 49 HGrG), sondern auch die Gemeinden und Gemeindeverbände.[1113]

2. *Regelungsinhalt der §§ 53, 54 HGrG*

a) § 53 HGrG

Kumulative Voraussetzungen der erweiterten Prüfungs- und Informationsrechte des § 53 Abs. 1 HGrG sind neben der Prüfungspflichtigkeit des privatrechtlich organisierten Unternehmens und einem entsprechenden Verlangen der Gebietskörperschaft ihr Mehrheitsbesitz an der Gesellschaft. Da die Vorschrift im Lichte des § 16 AktG zu lesen ist, meint die Anteilsmehrheit in diesem Sinne die Mehrheit der Kapitalanteile. Die Mehrheit der Stimmen ist demgegenüber weder erforderlich noch ausreichend.[1114] Dem Mehrheitsbesitz gleichgestellt wird nach § 53 Abs. 1 HGrG die Anteilseignerschaft an mindestens 25 Prozent der Kapitalanteile, wenn der Gebietskörperschaft gemeinsam mit mindestens einer weiteren Gebietskörperschaft die Anteilsmehrheit gehört.

Während die eigentliche Abschlussprüfung darauf beschränkt ist, den Jahresabschluss und den Jahresbericht auf ihre Übereinstimmung mit den gesetzlichen Vorgaben (§ 317 Abs. 1 S. 2, 3 HGB) zu überprüfen, erstreckt sich das erste erweiterte Informationsrecht nach § 53 Abs. 1 Nr. 1 HGrG auch auf die Ordnungsgemäßheit der Geschäftsführung. Hierbei ist zu prüfen, „ob die Geschäfte des Unternehmens nach kaufmännischen Grundsätzen mit der Sorgfalt eines ordentlichen Geschäftsmanns getätigt worden sind“[1115]. Der unbestimmte Rechtsbegriff macht deutlich, dass sich die Prüfung nicht auf die Geschäftsführung an sich bezieht, sondern lediglich deren Ordnungsgemäßheit den Prüfungsgegenstand darstellt.[1116]

Die Prüfung der wirtschaftlichen Lage des Unternehmens markiert den Schwerpunkt der erweiterten Informationsrechte nach § 53 Abs. 1 Nr. 2 HGrG. Darunter fällt die Berichterstattung über die Entwicklung der Vermögens- und Ertragslage sowie die Liquidität und Rentabilität der Gesellschaft, über verlustbringende Geschäfte und die Ursachen der Verluste, wenn diese Geschäfte und die Ursachen für die Vermögens- und Ertragslage von Bedeutung waren sowie über die Ursachen eines in der Gewinn- und Verlustrechnung ausgewiesenen Jahresfehlbetrages.

Nach § 53 Abs. 1 Nr. 3 HGrG kann die Gebietskörperschaft schließlich die unverzügliche Übersendung des Prüfungsberichts über den Einzel- beziehungsweise gegebenenfalls den Konzernabschluss verlangen. Die Übersendung wird durch den Vorstand der Gesellschaft ohne schuldhaftes Zögern im Sinne des § 121

1113 *Koch*, in: Hüffer/Koch, Aktiengesetz, § 394 Rn. 23; für die Prüfung nach § 54 HGrG bei Gemeinden und Gemeindeverbänden siehe *Schmidt*, ZögU 4 (1981), 456, 467 ff.
1114 *Koch*, in: Hüffer/Koch, Aktiengesetz, § 394 Rn. 7.
1115 *Lutter/Grunewald*, WM 1984, 385, 391.
1116 *Lutter/Grunewald*, WM 1984, 385, 391; *von Lewinski/Burbat*, Haushaltsgrundsätzegesetz, § 53 Rn. 10.

Abs. 1 S. 1 BGB veranlasst.[1117] Auch diese Regelung stellt ein Informationsprivileg zugunsten der öffentlichen Hand dar, da gemäß § 170 Abs. 1 S. 1 AktG grundsätzlich der Vorstand dem Aufsichtsrat den Prüfungsbericht vorlegt, welcher sodann nach eigener Prüfung der Hauptversammlung Bericht erstattet (§ 171 Abs. 2 S. 1 AktG).[1118]

b) § 54 HGrG

Die Vorschrift des § 54 HGrG erlaubt in Absatz 1 eine Ausgestaltung der Satzung beziehungsweise des Gesellschaftsvertrages des Beteiligungsunternehmens dergestalt, dass sich die Rechnungsprüfungsbehörde der Gebietskörperschaft zur Betätigungsprüfung nach § 44 HGrG unmittelbar bei dem privatrechtlichen Unternehmen unterrichten kann und zu diesem Zweck den Betrieb, die Bücher und die Schriften des Unternehmens einsehen kann.[1119] Das Recht auf unmittelbare Unterrichtung folgt daher nicht unmittelbar aus § 54 HGrG, sondern die Vorschrift statuiert lediglich die Voraussetzungen, unter denen eine entsprechende Änderung der Satzung beziehungsweise des Gesellschaftsvertrages möglich ist.[1120] Im Hinblick auf die Voraussetzungen des Selbstunterrichtungsrechts müssen aufgrund des Verweises auf § 53 HGrG zum einen die Voraussetzungen dieser Vorschrift vorliegen. Zum anderen ist für die entsprechende Satzungs- beziehungsweise Gesellschaftsvertragsänderung eine Dreiviertelmehrheit des in der Hauptversammlung vertretenen Kapitals erforderlich.

3. Herleitung von besonderen Berichtspflichten eines kommunalen Aufsichtsratsmitglieds aus den erweiterten haushaltsrechtlichen Informationsrechten einer Gebietskörperschaft

Teilweise wird in der Literatur die Sondervorschrift des § 53 HGrG zur Begründung besonderer Berichtspflichten von kommunal entsandten Aufsichtsratsmitgliedern gegenüber ihrer Entsendungskörperschaft in Stellung gebracht. Als Anknüpfungspunkt dient insbesondere das Recht der Gebietskörperschaft aus § 53 Abs. 1 Nr. 3 HGrG auf Übersendung des Prüfungsberichts. Ferner kommen § 53 Abs. 1 Nr. 1 HGrG sowie § 54 HGrG in Betracht.

1117 *Lutter/Grunewald*, WM 1984, 385, 387; *Oetker*, in: Schmidt/Lutter, Aktiengesetz, Vorb. §§ 394, 395 Rn. 26.

1118 *Schmidt-Aßmann/Ulmer*, BB 1988, Beil. 13, 1, 11.

1119 Zur Anwendung der Prüfung nach § 54 HGrG bei Gemeinden und Gemeindeverbänden siehe *Schmidt*, ZögU 4 (1981), 456, 467 ff.

1120 *von Lewinski/Burbat*, Haushaltsgrundsätzegesetz, § 54 Rn. 2.

a) *Besondere Berichtspflichten aus der Geschäftsführungsprüfung nach § 53 Abs. 1 Nr. 1 HGrG*

Der Herleitung besonderer Berichtspflichten eines kommunalen Aufsichtsratsmitgliedes aus den erweiterten Informationsrechten einer kommunalen Gebietskörperschaft nach § 53 Abs. 1 Nr. 1 HGrG ist zu widersprechen. Dafür ist anzuführen, dass die besonderen haushaltsrechtlichen Informationsrechte aus § 53 Abs. 1 HGrG lediglich die mitgliedschaftliche Vorzugsstellung des öffentlichen Gesellschafters zum Ausdruck bringen und gerade nicht auf eine Durchbrechung der gesellschaftsrechtlichen Zuständigkeitsordnung zielen.[1121] Dies wird bereits dadurch belegt, dass der öffentlichen Hand lediglich ein mitgliedschaftlicher Anspruch auf Erteilung des erweiterten Prüfungsauftrages gegen das Unternehmen zusteht, die zusätzliche Prüfung jedoch durch das Unternehmen, vertreten durch das Geschäftsführungsorgan, selbst beauftragt wird.[1122] Eine besondere Pflichtenstellung der entsandten Aufsichtsratsmitglieder ist daher mit der Geschäftsführungsprüfung nicht verbunden. Findet diese Eingang in den Prüfungsbericht, bleibt es bei den allgemeinen Pflichten aus §§ 170 f. AktG.[1123]

b) *Besondere Berichtspflichten aus der Berichtszusendung nach § 53 Abs. 1 Nr. 3 HGrG*

Teile der Literatur sprechen sich für die Befugnis und die Pflicht der gewählten und entsandten Aufsichtsratsmitglieder aus, den Prüfungsbericht an ihre kommunale Entsendungskörperschaft weiterzuleiten und berufen sich dabei auf die Vorschriften der §§ 394, 395 AktG.[1124] Die Vorschrift des § 394 S. 1 AktG, der gewählte oder entsandte Aufsichtsratsmitglieder hinsichtlich der ihrer Gebietskörperschaft zu erstattenden Berichte von ihrer grundsätzlichen Verschwiegenheitspflicht freistelle, erlaube gerade auch, diesen Berichten vertrauliche Unterlagen, wie etwa den Prüfungsbericht, beizufügen.[1125]

Dem muss jedoch widersprochen werden. Bereits der Wortlaut des haushaltsrechtlichen Informationsprivilegs nach § 53 Abs. 1 Nr. 3 HGrG sagt nichts über eine besondere Berichtspflicht eines Aufsichtsmitgliedes aus.[1126] Aus der Systematik der Sonderregelung des § 53 HGrG lässt sich vielmehr entnehmen, dass die privilegierte Stellung der öffentlichen Hand an spezifische Tatbestandsvoraussetzungen

---

1121 *Schmidt-Aßmann/Ulmer*, BB 1988, Beil. 13, 1, 11.

1122 *Lutter/Grunewald*, WM 1984, 385, 387; *Schmidt-Aßmann/Ulmer*, BB 1988, Beil. 13, 1, 11.

1123 *Schmidt-Aßmann/Ulmer*, BB 1988, Beil. 13, 1, 11.

1124 *Lohl*, AG 1970, 159, 163; *Kropff*, in: FS Hefermehl, S. 327, 335; *Zavelberg*, in: FS Forster, S: 723, 732; *Eibelshäuser*, in: FS Lüder, S. 693, 709 ff; *Schürnbrand*, in: MüKo AktG, § 394 Rn. 35.

1125 *Lohl*, AG 1970, 159, 163.

1126 *Lutter/Grundwald*, WM 1984, 385, 397.

gebunden ist. *Schmidt-Aßmann/Ulmer* beschreiben die Vorschrift insoweit als „Ausdruck eines Systems tatbestandlich spezifizierter Informationsvorrechte der öffentlichen Hand“[1127]. Den Tatbestandsmerkmalen kommt daher auch eine begrenzende Funktion zu. Allumfassende und beliebige Informationsstränge sollen den Gebietskörperschaften demgegenüber nicht zugestanden werden.[1128] Gelänge es der öffentlichen Hand ansonsten, auch nur ein Aufsichtsratsmitglied in das Aufsichtsorgan eines Beteiligungsunternehmens zu entsenden, würde dies zu einem faktischen Leerlaufen der besonderen Voraussetzungen des § 53 Abs. 1 HGrG im Hinblick auf die Erlangung von Prüfungsberichten führen.[1129] Darüber hinaus muss, wie dargestellt,[1130] berücksichtigt werden, dass die haushaltsrechtlichen Vorschriften des Bundes und der Länder nicht in die Rechtsstellung verwaltungsexterner Personen eingreifen, sondern lediglich verwaltungsinterne Rechtspositionen schaffen.[1131] Die kommunalen Aufsichtsratsmitglieder sind daher weder berechtigt noch verpflichtet, erhaltene Abschlussberichte an ihre Entsendungskörperschaft weiterzureichen.[1132]

c) Besondere Berichtspflichten aufgrund des Selbstunterrichtungsrechts nach § 54 HGrG

Eine abweichende Beurteilung rechtfertigt sich nicht aus dem Selbstunterrichtungsrecht der Rechnungsprüfungsbehörde nach § 54 HGrG. Die Vorschrift öffnet zwar das Gesellschaftsrecht, um Sonderrechte zugunsten der öffentlichen Hand zu begründen. Jedoch gilt auch hier, dass einer Gebietskörperschaft keine weitreichenden Prüfungsbefugnisse eingeräumt werden. Der öffentlichen Hand sollen vielmehr dort, wo andere Erkenntnisquellen der Unternehmensprüfung zu einer sachgerechten öffentlichen Finanzkontrolle nicht ausreichen, tatbestandlich genau bestimmte und eingegrenzte Prüfungsbefugnisse zustehen.[1133] Wie schon der Wortlaut der Vorschrift nahelegt, sind die Mittel der Informationsbeschaffung gesetzlich exakt definiert, sodass eine Berichtspflicht der kommunalen Aufsichtsratsmitglieder auch unter diesem Gesichtspunkt ausscheiden muss.[1134] Zudem muss berücksichtigt werden, dass durch die Entsendung eines Aufsichtsratsmitgliedes

1127 *Schmidt-Aßmann/Ulmer*, BB 1988, Beil. 13, 1, 12.
1128 *Schmidt-Aßmann/Ulmer*, BB 1988, Beil. 13, 1, 12.
1129 *Martens*, AG 1984, 29, 38.
1130 Siehe 4. Kapitel A.III.3.a).
1131 *Lutter/Grunewald*, WM 1984, 385, 397; *Schmidt-Aßmann/Ulmer*, BB 1988, Beil. 13, 1, 11.
1132 *Lutter/Grundwald*, WM 1984, 385, 387; *Martens*, AG 1984, 29, 36 ff.; *Schmidt-Aßmann/Ulmer*, BB 1988, Beil. 13, 1, 12; *Faber*, Gesellschaftsrechtliche Bindungen für Aufsichtsratsmitglieder, S. 123.
1133 *Schmidt-Aßmann/Ulmer*, BB 1988, Beil. 13, 1, 12; *Faber*, Gesellschaftsrechtliche Bindungen für Aufsichtsratsmitglieder, S. 123.
1134 *Schmidt-Aßmann/Ulmer*, BB 1988, Beil. 13, 1, 13.

ansonsten die strengen Voraussetzungen der § 54 Abs. 1 iVm § 53 HGrG umgangen würden.[1135]

B. Verschwiegenheitspflicht des Aufsichtsratsmitgliedes

Im Widerspruch zu den etwaigen Berichtspflichten eines kommunalen Aufsichtsratsmitgliedes verhält sich die Pflicht zur Verschwiegenheit, welche sich aus der Mitgliedschaft in dem Aufsichtsorgan eines öffentlichen Unternehmens beziehungsweise eines Beteiligungsunternehmens ergibt. So haben Aufsichtsratsmitglieder nach § 116 S. 1 iVm § 93 Abs. 1 S. 3 AktG über vertrauliche Angaben und Geheimnisse der Gesellschaft, namentlich Betriebs- und Geschäftsgeheimnisse, die ihnen durch ihre Tätigkeit im Aufsichtsrat bekanntgeworden sind, Stillschweigen zu bewahren. Dieser Grundsatz gilt nicht nur für die Aufsichtsräte einer Aktiengesellschaft, sondern auch für diejenigen einer GmbH.[1136]

Mit dem Transparenz- und Publizitätsgesetz[1137] ist § 116 S. 2 AktG in das Aktiengesetz aufgenommen worden, der die Bedeutung der Verschwiegenheitspflicht unterstreicht, ohne in der Sache selbst jedoch Änderungen gegenüber der früheren Rechtslage mit sich gebracht zu haben.[1138] Die Vorschrift stellt klar,[1139] dass die Aufsichtsratsmitglieder insbesondere im Hinblick auf erhaltene vertrauliche Berichte und vertrauliche Beratungen zur Verschwiegenheit verpflichtet sind. Die Vorschrift des § 116 AktG ist ein allgemeines Gesetz im Sinne des Art. 5 Abs. 2 GG, sodass die Meinungsäußerungsfreiheit, die auch einem Organwalter zusteht, in verfassungsrechtlich gerechtfertigter Weise eingeschränkt wird. Legitimer Zweck ist dabei die vertrauensvolle Zusammenarbeit innerhalb des Aufsichtsorgans.[1140] Weiter stellt die Verschwiegenheitspflicht das notwendige Korrelat zu der Pflicht des Vorstandes dar, dem Aufsichtsrat im Hinblick auf die Angelegenheiten der Gesellschaft in vollständiger Offenheit entgegenzutreten.[1141]

Vor dem Hintergrund der Einwirkungspflichten des kommunalen Gesellschafters bezüglich seiner privatrechtlich organisierten Unternehmen sind der Inhalt und der Umfang der Verpflichtung zur Verschwiegenheit der entsandten Aufsichtsratsmitglieder von besonderer Bedeutung. Im Folgenden soll die gesellschaftsrechtliche Verschwiegenheitspflicht vorgestellt werden.

1135 *Martens*, AG 1984, 29, 38.

1136 Für den fakultativen GmbH-Aufsichtsrat ergibt sich dies aus § 52 Abs. 1 GmbH und für den obligatorischen GmbH-Aufsichtsrat aus § 25 Abs. 1 S. 1 Nr. 2 MitbestG bzw. § 1 Abs. 1 Nr. 3 DrittelbG.

1137 BGBl. I [2002] S. 2681.

1138 *Spindler*, ZIP 2011, 689, 690.

1139 *Gaul/Otto*, GmbHR 2003, 6, 12.

1140 *Säcker*, NJW 1986, 803, 804; *Spindler*, in: Spindler/Stilz, Aktiengesetz, § 116 Rn. 99.

1141 *Koch*, in: Hüffer/Koch, Aktiengesetz, § 116 Rn. 9.

I. Verschwiegenheitspflicht als Kehrseite des Informationsanspruchs des Aufsichtsrates der Aktiengesellschaft

1. *Überwachungsaufgabe des AG-Aufsichtsrates*

Nach § 111 Abs. 1 AktG hat der Aufsichtsrat die Geschäftsführung zu überwachen.[1142] Diese Kontrollaufgabe erstreckt sich nicht nur auf in der Vergangenheit liegende, bereits abgeschlossene Sachverhalte, sondern sie bezieht sich auch auf zukünftige Fragen der Unternehmenspolitik. Sie umfasst ferner nicht nur eine Rechtmäßigkeitsprüfung, sondern muss auch Aspekte der Wirtschaftlichkeit und Zweckmäßigkeit der Geschäftsleitung einbeziehen.[1143] Die Aufsichtsräte haben insbesondere zu kontrollieren, ob die Tätigkeit des Geschäftsführungsorgans den Sorgfaltsanforderungen des § 93 Abs. 1 AktG entspricht.[1144] Da eine solche Kontrolle nur durch eine ständige Diskussion und eine laufende Konsultation mit dem Vorstand ausgeübt werden kann, ist die Beratung das primäre Mittel der zukunftsgerichteten Kontrolle der Geschäftsführung.[1145] Niederschlag findet dies auch im Deutschen Corporate Governance Kodex, wenn es in Ziff. 3.1 DCGK heißt, dass Vorstand und Aufsichtsrat zum Wohl des Unternehmens eng zusammenarbeiten und in Ziff. 3.2 DCGK, dass der Vorstand die strategische Ausrichtung des Unternehmens mit dem Aufsichtsrat abstimmt und mit ihm in regelmäßigen Abständen den Stand der Strategieumsetzung erörtert.

2. *Informationsanspruch des AG-Aufsichtsrates*

Voraussetzung der Kontrollaufgabe des Aufsichtsrats ist dessen Versorgung mit ausreichend Informationen über die Lage der Gesellschaft. Diesem Zweck dienen unter anderem die Vorlagepflichten nach §§ 170 Abs. 1, 314 Abs. 1 S. 1 AktG sowie die Berichtspflichten des Vorstandes gemäß § 90 AktG.[1146] Der damit korrespondierende Informationsanspruch des Aufsichtsorgans ist als Pflichtrecht zu begreifen. Das bedeutet, dass der Vorstand zwar auch ohne Aufforderung zur Berichterstattung verpflichtet ist. In Zweifelsfällen muss der Aufsichtsrat jedoch selbst Sorge dafür tragen, dass er die erforderlichen Informationen erhält. Im Hinblick auf die

---

1142 Zur Überwachungsfunktion des Aufsichtsrates nach dem Aktiengesetz 1965 siehe *Lieder*, Aufsichtsrat im Wandel, S. 461 ff.; zur Compliance-Verantwortung des Aufsichtsrates siehe *Siepelt/Pütz*, CCZ 2018, 78 ff.

1143 BGH NJW 1991, 1830, 1831; NJW 1997, 1926, 1927; siehe *Lieder*, Aufsichtsrat im Wandel, S. 804 ff.

1144 *Habersack*, in: MüKo AktG, § 111 Rn. 53.

1145 *Krieger*, ZGR 1985, 338, 340 ff.

1146 *Koch*, in: Hüffer/Koch, Aktiengesetz, § 90 Rn. 2; ausführlich zum Informationsrecht des Aufsichtsrates einer Aktiengesellschaft *Manger*, NZG 2010, 1255 ff.

Informationsversorgung obliegt ihm also auch eine Holschuld.[1147] Das Aktiengesetz enthält in § 111 Abs. 2 AktG entsprechende Einsichts- und Prüfungsrechte. Diese sind weit zu verstehen und gewähren dem Aufsichtsrat den Zugriff auf den gesamten Datenbestand der Gesellschaft sowie Zutritt zu sämtlichen Räumlichkeiten.[1148] Auch der Deutsche Corporate Governance Kodex macht in Ziff. 3.4 Abs. 1 DCGK die Ausstattung des Aufsichtsrates mit Informationen zur gemeinsamen Aufgabe des Vorstandes und des Aufsichtsrates.

3. Verschwiegenheitspflicht des Aufsichtsratsmitgliedes des AG-Aufsichtsrates

Kehrseite dieses Informationsanspruchs des Aufsichtsrates ist die Pflicht der Aufsichtsratsmitglieder, die erhaltenen Informationen streng vertraulich zu behandeln und Stillschweigen zu bewahren. Die Verschwiegenheitspflicht ist bereits Ausfluss der allgemeinen organschaftlichen Treue- und Sorgfaltspflicht eines jeden Organmitgliedes, weshalb die Vorschriften des § 116 S. 1 und 2 sowie § 93 Abs. 1 S. 3 AktG nur eine Selbstverständlichkeit zum Ausdruck bringen. Sie haben keinen konstitutiven, sondern lediglich deklaratorischen Charakter.[1149] Der BGH bezeichnet das Schweigegebot als abschließende Regelung, welche bei einer Aktiengesellschaft weder abgemildert noch verschärft werden könne. Es beruhe „auf einer Abwägung, inwieweit es zum Schutz übergeordneter Geheimhaltungsinteressen geboten, aber auch tragbar erscheint, die Bewegungsfreiheit der Organmitglieder unter Berücksichtigung ihrer gesetzlichen Funktionen zu beschränken“[1150].

Die Verschwiegenheitspflicht gilt bei der Aktiengesellschaft auch gegenüber den Aktionären, dem Betriebsrat, der Belegschaft und den Gewerkschaften, nicht jedoch im Verhältnis der Aufsichtsratsmitglieder untereinander oder dem Vorstand gegenüber.[1151] Adressat sind grundsätzlich sämtliche Mitglieder des jeweiligen Aufsichtsorgans, gleich auf welcher Form der Bestellung beziehungsweise Entsendung ihre Mitgliedschaft beruht, also auch die Arbeitnehmervertreter sowie die Vertreter eines Großaktionärs.[1152]

1147 *Hüffer*, NZG 2007, 47, 49; *Wilsing/von der Linden*, ZHR 178 (2014), 419, 424.

1148 *Hüffer*, NZG 2007, 47, 53; *Grigoleit/Tomasic*, in: Grigoleit, Aktiengesetz, § 111 Rn. 24; *Wilsing/von der Linden*, ZHR 178 (2014), 419, 424.

1149 *Gaul*, GmbHR 1986, 296, 297; *Säcker*, NJW 1986, 803; *Schwintowski*, NJW 1990, 1009, 1011; *Flore*, BB 1993, 133; *Gundlach/Frenzel/Schmidt*, LKV 2001, 246, 250; *Wilsing/von der Linden*, ZHR 178 (2014), 419, 425; *Habersack*, in: MüKo AktG, § 116 Rn. 52.

1150 BGH NJW 1975, 1412; siehe auch BGH NZG 2008, 834.

1151 *Lutter*, Information und Vertraulichkeit, Rn. 463; *Bank*, NZG 2013, 801, 802; *Dittmar*, AG 2013, 498 f.

1152 BGH NJW 1975, 1412; BAG AG 2009, 832, 834; *Meyer-Landrut*, ZGR 1975, 510, 511 f.; *Edenfeld/Neufang*, AG 1999, 49, 52; *Bank*, NZG 2013, 801, 802; *Spindler*, in: Spindler/Stilz, Aktiengesetz, § 116 Rn. 103; zu der Sonderregelung der §§ 394, 395 AktG siehe 4. Kapitel C.

II. Verschwiegenheitspflicht als Kehrseite des Informationsanspruchs des Aufsichtsrates der GmbH

1. *Überwachungsaufgabe des GmbH-Aufsichtsrates*

Auch für den Aufsichtsrat einer GmbH, gleich ob eine fakultative oder obligatorische Errichtung zugrunde liegt, gilt, dass er die Geschäftsführung zu überwachen hat. Dies ergibt sich nicht erst aus § 111 Abs. 1 AktG, auf welchen die entsprechenden GmbH-rechtlichen Vorschriften verweisen[1153], sondern bereits aus seinem Wesen als Kontrollorgan.[1154] Die Überwachung durch den Aufsichtsrat muss gewährleisten, dass das Geschäftsführungsorgan alles unternimmt, um den langfristigen Bestand der Ertragskraft der Gesellschaft zu erhalten.[1155] Im Gegensatz zur Aktiengesellschaft ist bei der GmbH jedoch die Stellung der Gesellschafter von besonderer Bedeutung. Denn die Gesellschafterversammlung kann Kontrollbefugnisse im Hinblick auf die Geschäftsführung selbst dann ausüben, wenn das Gesetz einen zwingenden Aufsichtsrat vorsieht.[1156]

Die Überwachungsaufgabe kann bei einer GmbH mit fakultativem Aufsichtsrat zwar kraft Regelung im Gesellschaftsvertrag von der Gesellschafterversammlung auf das Aufsichtsorgan verlagert werden. Dadurch geht der Gesellschafterversammlung jedoch lediglich die Pflicht, nicht aber die Befugnis zur laufenden Überwachung der Geschäftsführung verloren.[1157] Dem Aufsichtsrat einer GmbH kommt daher eine „Mittelstellung“[1158] zu. Zwar bleibt folglich die Gesellschafterversammlung das oberste Überwachungsorgan der Gesellschaft. Daraus folgt jedoch keine Entlastung des Aufsichtsrats im Hinblick auf die Intensität seiner Überwachungsaufgabe. Er muss vielmehr die Geschäftsführung eigenverantwortlich und umfänglich beaufsichtigen.[1159] Dazu zählen bei dem GmbH-Aufsichtsrat ebenfalls die Kontrolle der Rechtmäßigkeit, Ordnungsgemäßheit und Wirtschaftlichkeit der Geschäftsführung.[1160] Ferner ist zu prüfen, ob die Betätigung des Unternehmens den gesellschaftsvertraglichen Vorgaben entspricht und ob die Geschäfte mit der Sorgfalt eines ordentlichen Geschäftsmannes gemäß § 43 Abs. 1 GmbHG erledigt werden.[1161]

1153 § 52 Abs. 1 GmbHG; § 1 Abs. 1 Nr. 3 DrittelbG; § 25 Abs. 1 S. 1 Nr. 2 MitbestG.
1154 *Gern*, KommJur 1, 4.
1155 *Böcking/Kiehne*, Der Konzern 2010, 296, 300.
1156 BGH BB 1997, 1223, 1224; *Zöllner*, ZGR 1077, 319. 329; *Lutter*, ZGR 1982, 1, 7.
1157 *Meier*, DStR 1997, 1894.
1158 *Reichert*, Die besondere Stellung der Vertreter, S. 38.
1159 *Reichert*, Die besondere Stellung der Vertreter, S. 38.
1160 *Jaeger*, in: BeckOK GmbHG, § 52 Rn. 28.
1161 *Reichert*, Die besondere Stellung der Vertreter, S. 39.

2. *Informationsanspruch des GmbH-Aufsichtsrates*

Auch der GmbH-Aufsichtsrat bedarf zur sachgerechten Ausübung seiner Überwachungsaufgabe entsprechender Informationsrechte. Die Vorschrift des § 52 Abs. 1 GmbHG verweist für den fakultativen Aufsichtsrat, die Vorschriften insbesondere der § 1 Abs. 1 Nr. 3 DrittelbG sowie § 25 Abs. 1 S. 1 Nr. 2 MitbestG verweisen für den obligatorischen Aufsichtsrat auf die aktienrechtliche Regelungen des § 90 Abs. 3, 4 und 5 S. 1 und 2 AktG (Berichterstattung durch die Geschäftsführung), des § 109 Abs. 1 S. 2 AktG (Hinzuziehung von Sachverständigen und Auskunftspersonen zur Beratung)[1162] sowie auf diejenige des § 111 Abs. 2 S. 1 und S. 2 AktG (Einsichtnahme und Prüfung der Geschäftsbücher und der Vermögensgegenstände). Darüber hinaus hat die Geschäftsführung dem freiwilligen sowie dem zwingenden Aufsichtsrat nach § 170 Abs. 1 S. 1, 2 und Abs. 2 AktG, auf welchen die Regelungen des GmbH-Rechts ebenfalls verweisen, den Jahresabschluss, den Lagebericht und gegebenenfalls den Konzernabschluss sowie den Konzernlagebericht vorzulegen. Ferner ist die Geschäftsführung zur Vorlage des Gewinnverwendungsvorschlags verpflichtet.

Von besonderer Bedeutung ist, dass die Verweisungen in § 52 Abs. 1 GmbHG sowie den Mitbestimmungsgesetzen nicht auf die Absätze 1 und 2 des § 90 AktG verweisen. Diese sehen eine laufende, von einem Verlangen unabhängige Unterrichtung des Aufsichtsrates durch das Geschäftsführungsorgan vor.[1163] In der Literatur wird teilweise vertreten, dass die Geschäftsführung der GmbH dennoch zu einer solchen verpflichtet sei.[1164] Dabei wird unter anderem darauf hingewiesen, dass es sich um ein Redaktionsversehen des Gesetzgebers handle.[1165] Auch wird aus § 43 GmbHG eine entsprechende Verpflichtung hergeleitet, da ohne regelmäßige Berichte eine ordnungsgemäße Geschäftsführung nicht denkbar sei.[1166] Dagegen spricht jedoch, dass nachträgliche Gesetzesänderungen eine Erweiterung der Verweisungsvorschriften auf § 90 Abs. 1, 2 AktG nicht mit sich gebracht haben, sodass von einer planwidrigen Regelungslücke des Gesetzgebers nicht ausgegangen werden kann.[1167] Ferner verlangt § 43 GmbHG lediglich die sorgfältige Auskunftserteilung im Hinblick auf die durch Gesetz oder Gesellschaftsvertrag verlangten Auskünfte.[1168] Die Herleitung einer Berichtspflicht aus dieser Vorschrift beruht daher auf einem Zirkelschluss.[1169] Ferner ist, wie dargestellt, auch

---

1162 Auf diese Vorschrift verweisen die mitbestimmungsrechtlichen Vorschriften, nicht aber § 52 Abs. 1 GmbHG für den fakultativen Aufsichtsrat.

1163 Ausführlich dazu *Hüffer*, NZG 2007, 47, 49 f.

1164 *Duden*, ZHR 141 (1977), 145, 176 f.; *Meier*, DStR 1997, 1894; *Faber*, Gesellschaftsrechtliche Bindungen für Aufsichtsratsmitglieder, S. 221.

1165 *Duden*, ZHR 141 (1977), 145, 177.

1166 Vgl. *Spindler*, in: MüKo GmbHG, § 52 Rn. 322 m.w.N. in Fn. 1131.

1167 *von Hoyningen-Huene/Powietzka*, BB 2001, 529, 530; *Westermann/Maier*, KommJur 2011, 169, 171.

1168 *von Hoyningen-Huene/Powietzka*, BB 2001, 529, 530.

1169 *von Hoyningen-Huene/Powietzka*, BB 2001, 529, 530.

die Gesellschafterversammlung bei der GmbH zur Kontrollausübung befugt. Dies rechtfertigt eine Reduktion der Bereitstellung von Informationen für den GmbH-Aufsichtsrat dergestalt, dass dieser die gewünschten Informationen grundsätzlich nur auf Verlangen erhält.[1170] Der unterbliebene Verweis auf die periodisch zu erfolgenden Berichtspflichten betont in diesem Sinne die erforderliche Initiative des Aufsichtsrats der GmbH im Gegensatz zu demjenigen der Aktiengesellschaft.[1171] Eine regelmäßige Pflicht zur Unterrichtung des Aufsichtsrates kann jedoch im Gesellschaftsvertrag oder in einer Informationsordnung verankert werden.[1172] In extremen Fällen, zum Beispiel bei drohender Insolvenz, kann die allgemeine Sorgfaltspflicht sowie das Unternehmensinteresse jedoch ausnahmsweise eine unaufgeforderte Berichterstattung über wesentliche Entwicklungen gebieten.[1173]

3. *Verschwiegenheitspflicht der Aufsichtsratsmitglieder des GmbH-Aufsichtsrates*

Die Vorschrift des § 52 Abs. 1 GmbHG sowie die für den obligatorischen Aufsichtsrat geltenden mitbestimmungsrechtlichen Vorschriften verweisen insbesondere auf § 116 AktG und die dort normierte Pflicht zur Verschwiegenheit. Diese gilt somit nach der gesetzlichen Ausgangssituation für die Aufsichtsratsmitglieder einer GmbH in gleicher Weise wie für diejenigen einer Aktiengesellschaft. Während bei der Aktiengesellschaft die Verschwiegenheitsverpflichtung grundsätzlich gegenüber jedermann gilt,[1174] fragt sich jedoch, ob das GmbH-Recht oder aber öffentlich-rechtliche Prinzipien für den GmbH-Aufsichtsrat eines öffentlichen Unternehmens eine abweichende Beurteilung rechtfertigen.

Während die Aktionäre bei der Aktiengesellschaft nahezu vollständig von der Geschäftsführung der Kapitalgesellschaft sowie deren Überwachung ausgeschlossen sind, kommt den Gesellschaftern einer GmbH die Rolle des obersten Gesellschaftsorgans zu:[1175] Sie sind zur Bestellung und zur jederzeitigen Abberufung der Geschäftsführer berechtigt (§ 38 Abs. 1 GmbH), können den Geschäftsführern Weisungen erteilen (§ 37 Abs. 1 GmbHG) und ihnen steht bei außergewöhnlichen

1170 H.M.: *von Hoyningen-Huene/Powietzka*, BB 2001, 529, 530; *Gaul/Otto*, GmbHR 2003, 6, 7; *Lutter*, Information und Vertraulichkeit, Rn. 754 f., 775; *Westermann/Maier*, KommJur 2011, 169, 171; *Peres*, in: Saenger/Inhester, GmbHG, § 52 Rn. 83; *Spindler*, in: MüKo GmbHG, § 52 Rn. 322; *Giedinghagen*, in: Heidinger/Leible/Schmidt, GmbHG, § 52 Rn. 254; *Zöllner/Noack*, in: Baumbach/Hueck, GmbHG, § 52 Rn. 134.

1171 *Peres*, in: Saenger/Inhester, GmbHG, § 52 Rn. 83.

1172 *Peres*, in: Saenger/Inhester, GmbHG, § 52 Rn. 83; *Zöllner/Noack*, in: Baumbach/Hueck, GmbHG, § 52 Rn. 134.

1173 *Spindler*, in: MüKo GmbHG, § 52 Rn. 323; *Giedinghagen*, in: Heidinger/Leible/Schmidt, GmbHG, § 52 Rn. 254.

1174 *Bank*, NZG 2013, 801, 802; *Dittmar*, AG 2013, 498 f.

1175 *Witte*, ZGR 1998, 151, 157 f.

Geschäftsführungsmaßnahmen ein außerplanmäßiges Einberufungsrecht zu (§ 49 Abs. 2 GmbHG). Außerdem legen sie die Grundsätze der Unternehmenspolitik fest,[1176] sodass ihnen insgesamt eine umfassende Zuständigkeit bezüglich sämtlicher Angelegenheiten der GmbH zukommt, was noch durch die Prüfungs- und Überwachungsrechte im Hinblick auf die Geschäftsführung (§ 46 Nr. 6 GmbHG) unterstrichen wird.[1177] In Rechnung zu stellen ist ferner, dass das GmbH-Gesetz mit § 51a Abs. 1 GmbHG, welcher auch für die mitbestimmte Gesellschaft Geltung beansprucht,[1178] ein umfangreiches Auskunftsrecht der Gesellschafter gegenüber den Geschäftsführern regelt, während das Aktiengesetz in § 131 AktG lediglich ein eingeschränktes Fragerecht des Aktionärs in der Hauptversammlung normiert.[1179] Deutlich wird, dass das GmbH-Gesetz ausgehend von den strukturellen Unterschieden zwischen Aktiengesellschaft und GmbH einen weitergehenden Ansatz für den Informationsfluss innerhalb der Gesellschaft wählt als das Aktienrecht.[1180]

Für die Reichweite der Geltung der Verschwiegenheitspflicht ist danach zu differenzieren, ob diese zugunsten der Gesellschafter oder des Gemeinderates durchbrochen werden soll.[1181] Weiter ist zu fragen, ob die Öffnungsklausel des § 52 Abs. 1 GmbHG für den fakultativen Aufsichtsrat eine von der Schweigepflicht abweichende Regelung im Gesellschaftsvertrag zulässt. Insoweit besteht ein enger Zusammenhang zu der Vorschrift des § 109 AktG, welcher die grundsätzliche Nichtöffentlichkeit der Aufsichtsratssitzung regelt.

a) Rechtslage bei fakultativem Aufsichtsrat

aa) Keine Geltung der Verschwiegenheitspflicht gegenüber den Gesellschaftern

Nach wohl herrschender und zuzustimmender Auffassung besteht gegenüber den Gesellschaftern einer GmbH die Pflicht zur Verschwiegenheit nicht. Dies ergibt sich bereits aus der Vorschrift des § 51a GmbHG:[1182] Nach § 51a Abs. 1 GmbHG haben die Geschäftsführer jedem Gesellschafter auf Verlangen unverzüglich

---

1176 BGH NJW 1991, 1681, 1682; *Hommelhoff*, ZGR 1978, 119, 124 ff.

1177 *Hommelhoff*, ZGR 1978, 119, 130; *Witte*, ZGR 1998, 151, 157 f.

1178 BGH NJW 1997, 1985.

1179 *Witte*, ZGR 1998, 151, 158.

1180 So auch *Faber*, Gesellschaftsrechtliche Bindungen für Aufsichtsratsmitglieder, S. 223 f.

1181 Diese in der Literatur zumeist nicht vorgenommene Differenzierung bemängeln auch *Ganzer/Tremml*, GewArch 2010, 141, 147; siehe auch *Lampert*, Einflussnahme auf Aufsichtsratsmitglieder, S. 69 f.

1182 BGH NJW 1997, 1985, 1987; OLG Karlsruhe GmbHR 1985, 59, 60 f.; *Witte*, ZGR 1998, 151, 164; *Bank*, NZG 2013, 801, 802; *Weber-Rey/Buckel*, ZHR 177 (2013), 13, 18; *Altmeppen*, in: Roth/Altmeppen, GmbHG, § 52 Rn. 30; *Lutter/Krieger/Verse*, Rechte und Pflichten des Aufsichtsrats, Rn. 1433; *Peres*, in: Saenger/Inhester, GmbHG, § 52

Auskunft über die Angelegenheiten der Gesellschaft zu geben und die Einsicht in Bücher und Schriften zu gestatten. Zweck des Auskunftsrechts ist es, jedem Gesellschafter eine sachgerechte Ausübung seiner Rechte zu ermöglichen.[1183] Auch die Protokolle des Aufsichtsrates gehören zu den Gegenständen, auf die sich das Einsichtsrecht der Gesellschafter bezieht.[1184]

Anspruchsverpflichteter und damit Trägerin der Informationspflicht ist entgegen des missverständlichen Wortlauts der Vorschrift nicht etwa das Geschäftsführungsorgan, sondern die Gesellschaft selbst.[1185] Der Informationsanspruch ist folglich gegen diese zu richten und durch den Geschäftsführer als Vertretungsorgan der GmbH zu erfüllen.[1186] Da es sich bei dem Anspruch aus § 51a GmbHG um ein umfassendes Individualrecht eines jeden Gesellschafters handelt, besteht eine Schweigepflicht auch nicht gegenüber Mitgesellschaftern, und zwar unabhängig davon, ob sie über eine Mehr- oder Minderheitsbeteiligung verfügen.[1187]

Aus der Hierarchiestruktur innerhalb der GmbH, die nicht zuletzt im Auskunftsrecht des § 51a GmbHG Ausdruck findet, folgt, dass dem Einsichtsverlangen der Gesellschafter in Protokolle des Aufsichtsrates die grundsätzliche Verschwiegenheitspflicht der Aufsichtsratsmitglieder nicht entgegengehalten werden kann.[1188] Dies muss auch im Verhältnis zu einem einzelnen Gesellschafter gelten, da nach der Rechtsprechung des BGH[1189] Schutzobjekt der Verschwiegenheitspflicht einzig die GmbH und nicht etwa die Eigenständigkeit des Aufsichtsrates oder dessen Interesse an einer ungehinderten Aussprache über sämtliche Angelegenheiten des Aufsichtsorgans ist. Die GmbH soll vor den Schäden geschützt werden, die dadurch entstehen können, dass sensible Unternehmensinterna an die Öffentlichkeit gelangen.[1190]

Aus der aufgezeigten Durchbrechung der Schweigepflicht folgt jedoch nicht, dass sich die Gesellschafter zur Protokolleinsicht unmittelbar an den Aufsichtsrat

---

Rn. 101; *Spindler*, in: MüKo GmbHG, § 52 Rn. 666; a.A. ohne weitere Begründung *Zöllner/Noack*, in: Baumbach/Hueck, GmbHG, § 52 Rn. 67.

1183 BT-Drs. 8/1347, S. 44.

1184 BGH NJW 1997, 1985, 1986; OLG Karlsruhe GmbHR 1985, 59; *Witte*, ZGR 1998, 151, 155; *Altmeppen*, in: Roth/Altmeppen, GmbHG, § 51a Rn. 9; *Hillmann*, in: MüKo GmbHG, § 51a Rn. 54; *Wicke*, GmbHG, § 51a Rn. 4.

1185 BGH NJW 1997, 1985, 1986; OLG Karlsruhe GmbHR 1985, 59; OLG Hamm NZG 2002, 178, 179; *Witte*, ZGR 1998, 151, 165; *Hillmann*, in: MüKo GmbHG, § 51a Rn. 24; *Zöllner/Noack*, in: Baumbach/Hueck, GmbHG, § 51a Rn. 9.

1186 KG NJW-RR 1989, 230, 231; OLG Hamm NZG 2002, 178, 179; *Witte*, ZGR 1998, 151, 166; *Zöllner/Noack*, in: Baumbach/Hueck, GmbHG, § 51a Rn. 9.

1187 BGH NJW 1997, 1985, 1986 f.; *Meiski*, BayVBl 2006, 300, 302; für die mehrgliedrige GmbH einschränkend *Ristelhuber*, NWVBl 2016, 359, 364.

1188 *Witte*, ZGR 1998, 151, 164; sich anschließend *Faber*, Gesellschaftsrechtliche Bindungen für Aufsichtsratsmitglieder, S. 61 f.; 69.

1189 BGH NJW 1997, 1985, 1987.

1190 *Witte*, ZGR 1998, 151, 164.

wenden könnten. Vielmehr ist das Einsichtsverlangen bei dem Geschäftsführer als gesetzlichem Vertreter der Gesellschaft anzubringen, welcher sich sodann selbst an den Aufsichtsrat zu richten hat, um die erbetenen Informationen einzuholen, oder sich aber mit diesem darauf verständigt, dass der Aufsichtsrat den Gesellschaftern unmittelbar die gewünschten Unterlagen aushändigt.[1191]

bb) Geltung der Verschwiegenheitspflicht gegenüber der Gemeindevertretung

(1) These von der Durchbrechung der Verschwiegenheitspflicht gegenüber der Gemeindevertretung bei der Einpersonen-Gesellschaft

Während für gemischt-wirtschaftliche Unternehmen überwiegend eine umfassende Verschwiegenheitspflicht gegenüber dem Gemeinderat der entsendenden Kommune angenommen wird und dies mit der Interessenkollision begründet wird, der sich das Aufsichtsratsmitglied ausgesetzt sieht,[1192] zieht dieselbe Meinungsströmung aus dem Auskunftsrecht des § 51a GmbHG der Gesellschafter gegenüber der Geschäftsführung den Rückschluss, dass Aufsichtsratsmitglieder einer kommunalen Einpersonen-GmbH unabhängig von einer gesellschaftsvertraglichen Regelung[1193] gegenüber der Entsendungskörperschaft und ihrer Vertretung nicht zur Verschwiegenheit verpflichtet seien. Aus § 51a Abs. 2 S. 2 GmbHG, wonach die Auskunftsverweigerung eines Gesellschafterbeschlusses bedürfe, folge bereits, dass es eines solchen Beschlusses zu Lasten des Einpersonen-Gesellschafters von Anfang an nicht geben könne.[1194] Ferner stehe dem Gesellschafter gemäß § 51a GmbHG ein umfassender Auskunftsanspruch gegenüber der Gesellschaft auch im Hinblick auf Vorgänge im Aufsichtsrat zu, welcher durch den Geschäftsführer zu erfüllen sei. Daher gehöre die Gemeinde als alleinige Gesellschafterin nicht zu dem Kreis derer, denen gegenüber eine Pflicht zur Verschwiegenheit angezeigt wäre.[1195]

Ferner gebe es in einer Gemeinde kein einziges Organ, welches dem Gemeinderat als oberstem Organ der Gemeinde die Auskunft verweigern dürfe.[1196] Zwischen

---

1191 *Witte*, ZGR 1998, 151, 166.

1192 *Altmeppen*, NJW 2003, 2561, 2566; *Zieglmeier*, ZGR 2007, 144, 166; zur Relevanz des Unternehmensinteresses bei Weisungsrechten bezüglich einer mehrgliedrigen GmbH siehe 3. Kapitel B.I.1.b)bb)(2).

1193 Zur Disponibilität der Verschwiegenheitspflicht kraft Regelung im Gesellschaftsvertrag siehe 4. Kapitel B.II.3.a)cc).

1194 *Altmeppen*, NJW 2003, 2561, 2566 unter Hinweis auf BGH NJW 1997, 1985; sich anschließend *Lampert*, Einflussnahme auf Aufsichtsratsmitglieder, S. 69 f.; *Ristelhuber*, NWVBl 2016, 359, 364 f.

1195 *Zieglmeier*, ZGR 2007, 144, 161; *Keßler*, GmbHR 2000, 71, 77.

1196 *Altmeppen*, NJW 2003, 2561, 2566.

dem Aufsichtsrat und der Alleingesellschaft existiere kein Bereich der Vertraulichkeit, der als besonders schützenswert einzustufen wäre.[1197] Ausfluss des Kommunalrechts sei vielmehr ein Informationsbedürfnis der Öffentlichkeit und es falle nicht in den Aufgabenbereich der Kommune, „ihre wirtschaftliche Betätigung vor der Öffentlichkeit möglichst geheim zu halten"[1198]. Dies müsse umso mehr gelten, als die Gemeinde mit Steuergeldern arbeite.[1199] Dementsprechend wählt das VG Regensburg einen radikalen Ansatz, indem es mit den verfassungsrechtlichen Prinzipien der Öffentlichkeit und Demokratie die Durchbrechung der Verschwiegenheitspflicht begründet.[1200]

Teilweise wird außerdem die hierarchische Organisationsstruktur der GmbH angeführt, in welcher den Gesellschaftern die Rolle des zentralen Entscheidungsorgans zukomme. Ausgehend davon seien auf Ebene der Gemeinde dem Gemeinderat als letztlich entscheidendem Organ Auskünfte zu erteilen.[1201] Schließlich wird angenommen, dass durch die Vorschriften der §§ 394, 395 AktG die Pflicht zur Verschwiegenheit durchbrochen werde, da diese das besondere Informationsinteresse der Gemeinde zum Ausdruck bringen würden.[1202]

(2) Stellungnahme zugunsten des Bestehens der Verschwiegenheitspflicht gegenüber der Gemeindevertretung

Die besseren Gründe sprechen demgegenüber für die Geltung der gesellschaftsrechtlichen Verschwiegenheitspflicht der kommunalen Aufsichtsratsmitglieder gegenüber der Gemeindevertretung, und zwar selbst dann, wenn es sich bei der betreffenden Gemeinde um die alleinige Gesellschafterin handelt.

Zunächst ist auf den vom BGH[1203] in Anlehnung an die reichsgerichtliche Rechtsprechung[1204] entwickelten Grundsatz des Vorrangs des Gesellschaftsrechts hinzuweisen, der besagt, dass nicht nur gewählte, sondern auch entsandte Aufsichtsratsmitglieder den Belangen der Gesellschaft stets den Vorzug vor denen des Entsenders einzuräumen haben.[1205] Die öffentliche Hand muss daher auch bei einer wirtschaftlichen Betätigung in privatrechtlicher Rechtsform die Regeln des Privatrechts vollumfänglich akzeptieren und berücksichtigen. Tut sie dies nicht,

---

1197 *Keßler*, GmbHR 2000, 71, 77 f.

1198 *Altmeppen*, NJW 2003, 2561, 2566.

1199 *Altmeppen*, NJW 2003, 2561, 2566; *Zieglmeier*, ZGR 2007, 144, 161.

1200 VG Regensburg LKV 2005, 365, 369 ff.

1201 *Meiski*, BayVBl 2006, 300, 302.

1202 *Will*, VerwArch 94 (2003), 248, 254; *Zieglmeier*, ZGR 2007, 144, 161; so auch *Faber*, Gesellschaftsrechtliche Bindungen für Aufsichtsratsmitglieder, S. 225 ff., der entsprechend der Rechtslage vor der Aktienrechtsnovelle 2016 eine Analogie zu §§ 394, 395 AktG bejaht.

1203 BGH NJW 1962, 864, 866.

1204 RGZ 165, 68, 79.

1205 *van Kann/Keiluweit*, DB 2009, 2251, 2252.

hat sie sich Privatisierungsmaßnahmen zu enthalten.[1206] Nur so kann gewährleistet werden, dass der Aufsichtsrat seine Kontrollfunktion gegenüber der Geschäftsführung unbeeinflusst wahrnehmen kann. Das kann bei einer GmbH mit fakultativem Aufsichtsrat nicht weniger gelten als bei einer Aktiengesellschaft oder einer GmbH mit zwingendem Aufsichtsrat.[1207] Ein Verzicht auf gesellschaftsrechtliche Regularien in für die Gemeinde weniger vorteilhaften Bereichen liefe ferner der Einheitlichkeit der Rechtsordnung zuwider.[1208] Auch ist zu konstatieren, dass der Gesetzgeber mit seinen Berichtspflichten für kommunale Aufsichtsratsmitglieder den Kommunen ausreichend Mittel an die Hand gegeben hat, welche die Erfüllung des öffentlichen Zwecks durch ihre öffentlichen Unternehmen ermöglichen.[1209]

Zwar nimmt die öffentliche Hand auch bei ihrer privatwirtschaftlichen Betätigung eine Sonderstellung ein, welche sich aus ihrer Bindung an das Allgemeinwohl ergibt. Jedoch ist mit der Rechtsprechung des BGH[1210] festzustellen, dass im Rahmen des wirtschaftlichen Handelns die Verfolgung von privatwirtschaftlichen und öffentlichen Interessen nicht in einem unauflösbaren Gegensatz steht. Vielmehr können sich öffentliche Wirtschafts- und private Unternehmenspolitik durchaus decken oder überschneiden.[1211] Daraus folgt zwar, worauf insbesondere auch in der neueren Literatur hingewiesen wird,[1212] dass die Gesellschaftsorgane vor dem Hintergrund ihrer Verpflichtung auf das Unternehmenswohl auch gesamtwirtschaftliche Gesichtspunkte und Belange des Allgemeinwohls mitberücksichtigen können. Jedoch ist zu beachten, dass auch die öffentliche Hand aus haushaltsrechtlichen Gründen die Grundsätze der Wirtschaftlichkeit und Sparsamkeit sowie die Regeln einer am Markt orientierten Wettbewerbswirtschaft zum Maßstab ihrer Entscheidungen machen muss.[1213] Konsequenz ist, dass aus einer öffentlich-rechtlichen Pflichtenbindung eines Aufsichtsratsmitgliedes eine Einschränkung der Verschwiegenheitspflicht nicht abgeleitet werden kann.[1214]

Darüber hinaus führt der Hinweis der Gegenmeinung auf § 51a GmbHG nicht weiter. Denn dieser Auskunftsanspruch steht nach seinem Wortlaut jedem

1206 *van Kann/Keiluweit*, DB 2009, 2251, 2252 f.; siehe auch *Schwintowksi*, NJW 1990, 1009, 1013 f.; *Habersack*, ZGR 1996, 544, 555; *Kiethe*, NZG 2006, 45, 48 f.

1207 *Kiethe*, NZG 2006, 45, 49.

1208 *van Kann/Keiluweit*, DB 2009, 2251, 2253.

1209 *van Kann/Keiluweit*, DB 2009, 2251, 2253; siehe dazu auch *Kühne/Czarnecki*, LKV 2005, 481, 483.

1210 BGH NJW 1978, 104, 105.

1211 Siehe auch *von Mutius/Nesselmüller*, NJW 1976, 1878 ff.

1212 *Koch*, in: Hüffer/Koch, Aktiengesetz, § 394 Rn. 31; *Hommelhoff*, ZHR 182 (2018), 296, 312; *Schmolke*, WM 2018, 1913, 1914; siehe dazu auch 3. Kapitel B.I.1.b)bb)(2)(a)(aa).

1213 BGH NJW 1978, 104, 105; *Emmerich*, AG 1976, 225, 227; *Schwintowski*, NJW 1990, 1009, 1013.

1214 *van Kann/Keiluweit*, DB 2009, 2251, 2253.

Gesellschafter beziehungsweise dessen Vertreter[1215] zu, nicht aber der Gemeindevertretung. Gesetzlicher Vertreter einer Gemeinde ist jedoch regelmäßig der Bürgermeister.[1216] In der praktischen Konsequenz besteht daher lediglich keine Schweigepflicht gegenüber dem gemeindlichen Hauptverwaltungsbeamten oder einem vom Gemeinderat bestellten Vertreter beziehungsweise Verwaltungsmitarbeiter der Beteiligungsverwaltung.[1217] Aus der gesellschaftsrechtlichen Treuepflicht ergibt sich, dass auch ein Gesellschafter als Anspruchsberechtigter des Anspruchs aus § 51a Abs. 1 GmbHG zur Verschwiegenheit über erhaltene Auskünfte verpflichtet ist.[1218] Würde dem Gemeinderat, dem gerade keine gesellschaftsrechtliche Organstellung zukommt,[1219] von Seiten des Aufsichtsrates Bericht erstattet, wäre der verlagerte Geheimnisschutz, wie er sich aus der Treuepflicht eines Gesellschafters als Begrenzung des Anspruchs aus § 51a Abs. 1 GmbHG ergibt, nicht gewährleistet.[1220]

Anknüpfend daran lässt sich auch aus den Vorschriften der §§ 394, 395 AktG eine Lockerung der Verschwiegenheitspflicht kommunaler Aufsichtsratsmitglieder gegenüber dem Gemeinderat nicht herleiten. Diese Vorschriften sind seit der Aktienrechtsnovelle 2016 und der damit einhergehenden Erweiterung des § 52 Abs. 1 GmbHG auch auf den fakultativen Aufsichtsrat unmittelbar anwendbar. Die Gegenmeinung verkennt, dass Gemeindeparlamente bereits nicht zum Kreis der potentiellen Berichtsadressaten gehören.[1221] Zwar entscheidet darüber grundsätzlich das öffentliche Organisationrecht der entsprechenden Gebietskörperschaft. Jedoch sind dabei die aktienrechtlichen Schranken zu beachten, wie sie sich aus dem Zusammenspiel von § 394 und § 395 AktG ergeben.[1222] Berichtsempfänger kann danach nur derjenige sein, der seinerseits Gewähr dafür bietet, die auf ihn nach § 395 AktG erstreckte Verschwiegenheitspflicht zu erfüllen.[1223] Daraus folgt, dass die Sondervorschriften der §§ 394, 395 AktG eine echte Durchbrechung der Verschwiegenheitspflicht gerade nicht erlauben, sondern diese lediglich „eine

1215 *Wicke*, GmbHG, § 51a Rn. 5.

1216 *Dünchheim*, KommJur 2016, 441, 445.

1217 *Harder/Ruter*, GmbHR 1995, 813, 816; *van Kann/Keiluweit*, DB 2009, 2251, 2253; *Weber-Rey/Buckel*, ZHR 177 (2013), 13, 19; *Lutter/Krieger/Verse*, Rechte und Pflichten des Aufsichtsrats, Rn. 1433.

1218 BGH NJW 1997, 1985, 1987; *Lutter*, ZGR 1982, 1, 12 ff.; *Witte*, ZGR 1998, 151, 164; *Will*, VerwArch 94 (2003), 248, 265; *Spindler*, ZIP 2011, 689, 692; *Bracht*, NVwZ 2016, 108, 110.

1219 *Ganzer/Tremml*, GewArch 2010, 141, 148.

1220 *Spindler*, ZIP 2011, 689, 692; *Weber-Rey/Buckel*, ZHR 177 (2013), 13, 19.

1221 Siehe dazu 4. Kapitel C.IV.5.b)bb)(2).

1222 *Koch*, in: Hüffer/Koch, Aktiengesetz, § 394 Rn. 42.

1223 *Kropff*, in: FS Hefermehl, S. 327, 342; *Schmidt-Aßmann/Ulmer*, BB 1988, Beil. 13, 1, 9; *Schwintowski*, NJW 1990, 1009, 1014; *Land/Hallermeyer*, AG 2011, 114, 118; *Weber-Rey/Buckel*, ZHR 177 (2013), 13, 17.

Stufe nach oben" verlagern.[1224] Da ein Parlament oder ein Gemeinderat aufgrund seiner heterogen zusammengesetzten, zumeist großen Mitgliederzahl und seiner erheblichen Transparenz die Einhaltung der Verschwiegenheitsverpflichtung nicht gewährleisten können wird, ist eine Berichterstattung an ihn unzulässig.[1225] Denn ansonsten bestünde die Gefahr der unbefugten Offenbarung geheimhaltungsbedürftiger Tatsachen, woraus der Gesellschaft folgenschwere Nachteile erwachsen können.[1226] Gerade dies soll die aktienrechtliche Verschwiegenheitspflicht jedoch verhindern.[1227]

cc) Disponibilität der Verschwiegenheitspflicht und Öffentlichkeit der Aufsichtsratssitzung

(1) Gesetzliche Ausgangslage: Nichtöffentlichkeit der Aufsichtsratssitzung

Eng verknüpft mit der Frage nach der Verschwiegenheit ist die Vorschrift des § 109 AktG. Nach dessen Abs. 1 S. 1 sollen an den Sitzungen des Aufsichtsrates und seiner Ausschüsse Personen, die weder Mitglied des Aufsichtsrats noch des Vorstands sind, nicht teilnehmen. Da der Komplex der Nichtöffentlichkeit der Aufsichtsratssitzung in einem engen und unauflösbaren Zusammenhang zu demjenigen der Verschwiegenheitspflicht der Aufsichtsratsmitglieder nach § 116 AktG steht, ist § 109 AktG zu Recht nach einer breiten Auffassung in der Rechtsprechung und Literatur auch trotz des fehlenden Hinweises in § 52 Abs. 1 GmbHG für den freiwillig eingerichteten Aufsichtsrat entsprechend heranzuziehen.[1228] Die grundsätzliche Nichtöffentlichkeit ergibt sich zum einen aus dem Verlangen nach Unabhängigkeit und Vertraulichkeit des Aufsichtsrates. Darüber hinaus erlangen die Aufsichtsratsmitglieder bei der Kontrolle der Geschäftsführung regelmäßig Kenntnis von Informationen und Vorgängen, hinsichtlich derer im Interesse des Unternehmens ein besonderes Bedürfnis nach Vertraulichkeit besteht.[1229]

1224 *van Kann/Keiluweit*, DB 2009, 2251, 2253; *Weber-Rey/Buckel*, ZHR 177 (2013), 13, 17; *Lutter/Krieger/Verse*, Rechte und Pflichten des Aufsichtsrats, Rn. 1433.

1225 *Schmidt-Aßmann/Ulmer*, BB 1988, Beil. 13, 1, 9; *Möller*, Stellung und Funktion des Aufsichtsrats, S. 160; *Will*, VerwArch 94 (2003), 248, 263; *Ganzer/Tremml*, GewArch 2010, 141, 148 f.; *Oetker*, in: Schmidt/Lutter, Aktiengesetz, § 394 Rn. 27.

1226 *Ganzer/Tremml*, GewArch 2010, 141, 149.

1227 *Habersack*, in: MüKo AktG, § 116 Rn. 52.

1228 VGH München NVwZ-RR 2007, 622, 624; VG Regensburg LKV 2005, 365, 368; *Lohner/Zieglmeier*, BayVBl 2007, 581, 583; *Wilhelm*, DB 2009, 944 f.; *Spindler*, ZIP 2011, 689, 691; *Heller*, Als Aufsichtsrat in öffentlichen Unternehmen, S. 71 ff.; *Cronauge*, Kommunale Unternehmen, Rn. 322.

1229 So auch *Wilhelm*, DB 2009, 944 f.; *Cronauge*, Kommunale Unternehmen, Rn. 322; siehe auch Bayerischer Landtag LT-Drs. 15/7754, S. 2.

(2) Die Frage nach der Disponibilität der Verschwiegenheitspflicht und der Nichtöffentlichkeit der Aufsichtsratssitzung

Unterschiedlich beurteilt wird, ob das aufgezeigte Prinzip der Nichtöffentlichkeit der Aufsichtsratssitzung bei der GmbH mit öffentlicher Beteiligung kraft Regelung im Gesellschaftsvertrag außer Kraft gesetzt werden kann. Diese Frage kann nicht ohne eine Berücksichtigung der generellen Verschwiegenheitspflicht der Aufsichtsratsmitglieder erfolgen und ist mit dieser eng verstrickt. Denn es wäre sinnwidrig, eine Aufsichtsratssitzung öffentlich stattfinden zu lassen, gleichzeitig jedoch an der Pflicht zur Verschwiegenheit des einzelnen Organmitgliedes festzuhalten.[1230]

(a) Meinungsstand in der Literatur

Während Teile der Rechtswissenschaft öffentliche Aufsichtsratssitzungen zulassen möchten,[1231] erachten andere Literaten zumindest eine Regelung im Gesellschaftsvertrag für möglich, wonach ein Teil der Sitzungen öffentlich erfolgen könne, sofern keine Sachverhalte berührt würden, welche sensible Bereiche und damit die Verschwiegenheitspflicht tangierten[1232]. Durch diesen Kompromiss könne dem in der Praxis aufkommenden Interesse an der Öffentlichkeit von Aufsichtsratssitzungen von öffentlichen Unternehmen ausreichend Rechnung getragen werden.[1233] *Cronauge* äußert demgegenüber erhebliche Bedenken im Hinblick auf eine Disponibilität der Nichtöffentlichkeit. Dies müsse insbesondere deshalb gelten, weil sich kommunale Unternehmen in jüngerer Zeit zunehmend im wirtschaftlichen Wettbewerb mit anderen Unternehmen befinden würden, was ein Erfordernis nach Chancengleichheit offenkundig mache.[1234] Darüber hinaus könne, worauf *Wilhelm* hinweist, für den fakultativen Aufsichtsrat nichts anderes gelten als für den Aufsichtsrat einer mitbestimmten Gesellschaft, bei welcher die Vorschrift des § 109 AktG und die Verschwiegenheitspflicht aus § 116 AktG zwingend und unabdingbar Anwendung finden würden.[1235] Auch müssten, so *Wilhelm*, die

---

1230 Siehe zu diesem Zusammenhang *Spindler*, ZIP 2011, 689, 691; *Bettenburg/Weirauch*, DÖV 2012, 352, 354.

1231 *Meiski*, NVwZ 2007, 1355, 1357 f.; *Lutter/Krieger/Verse*, Rechte und Pflichten des Aufsichtsrats, Rn. 1433; *Spindler*, ZIP 2011, 689, 692 f.; *Giedinghagen*, in: Heidinger/Leible/Schmidt, GmbHG, § 52 Rn. Rn. 341.

1232 *Lohner/Zieglmeier*, BayVBl 2007, 581, 583 f.; *Zieglmeier*, ZGR 2007, 144, 163 f.; *van Kann/Keiluweit*, DB 2009, 2251, 2254 f.; *Altmeppen*, in: FS Schneider, S. 1, 11 ff.; *Altmeppen*, in: Roth/Altmeppen, GmbHG, § 52 Rn. 30; siehe auch *Lampert*, Einflussnahme auf Aufsichtsratsmitglieder, S. 77 ff. (Zulässigkeit einer entsprechenden Regelung im Gesellschaftsvertrag nur bei einer Eigengesellschaft).

1233 *Lohner/Zieglmeier*, BayVBl 2007, 581, 584.

1234 *Cronauge*, Kommunale Unternehmen, Rn. 322; so im Ergebnis auch *Zieglmeier*, ZGR 2007, 144, 159; *Wilhelm*, DB 2009, 944, 946.

1235 *Wilhelm*, DB 2009, 944, 946.

Aufsichtsratsmitglieder „offen und auf die Sache bezogen diskutieren und entscheiden können“[1236], was nicht in dem gebotenen Maße möglich sei, wenn die Sitzungen öffentlich abgehalten würden.[1237] Schließlich wird vorgetragen, dass die öffentliche Hand die Regeln des Privatrechts hinzunehmen habe, wenn sie ihre öffentlichen Aufgaben in der Rechtsform einer Aktiengesellschaft oder GmbH wahrnehme.[1238]

(b) Sonderfall der GmbH mit öffentlicher Beteiligung

(aa) Möglichkeit der öffentlichen Aufsichtsratssitzung

Die aufgezeigte These, dass die Nichtöffentlichkeit der Aufsichtsratssitzung nicht abbedungen werden könne, weil auch der Staat das Privatrecht vollständig zu akzeptieren habe, verkennt, dass ein öffentliches Unternehmen trotz privatrechtlicher Rechtsform Verwaltungstätigkeit im materiellen Sinne ausführt[1239]. Sie stellt daher keine Begründung, sondern lediglich eine Behauptung dar, die ausblendet, dass mit der Forderung nach der Nichtöffentlichkeit das verfassungsrechtliche Öffentlichkeitsprinzip verlassen wird. Deshalb bedarf gerade die Nichtöffentlichkeit der Aufsichtsratssitzung einer Begründung.[1240]

In diesem Zusammenhang ist in Rechnung zu stellen, dass ein Abschotten der Aufsichtsratstätigkeit bei den Bürgern der Gemeinde zu Argwohn und Misstrauen führen kann, Demokratie jedoch eine Transparenz der Entscheidungsfindung erforderlich macht.[1241] Hierdurch wird nicht zuletzt der Korruptionsanfälligkeit Einhalt geboten.[1242] *Wilhelms* Forderungen nach einer Entpolitisierung der Aufsichtsratstätigkeit und einer Wahrung eines Kerns an Vertraulichkeit stellen ferner politische Entscheidungsfindungsprozesse unter Generalverdacht und lassen unberücksichtigt, dass die Öffentlichkeit der Parlamente auf sämtlichen staatlichen Ebenen (Bund, Länder, Kommunen) der Funktionsfähigkeit des deutschen Staates nicht schadet, sondern vielmehr dessen Voraussetzung darstellt.[1243]

Vor diesem Hintergrund muss, worauf *Thormann* zu Recht hinweist, berücksichtigt werden, dass in öffentlichen wie auch in nichtöffentlichen Sitzungen in gleicher Weise unzutreffende Entscheidungen getroffen werden und daher eine Evidenz zwischen Nichtöffentlichkeit und Sachlichkeit beziehungsweise Öffentlichkeit und

---

1236 *Wilhelm*, DB 2009, 944, 946.

1237 So auch *Bettenburg/Weirauch*, DÖV 2012, 352, 354.

1238 *Handelsrechtsausschuss des Deutschen Anwaltvereins*, NZG 2011, 217, 221; *Handelsrechtsausschuss des Deutschen Anwaltvereins*, NZG 2012, 380, 383.

1239 Siehe dazu *Ehlers*, Verwaltung in Privatrechtsform, S. 6 ff., 74 ff.; *Detterbeck*, Allgemeines Verwaltungsrecht, Rn. 905 ff.

1240 *Thormann*, DÖV 2016, 991, 997.

1241 *Zieglmeier*, ZGR 2007, 144, 164.

1242 *Zieglmeier*, ZGR 2007, 144, 164.

1243 So auch *Thormann*, DÖV 2016, 991, 997.

politischer Willkür nicht angenommen werden kann.[1244] Auch der Gedanke, dass die kommunale Einpersonen-GmbH vor „geschwätzigen" Mitgliedern des Gemeinderates geschützt werden müsse, greift zu kurz. Denn ein entsprechender fakultativer Aufsichtsrat könnte kraft Regelung im Gesellschaftsvertrag prinzipiell mit sämtlichen Ratsmitgliedern der Gemeinde besetzt werden.[1245] Die Gemeinde kann also zumindest als Alleingesellschafterin und damit als „Herrin des Geheimnisses" in Ausübung ihrer privatautonomen Befugnisse grundsätzlich selbst bestimmen, wie verschwiegen sie sein will und deshalb auch anordnen, dass der freiwillige Aufsichtsratsrat öffentlich tagen muss.[1246]

(bb) Einschränkungen

Beachtet werden muss jedoch, dass diese Betrachtung seine Grenzen dort finden muss, wo berechtigte Interessen der Gesellschaft oder Einzelner berührt werden. Insoweit kann nichts anderes gelten, als für Sitzungen der Gemeinderäte gilt, die dann nicht öffentlich tagen, wenn das öffentliche Wohl oder berechtigte Interessen einzelner Personen dies erfordern. Auch bei Aufsichtsratssitzungen öffentlicher Unternehmen muss es mithin einen öffentlichen und einen nichtöffentlichen Teil geben.[1247]

Bei kommunalen Ratssitzungen wird die Nichtöffentlichkeit in jüngerer Vergangenheit etwa bei Grundstücksverträgen,[1248] beim Umgang mit personenbezogenen Daten,[1249] bei Privatisierungs-[1250] oder Vergabeentscheidungen[1251] oder allgemein beim Umgang mit Angelegenheit kommunaler Unternehmen[1252] diskutiert. Im Hinblick auf den Aufsichtsrat eines öffentlichen Unternehmens sollte jedoch der Wettbewerb in dem betreffenden Geschäftsfeld nach den konkreten tatsächlichen Verhältnissen vor Ort das maßgebliche Kriterium darstellen, da öffentliche Leistungen regelmäßig nicht marktgängig sind und daher in keinem Wettbewerb zu anderen Unternehmen stehen.[1253] Ausgehend davon gelten für Angelegenheiten derjenigen öffentlichen Unternehmen, die Schwimmbäder und Kultureinrichtungen betreiben oder aber für die örtliche Wasserversorgung zuständig sind, dieselben Maßstabe, wie sie sonst in der Gemeinde üblich sind.[1254]

1244 *Thormann*, DÖV 2016, 991, 997.
1245 *Altmeppen*, NJW 2003, 2561, 2566; *Altmeppen*, in: FS Schneider, S. 1, 11 f.
1246 *Altmeppen*, in: FS Schneider, S. 1, 12.
1247 *Bettenburg/Weirauch*, DÖV 2012, 352. 354; *Thormann*, DÖV 2016, 991, 997 f.
1248 Siehe dazu OVG Münster NWVBl 2009, 221 ff.
1249 Siehe dazu *Zilkens/Elschner*, DVBl 2002, 163 ff.
1250 Siehe dazu *Faber*, NVwZ 2003, 1317 ff.
1251 Siehe dazu *von Bechtolsheim/Betz*, KommJur 2006, 1 ff.
1252 Siehe dazu *Burgi*, NVwZ 2014, 609 ff.
1253 *Thormann*, DÖV 2016, 991, 997.
1254 *Thormann*, DÖV 2016, 991, 997.

Berechtigte Interessen einzelner Aufsichtsratsmitglieder können auch dann betroffen sein, wenn es sich bei der Gesellschaft um ein gemischt-wirtschaftliches Unternehmen handelt, bei dem der Alleingesellschafter gerade nicht „Herr des Geheimnisses" ist.[1255] Wie ausgeführt[1256] ist das Unternehmensinteresse ohne Modifikation im Gesellschaftsvertrag auf wirtschaftliche Rentabilität und dauerhaften Erhalt der Gesellschaft gerichtet. Dabei haben sämtliche Organvertreter das Unternehmensinteresse zum Richtmaß ihres Handelns zu machen. Sind an einer öffentlichen Gesellschaft auch Private beteiligt, werden diese auf eine Gewinnorientierung drängen, während es dem öffentlichen Anteilseigner um die Erfüllung seiner Gemeinwohlverpflichtung gehen wird.[1257] Im Hinblick auf das Unternehmensinteresse wird eine Kollision der verschiedenen Gesellschafterinteressen offenkundig, da sogar ein privater Minderheitsgesellschafter auf eine gewinnorientierte Unternehmensführung bestehen könnte.[1258] Da sich auch die Verschwiegenheitspflicht eines Aufsichtsratsmitgliedes an diesem Unternehmensinteresse orientiert,[1259] kann die Nichtöffentlichkeit der Aufsichtsratssitzung eines öffentlichen Unternehmens mit privater Beteiligung grundsätzlich nicht zur Disposition gestellt werden. Denn ansonsten könnte sich ein kommunal entsandtes Aufsichtsratsmitglied durch die Anwesenheit der Öffentlichkeit in seiner organschaftlichen Unabhängigkeit beeinträchtigt sehen und sich zur Ausrichtung seines Verhaltens an der Interessenlage seiner Entsendungskörperschaft gezwungen fühlen, welche vermeidlich im Widerspruch zum eigentlichen Gesamtinteresse des Unternehmens steht.[1260] Eine Ausnahme kann entsprechend der obigen Ausführungen[1261] nur dann gemacht werden, wenn das Mischunternehmen kraft gesellschaftsvertraglicher Regelung auf die Verfolgung öffentlicher Interessen ausgerichtet wird.

b) Rechtslage bei obligatorischem Aufsichtsrat

Zu fragen ist, ob die für den freiwilligen GmbH-Aufsichtsrat dargelegten Grundsätze auch auf einen pflichtweise eingerichteten Aufsichtsrat Anwendung finden. Insoweit entspricht es einhelliger Meinung, dass das Informationsrecht der Gesellschafter aus § 51a GmbHG auch gegenüber mitbestimmten Aufsichtsräten gilt[1262] und dass die Mitglieder eines obligatorischen Aufsichtsrats mit den oben

1255 Vgl. dazu *Altmeppen*, NJW 2003, 2561, 2566.
1256 Siehe 3. Kapitel B.I.1.b)bb)(2)(a)(aa).
1257 Siehe 3. Kapitel B.I.1.b)bb)(2)(a)(aa).
1258 Siehe 3. Kapitel B.I.1.b)bb)(2)(a)(aa); siehe auch *Habersack*, ZGR 1996, 544, 553.
1259 *Linker/Zinger*, NZG 2002, 497, 502; *Spindler*, ZIP 2011, 689, 690 f.; *Habersack*, in: MüKo AktG, § 116 Rn. 55.
1260 So im Ansatz auch *Lampert*, Einflussnahme auf Aufsichtsratsmitglieder, S. 78.
1261 Siehe 3. Kapitel B.I.1.b)bb)(2)(b).
1262 BGH NJW 1997, 1985, 1986; *Lutter*, Information und Vertraulichkeit, Rn. 773; *Spindler*, ZIP 2011, 689, 691; *Weber-Rey/Buckel*, ZHR 177 (2013), 13, 18.

genannten Gründen ebenso gegenüber der Gemeindevertretung zur Verschwiegenheit verpflichtet sind[1263].

Diskutabel ist allein die Möglichkeit eines Gesellschafters zur satzungsmäßigen Disposition über die Verschwiegenheitsplicht beziehungsweise die Nichtöffentlichkeit der Aufsichtsratssitzung. Die mitbestimmungsrechtlichen Vorschriften der § 25 Abs. 1 S. 1 Nr. 2 MitbestG und § 1 Abs. 1 Nr. 3 DrittelbG verweisen jedoch zwingend auf §§ 109 und 116 AktG, ohne naturgemäß eine Abweichungsmöglichkeit kraft gesellschaftsvertraglicher Regelung vorzusehen. Dennoch plädiert *Altmeppen* bei der kommunalen mitbestimmten Einpersonen-GmbH für eine Disponibilität der Vorschriften über die Verschwiegenheit zumindest zugunsten der Anteilseignervertreter. Denn die Gemeinde müsse es als Alleingesellschafterin in der Hand haben, die Öffentlichkeit über bestimmte Entscheidungsprozesse im Aufsichtsrat zu informieren.[1264] Dieser Ansatz widerspricht jedoch nicht nur dem eindeutigen Wortlaut der mitbestimmungsrechtlichen Vorschriften, sondern konterkariert auch das Prinzip der Gleichbehandlung der Aufsichtsratsmitglieder. Für dieses führte der BGH bereits im Jahr 1975 aus, dass der Gesetzgeber gerade bei der Schaffung der aktienrechtlichen Schweigepflicht die Gleichbehandlung von Anteilseigner- und Arbeitnehmervertretern sichergestellt habe.[1265] Wird nunmehr nur für einen Teil der Organmitglieder die Verschwiegenheitspflicht eingefordert, während der andere Teil von der Schweigepflicht befreit ist, kommt es zu einer Aufspaltung der Aufsichtsratsmitglieder in zwei Lager, was dem vom BGH formulierten Grundsatz der Gleichbehandlung mitbestimmter Aufsichtsräte zuwiderläuft.[1266] Eine Disponibilität der Verschwiegenheitspflicht beziehungsweise der Nichtöffentlichkeit der Aufsichtsratssitzungen ist damit für den mitbestimmten Aufsichtsrat abzulehnen.[1267]

III. Umfang und Grenzen der Verschwiegenheitspflicht

1. Geheimnisse

Bei „vertraulichen Angaben" und „Geheimnissen" der Gesellschaft im Sinne des § 93 Abs. 1 S. 3 AktG handelt es sich nicht um synonyme Begriffe.[1268] Geheimnisse sind Tatsachen, die lediglich einem begrenzten Kreis an Personen bekannt

---

1263 Siehe nur *Weber-Rey/Buckel*, ZHR 177 (2013), 13, 18; siehe 4. Kapitel B.II.3.a)bb)(2).

1264 *Altmeppen*, in: FS Schneider, S. 1, 13 f.

1265 BGH NJW 1975, 1412, 1413.

1266 *Spindler*, ZIP 2011, 689, 691.

1267 BGH NZG 2012, 347, 348 f.; *Erker/Freund*, GmbHR 2001, 463, 464; *van Kann/Keiluweit*, DB 2009, 2251, 2254; *Spindler*, ZIP 2011, 689, 691; *Böttcher*, NZG 2012, 809, 810; *Giedinghagen*, in: Heidinger/Leible/Schmidt, GmbHG, § 52 Rn. 342.

1268 *von Stebut*, Geheimnisschutz und Verschwiegenheitspflicht, S. 57 ff.; *Wiesner*, in: MHdG, Band 4, § 25 Rn. 48.

sind. Sie sind nicht offenkundig und sollen nach dem geäußerten oder aus dem Unternehmensinteresse abgeleiteten mutmaßlichen Willen der Gesellschaft auch nicht offenkundig werden.[1269] Auf dieser Linie ist der BGH in seiner Bayer-Entscheidung aus dem Jahr 1975 der Ansicht, dass bei den Begrifflichkeiten „vertrauliche Angaben" und „Geheimnisse" zwar ein subjektives Element enthalten sei. Für die Beurteilung der Schweigepflicht sei jedoch entscheidend, ob ein objektives Interesse der Gesellschaft an der Geheimhaltung vorliege. Denn die Frage, ob ein Geheimnis gegeben sei oder nicht, dürfe nicht zur Disposition eines Aufsichtsratsmitgliedes gestellt werden.[1270] Dieses Erfordernis eines objektiven Geheimhaltungsinteresses lässt sich ferner mit der „Figur des Schadens"[1271] begründen. Denn aus objektiver Sicht ist eine Geheimhaltung nur dann geboten, wenn die Kundgabe eines Geheimnisses für die Gesellschaft einen Schaden nach sich ziehen kann. Dazu zählen auch Schäden an Immaterialgüterrechten wie zum Beispiel im Hinblick auf den Kundenstamm. Auch hierdurch kann es zu einem Ansehensverlust und damit zu einer merklichen Beeinträchtigung des good wills eines Unternehmens kommen.[1272] Zum Tatsachenbegriff in diesem Sinne gehören daher im Unterschied zu § 824 BGB auch Meinungen, Ansichten und Wertungen.[1273] Bei Unternehmen mit öffentlicher Beteiligung sind die Interessen der öffentlichen Anteilseigner in die Auslegung des Unternehmensinteresses miteinzubeziehen.[1274] Grund dafür ist, dass diese Unternehmen durch die Verpflichtung zur Erfüllung eines öffentlichen Zwecks erheblich geprägt werden. Die öffentliche Aufgabenerfüllung stellt nämlich regelmäßig das wesentliche Motiv für die unternehmerische Betätigung der öffentlichen Hand dar.[1275]

Teilweise wird eine Kennzeichnung der geheimhaltungsbedürftigen Angelegenheiten als vertraulich verlangt, damit diese in den Schutzbereich der gesellschaftsrechtlichen Verschwiegenheitsverpflichtung fallen. Diese Ansicht fordert eine entsprechende Willenserklärung des Aufsichtsrats gegenüber dem Vorstand oder umgekehrt.[1276] Dem ist jedoch entgegenzusetzen, dass bereits die Praktikabilität dieser Vorgehensweise in Zweifel zu ziehen ist und ein nicht darstellbarer

---

1269 Dazu ausführlich *Lutter*, Information und Vertraulichkeit, Rn. 411 ff.

1270 BGH NJW 1975, 1412, 1413; aus der Literatur: *von Stebut*, Geheimnisschutz und Verschwiegenheitspflicht, S. 30 ff.; *Säcker*, in: FS Fischer, S. 635, 638; *Gaul*, GmbHR 1986, 296, 297 f.; *Schwintowski*, NJW 1990, 1009, 1011; *Flore*, BB 1993, 133; *Lutter*, Information und Vertraulichkeit, Rn. 415; *van Kann/Keiluweit*, DB 2009, 2251; *Dittmar*, AG 2013, 498, 499; *Reichard*, GWR 2017, 72.

1271 *Schwintowski*, NJW 1990, 1009, 1011.

1272 *von Stebut*, Geheimnisschutz und Verschwiegenheitspflicht, S. 43 f.; *Schwintowski*, NJW 1990, 1009, 1011.

1273 *von Stebut*, Geheimnisschutz und Verschwiegenheitspflicht, S. 6; *Lutter*, Information und Vertraulichkeit, Rn. 411.

1274 *Lutter/Grunewald*, WM 1984, 385, 395; *Schwintowski*, NJW 1990, 1009, 1014.

1275 *Lutter/Grunewald*, WM 1984, 385, 395.

1276 *Spieker*, NJW 1965, 1937, 1939.

Bürokratismus für die unternehmerische Praxis die Folge wäre.[1277] Darüber hinaus muss sich die Verschwiegenheitspflicht auch auf solche Tatsachen beziehen, welche ein Aufsichtsratsmitglied als erstes ermittelt und somit eine entsprechende Erklärung noch gar nicht abgegeben werden konnte. Die Pflicht zur Verschwiegenheit eines solchen „ersten" Aufsichtsratsmitgliedes kann nicht davon abhängen, dass zuvor eine Beschlussfassung der zuständigen Gremien herbeigeführt worden ist.[1278]

Aufgrund dieses objektiven, sich allein am Unternehmensinteresse orientierenden Geheimnisbegriffs steht dem Aufsichtsrat ein Beurteilungsspielraum nicht zu.[1279] Das Geschäftsführungsorgan wird demgegenüber als „Herr des Gesellschaftsgeheimnisses"[1280] bezeichnet werden können, da es durch die Gestaltung der Unternehmenspolitik das Unternehmensinteresse wesentlich prägt und konkretisiert. Daher ist die Bewertung durch den Vorstand nicht völlig bedeutungslos. Andere Organe, wie insbesondere der Aufsichtsrat der Gesellschaft, können sich auf diese Einschätzung des Vorstandes berufen, der sich bei einer unzutreffenden Beurteilung unter Umständen sogar schadensersatzpflichtig macht.[1281]

2. Vertrauliche Angaben, Berichte und Beratungen

Die Schweigepflicht des § 116 S. 1 iVm § 93 Abs. 1 S. 3 AktG erstreckt sich darüber hinaus auf „vertrauliche Angaben". Dies können nach gängiger Definition alle Informationen sein, deren Offenlegung sich zum Nachteil der Gesellschaft auswirken kann, und zwar unabhängig davon, ob sie allgemein bekannt sind und daher keine Geheimnisse (mehr) darstellen.[1282] Auch über solche vertraulichen Angelegenheiten muss Stillschweigen bewahrt werden, da die offene Aussprache innerhalb des Aufsichtsrats eine Grundvoraussetzung für die funktionsfähige und erfolgreiche Zusammenarbeit darstellt.[1283]

Die Frage, ob eine konkrete Information vertraulich ist, beantwortet sich unter rein objektiven Gesichtspunkten, da es auf einen Geheimhaltungswillen beziehungsweise eine Kennzeichnung als „vertraulich", wie dargestellt,[1284] alleine nicht ankommen kann.[1285] Auch hier gilt also, dass es sich um Angaben handeln muss,

---

1277 *Faber*, Gesellschaftsrechtliche Bindungen für Aufsichtsratsmitglieder, S. 89.

1278 *von Stebut*, Geheimnisschutz und Verschwiegenheitspflicht, S. 64 f.

1279 *Flore*, BB 1993, 133; *Lutter*, Information und Vertraulichkeit, Rn. 420.

1280 BGH NJW 1975, 1412, 1413; *Rubner*, KSzW 2011, 412, 413.

1281 *Lutter*, Information und Vertraulichkeit, Rn. 416; *Spindler*, in: Spindler/Stilz, Aktiengesetz, § 116 Rn. 110.

1282 *Spindler*, in: Spindler/Stilz, Aktiengesetz, § 116 Rn. 112.

1283 *Säcker*, NJW 1986, 803, 806 f.

1284 Siehe 4. Kapitel B.III.1.

1285 Ausführlich dazu *von Stebut*, Geheimnisschutz und Verschwiegenheitspflicht, S. 21 ff.; 64 f.; siehe auch *Kropff*, in: FS Hefermehl, S. 327, 343; *Lutter*, Information und Vertraulichkeit, Rn. 452; a.A. *Spindler*, in: MüKo AktG, § 93 Rn. 137.

deren vertraulicher Umgang nach objektiven Kriterien im Unternehmensinteresse liegt.[1286]

Auch offenkundige Tatsachen sind in den Schutzbereich der Verschwiegenheitspflicht einzubeziehen.[1287] Dies ist deshalb sinnvoll, da eine Tatsache kein Geheimnis mehr darstellt, wenn zu viele oder unzuverlässige Personen Kenntnis von ihr haben. Da dies jedoch nicht zwangsläufig bedeutet, dass die Tatsache allgemein bekannt ist, kann ein erhebliches Interesse daran bestehen, sie dennoch als vertraulich zu behandeln.[1288] Auch wenn nicht verhindert werden kann, dass Dritte sich auf anderweitige Art und Weise Kenntnis von der Tatsache verschaffen, so müssen doch jedenfalls Vorstands- und Aufsichtsratsmitglieder zur Verschwiegenheit verpflichtet sein. Es widerspräche vor diesem Hintergrund dem Gesetzeszweck der Verschwiegenheitspflicht, wenn diese sich nur auf unbekannte Tatsachen beziehen würde.[1289] Da der Vorstand und der Aufsichtsrat in der Aktiengesellschaft eine besondere Stellung innehaben und ihren Mitteilungen daher ein besonderes Gewicht beizumessen ist, ist es sachgerecht, dass dieser Personenkreis ungünstige Tatsachen auch dann nicht verbreiten darf, wenn sie weitestgehend bekannt sind. Das Tatbestandsmerkmal der vertraulichen Angabe ist daher neben dem des Geheimnisses von herausragender Bedeutung.[1290]

Weiter betont das Gesetz in § 116 S. 2 AktG, dass sich die Schweigepflicht auch auf erhaltene vertrauliche Berichte und vertrauliche Beratungen bezieht. Der Gesetzgeber des Transparenz- und Publizitätsgesetzes[1291], auf welches die Vorschrift zurückgeht,[1292] erachtete den Verweis in § 116 S. 1 AktG auf § 93 AktG für nicht deutlich genug. Er wollte daher durch Einfügung des Satzes 2 in § 116 AktG die für die Funktionsfähigkeit des Aufsichtsrats elementare Verpflichtung zur Verschwiegenheit besonders hervorheben.[1293] Die Vorschrift des § 116 S. 2 AktG hat folglich nur deklaratorischen Charakter.[1294] In der Literatur wird sie daher teilweise als „vollständig überflüssig und nur irreführend"[1295] bezeichnet.

1286 OLG Stuttgart NZG 2007, 72, 74; *Säcker*, NJW 1986, 803, 806 f.
1287 *von Stebut*, Geheimnisschutz und Verschwiegenheitspflicht, S. 58 f.
1288 *von Stebut*, Geheimnisschutz und Verschwiegenheitspflicht, S. 58.
1289 *von Stebut*, Geheimnisschutz und Verschwiegenheitspflicht, S. 58 f.
1290 *von Stebut*, Geheimnisschutz und Verschwiegenheitspflicht, S. 59.
1291 BGBl. I [2002] S. 2681.
1292 Vgl. Art. 1 Nr. 10 TransPuG.
1293 BT-Drs. 14/8769, S. 18.
1294 *Gaul/Otto*, GmbHR 2003, 6, 12; *Spindler*, ZIP 2011, 689, 690; *Wilsing/von der Linden*, ZHR 178 (2014), 419, 425 f.
1295 *Altmeppen*, in: FS Schneider, S. 1, 10 (Fn. 38).

3. *Kausalzusammenhang zwischen Tätigkeit als Organmitglied und Kenntniserlangung*

Nach dem Wortlaut des § 93 Abs. 1 S. 3 AktG bezieht sich die Verschwiegenheitspflicht auf Geheimnisse der Gesellschaft, die den Vorstandsmitgliedern „durch ihre Tätigkeit im Vorstand" bekannt geworden sind. Entsprechendes gilt über § 116 S. 1 AktG für Aufsichtsratsmitglieder. Unklar ist, ob die in diesem Relativsatz zum Ausdruck kommende Einschränkung auch die vertraulichen Angaben betrifft oder ob diese unabhängig von der Art und Weise der Kenntniserlangung unter die Pflicht zur Verschwiegenheit fallen. Aus dem Telos der Vorschrift folgt jedoch, dass über vertrauliche Angaben auch nur dann Stillschweigen zu bewahren ist, wenn die Tatsachen den Organmitgliedern gerade in dieser Rolle bekannt geworden sind. Eine gegenteilige Interpretation würde zu einer Ausuferung der Schweigepflicht führen und würde zudem den Widerspruch mit sich bringen, dass die bedeutsameren Geheimnisse einem weniger intensiven Schutz unterstellt wären als die vertraulichen Angaben.[1296]

Losgelöst von der Betrachtung des Wortlauts darf ferner nicht übersehen werden, dass die Verschwiegenheitspflicht einen Ausfluss der allgemeinen Treuepflicht eines Aufsichtsratsmitgliedes darstellt und die gesetzlichen Vorschriften, welche die Schweigepflicht normieren, nur eine Selbstverständlichkeit zum Ausdruck bringen.[1297] Sie sind nur deklaratorischer Natur, weswegen eine Interpretation lediglich anhand des Wortsinns nicht sachgemäß erscheint.[1298] Die Verschwiegenheitspflicht erstreckt sich daher nicht nur auf Informationen, die das Organmitglied durch seine konkrete Tätigkeit im Organ selbst erlangt hat, sondern auch auf solche, die es „im Hinblick auf diese Tätigkeit erhalten hat"[1299]. Ausreichend ist ein kausaler Zusammenhang zwischen der Informationserlangung und der Tätigkeit als Vorstands- beziehungsweise Aufsichtsratsmitglied. Ausgenommen davon sind lediglich solche Informationen, deren Kenntniserlangung aus der Sphäre des privaten Bereichs resultiert.[1300]

4. *Grenzen*

Die Verschwiegenheitspflicht eines Aufsichtsratsmitgliedes gilt nicht uneingeschränkt, sondern kann durch gesetzliche Pflichten zur Offenbarung, das

---

1296 *von Stebut*, Geheimnisschutz und Verschwiegenheitspflicht, S. 62 f.

1297 Siehe 4. Kapitel B.I.

1298 *Faber*, Gesellschaftsrechtliche Bindungen für Aufsichtsratsmitglieder, S. 90.

1299 *Flore*, BB 1993, 133; siehe auch *Spindler*, in: MüKo AktG, § 93 Rn. 139; *Koch*, in: Hüffer/Koch, Aktiengesetz, § 93 Rn. 30.

1300 *Strobel*, Verschwiegenheits- und Auskunftspflicht kommunaler Vertreter, S. 106; mit weitergehendem Ansatz *Flore*, BB 1993, 133 (Kenntniserlangung „ohne jeden Zusammenhang" mit der Amtstätigkeit könne aufgrund der allgemeinen Treuepflicht die Verschwiegenheitspflicht begründen).

Gesellschaftsinteresse oder Erwägungen der Unzumutbarkeit durchbrochen werden.

Gesetzliche Offenlegungspflichten können sich beispielsweise etwa aus den Vorschriften über die Abschlussprüfung, aus dem Betriebsverfassungsgesetz, aus öffentlich-rechtlichen Auskunftsverpflichtungen oder aus – für den kommunalen Bereich weniger relevanten – kapitalmarktrechtlichen Veröffentlichungspflichten ergeben.[1301] Ferner muss berücksichtigt werden, dass die Schweigepflicht nur im Unternehmensinteresse besteht und deshalb in diesem seine immanente Grenze findet. Die Verschwiegenheitspflicht hat daher entgegen dem klaren Wortlaut der §§ 116 S. 2, 93 Abs. 1 S. 3 AktG im Einzelfall zurückzutreten, wenn die selektive Informationsweitergabe dem Unternehmen besser dient.[1302] So kann es sogar vorkommen, dass ein Geschäftspartner einen für das Unternehmen vorteilhaften Abschluss von der Offenlegung bestimmter Unternehmensinterna abhängig macht. In einem solchen Fall kann aus der Schweigepflicht eine Offenbarungspflicht werden.[1303]

Schließlich kann es für ein Aufsichtsratsmitglied unzumutbar sein, über gewisse Angelegenheiten Stillschweigen bewahren. Hierzu muss jedoch ein besonderer Interessenkonflikt vorliegen, in welchem dem Organmitglied nach Abwägung sämtlicher Umstände des Einzelfalls das ausnahmsweise Hinwegsetzen über die Verschwiegenheitspflicht gestattet werden muss. Dies kann etwa der Fall sein im Hinblick auf die Abwehr unberechtigter Ansprüche der Gesellschaft oder zur Verteidigung in einem Strafverfahren.[1304] Eine Kollision mit eigenen, persönlichen Interessen des Aufsichtsratsmitglieds genügt dazu regelmäßig nicht. Denn diese haben grundsätzlich hinter dem Gesellschaftsinteresse zurückzustehen.[1305]

IV. Verschwiegenheitspflicht als Zeugnisverweigerungsrecht

Da Aufsichtsratsmitglieder nicht zu dem insbesondere in § 53 Abs. 1 Nr. 3 StPO genannten Personenkreis zählen, steht ihnen im Strafprozess nach allgemeiner Meinung ein Zeugnisverweigerungsrecht nicht zu.[1306] Im Zivilprozess lässt sich hingegen aus § 383 Abs. 1 Nr. 6 ZPO ein solches auch für das mittlerweile ausgeschiedene[1307] Aufsichtsratsmitglied

---

1301 *van Kann/Keiluweit*, DB 2009, 2251; *Bank*, NZG 2013, 801, 802; *Spindler*, in: Spindler/Stilz, Aktiengesetz, § 116 Rn. 115 f.

1302 *Roschmann/Frey*, AG 1996, 449, 452; *Schroeder*, DB 1997, 2161, 2162; *Wilde*, ZGR 1998, 423, 460; *Fleischer*, ZGR 2009, 505, 526.

1303 *Roschmann/Frey*, AG 1996, 449, 452; *Schroeder*, DB 1997, 2161, 2162.

1304 *Habersack*, in: MüKo AktG, § 116 Rn. 62; *Spindler*, in: Spindler/Stilz, Aktiengesetz, § 116 Rn. 116.

1305 *Habersack*, in: MüKo AktG, § 116 Rn. 62.

1306 *Spindler*, in: Spindler/Stilz, Aktiengesetz, § 116 Rn. 118; *Koch*, in: Hüffer/Koch, Aktiengesetz, § 93 Rn. 34.

1307 Die Verschwiegenheitspflicht wirkt als Ausfluss der allgemeinen Treuepflicht über die Amtszeit hinaus, vgl. OLG Koblenz NJW-RR 1987, 809.

folgern.[1308] Denn dass es im Zivilprozess vorrangig um die Interessen der Parteien geht, während im Strafprozess die Wahrheitsfindung und damit ein gehobenes Interesse der Allgemeinheit im Vordergrund steht, offenbart sich auch in dem Unterschied zwischen den prozessrechtlichen Zeugnisverweigerungsrechten des § 53 Abs. 1 Nr. 3 StPO einerseits und des § 383 Abs. 1 Nr. 6 ZPO andererseits: Während erstgenannte Vorschrift eine Erstreckung auf nicht ausdrücklich genannte Personen grundsätzlich nicht zulässt, ist die zivilprozessuale Vorschrift nach ihrem Wortlaut weiter gefasst und damit einer breiteren Auslegung zugänglich. Daher ist sie auch auf Personen anzuwenden, die innerhalb eines wirtschaftlichen Unternehmens eine besondere Vertrauensstellung innehaben und nicht nur, wie dies die ältere Rechtsprechung forderte,[1309] auf einen solchen Personenkreis, der gegenüber dem Publikum, also Dritten, mit einer speziellen Vertrauensstellung ausgestattet ist.[1310] Da gerade auch der Unternehmensinhaber ein Interesse an der Geheimhaltung vertraulicher Tatsachen hat und der Gesetzgeber der Verschwiegenheitspflicht der Aufsichtsratsmitglieder im gesellschaftsrechtlichen Normgefüge eine überragende Stellung eingeräumt hat, ist dem (früheren) Aufsichtsratsmitglied unter den Voraussetzungen des § 383 Abs. 1 Nr. 6 ZPO ein Zeugnisverweigerungsrecht einzuräumen.[1311]

V. Sanktionen

Bei der aktienrechtlichen Verschwiegenheitspflicht aus § 93 Abs. 1 S. 3 AktG handelt es sich um ein Schutzgesetz im Sinne des § 823 Abs. 2 BGB, welches zugunsten der Gesellschaft, nicht aber zugunsten der Aktionäre, Gläubiger oder außenstehender Dritter gilt.[1312] Unter dieser Prämisse kann das Aufsichtsratsmitglied bei einer Schweigepflichtverletzung von der Gesellschaft auf (vorbeugende) Unterlassung in Anspruch genommen werden, ohne dass es auf ein Verschulden ankommen würde.[1313] Ist dem Aufsichtsratsmitglied die Pflichtverletzung aufgrund eines schuldhaften Verhaltens vorwerfbar und der Gesellschaft dadurch ein Vermögensschaden entstanden, macht es sich gegenüber dieser schadensersatzpflichtig, wobei es, da das Aktiengesetz mit § 93 Abs. 2 AktG eine eigenständige Anspruchsgrundlage bereithält, des Rückgriffs auf § 823 Abs. 2 BGB nicht bedarf.[1314] Die

---

1308 OLG Koblenz NJW-RR 1987, 809; *Damrau*, in: MüKo ZPO, § 383 Rn. 38; *Spindler*, in: Spindler/Stilz, Aktiengesetz, § 116 Rn. 118.

1309 RGZ 53, 40, 41.

1310 OLG Koblenz NJW-RR 1987, 809, 810; a.A. *von Stebut*, Geheimnisschutz und Verschwiegenheitspflicht, S. 116 ff. (jedoch mit Hinweis darauf, dass zumindest regelmäßig das Zeugnis nach § 384 Nr. 3 ZPO verweigert werden könne).

1311 OLG Koblenz NJW-RR 1987, 809, 810.

1312 BGH NJW 1979, 1829; NJW 2012, 3439, 3441; *Spindler*, in: MüKo AktG, § 93 Rn. 343.

1313 *Lutter*, Information und Vertraulichkeit, Rn. 575.

1314 *Spindler*, in: MüKo AktG, § 93 Rn. 162; *Koch*, in: Hüffer/Koch, Aktiengesetz, § 93 Rn. 36; *Hölters*, in: Hölters, Aktiengesetz, § 93 Rn. 152.

Ansprüche sind von dem Geschäftsführungsorgan namens der Gesellschaft geltend zu machen.[1315] Dem Anspruch aus § 93 Abs. 2 AktG kann auch das Aufsichtsratsmitglied einer GmbH ausgesetzt sein, da § 52 Abs. 1 GmbHG für den fakultativen sowie § 25 Abs. 1 S. 1 Nr. 2 MitbestG und § 1 Abs. 1 Nr. 3 DrittelbG für den mitbestimmten Aufsichtsrat jeweils auf § 116 AktG und damit auf § 93 Abs. 2 AktG (mit Ausnahme des Satzes 3) verweisen.

Liegt hinsichtlich der Verletzung der Geheimhaltungspflicht zumindest Eventualvorsatz vor, kommt eine Strafbarkeit nach § 404 AktG in Betracht. Die Regelung schützt als Teil eines weitreichenden Geflechts an Vorschriften in verschiedenen Gesetzen[1316] das Unternehmen und die Anteilseigner vor der Ausspähung von Geheimnissen.[1317] Dabei zielt der Schutz der Rechtsordnung nur auf die missbräuchliche Ausnutzung und Offenlegung.[1318] Aufgrund der Ausgestaltung als Antragsdelikt und des damit einhergehenden mutmaßlichen restriktiven Anzeigeverhaltens der Vorstände ist im Hinblick auf die nicht zur Anzeige gebrachten Delikte eine erhebliche Dunkelziffer zu vermuten,[1319] welche die praktische Relevanz der Vorschrift relativiert[1320]. Für die GmbH enthält § 85 GmbHG eine nahezu übereinstimmende Strafbarkeitsregelung, sodass Entsprechendes gilt.[1321]

Mit seinem Abberufungsrecht aus § 103 Abs. 3 AktG kann der Aufsichtsrat der Aktiengesellschaft selbst Abhilfe schaffen. Danach hat das Amtsgericht am Sitz der Gesellschaft[1322] ein Aufsichtsratsmitglied auf Antrag der Gesellschaft abzuberufen, wenn in dessen Person ein wichtiger Grund vorliegt. Der Antrag bedarf einer einfachen Mehrheit, wobei das abzuberufende Mitglied nach überwiegender Auffassung einem Stimmrechtsausschluss entsprechend § 34 BGB unterliegt.[1323] Abberufbar ist ohne Rücksicht auf die Legitimation ein jedes Aufsichtsratsmitglied.[1324] Die Verschwiegenheitsverletzung stellt den prototypischen Anwendungsfall eines wichtigen Grundes im Sinne der Vorschrift dar,[1325] wobei die Voraussetzungen auch bei einer nur fahrlässigen oder nicht vorwerfbaren Schweigepflichtverletzung gegeben sein können, wenn ein Wiederholungsfall vorliegt.[1326]

1315 *Lutter*, Information und Vertraulichkeit, Rn. 575 f.

1316 Siehe beispielsweise § 17 UWG oder 333 HGB.

1317 *Schaal*, in: MüKo AktG, § 404 Rn. 3; *Gercke/Stirner*, in: Park, Kapitalmarktstrafrecht, § 404 AktG, Rn. 3 (nur Schutz der Gesellschaft).

1318 *Stürner*, JZ 1985, 453; *Wolff*, NJW 1997, 98.

1319 *Kiethe/Groeschke*, WRP 2005, 1358, 1359.

1320 *Kiethe*, in: MüKo StGB, 2. Aufl. 2015, § 404 AktG, Rn. 8; *Janssen/Gercke*, in: Park, Kapitalmarktstrafrecht, § 404 AktG, Rn. 6.

1321 *Beurskens*, in: Baumbach/Hueck, GmbHG, § 85 Rn. 1.

1322 § 23a Abs. 1 S. 1 Nr. 2, Abs. 2 Nr. 4 GVG, §§ 375 Nr. 3, 377 FamFG.

1323 BayObLG NZG 2003, 691, 692; *Stadler/Berner*, NZG 2003, 49, 50; *Lutter*, Information und Vertraulichkeit, Rn. 579; *Koch*, in: Hüffer/Koch, Aktiengesetz, § 103 Rn. 12; *Simons*, in: Hölters, Aktiengesetz, § 103 Rn. 31.

1324 *Keilich/Brummer*, BB 2012, 897, 900; *Simons*, in: Hölters, Aktiengesetz, § 103 Rn. 27.

1325 *Simons*, in: Hölters, Aktiengesetz, § 103 Rn. 35a.

1326 *Lutter*, Information und Vertraulichkeit, Rn. 579.

Eine gerichtliche Abberufung ist bei einem fakultativen GmbH-Aufsichtsrat nicht möglich, da § 103 Abs. 3 AktG von § 52 Abs. 1 GmbHG nicht in Bezug genommen wird. Dies findet seine Rechtfertigung in der Stellung der Gesellschafter als oberstes Organ der Gesellschaft. Diesen muss das letztliche Bestimmungsrecht über die Abberufung vorbehalten bleiben.[1327] Die mitbestimmungsrechtlichen Vorschriften hingegen verweisen auf § 103 Abs. 3 AktG, sodass das „Notabberufungsrecht" den mitbestimmten GmbH-Aufsichtsräten zusteht.[1328]

Schließlich kann ein Aufsichtsratsmitglied von der Körperschaft, der es seine Wahl verdankt, bei einer Verletzung der Vertraulichkeit vorzeitig abgewählt werden, wobei dieser Sanktionsmöglichkeit aufgrund der engen gesetzlichen Voraussetzungen keine allzu große Bedeutung beizumessen ist.[1329]

C. Pflichtenkonflikt und Lösung durch das Informationsprivileg nach §§ 394, 395 AktG

Wie in den vorangegangenen Abschnitten aufgezeigt wurde, enthalten die Gemeindeordnungen der Länder umfassende Unterrichtungspflichten für kommunale Aufsichtsratsmitglieder. Darüber hinaus resultiert aus der verfassungsrechtlich abgeleiteten gemeindlichen Kontrollkompetenz ein umfassender Berichtsanspruch der Gemeindevertretungen gegenüber ihren Mitgliedern in den Aufsichtsorganen kommunaler Unternehmen.[1330] Im Widerspruch dazu verhält sich die weitreichende gesellschaftsrechtliche Verpflichtung der Aufsichtsratsmitglieder zur Verschwiegenheit.[1331] Vor dem Hintergrund des Spektrums an Sanktionen, denen ein Mitglied nach der gesetzlichen Ausgangslage letztlich ausgesetzt sein kann, wird der Pflichtenkonflikt deutlich: Nicht ausgeschlossen ist nämlich, dass ein Aufsichtsratsmitglied bezüglich derselben Tatsachen einerseits zur Auskunft, andererseits jedoch zur Verschwiegenheit verpflichtet ist.[1332]

Zur Lösung dieses Spannungsverhältnisses hat der Gesetzgeber die Vorschriften der §§ 394 und 395 AktG „als Einbruchstelle in die Organisationsverfassung des Aufsichtsrates zu Gunsten der öffentlichen Hand"[1333] im Aktiengesetz verankert. So werden nach § 394 S. 1 AktG von einer Gebietskörperschaft gewählte oder entsandte Aufsichtsratsmitglieder hinsichtlich der Berichte, die sie der Gebietskörperschaft zu erstatten haben, von der Verschwiegenheitspflicht freigestellt. Diese

---

1327 *Spindler*, in: MüKo GmbHG, § 52 Rn. 202.

1328 § 1 Abs. 1 Nr. 3 DrittelbG; § 6 Abs. 2 MitbestG; siehe dazu auch *Zöllner/Noack*, in: Baumbach/Hueck, GmbHG, § 52 Rn. 198, 293.

1329 *Lutter*, Information und Vertraulichkeit, Rn. 581.

1330 Siehe 4. Kapitel A.I.

1331 Siehe 4. Kapitel B.

1332 Zu diesem Pflichtenkonflikt siehe auch *Strobel*, Verschwiegenheits- und Auskunftspflicht kommunaler Vertreter, S. 159 f.

1333 *Maier*, Beamte als Aufsichtsratsmitglieder, S. 69.

Berichtspflicht kann auf einer gesetzlichen Vorschrift, auf Satzung oder auf einem dem Aufsichtsrat in Textform mitgeilten Rechtsgeschäft beruhen (§ 394 S. 3 AktG). Die letztgenannte Möglichkeit der Durchbrechung der Verschwiegenheitspflicht hat erst mit der Aktienrechtsnovelle 2016 Eingang in den Wortlaut des Aktiengesetzes gefunden.[1334]

Die Vorschrift des § 395 AktG stellt demgegenüber das Pendant des § 394 AktG dar. Um dem Bedürfnis der Gesellschaft nach einem vertraulichen Umgang mit unternehmenssensiblen Informationen Rechnung zu tragen, erstreckt § 395 AktG die Verschwiegenheitspflicht auf die Berichtsadressaten.

Im Folgenden sollen die Vorschriften der §§ 394, 395 AktG insbesondere unter besonderer Berücksichtigung der Aktienrechtsnovelle 2016 und der oben gefundenen Ergebnisse beleuchtet werden.

I. Gesetzeszweck

Aufsichtsratsmitglieder sind dem Gesellschaftsinteresse verpflichtet.[1335] Daher sind sie grundsätzlich keinen Weisungen unterworfen[1336] und unterliegen einer umfassenden Verschwiegenheitspflicht[1337]. Diese stellt „das notwendige Korrelat zu den Informationsrechten des Aufsichtsrats und seiner Mitglieder“[1338] dar, damit dieser seiner Aufgabe zur Überwachung und Beratung des Vorstandes umfänglich nachkommen kann. Sie schützt ferner den offenen Diskurs zwischen Geschäftsführungs- und Aufsichtsorgan und dient der Sicherung der Geheimhaltungsinteressen der Gesellschaft.[1339] Da die aktienrechtliche Verschwiegenheitspflicht auch gegenüber den Aktionären gilt, sind diese gehalten, ihre Informationsinteressen über allgemein zugängliche Quellen, wie etwa das Fragerecht nach § 131 AktG, geltend zu machen.[1340]

Dieser Grundsatz erfährt durch die Sondervorschriften der §§ 394, 395 AktG eine Durchbrechung. Die Vorschrift des § 394 S. 1 AktG stellt Aufsichtsratsmitglieder, die auf Veranlassung einer Gebietskörperschaft in den Aufsichtsrat bestellt worden sind, insoweit von der Verschwiegenheitspflicht frei, als sie zur Berichterstattung verpflichtet sind. Demgegenüber ordnet § 395 AktG in Absatz 1 an, dass die Verschwiegenheitspflicht auf den Kreis der Berichtsempfänger erweitert wird und normiert damit eine Kompensation für die Aufhebung der Verschwiegenheitspflicht auf Seiten der Aufsichtsratsmitglieder[1341]. Durch diese Verlagerung

1334 Siehe Art. 1 Nr. 27 des Gesetzes zur Änderung des Aktiengesetzes (Aktienrechtsnovelle 2016) vom 22.12.2015, BGBl. [2015] I S. 2565.
1335 *Habersack*, in: MüKo AktG, § 116 Rn. 47.
1336 Siehe dazu 3. Kapitel A.I.; für die Möglichkeit einer Weisungsbindung von Aufsichtsratsmitgliedern eines fakultativen GmbH-Aufsichtsrates siehe 3. Kapitel B.I.
1337 Siehe dazu 4. Kapitel B.I.3.und 4. Kapitel B.II.3.
1338 *Habersack*, in: MüKo AktG, § 116 Rn. 52.
1339 *Habersack*, in: MüKo AktG, § 116 Rn. 52 f.
1340 *Kersting*, in: Zöllner/Noack, KK Aktiengesetz, §§ 394, 395 Rn. 1.
1341 *Kersting*, in: Zöllner/Noack, KK Aktiengesetz, §§ 394, 395 Rn. 2.

der Verschwiegenheitspflicht auf den Kreis der Berichtsempfänger soll sichergestellt werden, dass die Geheimhaltungsinteressen der Gesellschaft nicht weiter beeinträchtigt werden, als für die Interessenwahrnehmung der öffentlichen Hand erforderlich ist.[1342] Der Gesetzgeber hat somit den Pflichtenkonflikt zwischen Verschwiegenheitspflicht und Berichtspflicht und die sich daraus ergebende „Doppelloyalität kommunaler Aufsichtsratsmitglieder“[1343] nicht durch einen Vorrang des Gesellschaftsrechts, sondern durch eine Vereinbarkeitsregelung einer Lösung zuzuführen versucht.[1344]

Die Vorschriften der §§ 394, 395 AktG gewähren der öffentlichen Hand ein bedeutsames, von den allgemeinen Auskunftsrechten eines Gesellschafters unabhängiges Informationsprivileg und erlauben einen fortwährenden und umfangreichen Informationsfluss zwischen öffentlicher Körperschaft und Aufsichtsratsmitglied.[1345] Einerseits soll durch die Sondervorschriften dem gesteigerten Interesse der öffentlichen Hand nach Prüfungs- und Informationsmöglichkeiten Rechnung getragen werden, um so den besonderen Interessen der öffentlichen Hand gerecht zu werden. Andererseits bezwecken sie den Schutz der gegensätzlichen Geheimhaltungsinteressen der Gesellschaft.[1346] Auf diese Weise soll die erforderliche Rückkopplung der verselbstständigten Gesellschaften an die Gemeindeverwaltung sichergestellt werden, um den Ingerenzpflichten Genüge zu leisten, welche die Organisationsprivatisierung der öffentlichen Hand aus verfassungsrechtlichen Gründen mit sich bringt[1347].[1348]

Die Privilegierung wird von den erweiterten Prüfrechten der §§ 53, 54 HGrG flankiert, wenn die öffentliche Hand in Höhe des für diese erforderlichen Anteilsbesitzes beteiligt ist.[1349] Teilweise wird in der Literatur eine Reduktion des Anwendungsbereichs der Vorschriften dergestalt gefordert, dass die privilegierende Wirkung nur so weit reichen könne, wie dies aus Gründen des haushaltsrechtlichen Informations- und Einflussbedarfs erforderlich sei. Zweck der Sondervorschriften sei nämlich die gegenseitige Abstimmung von Aktienrecht und Haushaltsrecht.[1350]

1342 *Stehlin*, in: Heidel, Aktienrecht und Kapitalmarktrecht, Vorb. §§ 394, 395 AktG, Rn. 2; zum Interessengeflecht hinter §§ 394 f. AktG siehe *Mann*, AG 2018, 57, 58 ff.

1343 *Strobel*, Verschwiegenheits- und Auskunftspflicht kommunaler Vertreter, S. 178.

1344 *Reichert*, Die besondere Stellung der Vertreter, S. 47 f.; *Strobel*, Verschwiegenheits- und Auskunftspflicht kommunaler Vertreter, S. 178 („Vereinbarkeitslösung“).

1345 *Martens*, AG 1984, 212, 213; *Maier*, Beamte als Aufsichtsratsmitglieder, S. 73.

1346 *Lutter/Grunewald*, WM 1984, 385, 386; *Stehlin*, in: Heidel, Aktienrecht und Kapitalmarktrecht, Vorb. §§ 394, 395 AktG, Rn. 2; *Oetker*, in: Schmidt/Lutter, Aktiengesetz, Vorb. §§ 394, 395 Rn. 1; *Kersting*, in: Zöllner/Noack, KK Aktiengesetz, §§ 394, 395 Rn. 3; *Schürnbrand*, in: MüKo AktG, § 394 Rn. 1 f.; *Koch*, in: Hüffer/Koch, Aktiengesetz, § 394 Rn. 1.

1347 Siehe dazu 2. Kapitel A.III.

1348 *Schoepke*, VBlBW 1994, 81, 87; *Strobel*, Verschwiegenheits- und Auskunftspflicht kommunaler Vertreter, S. 178.

1349 *Maier*, Beamte als Aufsichtsratsmitglieder, S. 73.

1350 *Kropff*, in: FS Hefermehl, S. 327, 334 f.; *Martens*, AG 1984, 29, 31.

Diese Auffassung gerät jedoch zu eng und verkennt, dass das öffentliche Haushaltsrecht nicht auf die Aufgabe der Rechnungsprüfung beschränkt ist, sondern von ihm vielmehr auch die Felder des Beteiligungserwerbs, der Unternehmensleitung und der Wirtschaftsplanung umfasst sind.[1351] Vielmehr kommt es auf den Einfluss*bedarf* der öffentlichen Hand gegenüber ihren Unternehmen im Hinblick auf die Sicherung eines angemessenen staatlichen Einflusses an. Das Privileg der §§ 394, 395 AktG bezieht sich daher auch auf solche Unternehmensdaten, die über das hinausgehen, was zum Zwecke der Rechnungsprüfung und -kontrolle erforderlich ist.[1352]

II. Entstehungsgeschichte und Aktienrechtsnovelle 2016

1. Aktiengesetz 1965

Die Vorschriften der §§ 394, 395 AktG sind erst mit der Neufassung des Aktiengesetzes durch das Aktiengesetz 1965[1353] in das Gesetz aufgenommen worden. Im Regierungsentwurf[1354] und im Bericht des Rechtsausschusses[1355] waren sie noch nicht enthalten, sondern ihre Einführung geht auf das Betreiben des Haushaltsausschusses gegen Ende des Gesetzgebungsverfahrens zurück[1356]. Die Reichshaushaltsordnung (RHO)[1357], welche im Jahr 1970 von der BHO abgelöst worden ist,[1358] enthielt in § 111 ein Prüfungsrecht des zuständigen Reichsministers, mit dem dieser die Betätigung des Reichs als Aktionär oder Gesellschafter durch zugängliche Unterlagen und Berichte des von ihm ernannten Aufsichtsratsmitglieds zu überprüfen hatte. Vor diesem Hintergrund bestanden Bedenken an der Vereinbarkeit dieser haushaltsrechtlichen Prüfungsrechte mit der aktienrechtlichen Verschwiegenheitspflicht eines Aufsichtsratsmitgliedes. Mit der Etablierung der §§ 394, 395 AktG sollte diesen Zweifeln begegnet werden.[1359] Dass diese Begründung „offensichtlich falsch“[1360] ist, weil haushaltsrechtliche Prüfrechte keine Berichtspflichten gewählter oder entsandter Aufsichtsratsmitglieder enthalten, sondern diese voraussetzen,[1361] soll an dieser Stelle nicht unerwähnt bleiben.

1351 *Schmidt-Aßmann/Ulmer*, BB 1988, Beil. 13, 1, 6.
1352 *Schmidt-Aßmann/Ulmer*, BB 1988, Beil. 13, 1, 6.
1353 BGBl. [1965] I S. 1089.
1354 BT-Drs. IV/171.
1355 BT-Drs. IV/3296.
1356 Der entsprechende Ausschussbericht ist abgedruckt bei *Kropff*, Aktiengesetz, S. 496.
1357 RGBl. [1923] II S. 17.
1358 Siehe § 119 Abs. 1, 2 S. 1 Nr. 1 BHO.
1359 Siehe Ausschussbericht, abgedruckt bei *Kropff*, Aktiengesetz, S. 496.
1360 *Martens*, AG 1984, 29, 30 f.; so auch *Schmidt-Aßmann/Ulmer*, BB 1988, Beil. 13, 1, 6.
1361 Siehe 4. Kapitel A.III.3.

2. *Der Weg zur Aktienrechtsnovelle 2016*

a) *Aktienrechtsnovelle 2011/2012*

Die Bestrebungen des Gesetzgebers um die Änderung der Sondervorschriften der §§ 394, 395 AktG erwiesen sich als „langwierig und zäh“[1362]. Bereits der Koalitionsvertrag 2009 formulierte in seinen Regierungszielen das Vorhaben der Schaffung einer größeren Transparenz bei kommunalen Gesellschaften.[1363] Der Referentenentwurf des Bundesministeriums der Justiz aus November 2010 nahm diese Zielsetzung auf, indem er die Anfügung folgender zwei Sätze an das bestehende gesetzliche Programm des § 394 AktG vorschlug: „Die Berichtspflicht folgt aus dem Innenverhältnis der Aufsichtsratsmitglieder zu der Gebietskörperschaft. Ist eine Gebietskörperschaft an einer nichtbörsennotierten Gesellschaft beteiligt, kann die Satzung die Verschwiegenheitspflicht der Aufsichtsratsmitglieder und die Öffentlichkeit der Sitzungen regeln.“[1364] Durch diese beiden Neuerungen sollte das im kommunalen Bereich aufkommende Bedürfnis nach einer Abhaltung öffentlicher Aufsichtsratssitzungen bei Gesellschaften mit kommunaler Beteiligung befriedigt werden.[1365]

Der Entwurf stieß in der weit überwiegenden juristischen Literatur und auch bei Fachverbänden auf Kritik. Eingewandt wurden insbesondere das gesteigerte Bedürfnis nach Vertraulichkeit der Beratungen im Aufsichtsorgan, welche für einen offenen Diskurs erforderlich sei,[1366] die ansonsten drohenden erheblichen Gefahren für die Wettbewerbsfähigkeit der kommunalen Gesellschaften[1367] sowie dogmatische Bedenken[1368]. Im Gesetzentwurf der Bundesregierung aus März 2012 wurde das ursprüngliche Vorhaben daher nicht weiterverfolgt. Vielmehr sollte in § 394 AktG der Satz angefügt werden, dass eine Berichtspflicht im Sinne des Satzes 1 der Vorschrift auf Gesetz oder Rechtsgeschäft beruhen könne.[1369] Nach Auffassung der Bundesregierung hätte eine solche Änderung lediglich klarstellenden Charakter, da eine Berichtspflicht nicht zwingend auf einem Gesetz beruhen müsse, sondern auch durch formloses Rechtsgeschäft begründet werden könne.[1370] Da nunmehr in der Sachverständigenanhörung des Ausschusses darauf hingewiesen worden

---

1362 *Belcke/Mehrhoff*, GmbHR 2016, 576, 577.

1363 *CDU/CSU/FDP*, Koalitionsvertrag für die 17. Wahlperiode, 26.10.2009, S. 112.

1364 *Bundesministerium der Justiz*, Referentenentwurf, Gesetz zur Änderung des Aktiengesetzes, 02.11.2010, S. 5; ausführlich zum Gesetzgebungsverfahren *Lampert*, Einflussnahme auf Aufsichtsratsmitglieder, S. 87 ff.

1365 *Bundesministerium der Justiz*, Referentenentwurf, Gesetz zur Änderung des Aktiengesetzes, 02.11.2010, S. 22.

1366 *Handelsrechtsausschuss des Deutschen Anwaltvereins*, NZG 2011, 217, 221; *Weber-Rey/Buckel*, ZHR 177 (2013), 13, 20 f.; *Harbarth/von Plettenberg*, AG 2016, 145, 155.

1367 *Bormann*, NZG 2011, 926, 927; *Bayer*, AG 2012, 141, 152 f.

1368 *Dieckmann/Nolting*, NZG 2011, 6, 10; *Bettenburg/Weirauch*, DÖV 2012, 352, 355.

1369 BT-Drs. 17/8989, S. 8.

1370 BT-Drs. 17/8989, S. 8.

war, dass ein formloses Rechtsgeschäft Unsicherheiten mit sich bringen könne, formulierte der Bundestag die geplante Gesetzesänderung in seiner Beschlussempfehlung aus Juni 2013 dahingehend um, dass die Berichtspflicht „auf Gesetz, auf Satzung oder auf dem Aufsichtsrat in Textform mitgeteiltem Rechtsgeschäft beruhen" könne.[1371] Das Gesetzgebungsverfahren erledigte sich jedoch zunächst durch Ablauf der Wahlperiode.

b) Aktienrechtsnovelle 2014/2016

Das Vorhaben wurde sodann in der sich anschließenden 18. Wahlperiode wieder aufgenommen. Der Referentenentwurf des Bundesministeriums für Justiz und Verbraucherschutz aus April 2014 entsprach im Hinblick auf die Vorschrift des § 394 AktG demjenigen der Beschlussempfehlung aus Juni 2013. Auch berief man sich zur Begründung wiederum auf den klarstellenden Charakter der geplanten Änderung.[1372] Obwohl im Regierungsentwurf aus März 2015 im Hinblick auf das Rechtsgeschäft im Sinne des neuen § 394 S. 3 AktG kurzzeitig Abstand von dem Erfordernis der „Mitteilung des Aufsichtsrates in Textform" genommen worden war,[1373] ist die Vorschrift entsprechend dem Referentenentwurf als Aktienrechtsnovelle 2016 verabschiedet worden[1374]. In § 394 S. 3 AktG heißt es seitdem: „Die Berichtspflicht nach Satz 1 kann auf Gesetz, auf Satzung oder auf dem Aufsichtsrat in Textform mitgeteiltem Rechtsgeschäft beruhen."

III. Geltungsbereich

Die Freistellung von der Verschwiegenheitspflicht gilt zum einen unmittelbar für die Aufsichtsratsmitglieder einer Aktiengesellschaft und einer Kommanditgesellschaft auf Aktien.[1375] Ob auch die Mitglieder eines freiwillig eingerichteten GmbH-Aufsichtsrates in den Anwendungsbereich der §§ 394, 395 AktG fallen, war lange Zeit umstritten, da eine entsprechende Verweisung in § 52 Abs. 1 GmbHG nicht enthalten war. Überwiegend wurde, obwohl vielfach auf die wegen § 51a GmbHG bestehende mangelnde Relevanz hingewiesen wurde,[1376] eine entsprechende

---

1371 BT-Drs. 17/14214, S. 9, 18 f.

1372 *Bundesministerium der Justiz und Verbraucherschutz*, Referentenentwurf, Entwurf eines Gesetzes zur Änderung des Aktiengesetzes (Aktienrechtsnovelle 2014), 11.04.2014, S. 7, 30.

1373 BT-Drs. 18/4349, S. 9.

1374 Art. 1 Nr. 27 des Gesetzes zur Änderung des Aktiengesetzes (Aktienrechtsnovelle 2016) vom 22.12.2015, BGBl. [2015] I S. 2565.

1375 *Schürnbrand*, in: MüKo AktG, § 394 Rn. 8 (siehe hier auch zur Anwendbarkeit auf die SE).

1376 *Will*, VerwArch 94 (2003), 248, 265; *Oetker*, in: Schmidt/Lutter, Aktiengesetz, § 394 Rn. 7.

Anwendung befürwortet.[1377] Dies wurde mit der grundsätzlichen Vergleichbarkeit der Interessenlagen von kommunalen Aufsichtsratsmitgliedern einer Aktiengesellschaft einerseits und einer GmbH andererseits begründet.[1378] Der Streit hat sich mit der Aktienrechtsnovelle 2016 jedoch erledigt, da mit dieser der Katalog des § 52 Abs. 1 GmbHG um die §§ 394, 395 AktG erweitert worden ist.[1379] Der Gesetzgeber wollte damit dem Risiko der Strafbarkeit der Mandatsträger der öffentlichen Hand wegen eines Verstoßes gegen die Verschwiegenheitspflicht nach § 85 GmbHG Rechnung tragen.[1380]

Die Verweisungsketten in § 1 Abs. 1 Nr. 3 DrittelbG und § 25 Abs. 1 S. 1 Nr. 2 MitbestG sind mit der Novelle zwar nicht erweitert worden. Ein Umkehrschluss dergestalt, dass die Privilegierungen der §§ 394, 395 AktG für mitbestimmte Gesellschaften keine Anwendung finden, ist jedoch sachlich nicht zu rechtfertigen. Denn es ist kein Grund dafür ersichtlich, warum in einer Aktiengesellschaft mit obligatorischem und in einer GmbH mit fakultativem Aufsichtsrat die Verschwiegenheitspflicht der von der öffentlichen Hand gewählten oder entsandten Aufsichtsratsmitglieder durchbrochen werden kann, bei der mitbestimmten GmbH demgegenüber nicht.[1381] Darüber hinaus stellen die Vorschriften der §§ 51a, 51b GmbHG, worauf teilweise verwiesen wurde,[1382] keine vollständige Kompensation der §§ 394, 395 AktG dar.[1383] Zum einen ist in § 51a Abs. 2 GmbHG ein Recht zur Informationsverweigerung vorgesehen, welches die §§ 394, 395 AktG nicht kennen. Zum anderen ist Gegner des Auskunftsrechts der Gesellschafter das Geschäftsführungsorgan, weshalb ein Rückschluss in Bezug auf das Entfallen der Verschwiegenheitspflicht der Aufsichtsratsmitglieder nicht angezeigt ist.[1384] Es ist daher von einem redaktionellen Versehen des Gesetzgebers auszugehen.[1385]

1377 *Reichert*, Die besondere Stellung der Vertreter, S. 47 f.; *Thode*, AG 1997, 547, 553; *Strobel*, Verschwiegenheits- und Auskunftspflicht kommunaler Vertreter, S. 211 ff.; *Faber*, Gesellschaftsrechtliche Bindungen für Aufsichtsratsmitglieder, S. 225 ff.; *Bormann*, NZG 2011, 926, 927; *Schürnbrand*, in: MüKo AktG, 3. Aufl. 2011, § 394 Rn. 8; a.A. *Pfeifer*, Möglichkeiten und Grenzen, S. 192 f.; *van Kann/Keiluweit*, DB 2009, 2251, 2254; *Ganzer/Tremml*, GewArch 2010, 141, 143 f.

1378 *Reichert*, Die besondere Stellung der Vertreter, S. 48.

1379 Art. 5 des Gesetzes zur Änderung des Aktiengesetzes (Aktienrechtsnovelle 2016) vom 22.12.2015, BGBl. [2015] I S. 2565.

1380 BT-Drs. 18/4349, S. 34.

1381 *Schürnbrand*, BOARD 2014, 225, 228; *Oetker*, in: Schmidt/Lutter, Aktiengesetz, § 394 Rn. 7; *Schürnbrand*, in: MüKo AktG, § 394 Rn. 11.

1382 *Witte*, ZGR 1998, 151, 163 ff.; *Will*, VerwArch 94 (2003), 248, 265.

1383 *Kersting*, in: Zöllner/Noack, KK Aktiengesetz, §§ 394, 395 Rn. 98.

1384 *Kersting*, in: Zöllner/Noack, KK Aktiengesetz, §§ 394, 395 Rn. 98.

1385 *Schürnbrand*, in: MüKo AktG, § 394 Rn. 11.

IV. Voraussetzungen

1. Beteiligung der Gebietskörperschaft

Der Wortlaut des § 394 AktG setzt eine Gesellschafterstellung der Gebietskörperschaft nicht voraus. Aus der Überschrift des Ersten Teils des Vierten Buchs des Aktiengesetzes folgt jedoch das Erfordernis einer unmittelbaren oder mittelbaren Beteiligung.[1386] Eine Mindesthöhe ist nicht erforderlich.[1387] Zwar wird teilweise gefordert, dass die Gebietskörperschaft über eine „ins Gewicht fallende Beteiligung" verfügen müsse, da unter teleologischen Gesichtspunkten nur in einem solchen Fall ein Bedürfnis nach Einwirkung und Kontrolle auf ein betreffendes Unternehmen bestehen könne.[1388] Dieser Gesichtspunkt ist jedoch über das Erfordernis der „Bestellung auf Veranlassung der Gebietskörperschaft" zu lösen. Einer ungeschriebenen Schranke auf tatbestandlicher Ebene bedarf es daher nicht.[1389]

Im Gesetzgebungsverfahren zur Aktienrechtsnovelle 2016 war von Seiten des Bundesrates vorgeschlagen worden, die Ausnahme von der Verschwiegenheitspflicht auch auf solche Aufsichtsratsmitglieder zu erstrecken, die auf Veranlassung einer der Rechtsaufsicht einer Gebietskörperschaft unterstehenden rechtsfähigen Körperschaft, Anstalt oder Stiftung des öffentlichen Rechts in den Aufsichtsrat gewählt oder entsandt worden sind.[1390] Damit sollten insbesondere Tochtergesellschaften von Sparkassen, öffentlich-rechtlichen Banken, Universitäten und Universitätskliniken erfasst werden, da für diese dasselbe Regelungsbedürfnis bestehe wie für Gebietskörperschaften.[1391] Die Bundesregierung wandte hiergegen jedoch ein, dass eine Inkorporation dieser selbstständigen juristischen Personen des öffentlichen Rechts durch die Rechtsaufsicht einer Gebietskörperschaft in diese nicht stattfinde. Darüber hinaus sei die Rechtsaufsicht mit den unternehmerischen Kontrollrechten einer Gebietskörperschaft bei einer unmittelbaren Beteiligung an einer privatrechtlichen Gesellschaft nicht vergleichbar.[1392]

1386 *Oetker*, in: Schmidt/Lutter, Aktiengesetz, § 394 Rn. 8; *Koch*, in: Hüffer/Koch, Aktiengesetz, § 394 Rn. 33.

1387 *Eibelshäuser*, in: FS Lüder, S. 693, 706; *Koch*, in: Hüffer/Koch, Aktiengesetz, § 394 Rn. 33; *Schürnbrand*, in: MüKo AktG, § 394 Rn. 13; a.A. *Martens*, AG 1984, 29, 36.

1388 *Schmidt-Aßmann/Ulmer*, BB 1988, Beil. 13, 1, 7.

1389 *Schall*, in: Spindler/Stilz, Aktiengesetz, § 394 Rn. 5; *Müller-Michaels*, in: Hölters, Aktiengesetz, § 394 Rn. 17; *Schürnbrand*, in: MüKo AktG, § 394 Rn. 13.

1390 BT-Drs. 18/4349, S. 40.

1391 BT-Drs. 18/4349, S. 41.

1392 BT-Drs. 18/4349, S. 45.

2. Wahl oder Entsendung „auf Veranlassung"

Der Wortlaut „gewählt oder entsandt" in § 394 S. 1 AktG nimmt unmittelbar auf die Bestellungsformen der § 101 Abs. 1 und Abs. 2 AktG Bezug.[1393] Jedoch sind auch nach § 104 AktG gerichtlich bestellte Aufsichtsratsmitglieder erfasst, wenn ein Antrag der Gebietskörperschaft vorliegt oder das Gericht dem Vorschlag der Gebietskörperschaft Folge leistet.[1394]

Der Begriff der Veranlassung ist weit zu verstehen. Eine solche ist stets dann anzunehmen, wenn ein Interesse der Gebietskörperschaft an der Bestellung nach außen hin offenkundig wird und dieses für die Bestellung ursächlich war.[1395] Eine Ursächlichkeit in diesem Sinne liegt vor, wenn die Bestellung durch die Beteiligung vermittelt wird. Eine bloße Anregung gegenüber dritten Gesellschaftern bezüglich der Art und Weise der Stimmrechtsausübung ist demgegenüber nicht ausreichend.[1396] Das von der öffentlichen Hand bestellte Aufsichtsratsmitglied muss vielmehr als „Repräsentant der Gebietskörperschaft"[1397] erscheinen. Maßgeblich für die Beurteilung ist der äußere Geschehensablauf. Unerheblich ist also, ob das Aufsichtsratsmitglied aus Gründen der Beteiligungsverwaltung oder aber allgemeinen politischen Erwägungen bestellt worden ist.[1398] Im Übrigen muss danach unterschieden werden, ob die Gebietskörperschaft unmittelbar oder mittelbar an der Gesellschaft beteiligt ist.

a) Unmittelbare Beteiligung

Beruht bei einer unmittelbaren Beteiligung der Gebietskörperschaft die Bestellung des Aufsichtsratsmitgliedes in den Aufsichtsrat auf einem statutarischen Entsendungsrecht des öffentlichen Gesellschafters nach § 101 Abs. 2 AktG, ist von einer Veranlassung im geforderten Sinne auszugehen.[1399] Ist das Aufsichtsratsmitglied nach § 101 Abs. 1 AktG von der Gebietskörperschaft gewählt worden, gilt dasselbe, wenn dieser die Stimmenmehrheit (Hauptversammlungsmehrheit) zusteht

---

1393 Siehe 2. Kapitel B.II.4.d).

1394 *Müller-Michaels*, in: Hölters, Aktiengesetz, § 394 Rn. 19; *Schürnbrand*, in: MüKo AktG, § 394 Rn. 14; unter Hinweis auf die Unabhängigkeit der Gerichte kritisch *Kersting*, in: Zöllner/Noack, KK Aktiengesetz, §§ 394, 395 Rn. 119.

1395 *Schmidt-Aßmann*/*Ulmer*, BB 1988, Beil. 13, 1, 7 f.; *Eibelshäuser*, in: FS Lüder, S. 693, 705 ff.; *Will*, VerwArch 94 (2003), 248, 252.

1396 *Schmidt-Aßmann*/*Ulmer*, BB 1988, Beil. 13, 1, 7.

1397 *Schmidt-Aßmann*/*Ulmer*, BB 1988, Beil. 13, 1, 7.

1398 *Koch*, VerwArch 102 (2011), 1, 14; *Oetker*, in: Schmidt/Lutter, Aktiengesetz, § 394 Rn. 10; *Koch*, in: Hüffer/Koch, Aktiengesetz, § 394 Rn. 34; *Schürnbrand*, in: MüKo AktG, § 394 Rn. 15; a.A. jedoch *Martens*, AG 1984, 29, 31, der die Anwendbarkeit der §§ 394, 395 AktG bei einer Bestellung aus allgemein-politischen Gründen ausschließen will.

1399 *Koch*, VerwArch 102 (2011), 1, 14 f.; *Oetker*, in: Schmidt/Lutter, Aktiengesetz, § 394 Rn. 10.

und wenn sie das Mitglied vorgeschlagen hat.[1400] Der bloße Wahlvorschlag ist demgegenüber nicht ausreichend.[1401] Liegt keine Stimmenmehrheit vor, so ist die Bestellung dann durch die Gebietskörperschaft veranlasst, wenn diese ein Mitglied vorschlägt und die Wahl durch ausdrückliche oder konkludente Absprachen mit anderen Gesellschaftern durchsetzt.[1402]

b) Mittelbare Beteiligung

Schwierigkeiten bereitet die Feststellung des Ursächlichkeitszusammenhangs dann, wenn die Gebietskörperschaft ihre Beteiligung an einer Gesellschaft über eine Zwischenholding ausübt. Dies ist deshalb problematisch, weil die Wahl der Aufsichtsratsmitglieder der Enkelgesellschaft dem Vertretungsorgan der Tochtergesellschaft obliegt, dieses jedoch wegen § 76 AktG autonom[1403] entscheidet.[1404] Die Gebietskörperschaft kann in einem solchen Fall lediglich an die Geschäftsführung der Tochtergesellschaft mit einem Wahlvorschlag herantreten.[1405] Werden sodann Repräsentanten der Gemeinde, also insbesondere Ratsmitglieder oder Gemeindebeamte, in das Aufsichtsorgan der Enkelgesellschaft bestellt, spricht nach der überwiegenden Literatur eine Vermutung für die Veranlassung durch die Gebietskörperschaft.[1406] Das zum Teil[1407] geforderte Erfordernis einer Mehrheitsbeteiligung der Gebietskörperschaft an der Zwischengesellschaft findet im Wortlaut der §§ 394, 395 AktG keine Stütze.[1408]

Fraglich ist die Beurteilung darüber hinaus im Hinblick auf satzungsrechtliche Vorschlags- oder Entsendungsrechte. Dahingehende Bedenken beruhen darauf, dass der Gebietskörperschaft keine unmittelbare Stellung als Aktionärin der Enkelgesellschaft zukommt, satzungsgemäße Vorschlags- und Entsendungsrechte jedoch nur einer solchen zustehen können.[1409] Entscheidend ist hier jedoch ebenfalls nicht die rechtliche Verbindlichkeit des Entsendungsrechts, sondern

---

1400 *Oetker*, in: Schmidt/Lutter, Aktiengesetz, § 394 Rn. 10.

1401 *Schall*, in: Spindler/Stilz, Aktiengesetz, § 394 Rn. 7; *Kersting*, in: Zöllner/Noack, KK Aktiengesetz, §§ 394, 395 Rn. 118.

1402 *Oetker*, in: Schmidt/Lutter, Aktiengesetz, § 394 Rn. 10; *Schürnbrand*, in: MüKo AktG, § 394 Rn. 16.

1403 Etwas anderes gilt nur im Anwendungsbereich der § 15 MitbestErgG und § 32 MitbestG, siehe dazu *Schürnbrand*, in: MüKo AktG, § 394 Rn. 16.

1404 *Oetker*, in: Schmidt/Lutter, Aktiengesetz, § 394 Rn. 11.

1405 *Oetker*, in: Schmidt/Lutter, Aktiengesetz, § 394 Rn. 11.

1406 *Schmidt-Aßmann/Ulmer*, BB 1988, Beil. 13, 1, 8; *Will*, VerwArch 94 (2003), 248, 252; *Maier*, Beamte als Aufsichtsratsmitglieder, S. 80; *Oetker*, in: Schmidt/Lutter, Aktiengesetz, § 394 Rn. 11; *Schürnbrand*, in: MüKo AktG, § 394 Rn. 18.

1407 *Koch*, in: Hüffer/Koch, Aktiengesetz, § 394 Rn. 35.

1408 *Eibelshäuser*, in: FS Lüder, S. 693, 706 f.; *Schürnbrand*, in: MüKo AktG, § 394 Rn. 18.

1409 *Oetker*, in: Schmidt/Lutter, Aktiengesetz, § 394 Rn. 11; zur Beschränkung des Entsendungsrechts auf Aktionäre siehe *Habersack*, in: MüKo AktG, § 101 Rn. 32.

die tatsächliche Befolgung durch das Geschäftsführungsorgan der Tochtergesellschaft.[1410] Auch kann in der Satzung der Enkelgesellschaft eine Regelung vorgesehen werden, wonach die Tochtergesellschaft bestimmte Personen aus der Sphäre der Gebietskörperschaft in den Aufsichtsrat der Enkelin entsenden kann.[1411] Mit *Schmidt-Aßmann/Ulmer* ist daher auch in diesen Fällen an einer Veranlassung durch die Gebietskörperschaft nicht zu zweifeln.[1412]

3. *Pflicht zur Berichterstattung gegenüber Gebietskörperschaft*

Eine Entbindung der Aufsichtsratsmitglieder von der Verschwiegenheitspflicht erfolgt nach § 394 S. 1 AktG nur „hinsichtlich der Berichte, die sie der Gebietskörperschaft zu erstatten haben". Eine Entbindung von der Verschwiegenheitspflicht ist also insoweit an die Pflicht zur Berichterstattung geknüpft. Einhellige Meinung ist in diesem Zusammenhang, dass die Vorschrift eine Berichtspflicht selbst nicht enthält, sondern auf eine anderweitig begründete Pflicht zur Berichterstattung verweist.[1413] Diese Auffassung teilt auch der Gesetzgeber der Aktienrechtsnovelle 2016. Denn die Einfügung des Satzes 3 in § 394 AktG aus Gründen der „Klarstellung"[1414] wäre überflüssig, wenn die Vorschrift als solche bereits eine Rechtsgrundlage für eine Berichtspflicht zur Verfügung stellen würde.[1415]

Lange Zeit war umstritten, welche Anforderungen an eine Berichtspflicht im Sinne der Vorschrift zu stellen sind. Die vor der Aktienrechtsnovelle 2016 wohl vorherrschende Auffassung im Schrifttum trat dafür ein, lediglich eine gesetzliche Grundlage und gerade kein Vertragsverhältnis zwischen der Gebietskörperschaft und dem Aufsichtsratsmitglied zur Begründung einer Berichtspflicht ausreichen zu lassen.[1416] Innerhalb dieser Meinungsströmung bestand jedoch Uneinigkeit,

---

1410 *Schmidt-Aßmann/Ulmer*, BB 1988, Beil. 13, 1, 8.

1411 *Schmidt-Aßmann/Ulmer*, BB 1988, Beil. 13, 1, 8.

1412 *Schmidt-Aßmann/Ulmer*, BB 1988, Beil. 13, 1, 8.

1413 *Martens*, AG 1984, 29, 30 f.; *Will*, VerwArch 94 (2003), 248, 250; *Land/Hallermeyer*, AG 2011, 114; *Oetker*, in: Schmidt/Lutter, Aktiengesetz, § 394 Rn. 12; *Schall*, in: Spindler/Stilz, Aktiengesetz, § 394 Rn. 9; *Koch*, in: Hüffer/Koch, Aktiengesetz, § 394 Rn. 36; *Schürnbrand*, in: MüKo AktG, § 394 Rn. 19.

1414 BT-Drs. 18/4349, S. 33.

1415 *Oetker*, in: Schmidt/Lutter, Aktiengesetz, § 394 Rn. 12; so auch ausdrücklich die Gesetzesbegründung BT-Drs. 18/4349, S. 33.

1416 *Lutter/Grunewald*, WM 1984, 385, 397; *Martens*, AG 1984, 29, 33; *Zöllner*, AG 1984, 147, 148; *Schmidt-Aßmann/Ulmer*, BB 1988 Beil. 13, 1, 10 ff.; *Schwintowski*, NJW 1990, 1009, 1014; *Thode*, AG 1997, 547, 549; *Mann*, Die öffentlich-rechtliche Gesellschaft, S. 242 f.; *Strobel*, Verschwiegenheits- und Auskunftspflicht kommunaler Vertreter, S. 165 f.; *Will*, VerwArch 94 (2003), 248, 252 ff.; *Faber*, Gesellschaftsrechtliche Bindungen für Aufsichtsratsmitglieder, S. 101; *Müller-Michaels*, in: Hölters, Aktiengesetz, 1. Aufl. 2011, § 394 Rn. 25; *Hüffer*, Aktiengesetz, 10. Aufl. 2012, § 394 Rn. 38 f.; *Lutter/Krieger/Verse*, Rechte und Pflichten des Aufsichtsrats, Rn. 1432; *Oetker*, in: Schmidt/Lutter, Aktiengesetz, § 394 Rn. 14; *Schall*, in: Spindler/Stilz,

ob es einer spezialgesetzlichen Berichtspflicht bedürfe[1417] oder ob eine objektivrechtliche Grundlage in Form einer Generalklausel ausreiche[1418], sodass auch die allgemeine beamtenrechtliche Weisungsbindung eine taugliche Basis darstellen könne[1419].

Vor diesem Hintergrund wird deutlich, dass erhebliche Zweifel daran bestehen, ob der Anfügung des Satzes 3 an § 394 AktG durch die Novellierung tatsächlich nur ein klarstellender Charakter[1420] beizumessen ist. Vielmehr scheint es, als sei durch die Aktienrechtsnovelle eine neue Möglichkeit der Begründung einer Berichtspflicht geschaffen worden.[1421] Dadurch, dass die Berichtspflicht spätestens seit der Novellierung nicht mehr nur auf einer gesetzlichen Vorschrift, sondern auch auf einer Satzungsregelung oder auf dem Aufsichtsrat in Textform mitgeteiltem Rechtsgeschäft beruhen kann, „korrigiert"[1422] beziehungsweise „konterkariert"[1423] der Gesetzgeber die zuvor herrschende Meinung in der Literatur. Dies ist jedoch mit *Bayer* hinzunehmen.[1424] In der neueren Literatur deutet sich daher ein Meinungswechsel an.[1425]

Im Folgenden sollen die unterschiedlichen Möglichkeiten der Generierung einer Berichtspflicht zur Durchbrechung der Verschwiegenheitspflicht vorgestellt werden, wie sie das geänderte Aktiengesetz bereithält. Darüber hinaus soll die Auflockerung der Verschwiegenheitspflicht kraft Rechtsgeschäfts kritisch beleuchtet werden.

Aktiengesetz, § 394 Rn. 10; a.A. *Kropff*, in: FS Hefermehl, S. 327, 328; *Land/Hallermeyer*, AG 2011, 114, 117; *Schürnbrand*, in: MüKo AktG, 3. Aufl. 2011, § 394 Rn. 19; *Lampert*, Einflussnahme auf Aufsichtsratsmitglieder, S. 55 f.; *Wilting*, AG 2012, 529, 530 ff.

1417 *Mann*, Die öffentlich-rechtliche Gesellschaft, S. 242 f.

1418 Dazu klarstellend *Zöllner*, AG 1984, 147, 148.

1419 *Lutter/Grunewald*, WM 1984, 385, 397; *Martens*, AG 1984, 29, 33; *Thode*, AG 1997, 547, 549.

1420 BT-Drs. 18/4349, S. 33.

1421 So auch *Belcke/Mehrhoff*, GmbHR 2016, 576, 577 f.

1422 *Bayer*, AG 2012, 141, 153.

1423 *Belcke/Mehrhoff*, GmbHR 2016, 576, 577.

1424 *Bayer*, AG 2012, 141, 153; so auch *Kersting*, in: Zöllner/Noack, KK Aktiengesetz, §§ 394, 395 Rn. 136; zu Restriktionen bezüglich des Rechtsgeschäfts siehe 4. Kapitel C.IV.3.c)bb)(1)(b).

1425 Siehe nur *Müller-Michaels*, in: Hölters, Aktiengesetz, § 394 Rn. 25 im Gegensatz zur 1. Aufl. (§ 394 Rn. 25).

a) Berichtspflicht kraft gesetzlicher Regelung

aa) Begriff des Gesetzes im Sinne des § 394 S. 3 AktG

Nach § 394 S. 3 AktG kann die Berichtspflicht zunächst auf einem Gesetz beruhen. Da hierunter jede Rechtsnorm zu verstehen ist (vgl. Art. 2 EGBGB), kommt auch eine Rechtsverordnung als Rechtsgrundlage in Betracht.[1426] Dies ist nicht etwa deshalb ausgeschlossen, weil die Vorschrift diesen Begriff unerwähnt lässt, denjenigen der Satzung jedoch eigens nennt. Denn mit der Satzung im Sinne des § 394 S. 3 AktG ist die Satzung der Gesellschaft gemeint.[1427]

Fraglich ist, ob nach der Konzeption des Satzes 3 des § 394 AktG auch kommunale Satzungen unter den Gesetzesbegriff im Sinne der Vorschrift zu fassen sind. Die Gesetzesbegründung führt diese ausdrücklich nicht an.[1428] Dafür wird angeführt, dass spätestens mit der Aktienrechtsnovelle 2016 die Möglichkeit zur Begründung einer Berichtspflicht durch Abschluss eines einfachen Rechtsgeschäfts geschaffen worden sei und auch in diesem Fall lediglich auf das Verhältnis zwischen der Gebietskörperschaft und dem Aufsichtsratsmitglied abgestellt werde. Dieses könne aber gerade auch durch eine kommunale Satzung ausgestaltet werden. Die Satzungsregelung ersetze in einem solchen Fall die Zustimmung des Aufsichtsratsmitgliedes zur Begründung des Rechtsgeschäfts.[1429]

Gegen diesen Ansatz spricht jedoch, worauf noch ausführlich einzugehen sein wird,[1430] dass die Gesellschaft als letztlich Betroffene an der Ausgestaltung einer solchen kommunalen Satzung nicht teilnimmt. Ihre Geheimhaltungsinteressen bleiben vollständig unberücksichtigt, während die Verschwiegenheitspflicht der Aufsichtsratsmitglieder zur autonomen Disposition der Kommune steht. Daher stellt eine kommunale Satzung grundsätzlich keine gesetzliche Regelung im Sinne des § 394 S. 3 AktG dar. Es ist jedoch aufgezeigt worden, dass der kommunalen Einpersonen-GmbH die Möglichkeit obliegt, kraft Regelung im Gesellschaftsvertrag die Nichtöffentlichkeit der Aufsichtsratssitzungen sowie die Verschwiegenheitspflicht der Aufsichtsratsmitglieder abzubedingen.[1431] Da die Kommune bei einer kommunalen Eigengesellschaft ohnehin als „Herrin des Geheimnisses" bezeichnet werden kann und das Unternehmensinteresse allein von der öffentlichen Gesellschafterin definiert wird, bestehen bei einer 100%-Beteiligung einer Gemeinde

---

1426 *Schürnbrand*, in: MüKo AktG, § 394 Rn. 22.

1427 BT-Drs. 18/4349, S. 33; *Kersting*, in: Zöllner/Noack, KK Aktiengesetz, §§ 394, 395 Rn. 125.

1428 Vgl. BT-Drs. 18/4349, S. 33.

1429 *Kersting*, in: Zöllner/Noack, KK Aktiengesetz, §§ 394, 395 Rn. 126; so auch *Schürnbrand*, in: MüKo AktG, § 394 Rn. 22.

1430 Siehe 4. Kapitel C.IV.3.c).

1431 Siehe 4. Kapitel B.II.3.a)cc)(2)(b)(aa).

keine durchgreifenden Bedenken gegen die Begründung einer Berichtspflicht mittels einer kommunalen Satzung.

bb) Einzelne gesetzliche Berichtspflichten

Wie bereits aufgezeigt wurde, können aus dem Beamtenrecht[1432] sowie aus den Vorschriften über die erweiterte Abschlussprüfung (§§ 53, 54 HGrG)[1433] Berichtspflichten des kommunalen Aufsichtsratsmitglieds nicht abgeleitet werden. Eine Auflockerung der Verschwiegenheitspflicht kommt daher nach hier vertretener Auffassung insoweit nicht in Betracht.[1434]

Ungeachtet der Frage, ob sie die weiteren Voraussetzungen der §§ 394, 395 AktG erfüllen,[1435] enthalten mittlerweile die gemeindewirtschaftlichen Vorschriften der meisten Bundesländer entsprechende Berichtspflichten für Aufsichtsratsmitglieder in kommunalen Unternehmen.[1436] Diese stellen jeweils eine Berichtspflicht im Sinne des § 394 S. 1 AktG dar und vermögen daher im Grunde die gesellschaftsrechtliche Verschwiegenheitspflicht zu durchbrechen.[1437]

Darüber hinaus ist dargestellt worden, dass sich Unterrichtungspflichten kommunaler Aufsichtsratsmitglieder auch aus der gemeindlichen Kontrollkompetenz der Gemeindevertretung ergeben.[1438] Zu fragen ist daher, ob diese Auskunftspflichten eine Berichtspflicht im Sinne des § 394 S. 1 AktG darstellen. Im Zusammenhang mit der Frage, ob die Grundsätze über die beamtenrechtliche

---

1432 Siehe 4. Kapitel A.II.

1433 Siehe 4. Kapitel A.III.

1434 So auch *Zöllner*, AG 1984, 147, 148 f.; *Schmidt-Aßmann/Ulmer*, BB 1988 Beil. 13, 1, 10 ff.; 19 ff.; *Strobel*, Verschwiegenheits- und Auskunftspflicht kommunaler Vertreter, S. 169 ff.; *Oetker*, in: Schmidt/Lutter, Aktiengesetz, § 394 Rn. 15 ff.; *Kersting*, in: Zöllner/Noack, KK Aktiengesetz, §§ 394, 395 Rn. 128; a. A. für Durchbrechung der Verschwiegenheitspflicht kraft beamtenrechtlicher Weisungsbindung *Koch*, in: Hüffer/Koch, Aktiengesetz, § 394 Rn. 40; *Schürnbrand*, in: MüKo AktG, § 394 Rn. 23.

1435 Zum Erfordernis der Gewährleistung des Geheimnisschutzes auf Empfängerseite siehe 4. Kapitel C.IV.5.b).

1436 § 113 Abs. 5 S. 1 GO NRW; Art. 93 Abs. 2 S. 2 BayGO; § 138 Abs. 4 S. 1, 2 NKomVG; § 115 Abs. 1 KSVG SL; § 98 Abs. 3 SächsGO; § 71 Abs. 4 KV M-V; § 125 Abs. 2 S. 1 iVm Abs. 1 S. 5 HGO; § 97 Abs. 7 BbgKVerf; § 104 Abs. 1 S. 3 GO S-H; § 88 Abs. 5 S. 3 GO RP; in den Gemeindeordnungen von Thüringen, Baden-Württemberg und Sachsen-Anhalt finden sich keine Unterrichtungspflichten; siehe auch 4. Kapitel A.I.1.a).

1437 *Strobel*, Verschwiegenheits- und Auskunftspflicht kommunaler Vertreter, S. 168 f.; *Will*, VerwArch 94 (2003), 248, 253 ff.; *Oetker*, in: Schmidt/Lutter, Aktiengesetz, § 394 Rn. 18; *Kersting*, in: Zöllner/Noack, KK Aktiengesetz, §§ 394, 395 Rn. 127; *Koch*, in: Hüffer/Koch, Aktiengesetz, § 394 Rn. 38; *Schürnbrand*, in: MüKo AktG, § 394 Rn. 22.

1438 Siehe 4. Kapitel A.I.2.

Weisungsbindung eine Grundlage für eine Berichtspflicht begründen können, wird in der Literatur ausgeführt, dass es für die Charakterisierung einer Norm als Berichtspflicht im Sinne des § 394 S. 1 AktG auf deren Interpretation beziehungsweise Konkretisierung ankomme.[1439] Auch wenn die gemeindliche Kontrollkompetenz des Gemeinderates unmittelbar aus der Verfassung abgeleitet wird, so lassen sich – ungeachtet der vereinzelten Statuierungen in einfachgesetzlichen Vorschriften der Gemeindeordnungen – der gegenständliche Kontrollbereich des Gemeinderates, der inhaltliche und zeitliche Umfang sowie der Kreis der Berichtigten und Verpflichteten dieses Berichtsanspruchs[1440] präzise konturieren[1441]. Aus diesem Grund ist auch die Herleitung einer Berichtspflicht aus der Kontrollkompetenz des Gemeinderates grundsätzlich anzuerkennen.[1442] Der Anwendungsbereich des § 394 AktG läuft daher nicht, wie *Oetker* meint,[1443] teilweise leer.

b) Berichtspflicht kraft Satzungsregelung

aa) Rechtspolitische Bewertung der Einführung

Die Vorschrift des § 394 S. 3 AktG bietet als weitere Variante die Möglichkeit der Begründung einer Berichtspflicht durch eine Regelung in der Gesellschaftssatzung.[1444] Damit wird Zweifeln die Grundlage entzogen, dass eine solche Regelung gegen den Grundsatz der Satzungsstrenge nach § 23 Abs. 5 AktG verstoße.[1445]

Die Begründung einer Berichtspflicht durch eine Satzungsregelung stellt die einzige Möglichkeit der Gesellschafter dar, eigeninitiativ über den Inhalt und den Umfang einer Berichtspflicht selbst zu bestimmen und somit die Verschwiegenheitspflicht der Aufsichtsratsmitglieder zu suspendieren. Die Gesellschafter haben es folglich selbst in der Hand, die Informationsinteressen der öffentlichen Hand mit den gesellschaftlichen Geheimhaltungsinteressen in einer Abwägung gegenüberzustellen, während die Begründung einer Berichtspflicht durch eine gesetzliche Regelung oder durch ein Rechtsgeschäft nach dem Wortlaut des § 394 S. 3

1439 *Zöllner*, AG 1984, 147, 148.

1440 Siehe 4. Kapitel A.I.2.a).

1441 Siehe 4. Kapitel A.I.2.c) ff.

1442 So auch *Strobel*, Verschwiegenheits- und Auskunftspflicht kommunaler Vertreter, S. 168; für Annahme der grundsätzlichen Möglichkeit einer Herleitung einer Berichtspflicht aus dem Rechtsgedanken der kommunalen Einwirkungspflicht siehe *Schmidt-Aßmann/Ulmer*, BB 1988 Beil. 13, 1, 21; zur Problematik der Gewährleistung des Geheimnisschutzes auf Empfängerseite siehe 4. Kapitel C.IV.5.b)cc)(1)(c).

1443 *Oetker*, in: Schmidt/Lutter, Aktiengesetz, § 394 Rn. 18.

1444 BT-Drs. 18/4349, S. 33.

1445 *Schürnbrand*, in: MüKo AktG, § 394 Rn. 24.

AktG[1446] unabhängig von einem Entschluss der Gesellschafter erfolgen.[1447] Bereits aus diesem Grund ist die Möglichkeit der Schaffung einer dementsprechenden Satzungsregelung zu begrüßen. Dafür spricht ferner, dass eine Regelung in der Satzung ein hohes Maß an Transparenz ermöglicht[1448] und eine solche ein Substitut für eine Mehrzahl vertraglicher Berichtspflichten darstellen kann, womit eine einheitliche Regelung geschaffen wird[1449].

bb) Begründung, Inhalt um Umfang

Erforderlich für eine Etablierung in der Satzung ist nach § 179 Abs. 1 S. 1 AktG ein Änderungsbeschluss der Hauptversammlung. Dem Wortlaut des § 394 AktG lässt sich keine Beschränkung dergestalt entnehmen, dass der Umfang der so begründeten Berichtspflicht von vornherein auf die Felder der Beteiligungsverwaltung und Haushaltsprüfung beschränkt wäre.[1450] Dennoch gebietet die Abwägung des Informationsinteresses einerseits mit dem Vertraulichkeitsbedürfnis des Aufsichtsrates andererseits eine dementsprechende Einschränkung.[1451] Berichtspflichten in der Satzung können darüber hinaus bezüglich auf die der Gesellschaft übertragenen öffentlichen Aufgaben aus dem Bereich der Daseinsvorsorge bestehen.[1452] Erforderlich sind in jedem Fall deutliche Berührungspunkte zu dem Aufgabenbereich und zur der Funktion der Gebietskörperschaft.[1453]

In zeitlicher Hinsicht muss die Satzungsbestimmung im Zeitpunkt der Weitergabe der Information in Kraft sein.[1454] Wird sie aufgehoben, entfällt das Informationsprivileg mit Wirkung für die Zukunft.[1455] Fraglich ist, ob eine über eine Satzungsregelung begründete Berichtspflicht auch für solche Personen Geltung beansprucht, welche im Zeitpunkt der Verankerung in der Satzung bereits eine Stellung als Aufsichtsratsmitglied innehaben. Dagegen spricht, dass bei der Entsendungsentscheidung der Gebietskörperschaft auch der Umfang und die Reichweite der Verschwiegenheitspflicht des möglichen Kandidaten eine Rolle spielen.[1456] Dafür lässt sich jedoch anführen, dass mit einer Satzungsänderung mehr Gesellschafter einverstanden sein müssen als mit der Entscheidung über die Wahl eines

---

1446 Zum Erfordernis der Beteiligung der Gesellschaft am Rechtsgeschäft siehe 4. Kapitel C.IV.3.c)bb)(1)(b).

1447 *Kersting*, in: Zöllner/Noack, KK Aktiengesetz, §§ 394, 395 Rn. 130.

1448 *Kersting*, in: Zöllner/Noack, KK Aktiengesetz, §§ 394, 395 Rn. 132.

1449 *Schürnbrand*, BOARD 2014, 225, 227.

1450 *Kersting*, in: Zöllner/Noack, KK Aktiengesetz, §§ 394, 395 Rn. 131.

1451 *Kersting*, in: Zöllner/Noack, KK Aktiengesetz, §§ 394, 395 Rn. 131.

1452 *Kersting*, in: Zöllner/Noack, KK Aktiengesetz, §§ 394, 395 Rn. 131.

1453 So für die Begründung einer Berichtspflicht durch Rechtsgeschäft *Sünner*, CCZ 2012, 107, 112; *Schürnbrand*, BOARD 2014, 225, 226 f.

1454 *Schürnbrand*, in: MüKo AktG, § 394 Rn. 24.

1455 *Kersting*, in: Zöllner/Noack, KK Aktiengesetz, §§ 394, 395 Rn. 132.

1456 *Kersting*, in: Zöllner/Noack, KK Aktiengesetz, §§ 394, 395 Rn. 132.

Aufsichtsratsmitgliedes. Denn ein Beschluss über eine Satzungsänderung bedarf nach § 179 Abs. 2 AktG einer Dreiviertelmehrheit, während bei der Entscheidung über die Wahl eines Aufsichtsratsmitgliedes die einfache Stimmenmehrheit ausreichend ist, § 133 Abs. 1 AktG.[1457] Da nach § 103 Abs. 1 S. 2 AktG auch die Abberufung eines Mitgliedes einer Dreiviertelmehrheit in der Hauptversammlung bedarf, ist es angemessen, die Geltung einer durch die Gesellschaftssatzung begründeten Berichtspflicht auf amtierende Aufsichtsratsmitglieder zu erstrecken.[1458] Bei entsandten Aufsichtsratsmitgliedern ist bereits deshalb eine Anwendung einer neuen satzungsgemäßen Berichtspflicht auf bereits amtierende Mitgliedern zu bejahen, weil der Entsendungsberechtigte das Aufsichtsratsmitglied nach § 103 Abs. 2 S. 1 AktG jederzeit abberufen kann und deshalb keines Schutzes bedarf.[1459]

c) Berichtspflicht kraft Rechtsgeschäfts

Der Gesetzgeber der Aktienrechtsnovelle 2016 hat sich entgegen der bis dahin herrschenden Literatur[1460] entschieden, zur Begründung einer Berichtspflicht im Sinne des § 394 S. 1 AktG auch ein Rechtsgeschäft ausreichen zu lassen. Gemeint ist damit ausweislich der Gesetzesbegründung eine vertragliche Vereinbarung, ein Auftrag oder eine Nebenabrede mit der Gebietskörperschaft. Die Vorschrift des § 394 S. 3 AktG sei mit der Wahl des Begriffs „Rechtsgeschäft" allgemein gefasst worden, um sämtliche möglichen Varianten abzudecken.[1461]

aa) Rechtspolitische Bewertung der Einführung

Vor dem Hintergrund der grundsätzlichen Bedeutung der gesellschaftsrechtlichen Verschwiegenheitspflicht ist die Entscheidung des Gesetzgebers der Aktienrechtsnovelle 2016 zu kritisieren. Die Verschwiegenheitspflicht steht nunmehr faktisch zur Disposition der Gebietskörperschaften, da ein jeder zur Bestellung in einen Aufsichtsrat einer kommunalen Gesellschaft in Betracht kommende Kandidat bereit sein wird, entsprechende Berichtspflichten vertraglich zu vereinbaren.[1462] Dieser Umstand ist bereits während des Gesetzgebungsverfahrens vielfach und zum Teil scharf kritisiert worden.[1463]

1457 *Kersting*, in: Zöllner/Noack, KK Aktiengesetz, §§ 394, 395 Rn. 132.

1458 *Kersting*, in: Zöllner/Noack, KK Aktiengesetz, §§ 394, 395 Rn. 132; *Schürnbrand*, in: MüKo AktG, § 394 Rn. 24.

1459 *Kersting*, in: Zöllner/Noack, KK Aktiengesetz, §§ 394, 395 Rn. 132.

1460 Siehe 4. Kapitel C.IV.3.

1461 BT-Drs. 18/4349, S. 33.

1462 *Martens*, AG 1984, 29, 33; *Thode*, AG 1997, 547, 549; *Oetker*, in: Schmidt/Lutter, Aktiengesetz, § 394 Rn. 14; *Belcke/Mehrhoff*, GmbHR 2016, 576, 578.

1463 *Dieckmann*, NZG 2011, 6, 10; *Handelsrechtsausschuss des Deutschen Anwaltvereins*, NZG 2011, 217, 221; *Bayer*, AG 2012, 141, 153; *Bungert/Wettich*, ZIP 2012, 297, 302; *Handelsrechtsausschuss des Deutschen Anwaltvereins*, NZG 2012, 380, 383; *Sünner*, CCZ 2012, 107, 112; *Deutsches Aktieninstitut*, Anmerkungen zur Aktienrechtsnovelle

Bei der Generierung einer Berichtspflicht im Sinne des § 394 S. 1 AktG sind die gegenläufigen Interessen der Gesellschaft an einem umfassenden Geheimnisschutz mit denjenigen der öffentlichen Hand an der Erlangung weitreichender Informationen und Berichte in einen angemessenen Ausgleich zu bringen. Dabei ist dringend zu verhindern, dass ein unkontrollierter und uneingeschränkter Informationsabfluss zugunsten der Gebietskörperschaften und zulasten der Kapitalgesellschaften stattfindet.[1464] Zu verlangen ist vielmehr, dass die Verschwiegenheitspflicht nicht der autonomen Entscheidung der Gebietskörperschaften überlassen wird, sondern die Berichtspflicht ein normatives Eigengewicht aufweist.[1465] In diesem Lichte ist stets zu Recht argumentiert worden, dass es einer gesetzlich normierten Verpflichtung zur Berichterstattung bedürfe, da lediglich der zuständige Gesetzgeber den geforderten Einklang zwischen den Geheimhaltungsinteressen einerseits und den Informationsinteressen andererseits herstellen könne.[1466]

Im Gegensatz zu der Situation, dass der Gesetzgeber die Interessen der Gesellschaft im Rahmen eines Abwägungsprozesses miteinbezieht und gewichtet, bleiben diese bei der Begründung einer Berichtspflicht durch Vertrag nach dem Wortlaut des § 394 AktG vollends unberücksichtigt. Denn die Gesellschaft wird nach dem Wortlaut des § 394 S. 3 AktG als Betroffene, anders als bei der Verankerung einer Berichtspflicht in der Gesellschaftssatzung,[1467] an dem Vertragsschluss zur Begründung einer Berichtspflicht nicht beteiligt.[1468] Die Schaffung eines angemessenen Ausgleichs der gegenläufigen Interessenpositionen wird vielmehr einem Personenkreis überlassen, welcher nicht über eine ausreichende Legitimation verfügt, um über die Angemessenheit des Interessenausgleichs zu entscheiden.[1469] Dies wird insbesondere dann offenkundig, wenn in den Aufsichtsrat einer gemischtwirtschaftlichen Gesellschaft neben den kommunalen Vertretern auch solche der privaten Aktionäre bestellt worden sind. Denn in diesem Fall wird die Rechtfertigung einer Verletzung des Grundsatzes der Gleichbehandlung aller Aufsichtsratsmitglieder[1470] einer vertraglichen Abrede zwischen einem Aufsichtsratsmitglied

2014, S. 12 ff.; *Die Deutsche Kreditwirtschaft*, Stellungnahme, Referentenentwurf eines Gesetzes zur Änderung des Aktiengesetzes („Aktienrechtsnovelle 2014"), S. 9; *Oetker*, in: Schmidt/Lutter, Aktiengesetz, § 394 Rn. 14; *Belcke/Mehrhoff*, GmbHR 2016, 576, 578; *Ihrig/Wandt*, BB 2016, 6, 13.

1464 *Martens*, AG 1984, 29, 34.

1465 *Martens*, AG 1984, 29, 34.

1466 *Lutter/Grunewald*, WM 1984, 385, 397; *Martens*, AG 1984, 29, 33; *Zöllner*, AG 1984, 147, 148; *Schmidt-Aßmann/Ulmer*, BB 1988, Beil. 13, 1, 8; *Schwintowski*, NJW 1990, 1009, 1014; *Schulz*, BayVBl 1996, 97, 101; *Thode*, AG 1997, 547, 549

1467 Siehe 4. Kapitel C.IV.3.b)aa).

1468 *Kersting*, in: Zöllner/Noack, KK Aktiengesetz, §§ 394, 395 Rn. 134.

1469 So auch *Kersting*, in: Zöllner/Noack, KK Aktiengesetz, §§ 394, 395 Rn. 134.

1470 BGH NJW 1975, 1412, 1413.

und der dieses bestellenden kommunalen Körperschaft überlassen.[1471] Folge ist eine Zersplitterung des Aufsichtsrates in unterschiedliche Lager, da die einzelnen Aufsichtsratsmitglieder mit unterschiedlichen Rechten und Pflichten ausgestattet sind. Die vertraglich begründete Berichtspflicht ist mithin als Vertrag zulasten eines Dritten – der Gesellschaft – zu klassifizieren.[1472] Es ist daher der Frage nach Restriktionen nachzugehen.

bb) Voraussetzungen

(1) Parteien des Rechtsgeschäfts

Zu fragen ist, wer überhaupt die Parteien des Rechtsgeschäfts sind. Zwar drängt sich auf, zumindest das konkrete Aufsichtsratsmitglied als Partei in diesem Sinne anzusehen. Dies stellt jedoch keine Selbstverständlichkeit dar. Gefragt werden muss vor dem Hintergrund der rechtspolitischen Kritikpunkte darüber hinaus, ob die Gesellschaft an dem Rechtsgeschäft zu beteiligen ist.

(a) Gebietskörperschaft und Aufsichtsratsmitglied als Parteien des Rechtsgeschäfts

Aus der Gesetzesbegründung geht hervor, dass es sich bei dem die Verschwiegenheitspflicht aufhebenden Rechtsgeschäft um ein zweiseitiges handeln muss und dass in jedem Falle die betreffende Gebietskörperschaft eine der Vertragsparteien ist.[1473] Erörterungsbedürftig ist demgegenüber, wer als weiterer Vertragspartner zu beteiligen ist. Mit dem Argument, dass das Aufsichtsratsmitglied lediglich in seiner Organstellung betroffen ist, seine private Rechtsstellung jedoch unberührt bleibt, ließe sich vertreten, eine Beteiligung des Mitgliedes selbst abzulehnen. Diese Betrachtungsweise blendet jedoch die durch die §§ 394, 395 AktG aufzulösende Konfliktlage aus, welche sich aus der Kollision der Verschwiegenheitspflicht des Aufsichtsratsmitgliedes mit außerhalb des Gesellschaftsrechts liegenden Pflichten ergibt.[1474] Daraus folgt, dass das Aufsichtsratsmitglied gerade auch in seiner persönlichen Rechtsstellung betroffen ist und nicht lediglich in seiner Stellung als

---

1471 Siehe dazu *Strobel*, Verschwiegenheits- und Auskunftspflicht kommunaler Vertreter, S. 165; so im Ansatz auch *Bungert/Wettich*, ZIP 2012, 297, 302; *Stöber*, DStR 2016, 611, 616.

1472 So auch *Kersting*, in: Zöllner/Noack, KK Aktiengesetz, §§ 394, 395 Rn. 134.

1473 BT-Drs. 18/4349, S. 33 („Eine Berichtspflicht kann also auch im Rahmen einer vertraglichen Vereinbarung, eines Auftrags oder einer Nebenabrede *mit der Gebietskörperschaft* begründet werden.").

1474 *Kersting*, in: Zöllner/Noack, KK Aktiengesetz, §§ 394, 395 Rn. 135.

Mitglied des Aufsichtsorgans, weshalb es zwingend an dem Rechtsgeschäft zu beteiligen ist.[1475]

(b) Beteiligung der Gesellschaft

Fraglich ist, ob eine Beteiligung der Gesellschaft an dem Rechtsgeschäft erforderlich ist. Dies wird teilweise unter Hinweis auf die Möglichkeit einer satzungsmäßigen Ausgestaltung einer Berichtspflicht abgelehnt. Diese Ansicht führt weiter aus, dass das potentielle Aufsichtsratsmitglied bei seiner Bestellung als Sachwalter der Gesellschaftsinteressen fungiere und insoweit die Interessenlage der Gesellschaft ausreichend beachtet werde.[1476]

Zu beachten ist jedoch, dass bei diesem Verständnis die Berichtspflicht vollständig ohne eine Beteiligung der betroffenen Gesellschaft auskommen müsste. Durch eine systematische Auslegung lässt sich jedoch das Erfordernis der Mitwirkung der Gesellschaft herleiten, ohne dass im Hinblick auf den Gesetzeswortlaut ein Anpassungsbedarf bestehen würde: Denn bei den beiden anderen Möglichkeiten der Begründung einer Berichtspflicht werden die Geheimhaltungsinteressen der Gesellschaft in einen Abwägungsprozess zwischen dem Informationsbedürfnis einerseits und den Geheimhaltsinteressen andererseits eingebracht – bei der gesetzlichen Berichtspflicht geschieht dies im Gesetzgebungsverfahren, bei der satzungsmäßigen Berichtspflicht im Satzungsänderungsbeschluss der Hauptversammlung.

Ferner ist anzuführen, dass nur auf diese Weise ein Vertrag zulasten der Gesellschaft wirksam verhindert werden kann. Zwar mag zutreffend sein, dass ein Aufsichtsratsmitglied bereits vor seiner eigentlichen Bestellung den Gesellschaftsinteressen verpflichtet ist. Dennoch muss dem Umstand Rechnung getragen werden, dass ein von einer Kommune gewähltes oder entsandtes Aufsichtsratsmitglied dem Lager der Gebietskörperschaft zuzuordnen ist und daher ein jeder Kandidat bereit sein wird, entsprechende Berichtspflichten vertraglich zu begründen[1477]. Das potentielle Mitglied verfügt daher nicht über eine ausreichende Legitimation, über einen angemessenen Ausgleich zwischen den Informationsinteressen seiner Bestellungskörperschaft und den Geheimhaltungsinteressen der Gesellschaft zu befinden. Die Berücksichtigung gesellschaftlicher Interessen durch einen Bestellungskandidaten vermag daher das Erfordernis der Zustimmung der Gesellschaft zu dem Rechtsgeschäft nicht vollständig zu kompensieren.

Eine Ausnahme von dem Erfordernis der Beteiligung der Gesellschaft an dem Rechtsgeschäft könnte bei einer kommunalen Einpersonen-GmbH in Ansatz

1475 *Kersting*, in: Zöllner/Noack, KK Aktiengesetz, §§ 394, 395 Rn. 135; *Schürnbrand*, in: MüKo AktG, § 394 Rn. 25.

1476 *Kersting*, in: Zöllner/Noack, KK Aktiengesetz, §§ 394, 395 Rn. 136, 140; so im Ergebnis auch *Schürnbrand*, in: MüKo AktG, § 394 Rn. 25.

1477 So auch *Martens*, AG 1984, 29, 33.

gebracht werden. Denn bei einer solchen ist, wie aufgezeigt,[1478] die Gemeinde als alleinige Gesellschafterin befugt, die grundsätzliche Nichtöffentlichkeit der Aufsichtsratssitzungen sowie die Verschwiegenheitspflicht der Aufsichtsratsmitglieder kraft Regelung im Gesellschaftsvertrag abzubedingen. Die Gemeinde allein bestimmt in einem solchen Fall die Interessen der Gesellschaft und nimmt folglich die Rolle einer „Herrin des Geheimnisses" ein.[1479] Aus Gründen der Rechtssicherheit – insbesondere vor dem Hintergrund eines möglichen Eintritts weiterer Gesellschafter in die Gesellschaft und der damit einhergehenden, nicht auszuschließenden Betroffenheit von Rechten Dritter – ist für eine kommunale Eigengesellschaft mbH dennoch eine Beteiligung der Gesellschaft an dem Rechtsgeschäft zu fordern. Dies gilt auch deshalb, weil die irrtümliche Annahme der Wirksamkeit einer rechtsgeschäftlichen Berichtspflicht nicht zur Auflockerung der Verschwiegenheitspflicht führt und deshalb Haftungsrisiken drohen.[1480]

Zu fragen ist jedoch, in welcher Weise die Gesellschaft ihre Zustimmung zu erteilen hat. Für die vertragliche Berichtspflicht gelten die allgemeinen zivilrechtlichen Regeln, weshalb sie etwa durch Zeitablauf oder Vereinbarung von Kündigungsrechten endigt beziehungsweise beseitigt werden kann.[1481] Die so begründete Berichtspflicht erfährt damit keine entsprechende „Verfestigung" in der Verfassung der Gesellschaft, wie dies im Fall einer satzungsvertraglichen Berichtspflicht der Fall ist. Aus diesem Grund ist ein Beschluss der Hauptversammlung nicht erforderlich. Ausreichend ist vielmehr, dass das Geschäftsführungsorgan im Rahmen seiner Leitungsaufgabe nach § 76 Abs. 1 AktG seine Zustimmung erteilt. Vor dem Hintergrund der Geheimhaltungsinteressen der Gesellschaft und der Bedeutung der Verschwiegenheitspflicht der Aufsichtsratsmitglieder ist diese als Wirksamkeitsvoraussetzung des Rechtsgeschäfts im Sinne des § 182 Abs. 1 BGB[1482] zu bewerten.

(2) Inhaltliche Ausgestaltung

Der Gesetzeswortlaut des § 394 S. 3 AktG sowie die Gesetzesbegründung lassen die Frage, wie das Rechtsgeschäft inhaltlich auszugestalten ist, unbeantwortet. In der Gesetzesbegründung heißt es, dass eine Berichtspflicht „auch im Rahmen einer vertraglichen Vereinbarung, eines Auftrags oder einer Nebenabrede mit der Gebietskörperschaft begründet werden" kann.[1483] Die Vorschrift des § 394 S. 3 AktG verlangt darüber hinaus, dass die Berichtspflicht auf dem Rechtsgeschäft „beruhen" muss. Dies spricht gegen die Annahme, dass eine jede rechtsgeschäftliche Verbindung zwischen dem Aufsichtsratsmitglied und der Gebietskörperschaft zur Begründung einer Berichtspflicht ausreicht. Vielmehr muss das Rechtsgeschäft

---

1478 Siehe 4. Kapitel B.II.3.a)cc)(2)(b)(aa).
1479 Siehe dazu *Altmeppen*, in: FS Schneider, S. 1, 11 f.
1480 *Kersting*, in: Zöllner/Noack, KK Aktiengesetz, §§ 394, 395 Rn. 151.
1481 *Kersting*, in: Zöllner/Noack, KK Aktiengesetz, §§ 394, 395 Rn. 150 f.
1482 Siehe dazu *Bayreuther*, in: MüKo BGB, § 182 Rn. 1.
1483 BT-Drs. 18/4349, S. 33.

einen spezifischen Bezug zu der Berichtspflicht aufweisen.[1484] Aus dem Rechtsgeschäft muss daher deutlich hervorgehen, in welchem Umfang die Verschwiegenheitspflicht zugunsten der Gebietskörperschaft aufgelockert wird.[1485]

Im Hinblick auf den notwendigen Inhalt der durch Rechtsgeschäft begründeten Berichtspflicht stellt *Schürnbrand* auf den Zweck der Berichterstattung ab.[1486] Mit der Einführung der Möglichkeit der Lockerung der Verschwiegenheitspflicht eines Aufsichtsratsmitgliedes durch ein Rechtsgeschäft sei eine Ausweitung des Umfangs der Berichterstattung nicht verbunden.[1487] Nicht sämtliche vertraulichen Angaben und Geheimnisse der Gesellschaft dürften weitergegeben werden, da das öffentliche Informationsprivileg funktional gebunden sei. Maßgeblich für die Legitimität einer Offenlegung sei daher, ob der Zweck des Berichts diese im Einzelfall erfordere.[1488]

Diese Auffassung würde jedoch, worauf *Kersting* zutreffend hinweist, in der Konsequenz bedeuten, dass die Vertragsparteien bezüglich der Ausgestaltung des Inhalts des Rechtsgeschäfts weitestgehend frei wären. Daher ist vielmehr die Berichtspflicht selbst in den Blick zu nehmen und zu fragen, welchen Zweck diese zulässigerweise haben kann.[1489] Der Zweck der Berichtspflicht selbst bestimmt daher deren Tiefe und Reichweite.[1490] Maßgeblich ist, dass die Berichtspflichten einen engen Bezug zu der Funktion und dem Aufgabenbereich der konkreten Gebietskörperschaft aufweisen.[1491] Denn nur in diesem Fall überwiegt das Unterrichtungsinteresse der öffentlichen Hand das grundsätzliche Geheimhaltungsbedürfnis der Gesellschaft.[1492]

Kommt es zu einem vertraglichen Abschluss einer zu weitreichenden Berichtspflicht, hat dies keine Auswirkungen auf den Bestand des Rechtsgeschäfts und damit der Berichtspflicht selbst.[1493] Es kommen jedoch Schadensersatzverpflichtungen des Aufsichtsratsmitgliedes sowie der Gebietskörperschaft nach § 116 und § 117 AktG in Betracht.[1494]

1484 *Kersting*, in: Zöllner/Noack, KK Aktiengesetz, §§ 394, 395 Rn. 137; *Schürnbrand*, in: MüKo AktG, § 394 Rn. 25.

1485 *Kersting*, in: Zöllner/Noack, KK Aktiengesetz, §§ 394, 395 Rn. 137; für weites Verständnis *Schürnbrand*, in: MüKo AktG, § 394 Rn. 25.

1486 *Schürnbrand*, BOARD 2014, 225, 226 f.; *Schürnbrand*, in: MüKo AktG, § 394 Rn. 25, 30 f.

1487 *Schürnbrand*, BOARD 2014, 225, 226.

1488 *Schürnbrand*, BOARD 2014, 225, 226 f.

1489 *Kersting*, in: Zöllner/Noack, KK Aktiengesetz, §§ 394, 395 Rn. 138.

1490 *Kersting*, in: Zöllner/Noack, KK Aktiengesetz, §§ 394, 395 Rn. 139.

1491 *Sünner*, CCZ 2012, 107, 112; *Kersting*, in: Zöllner/Noack, KK Aktiengesetz, §§ 394, 395 Rn. 138.

1492 *Sünner*, CCZ 2012, 107, 112.

1493 *Kersting*, in: Zöllner/Noack, KK Aktiengesetz, §§ 394, 395 Rn. 141; a.A. wohl *Sünner*, CCZ 2012, 107, 112 („missbräuchlich").

1494 *Kersting*, in: Zöllner/Noack, KK Aktiengesetz, §§ 394, 395 Rn. 141.

(3) Form des Rechtsgeschäfts

Nach § 394 S. 3 AktG muss das Rechtsgeschäft dem Aufsichtsrat in Textform mitgeteilt werden. Nach dem Wortlaut der Vorschrift bedarf danach lediglich die Mitteilung über den Abschluss des Rechtsgeschäfts der Textform. Diese Auslegung würde jedoch im Grunde dazu führen, dass auch mündliche Abreden und Handschlagsverträge fähig wären, die Verschwiegenheitspflicht eines Aufsichtsratsmitgliedes aufzuheben. Denn diese müssten lediglich verschriftlicht und dem Aufsichtsrat mitgeteilt werden. Um Beweisschwierigkeiten vorzubeugen und der sonst drohenden Strafbewehrung Rechnung zu tragen, ist auch für das Rechtsgeschäft als solches die Textform des § 126b BGB zu verlangen mit der Folge, dass ein nicht dieser Form genügendes Rechtsgeschäft nichtig ist (§ 125 BGB).[1495] Dieses Verständnis hatte bereits das Bundesministeriums der Justiz und für Verbraucherschutz in seinem Referentenentwurf aus April 2014, auf welchen die Aktienrechtsnovelle letztlich zurückgeht, vor Augen.[1496]

(4) Mitteilung an den Aufsichtsrat

(a) Textform und Wirkungsweise

Die Mitteilung an das Aufsichtsorgan bedarf der Textform. Dies erfordert eine lesbare, auf einem dauerhaften Datenträger abgegebene Erklärung, in der die Person des Erklärenden genannt ist (§ 126b S. 1 BGB). Ein dauerhafter Datenträger in diesem Sinne ist jedes Medium, das es dem Empfänger ermöglicht, eine auf dem Datenträger befindliche, an ihn persönlich gerichtete Erklärung so aufzubewahren oder zu speichern, dass sie ihm während eines für ihren Zweck angemessenen Zeitraums zugänglich ist und geeignet ist, die Erklärung unverändert wiederzugeben (§ 126b S. 2 BGB). Die Textform dient der Dokumentation und Information. Eine Beweisfunktion hat sie demgegenüber nicht, weil der Erklärende zwar zur Nennung seines Namens verpflichtet ist, sich jedoch nicht durch Unterschrift oder elektronische Signatur ausweisen muss.[1497] Geeignete Datenträger sind sowohl Papierdokumente, wie eine Kopie oder ein Fax, als auch elektronische Dokumente, wie eine CD-ROM, ein USB-Speicher-Stick wie auch eine Festplatte eines

---

1495 *Oetker*, in: Schmidt/Lutter, Aktiengesetz, § 394 Rn. 20 f.; *Belcke/Mehrhoff*, GmbHR 2016, 576, 579; *Kersting*, in: Zöllner/Noack, KK Aktiengesetz, §§ 394, 395 Rn. 143; *Schürnbrand*, in: MüKo AktG, § 394 Rn. 26; siehe auch schon Kritik von *Bungert/Wettich*, ZIP 2012, 297, 302; a.A. *Harbarth/von Plettenberg*, AG 2016, 145, 154; *Ihrig/Wandt*, BB 2016, 6, 13; *Paschos/Goslar*, NJW 2016, 359, 364; *Söhner*, ZIP 2016, 151, 157; *Koch*, in: Hüffer/Koch, Aktiengesetz, § 394 Rn. 38.

1496 *Bundesministerium der Justiz und Verbraucherschutz*, Referentenentwurf, Entwurf eines Gesetzes zur Änderung des Aktiengesetzes (Aktienrechtsnovelle 2014), 11.04.2014, S. 30.

1497 *Einsele*, in: MüKo BGB, § 126b BGB, Rn. 9.

Computers.[1498] Eine E-Mail erfüllt die Anforderungen an die Textform des § 126b BGB dann, wenn der Erklärungsempfänger sie abspeichert und ausdrucken kann. Die bloße Abrufbarkeit auf einer Webseite genügt dagegen nicht, weil die Erklärung in diesem Fall nicht in unveränderlicher verkörperter Form in den Machtbereich des Empfängers gelangt ist.[1499]

Die durch Rechtsgeschäft begründete Berichtspflicht schränkt die vertrauliche Zusammenarbeit im Aufsichtsrat ein. Dies rechtfertigt es, die Mitteilung an den Aufsichtsrat als Wirksamkeitsvoraussetzung für die Einschränkung der Verschwiegenheitspflicht zu qualifizieren.[1500] Auf die Wirksamkeit des Rechtsgeschäfts als solches hat sie demgegenüber keine Auswirkungen.[1501] Mit dem Erfordernis einer Offenbarung an den Aufsichtsrat wurde den Forderungen der Anwaltschaft entsprochen.[1502]

(b) Erklärender und Erklärungsempfänger

Der Gesetzgeber und ein Teil der Literatur sind der Auffassung, dass das Aufsichtsratsmitglied die Mitteilungspflicht gegenüber dem Aufsichtsrat zu erfüllen habe.[1503] Dies wird damit begründet, dass es letztlich um die Auflösung einer Pflichtenkollision gehe, die vornehmlich das Aufsichtsratsmitglied selbst betreffe. Daher sei es Aufgabe des Aufsichtsratsmitgliedes, dem Aufsichtsrat die Lockerung der Verschwiegenheitspflicht mitzuteilen.[1504]

Diese Betrachtungsweise blendet jedoch den eigentlichen Zweck der Mitteilung aus. Wie der Gesetzgeber selbst zu erkennen gibt, ist das Erfordernis einer Mitteilung an den Aufsichtsrat gesetzlich verankert worden, da vertragliche Abreden für die Gesellschaft und den Aufsichtsrat nicht ohne weiteres zu erkennen sind.[1505] Folglich bezweckt die Mitteilung allein den Schutz der Gesellschaft. Aus diesem

---

1498 *Dörner*, in: Schulze, BGB, § 126b Rn. 4.

1499 BGH NJW 2014, 2857, 2859.

1500 *Oetker*, in: Schmidt/Lutter, Aktiengesetz, § 394 Rn. 20; *Belcke/Mehrhoff*, GmbHR 2016, 576, 579; *Kersting*, in: Zöllner/Noack, KK Aktiengesetz, §§ 394, 395 Rn. 144; *Schürnbrand*, in: MüKo AktG, § 394 Rn. 26; so auch bereits *Bundesministerium der Justiz und Verbraucherschutz*, Referentenentwurf, Entwurf eines Gesetzes zur Änderung des Aktiengesetzes (Aktienrechtsnovelle 2014), 11.04.2014, S. 30.

1501 *Kersting*, in: Zöllner/Noack, KK Aktiengesetz, §§ 394, 395 Rn. 144.

1502 *Handelsrechtsausschuss des Deutschen Anwaltvereins*, NZG 2012, 380, 383; *Handelsrechtsausschuss des Deutschen Anwaltvereins*, NZG 2014, 863, 865.

1503 BT-Drs. 18/6681, S. 13; *Kersting*, in: Zöllner/Noack, KK Aktiengesetz, §§ 394, 395 Rn. 146.

1504 *Kersting*, in: Zöllner/Noack, KK Aktiengesetz, §§ 394, 395 Rn. 146.

1505 BT-Drs. 18/6681, S. 12; zur vorangegangenen Kritik siehe *Weber-Rey/Buckel*, ZHR 177 (2013), 13, 16; *Handelsrechtsausschuss des Deutschen Anwaltvereins*, NZG 2012, 380, 383; *Handelsrechtsausschuss des Deutschen Anwaltvereins*, NZG 2014, 863, 865.

Grund ist es unerheblich, ob die Mitteilung von dem Aufsichtsratsmitglied oder der Gebietskörperschaft vorgenommen wird.[1506]

Nach dem Wortlaut des § 394 S. 3 AktG ist die Mitteilung an den Aufsichtsrat zu richten. Der Vorsitzende des Aufsichtsrats ist zur Entgegennahme von Willenserklärungen, welche an den Aufsichtsrat adressiert werden, auch ohne besondere Ermächtigung empfangszuständig.[1507] Daher ist die Mitteilung über das die Verschwiegenheitspflicht lockernde Rechtsgeschäft an diesen zu richten, der sie dann dem Gesamtorgan zur Kenntnis bringt.[1508]

Das mitteilende Aufsichtsratsmitglied steht der Gesellschaft nicht als Dritter, sondern als Organmitglied gegenüber. Es informiert den Aufsichtsrat lediglich über die Auflösung einer bestimmten Pflichtenkollision. Aus diesem Grund sind die Vorschriften über die Passivvertretung der Gesellschaft (§§ 112 S. 2, 78 Abs. 2 S. 2 AktG) nicht anwendbar, sodass eine Mitteilung gegenüber einem beliebigen Aufsichtsratsmitglied, mag dies auch wünschenswert sein, nicht ausreichend ist.[1509]

(5) Frage nach der Offenlegung gegenüber der Gesellschafterversammlung

Nicht einheitlich beantwortet wird die Frage, ob für die Privilegierung des § 394 AktG eine Offenlegung der rechtsgeschäftlich begründeten Berichtspflicht gegenüber der Hauptversammlung erforderlich ist.

Kersting, der sich für eine solche Offenlegung ausspricht, ist der Auffassung, dass die Nichtvornahme einer solchen Mitteilung bei der Wahl eines Organmitgliedes zur Anfechtbarkeit derselben führe.[1510] Darüber hinaus stelle die Offenlegung eine zwingende Voraussetzung für die Durchbrechung der Verschwiegenheitspflicht nach § 394 AktG dar.[1511] Er begründet dies damit, dass der Umfang der Verschwiegenheitspflicht eines Wahlkandidaten für die Wahlentscheidung von wesentlicher Bedeutung sei. Konsequenz seines Ansatzes sei, dass eine Erweiterung der rechtsgeschäftlich begründeten Berichtspflicht *nach* der Wahl nicht zu einer weiteren Lockerung der Verschwiegenheitspflicht führen könne.[1512]

1506 So auch *Oetker*, in: Schmidt/Lutter, Aktiengesetz, § 394 Rn. 20; *Belcke/Mehrhoff*, GmbHR 2016, 576, 579; *Schürnbrand*, in: MüKo AktG, § 394 Rn. 26; *Koch*, in: Hüffer/Koch, Aktiengesetz, § 394 Rn. 38.

1507 *Habersack*, in: MüKo AktG, § 107 Rn. 61.

1508 *Schürnbrand*, BOARD 2014, 225, 227; *Oetker*, in: Schmidt/Lutter, Aktiengesetz, § 394 Rn. 20; *Belcke/Mehrhoff*, GmbHR 2016, 576, 579; *Kersting*, in: Zöllner/Noack, KK Aktiengesetz, §§ 394, 395 Rn. 145.

1509 *Kersting*, in: Zöllner/Noack, KK Aktiengesetz, §§ 394, 395 Rn. 145.

1510 *Kersting*, in: Zöllner/Noack, KK Aktiengesetz, §§ 394, 395 Rn. 147 f.

1511 *Kersting*, in: Zöllner/Noack, KK Aktiengesetz, §§ 394, 395 Rn. 149; so im Ergebnis wohl auch *Sünner*, CCZ 2012, 107, 112

1512 *Kersting*, in: Zöllner/Noack, KK Aktiengesetz, §§ 394, 395 Rn. 149.

Die Offenlegung des Rechtsgeschäfts gegenüber der Hauptversammlung findet weder im Gesetz noch in den Gesetzgebungsmaterialien eine Stütze. Zwar muss auch bei der durch Vertrag begründeten Berichtspflicht, insoweit ist *Kersting* zuzustimmen, den schutzwürdigen Gesellschaftsinteressen ausreichend Rechnung getragen werden. Der Gesetzgeber hat dieses Erfordernis jedoch mit der als Wirksamkeitsvoraussetzung zu qualifizierenden Mitteilung des Rechtsgeschäfts an den Aufsichtsrat in Textform angemessen in der Regelungsstruktur des § 394 AktG berücksichtigt.[1513] Darüber hinaus ist dargestellt worden, dass das Geschäftsführungsorgan der Gesellschaft dem Rechtsgeschäft zwischen Gebietskörperschaft und Aufsichtsratsmitglied zustimmen muss.[1514] Auf diese Weise wird den Geheimhaltungsinteressen der Gesellschaft angemessen entsprochen und ein Vertrag zulasten Dritter – der Gesellschaft – verhindert.[1515] Aus diesen Gründen ist eine Mitteilung der rechtsgeschäftlichen Berichtspflicht an die Aktionärsversammlung nicht erforderlich.[1516]

(6) Zeitliche Wirkung

Erste Voraussetzung der Lockerung der Verschwiegenheitspflicht nach § 394 S. 1 AktG ist das Bestehen der Berichtspflicht.[1517] Bei der rechtsgeschäftlich begründeten Berichtspflicht kommt es also zunächst einmal auf die Wirksamkeit des Rechtsgeschäfts an.[1518] Diese bemisst sich nach allgemeinen zivilrechtlichen Regeln.[1519] Zeitpunkt des Beginns und der Beendigung der Berichtspflicht werden also durch die wirksame Begründung des Rechtsgeschäfts sowie die Beendigung, wie etwa durch Zeitablauf oder Kündigung, markiert. Nach hier vertretener Auffassung ist für die Wirksamkeit des Rechtsgeschäfts darüber hinaus die Zustimmung des Geschäftsführungsorgans erforderlich.[1520] Dessen Zustimmung selbst bedarf wegen § 182 Abs. 2 BGB nicht der für die rechtsgeschäftliche Berichtspflicht geltenden Textform.[1521]

Die rechtsgeschäftliche Berichtspflicht bringt nicht unerhebliche Gefahren für das Aufsichtsratsmitglied mit sich. Denn die irrtümliche Annahme der Wirksamkeit des Rechtsgeschäfts führt nicht zur Einschränkung der Verschwiegenheitspflicht.[1522]

1513 Siehe dazu BT-Drs. 18/6681, S. 12; siehe auch 4. Kapitel C.IV.3.c)bb)(4)(b).
1514 Siehe 4. Kapitel C.IV.3.c)bb)(1)(b).
1515 Siehe 4. Kapitel C.IV.3.c)bb)(1)(b).
1516 So ohne Begründung auch *Schürnbrand*, in: MüKo AktG, § 394 Rn. 26; *Koch*, in: Hüffer/Koch, Aktiengesetz, § 394 Rn. 38.
1517 *Schürnbrand*, in: MüKo AktG, § 394 Rn. 26; *Koch*, in: Hüffer/Koch, Aktiengesetz, § 394 Rn. 38.
1518 *Kersting*, in: Zöllner/Noack, KK Aktiengesetz, §§ 394, 395 Rn. 150 f.
1519 *Kersting*, in: Zöllner/Noack, KK Aktiengesetz, §§ 394, 395 Rn. 150 f.
1520 Siehe 4. Kapitel C.IV.3.c)bb)(1)(b).
1521 Siehe dazu *Bayreuther*, in: MüKo BGB, § 182 BGB, Rn. 22.
1522 *Kersting*, in: Zöllner/Noack, KK Aktiengesetz, §§ 394, 395 Rn. 151.

In diesem Fall drohen Schadensersatzverpflichtungen wegen eines Verstoßes gegen die Pflicht zur Verschwiegenheit.[1523] Vor diesem Hintergrund ist es für das Mitglied insbesondere ratsam, sich die Zustimmung des Geschäftsführungsorgans schriftlich quittieren zu lassen.

Die Verschwiegenheitspflicht wird nicht bereits durch die Wirksamkeit der Berichtspflicht eingeschränkt, sondern es bedarf als zweite Voraussetzung der Mitteilung des Rechtsgeschäfts an den Aufsichtsrat in Textform. Erst in diesem Zeitpunkt entfalten die Privilegierungen des § 394 AktG ihre Wirkung.[1524] Einer Offenlegung an die Hauptversammlung bedarf es, wie dargestellt, nicht.[1525]

4. Verhältnis der Berichtspflichten zueinander

Fraglich ist, ob die verschiedenen Berichtspflichten in einem hierarchischen Verhältnis zueinander stehen. Hierzu finden sich im Schrifttum vereinzelte Ausführungen.[1526] Die dazu entwickelten Grundsätze sollen im Folgenden vorgestellt und kritisch beleuchtet werden.

a) Gesetzliche Berichtspflichte

aa) Modifikation durch Berichtspflicht qua Satzung

Berichtspflichten in gesetzlichen Vorschriften können durch Satzungsregelungen der betreffenden Gesellschaft nicht eingeschränkt werden.[1527] Dies ergibt sich bereits, worauf in der Literatur zutreffend hingewiesen wird, aus dem Gewicht der „Gestaltungsmacht des Gesetzgebers“[1528]. Problematisch ist dieser Ansatz zwar im Hinblick auf landesrechtliche Berichtspflichten, da insoweit die Gesellschaftssatzung als Ausfluss des aktiengesetzlichen Rechtsrahmens im Grunde Vorrang genießt. Jedoch ist entscheidend, dass auch der Landesgesetzgeber eine Abwägung zwischen den Informationsinteressen der Gebietskörperschaft einerseits und dem Geheimhaltungsbedürfnis der Gesellschaft andererseits vornimmt. Es wäre daher widersprüchlich, wenn dieses Abwägungsergebnis durch eine einseitige Entscheidung der Gesellschaft als Trägerin des kollidierenden Interesses unterlaufen werden könnte.[1529]

1523 *Kersting*, in: Zöllner/Noack, KK Aktiengesetz, §§ 394, 395 Rn. 151.
1524 *Schürnbrand*, in: MüKo AktG, § 394 Rn. 26; *Koch*, in: Hüffer/Koch, Aktiengesetz, § 394 Rn. 38; siehe auch 4. Kapitel C.IV.3.c)bb)(4)(a).
1525 Siehe 4. Kapitel C.IV.3.c)bb)(5); a.A. *Kersting*, in: Zöllner/Noack, KK Aktiengesetz, §§ 394, 395 Rn. 153.
1526 *Kersting*, in: Zöllner/Noack, KK Aktiengesetz, §§ 394, 395 Rn. 154 ff.; *Schürnbrand*, in: MüKo AktG, § 394 Rn. 28.
1527 *Kersting*, in: Zöllner/Noack, KK Aktiengesetz, §§ 394, 395 Rn. 155.
1528 *Kersting*, in: Zöllner/Noack, KK Aktiengesetz, §§ 394, 395 Rn. 155.
1529 *Kersting*, in: Zöllner/Noack, KK Aktiengesetz, §§ 394, 395 Rn. 155.

Demgegenüber können in der Satzung solche Regelungen vorgesehen werden, welche über die gesetzlichen Berichtspflichten hinausgehen. Insoweit beschneidet der Rechtsträger, um dessen Interessen es geht, sich selbst um seine gesetzlichen Rechtspositionen. Folglich beansprucht der Grundsatz „volenti non fit iniuria"[1530] Geltung.[1531]

bb) Modifikation durch rechtsgeschäftlich begründete Berichtspflicht

In einer vertraglichen Berichtspflicht können gegenüber gesetzlichen Berichtspflichten engere Regelungen vereinbart werden. Dies ergibt sich nicht etwa aus formellen Erwägungen, sondern „aus der faktischen Handhabung"[1532]. Denn die Gebietskörperschaft verhält sich widersprüchlich (venire contra factum proprium), wenn sie mit dem Aufsichtsratsmitglied einerseits auf rechtsgeschäftlichem Wege enge Berichtspflichten vereinbart, sich andererseits jedoch auf die weiter gefassten gesetzlichen Berichtspflichten beruft.[1533] Dafür spricht ferner, dass die Gesellschaft als Trägerin der Interessen nach hier vertretener Auffassung[1534] der rechtsgeschäftlichen Vereinbarung einer Berichtspflicht zustimmen muss, damit diese Wirksamkeit entfaltet.

Im Hinblick auf eine Erweiterung gesetzlicher Berichtspflichten durch rechtsgeschäftliche Regelungen wird in der Literatur differenziert: Während eine rechtsgeschäftliche Ausweitung des Personenkreises etwa auf Personen, die von einer gesetzlichen Berichtspflicht nicht erfasst sind, für möglich gehalten wird, wird die Möglichkeit einer inhaltlichen Ausweitung in Abrede gestellt.[1535] Dafür wird wiederum die Gestaltungsmacht des Gesetzgebers angeführt, der die öffentlichen Informationsinteressen mit den gesellschaftlichen Geheimhaltungsinteressen zu einem Ausgleich gebracht habe. Da die Gesellschaft an der Begründung einer rechtsgeschäftlichen Berichtspflicht nicht beteiligt sei, dürfe diese gesetzgeberische Entscheidung nicht durch eine Vereinbarung zwischen der Gebietskörperschaft und dem Aufsichtsratsmitglied unterlaufen werden.[1536]

Diese Ansicht verkennt jedoch, dass, wie dargestellt[1537], zur Wirksamkeit des Rechtsgeschäfts zwischen der Gebietskörperschaft und dem Organmitglied die Zustimmung der Gesellschaft an dem Rechtsgeschäft zwingend erforderlich ist. Auf diese Weise finden die Geheimhaltungsinteressen der Gesellschaft im Rahmen der Auflockerung der Verschwiegenheitspflicht der Aufsichtsratsmitglieder

---

1530 Siehe dazu *Ohly*, Die Einwilligung im Privatrecht, passim.
1531 *Kersting*, in: Zöllner/Noack, KK Aktiengesetz, §§ 394, 395 Rn. 157.
1532 *Kersting*, in: Zöllner/Noack, KK Aktiengesetz, §§ 394, 395 Rn. 156.
1533 *Kersting*, in: Zöllner/Noack, KK Aktiengesetz, §§ 394, 395 Rn. 156.
1534 Siehe 4. Kapitel C.IV.3.c)bb)(1)(b).
1535 *Kersting*, in: Zöllner/Noack, KK Aktiengesetz, §§ 394, 395 Rn. 157; a.A. jedoch *Schürnbrand*, in: MüKo AktG, § 394 Rn. 28.
1536 *Kersting*, in: Zöllner/Noack, KK Aktiengesetz, §§ 394, 395 Rn. 157.
1537 Siehe 4. Kapitel C.IV.3.c)bb)(1)(b).

in angemessener Weise Berücksichtigung. Denn ohne die Mitwirkung der Gesellschaft vermag die rechtsgeschäftlich begründete Berichtspflicht die Privilegierung des § 394 AktG nicht herzuleiten. Aus diesem Grunde muss auch hier der Grundsatz volenti non fit iniuria gelten. Die rechtsgeschäftliche Berichtspflicht kann daher auch in inhaltlicher Hinsicht über eine gesetzliche Berichtspflicht hinausgehen.

b) Berichtspflichten kraft Satzungsregelung

aa) Modifikation durch gesetzliche Berichtspflicht

Wie ausgeführt[1538] vermag eine Regelung in der Gesellschaftssatzung eine gesetzliche Berichtspflicht nicht einzuschränken.[1539] Demgegenüber führen Satzungsregelungen, die weiter reichen als gesetzliche Regelungen, zu einer Ausweitung der Berichtspflicht. Denn insoweit stimmt die Gesellschaft einer umfassenden Auflockerung der Verschwiegenheitspflicht selbst zu.[1540]

bb) Modifikation durch rechtsgeschäftlich begründete Berichtspflicht

Da den Vertragsparteien die Kompetenz zur Änderung der Satzung fehlt, kann eine rechtsgeschäftliche Berichtspflicht eine Satzungsregelung in formeller Hinsicht nicht einschränken.[1541] Engere rechtsgeschäftliche Berichtspflichten führen jedoch zu einer faktischen Einschränkung. Dafür spricht zum einen, dass sich die Gebietskörperschaft im Hinblick auf ihr früheres Verhalten widersprüchlich verhalten würde, wenn sie einerseits eine eingeschränkte Berichtspflicht vertraglich vereinbart, sich jedoch andererseits auf eine weiterreichende Regelung in der Gesellschaftssatzung beruft.[1542] Ferner ist anzuführen, dass die Gesellschaft als Betroffene am Abschluss des Rechtsgeschäfts beteiligt ist und letztlich über die Wirksamkeit der rechtsgeschäftlichen Berichtspflicht entscheidet.[1543]

Fraglich ist demgegenüber, ob rechtsgeschäftliche Berichtspflichten über satzungsgemäße Berichtspflichten hinausgehen können. Teile der Literatur messen insoweit ausdrücklichen Satzungsregelungen eine Sperrwirkung gegenüber vertraglichen Berichtspflichten zu.[1544] Diese Auffassung verweist auf die berechtigten Interessen von Anlegern. Da Regelungen in der Satzung öffentlich seien, könnten entsprechende Berichtspflichten bei der Anlageentscheidung

---

1538 Siehe 4. Kapitel C.IV.4.a)aa).
1539 *Kersting*, in: Zöllner/Noack, KK Aktiengesetz, §§ 394, 395 Rn. 158.
1540 Siehe 4. Kapitel C.IV.4.a)aa); *Kersting*, in: Zöllner/Noack, KK Aktiengesetz, §§ 394, 395 Rn. 157.
1541 *Kersting*, in: Zöllner/Noack, KK Aktiengesetz, §§ 394, 395 Rn. 159.
1542 *Kersting*, in: Zöllner/Noack, KK Aktiengesetz, §§ 394, 395 Rn. 159.
1543 Siehe 4. Kapitel C.IV.3.c)bb)(1)(b).
1544 *Kersting*, in: Zöllner/Noack, KK Aktiengesetz, §§ 394, 395 Rn. 160.

Berücksichtigung finden. Dies sei bei einer rechtsgeschäftlichen Berichtspflicht jedoch nicht der Fall. Einer derartigen Sperrwirkung könne jedoch durch entsprechende Transparenzmaßnahmen bezüglich rechtsgeschäftlich begründeter Berichtspflichten, etwa auf dem Internetauftritt der Gesellschaft, begegnet werden.[1545]

Mag der Anlegerschutzgedanke auch seine Berechtigung haben, so bezwecken die Vorschriften der §§ 394, 395 AktG doch vorrangig die Auflösung der Pflichtenkollision zwischen der Verschwiegenheits- und Auskunftspflicht eines auf Veranlassung einer Gebietskörperschaft gewählten oder entsandten Aufsichtsratsmitgliedes in das Aufsichtsorgan eines öffentlichen Unternehmens.[1546] Mit dem so geschaffenen Informationsprivileg soll der effektiven Beteiligungsverwaltung der öffentlichen Hand Rechnung getragen werden.[1547] Durch die §§ 394, 395 AktG kommt der gesetzgeberische Wille zum Ausdruck, den öffentlichen Prüfmöglichkeiten ein größeres Gewicht beizumessen als den Interessen der Aktionäre.[1548] Intention des Gesetzgebers der Aktienrechtsnovelle 2016 war es daher, mit der Neuregelung des § 394 S. 3 AktG „alle denkbaren Varianten“[1549] der Begründung einer Berichtspflicht abzudecken, um dem Informationsbedürfnis des öffentlichen Gesellschafters zu entsprechen. Aus diesen Gründen ist eine Sperrwirkung einer satzungsmäßigen Berichtspflicht gegenüber einer weitergehenden rechtsgeschäftlich begründeten Berichtspflicht abzulehnen. Die Satzung vermag die rechtsgeschäftliche Berichtspflicht keinen Einschränkungen zu unterwerfen.[1550]

c) Rechtsgeschäftlich begründete Berichtspflichten

aa) Modifikation durch gesetzliche Berichtspflicht

Aus den obigen Ausführungen[1551] ergibt sich, dass eine rechtsgeschäftlich begründete Berichtspflicht eine gesetzliche Berichtspflicht zwar nicht aus rechtlichen, doch aber aus faktischen Gründen einschränken kann.[1552] Darüber hinaus ist eine rechtsgeschäftliche Erweiterung nicht nur in personeller,[1553] sondern auch in

---

1545 *Kersting*, in: Zöllner/Noack, KK Aktiengesetz, §§ 394, 395 Rn. 160.
1546 *Zavelberg*, in: FS Forster, S: 723, 732; *Strobel*, Verschwiegenheits- und Auskunftspflicht kommunaler Vertreter, S. 161.
1547 *Martens*, AG 1984, 212, 213; *Schmidt-Aßmann*/*Ulmer*, BB 1988, Beil. 13, 1, 5 f.; *Oetker*, in: Schmidt/Lutter, Aktiengesetz, § 394 Rn. 1.
1548 *Oetker*, in: Schmidt/Lutter, Aktiengesetz, Vorb. §§ 394, 395 Rn. 1; *Schall*, in: Spindler/Stilz, Aktiengesetz, § 394 Rn. 1; *Schürnbrand*, in: MüKo AktG, § 394 Rn. 1.
1549 BT-Drs. 18/4349, S. 33.
1550 So im Ergebnis auch *Schürnbrand*, in: MüKo AktG, § 394 Rn. 28.
1551 Siehe 4. Kapitel C.IV.4.a)bb).
1552 *Kersting*, in: Zöllner/Noack, KK Aktiengesetz, §§ 394, 395 Rn. 161.
1553 So jedoch *Kersting*, in: Zöllner/Noack, KK Aktiengesetz, §§ 394, 395 Rn. 161.

inhaltlicher Hinsicht möglich, da es der Zustimmung der Gesellschaft zur Wirksamkeit des Rechtsgeschäfts bedarf[1554].

bb) Modifikation durch Berichtspflicht qua Satzung

Engere rechtsgeschäftlich begründete Berichtspflicht führen, wie dargelegt,[1555] zu einer faktischen Einschränkung einer Berichtspflicht in einer Satzungsregelung.[1556] Ferner können sie über satzmäßige Auskunftspflichten hinausgehen, ohne dass es auf eine besondere Transparenzmaßnahme ankäme.[1557]

5. Die Berichterstattung gegenüber der Gebietskörperschaft

Rechtsfolge des § 394 S. 1 AktG ist die Aufhebung der Verschwiegenheitspflicht der gewählten oder entsandten Aufsichtsratsmitglieder hinsichtlich der ihrer Entsendungskörperschaft zu erstattenden Berichte. Damit bezieht sich die Befreiung auf sämtliche Gegenstände der Verschwiegenheitsplicht[1558].[1559] Unerheblich ist dabei, ob die Berichterstattung in schriftlicher oder mündlicher Form erfolgt.[1560] Grenzen werden der offenen Berichterstattung jedoch durch die Vorschrift des § 394 S. 2 AktG gesetzt. Fraglich ist zudem die Beifügung vertraulicher Unterlagen zu den Berichten. Darüber hinaus ergeben sich aus dem Zusammenspiel der Vorschriften des § 394 und § 395 AktG Beschränkungen im Hinblick auf den Kreis der Empfänger der Berichte. Dies stellt insbesondere im kommunalen Bereich eine besondere Problematik dar.

a) Funktionale Bindung des Informationsprivilegs und Vorlage vertraulicher Unterlagen

aa) Funktionale Bindung nach § 394 S. 2 AktG

Nach § 394 S. 2 AktG gilt die Befreiung von der Verschwiegenheitspflicht nicht für vertrauliche Angaben und Geheimnisse der Gesellschaft, namentlich Betriebs- oder Geschäftsgeheimnisse, wenn ihre Kenntnis für die Zwecke der Berichte unbedeutend ist. Daher kann die Systematik zwischen der Verschwiegenheitspflicht und der Sonderregelung des § 394 AktG insgesamt als „Grundsatz-Ausnahme-Unterausnahme-System“[1561] bezeichnet werden.

1554 Siehe 4. Kapitel C.IV.4.a)bb).
1555 Siehe 4. Kapitel C.IV.4.b)bb).
1556 *Kersting*, in: Zöllner/Noack, KK Aktiengesetz, §§ 394, 395 Rn. 162.
1557 Siehe 4. Kapitel C.IV.4.b)bb); *Schürnbrand*, in: MüKo AktG, § 394 Rn. 28.
1558 Siehe dazu 4. Kapitel B.III.
1559 *Schürnbrand*, in: MüKo AktG, § 394 Rn. 29.
1560 *Zavelberg*, in: FS Forster, S: 723, 732; *Schall*, in: Spindler/Stilz, Aktiengesetz, § 394 Rn. 15; *Schürnbrand*, in: MüKo AktG, § 394 Rn. 29.
1561 *Thode*, AG 1997, 547, 548.

Die Vorschrift des § 394 S. 2 AktG normiert eine funktionale Bindung des Informationsprivilegs der öffentlichen Hand.[1562] Maßstab ist dabei die Erforderlichkeit der Offenlegung. Es ist daher stets zu prüfen, ob vor dem Hintergrund des Zwecks der Berichte ein Erfordernis zur Offenlegung besteht.[1563] Die notwendige Prüfungsdichte richtet sich nach dem Grad der Vertraulichkeit des Vorgangs, wobei das Gesellschaftsinteresse maßgeblich ist.[1564] Zweck der Berichte ist zum einen die Versorgung der Gebietskörperschaft mit für eine sachgerechte Beteiligungsverwaltung erforderlichen Kenntnissen. Zum anderen soll der Rechnungsprüfungsbehörde die haushaltsrechtliche Prüfung ermöglicht werden.[1565] Von der funktionalen Bindung des Informationsprivilegs umfasst sind auch solche Informationen, die die öffentliche Hand in die Stellung versetzen, planend auf die Unternehmensziele einzuwirken.[1566] Während hierunter sämtliche Vorgänge mit wesentlicher Bedeutung für die wirtschaftliche Tätigkeit fallen, gilt dies grundsätzlich nicht für Einzelheiten des Geschäftsbetriebs oder für kartellrechtliche oder steuerliche Prozesse.[1567] Die Prüfung, ob der Berichtszweck im Einzelfall die Verschwiegenheitspflicht überlagert, hat das Aufsichtsratsmitglied nach allgemeiner Meinung zwar selbst vorzunehmen.[1568] Ein Ermessens- oder Beurteilungsspielraum ist ihm dabei jedoch nicht einzuräumen, da die Reichweite der Verschwiegenheitspflicht nach objektiven, am Unternehmensinteresse ausgerichteten Maßstäben auszulegen und im vollen Umfang gerichtlich überprüfbar sein muss.[1569]

bb) Beifügung vertraulicher Unterlagen

Auch wenn die Vorschrift des § 394 AktG dies nicht ausdrücklich regelt, so ist gleichwohl die Beifügung vertraulicher Unterlagen zu den zu erstattenden

---

1562 *Oetker*, in: Schmidt/Lutter, Aktiengesetz, § 394 Rn. 23; *Schürnbrand*, in: MüKo AktG, § 394 Rn. 30; *Schmolke*, WM 2018, 1913, 1916.

1563 *Kropff*, in: FS Hefermehl, S. 327, 335; *Oetker*, in: Schmidt/Lutter, Aktiengesetz, § 394 Rn. 23.

1564 *Kropff*, in: FS Hefermehl, S. 327, 335.

1565 *Schmidt-Aßmann/Ulmer*, BB 1988, Beil. 13, 1, 9; *Oetker*, in: Schmidt/Lutter, Aktiengesetz, § 394 Rn. 23; *Belcke/Mehrhoff*, GmbHR 2016, 576, 579; *Koch*, in: Hüffer/Koch, Aktiengesetz, § 394 Rn. 44.

1566 *Schmidt-Aßmann/Ulmer*, BB 1988, Beil. 13, 1, 9; *Schall*, in: Spindler/Stilz, Aktiengesetz, § 394 Rn. 12.

1567 *Belcke/Mehrhoff*, GmbHR 2016, 576, 578 f.; *Schürnbrand*, in: MüKo AktG, § 394 Rn. 31.

1568 Siehe nur *Schürnbrand*, in: MüKo AktG, § 394 Rn. 32.

1569 *Reichard*, GWR 2017, 72, 73; *Schürnbrand*, in: MüKo AktG, § 394 Rn. 32; *Koch*, in: Hüffer/Koch, Aktiengesetz, § 394 Rn. 44; a.A. (für Ermessensspielraum) *Schmidt-Aßmann/Ulmer*, BB 1988, Beil. 13, 1, 10; *Spindler*, ZIP 2011, 689, 691; *Oetker*, in: Schmidt/Lutter, Aktiengesetz, § 394 Rn. 23; *Kersting*, in: Zöllner/Noack, KK Aktiengesetz, §§ 394, 395 Rn. 185 ff.; *Müller-Michaels*, in: Hölters, Aktiengesetz, § 394 Rn. 32.

Berichten zulässig.[1570] Denn es wäre widersprüchlich, die Weitergabe des Inhalts von Dokumenten durch mündliche Berichten oder schriftliche Paraphrasen zu gestatten, die Vorlage der Dokumente selbst jedoch für unzulässig zu erklären.[1571] Es ist nicht erkennbar, dass „der Gesetzgeber die Grenzen des menschlichen Erinnerungsvermögens als Filter für die Anwendung des § 394 einsetzen wollte“[1572]. Die Vorlage der Unterlagen muss sich jedoch in den Grenzen der Berichtspflicht sowie des § 394 S. 2 AktG bewegen.[1573] Da die Vorschrift des § 394 AktG einen Dispens von der Verschwiegenheitspflicht bezweckt, die Informationsrechte eines einzelnen Aufsichtsratsmitgliedes jedoch nicht erweitert, dürfen nur solche Dokumente weitergegeben werden, welche dem Aufsichtsratsmitglied in tatsächlicher Hinsicht zur Verfügung stehen.[1574] Werden etwa vertrauliche Dokumente unmittelbar im Anschluss an eine Aufsichtsratssitzung wieder eingesammelt, dürfen die Unterlagen den Berichten nicht beigefügt werden.[1575]

b) Gewährleistung des Geheimnisschutzes auf Seiten des Empfängers

Die Vorschrift des § 394 S. 1 AktG sieht für die gewählten oder entsandten Aufsichtsratsmitglieder eine Lockerung von der Verschwiegenheitspflicht für solche Berichte vor, die sie „der Gebietskörperschaft“ zu erstatten haben. Somit konkretisiert die Norm nur sehr abstrakt, wer Empfänger der Berichte ist. Teilweise wird „die Exekutive, die die Eigentümerfunktion im Außenverhältnis für die Gebietskörperschaft wahrnimmt“[1576] als Berichtsadressatin angesehen. Richtigerweise ist dies jedoch, auch wenn regelmäßig das Exekutivorgan berufen sein wird,[1577] anhand der betreffenden Organisationsgesetze beziehungsweise der die Berichtspflichten begründenden Vorschriften zu bestimmen.[1578]

1570 *Lohl*, AG 1970, 159, 163; *Kropff*, in: FS Hefermehl, S. 327, 335; *Zavelberg*, in: FS Forster, S: 723, 732; *Eibelshäuser*, in: FS Lüder, S. 693, 709 ff.; *Kersting*, in: Zöllner/Noack, KK Aktiengesetz, §§ 394, 395 Rn. 166; *Schürnbrand*, in: MüKo AktG, § 394 Rn. 33; a.A. *Martens*, AG 1984, 29, 37; zur Zulässigkeit der Beifügung des Prüfungsberichts des Abschlussprüfers siehe 4. Kapitel A.III.3.b).

1571 *Kersting*, in: Zöllner/Noack, KK Aktiengesetz, §§ 394, 395 Rn. 166; *Schürnbrand*, in: MüKo AktG, § 394 Rn. 33.

1572 *Kersting*, in: Zöllner/Noack, KK Aktiengesetz, §§ 394, 395 Rn. 166.

1573 *Kersting*, in: Zöllner/Noack, KK Aktiengesetz, §§ 394, 395 Rn. 166; *Schürnbrand*, in: MüKo AktG, § 394 Rn. 34; *Koch*, in: Hüffer/Koch, Aktiengesetz, § 394 Rn. 45.

1574 *Eibelshäuser*, in: FS Lüder, S. 693, 710; *Schall*, in: Spindler/Stilz, Aktiengesetz, § 394 Rn. 15; *Kersting*, in: Zöllner/Noack, KK Aktiengesetz, §§ 394, 395 Rn. 166; *Schürnbrand*, in: MüKo AktG, § 394 Rn. 34; *Koch*, in: Hüffer/Koch, Aktiengesetz, § 394 Rn. 45.

1575 *Schürnbrand*, in: MüKo AktG, § 394 Rn. 34.

1576 *Wilting*, AG 2012, 529, 533.

1577 *Koch*, in: Hüffer/Koch, Aktiengesetz, § 394 Rn. 42.

1578 *Ganzer/Tremml*, GewArch 2010, 141, 148 f.; *Land/Hallermeyer*, AG 2011, 114, 118; *Oetker*, in: Schmidt/Lutter, Aktiengesetz, § 394 Rn. 27; *Schall*, in: Spindler/Stilz,

Das Aktiengesetz, namentlich der systematische Zusammenhang zwischen § 394 und § 395 AktG, setzt dieser Bestimmung jedoch Grenzen. Denn die Vorschrift des § 395 AktG erstreckt die Verschwiegenheitspflicht auf solche Personen, welche für die Gebietskörperschaft mit der Beteiligungsverwaltung oder mit entsprechenden Prüfungsaufgaben betraut sind. Folge ist, dass eine Lockerung der Verschwiegenheitspflicht nur dann zulässig sein kann, wenn die Vertraulichkeit auf der Empfängerseite gewahrt bleibt.[1579] Dies ist im Hinblick auf die Informationsweitergabe an parlamentarische Gremien, wie etwa an einen Gemeinderat, besonders problematisch. Fraglich ist darüber hinaus, welche Konsequenzen sich für die unterschiedlichen Berichtspflichten im Sinne des § 394 S. 3 AktG ergeben.

aa) Wahrung der Vertraulichkeit auf Empfängerseite als ungeschriebenes Tatbestandsmerkmal

Aus dem Zusammenspiel der § 394 und § 395 AktG ergibt sich bei genauer Betrachtung, dass die Verschwiegenheitspflicht nicht im eigentlichen Sinne aufgehoben wird. Vielmehr erklären die beiden Vorschriften lediglich die Berichterstattung an einen bestimmten Personenkreis für zulässig. Damit findet keine Veröffentlichung vertraulicher Unternehmensinterna statt, sondern die Verschwiegenheitspflicht wird auf den Kreis der Berichtsempfänger erweitert,[1580] also eine Ebene „nach oben" verlagert[1581]. Der Grundsatz der aktienrechtlichen Verschwiegenheitspflicht bleibt also im Grunde unberührt.[1582] Dieser Systematik würde es zuwiderlaufen, wenn bei dem Personenkreis, dem gegenüber Bericht erstattet wird, die Vertraulichkeit der Berichte nicht gewährleistet wird. Denn in einem solchen Fall wäre eine mittelbare Veröffentlichung vertraulicher Informationen nicht ausgeschlossen.[1583] Aus diesem Grund geht die ganz herrschende Auffassung zu Recht davon aus, dass Berichtsempfänger nur derjenige sein kann, der Gewähr für die Einhaltung der ihn selbst treffenden Verschwiegenheitspflicht bietet.[1584] Die Befolgung

---

Aktiengesetz, § 394 Rn. 14; *Kersting*, in: Zöllner/Noack, KK Aktiengesetz, §§ 394, 395 Rn. 176; *Schürnbrand*, in: MüKo AktG, § 394 Rn. 36; *Koch*, in: Hüffer/Koch, Aktiengesetz, § 394 Rn. 42.

1579 *Kersting*, in: Zöllner/Noack, KK Aktiengesetz, §§ 394, 395 Rn. 176.

1580 *Schmidt-Aßmann/Ulmer*, BB 1988, Beil. 13, 1, 9.

1581 *van Kann/Keiluweit*, DB 2009, 2251, 2253; *Weber-Rey/Buckel*, ZHR 177 (2013), 13, 17.

1582 *Strobel*, Verschwiegenheits- und Auskunftspflicht kommunaler Vertreter, S. 173.

1583 *Kersting*, in: Zöllner/Noack, KK Aktiengesetz, §§ 394, 395 Rn. 177.

1584 *Kropff*, in: FS Hefermehl, S. 327, 340; *Schmidt-Aßmann/Ulmer*, BB 1988, Beil. 13, 1, 9; *Schwintowski*, NJW 1990, 1009, 1014; *Schmidt*, ZGR 1996, 345, 352; *Eibelshäuser*, in: FS Lüder, S. 693, 708; *Will*, VerwArch 94 (2003), 248, 263; *van Kann/Keiluweit*, DB 2009, 2251, 2253; *Land/Hallermeyer*, AG 2011, 114, 118; *Weber-Rey/Buckel*, ZHR 177 (2013), 13, 17; *Oetker*, in: Schmidt/Lutter, Aktiengesetz, § 394 Rn. 26; *Belcke/Mehrhoff*, GmbHR 2016, 576, 579; *Kersting*, in: Zöllner/Noack, KK Aktiengesetz, §§ 394, 395 Rn. 177; *Schürnbrand*, in: MüKo AktG, § 394 Rn. 37; *Schmolke*, WM

der Verschwiegenheitspflicht muss auf der Empfängerseite in gleicher Weise kontrollierbar sein wie beim Aufsichtsrat selbst.[1585] Grundlegend haben *Schmidt-Aßmann/Ulmer* die Gewährleistung des Geheimnisschutzes auf der Empfängerseite zum ungeschriebenen Tatbestandsmerkmal der Zulässigkeit der Weitergabe von Informationen im Rahmen des Anwendungsbereichs des § 394 S. 1 AktG erklärt.[1586]

Das Bundesverfassungsgericht hat sich jüngst mit dem Frage- und Informationsrecht des Deutschen Bundestages nach Art. 38 Abs. 1 S. 2 und Art. 20 Abs. 2 S. 2 GG gegenüber der Bundesregierung in Bezug auf die Deutsche Bahn AG und die Finanzmarktaufsicht befasst.[1587] Es führt in seinem Urteil aus, dass das „verfassungsrechtlich garantierte parlamentarische Frage- und Informationsrecht [...] Grenzen“ unterliege, „die, auch soweit sie einfachgesetzlich geregelt sind, ihren Grund im Verfassungsrecht“ haben müssten.[1588] Auch Belange des Geheimnisschutzes seien grundsätzlich geeignet, die Einschränkung von Statusrechten der Abgeordneten zu rechtfertigen, sofern sie auf zwingende Gründe des Gemeinwohls zurückgeführt werden könnten.[1589] Eine Grenze finde das Informationsrecht des Bundestages jedenfalls dort, wo das Wohl des Bundes oder eines Landes durch das Bekanntwerden geheimhaltungsbedürftiger Informationen Gefährdungen ausgesetzt sei.[1590]

Die Entscheidung lässt zwar offen, ob die Sondervorschriften der §§ 394, 395 AktG dahingehend verfassungskonform ausgelegt werden müssen, dass stets eine öffentliche Information des Bundestages stattfinden muss.[1591] Jedenfalls folgt aus ihr für die Anwendung der Vorschriften, dass eine Weitergabe vertraulicher Informationen durch einen Vertreter im Aufsichtsrat eines Staatsunternehmens an die Gebietskörperschaft nur dann stattfinden darf, wenn den Berichtsadressaten zwar eine Auskunftspflicht gegenüber dem Parlament trifft, für die Form der Informationsweitergabe jedoch hinreichende Geheimnisschutzvorkehrungen – wie etwa eine Geheimschutzordnung – zur Wahrung der Geheimhaltungsinteressen der Aktiengesellschaft getroffen worden sind.[1592]

bb) Der Gemeinderat als Adressat der Berichte

Soll einem Gemeinderat als demokratischem Kollegialorgan gegenüber Bericht erstattet werden, müssen zwei Voraussetzungen erfüllt sein: Zum einen muss er

---

2018, 1913, 1917; *Koch*, in: Hüffer/Koch, Aktiengesetz, § 394 Rn. 42; a.A. *Wilting*, AG 2012, 529, 541.

1585 *Schürnbrand*, in: MüKo AktG, § 394 Rn. 37.

1586 *Schmidt-Aßmann/Ulmer*, BB 1988, Beil. 13, 1, 9.

1587 BVerfG NVwZ 2018, 51.

1588 BVerfG NVwZ 2018, 51, Ls. 2.

1589 BVerfG NVwZ 2018, 51, 54.

1590 BVerfG NVwZ 2018, 51, Ls. 6.

1591 BVerfG NVwZ 2018, 51, 64.

1592 *Schmolke*, WM 2018, 1913, 1918 f.

zu dem Adressatenkreis im Sinne des § 395 Abs. 1. Hs. 1 AktG gehören, also mit der Beteiligungsverwaltung oder der Betätigungsprüfung im Sinne der Vorschrift betraut sein. Zum anderen trifft ihn als Berichtsempfänger, wie dargelegt,[1593] die Pflicht zur Wahrung der Vertraulichkeit. Dies ist stets dann problematisch, wenn Parlamenten oder anderen demokratischen Kollegialorganen gegenüber Bericht erstattet werden soll. Aus diesem Grund sind, wie noch aufzuzeigen sein wird, Einschränkungen angezeigt.[1594]

(1) Betrauung mit der Beteiligungsverwaltung oder der Betätigungsprüfung im Sinne des § 395 Abs. 1 Hs. 1 AktG

Auf kommunaler Ebene wird die Beteiligungsverwaltung nicht von dem Repräsentativorgan der Volksvertretung, sondern von Bediensteten wahrgenommen, welche mit dieser Aufgabe befasst sind.[1595] Der Gemeinderat ist also nicht mit der Beteiligungsverwaltung betraut und stellt daher unter diesem Gesichtspunkt keinen tauglichen Normadressaten des § 395 Abs. 1 AktG dar. Fraglich ist demgegenüber, ob der Volksvertretung die Betätigungsprüfung im Sinne des § 395 Abs. 1 Hs. 1 AktG obliegt. Die Vorschrift normiert insoweit, dass Berichtsempfänger auch solche Personen sind, die damit betraut sind, für eine Gebietskörperschaft die Gesellschaft, die Betätigung der Gebietskörperschaft als Aktionär oder die Tätigkeit der auf Veranlassung der Gebietskörperschaft gewählten oder entsandten Aufsichtsratsmitglieder zu prüfen. Da der Wortlaut offenlässt, ob auch eine kommunale Volksvertretung zu dem beschriebenen Kreis der Berichtsempfänger gehört, sind der Sinn und Zweck der Sondervorschriften der §§ 394, 395 AktG sowie ihre Entstehungsgeschichte in den Blick zu nehmen.

(a) Entstehungsgeschichte

Bereits im Rahmen des Gesetzgebungsverfahrens um das Aktiengesetz 1965, mit welchem die §§ 394, 395 AktG eingeführt worden sind,[1596] wurde das Erfordernis einer demokratisch legitimierten Kontrolle zur Rechtfertigung der Lockerung der Verschwiegenheitspflicht in Ansatz gebracht.[1597] So führte der Bundestagesabgeordnete *Reischl* in der Sitzung des Rechtsausschusses vom 02.04.1965, auf

---

1593 Siehe 4. Kapitel C.IV.5.b)aa).

1594 *Oetker*, in: Schmidt/Lutter, Aktiengesetz, § 394 Rn. 27; *Kersting*, in: Zöllner/Noack, KK Aktiengesetz, §§ 394, 395 Rn. 178; *Schürnbrand*, in: MüKo AktG, § 394 Rn. 37; *Koch*, in: Hüffer/Koch, Aktiengesetz, § 394 Rn. 42.

1595 *Schmidt-Aßmann/Ulmer*, BB 1988, Beil. 13, 1, 22; *Schwintowski*, NJW 1990, 1009, 1014; *Thode*, AG 1997, 547, 550; *Kersting*, in: Zöllner/Noack, KK Aktiengesetz, §§ 394, 395 Rn. 192.

1596 Siehe 4. Kapitel C.II.1.

1597 Dies schlussfolgern auch *Strobel*, Verschwiegenheits- und Auskunftspflicht kommunaler Vertreter, S. 179 f. und *Kannen*, Möglichkeiten der Einflussnahme, S. 41 f.

welche die Einführung der Sondervorschriften letztlich zurückgeht, aus, dass die Prüfungsrechte der öffentlichen Hand „um der parlamentarischen Kontrolle willen gerechtfertigt“[1598] seien. Darüber hinaus unterliege auch die Beteiligung der öffentlichen Hand an privatrechtlich organisierten Gesellschaften der „parlamentarischen Verantwortlichkeit und Kontrolle“[1599]. Ferner wies *Koch* in derselben Sitzung darauf hin, dass der Gemeinderat regelmäßig die „Spitze der Verwaltung“[1600] darstelle und daher das Aufsichtsratsmitglied „ihm gegenüber von der Schweigepflicht entbunden“[1601] werden müsse. Ferner führte *Kuchtner* aus, dass, solle die Verschwiegenheitspflicht nur gegenüber einem Dienstvorgesetzten aufgelockert werden können, dies Ausdruck im Wortlaut der Vorschriften finden müsse.[1602] Eine entsprechende Einschränkung sei jedoch nicht erforderlich, da „die Ratsmitglieder ohnehin alle wesentlichen Dinge erführen“[1603]. Dies folge aus der Verantwortlichkeit des Oberstadtdirektors gegenüber dem Gemeinderat.

Damit wird deutlich, dass der Gesetzgeber auch Parlamente als Berichtsempfänger im Sinne des § 395 Abs. 1 Hs. 1 AktG verstanden wissen wollte.

(b) Telos

Die Vorschriften der § 394 und § 395 AktG bezwecken zum einen die Lösung des Pflichtenkonflikts, der sich für Aufsichtsratsmitglieder, die von einer Gebietskörperschaft bestellt worden sind, im Hinblick auf ihre Verschwiegenheitspflicht einerseits und ihre Auskunftspflicht andererseits ergibt („Doppelloyalität“[1604]). Ferner sollen sie der öffentlichen Hand eine effektive Überwachung und Kontrolle der organisationsprivatisierten Gesellschaften mit öffentlicher Beteiligung sichern, damit es zu keiner Entkoppelung der öffentlichen Unternehmen aus dem formellen Verwaltungsbereich kommt.[1605] Die Verwaltung ist insofern von Verfassungs wegen gehalten, sich bei der Erfüllung ihrer Aufgaben in privatrechtlicher Organisationsform umfassende Einwirkungs- und Kontrollpflichten (Ingerenzpflichten) zu erhalten.[1606] Dies findet auch Niederschlag in der kommunalverfassungsrechtlichen

1598 *Reischl*, in: Kurzprotokoll, 127. Sitzung des Rechtsauschusses des Deutschen Bundestages, 02.04.1965, S. 15.
1599 *Reischl*, in: Kurzprotokoll, 127. Sitzung des Rechtsauschusses des Deutschen Bundestages, 02.04.1965, S. 15.
1600 *Koch*, in: Kurzprotokoll, 127. Sitzung des Rechtsauschusses des Deutschen Bundestages, 02.04.1965, S. 16.
1601 *Koch*, in: Kurzprotokoll, 127. Sitzung des Rechtsauschusses des Deutschen Bundestages, 02.04.1965, S. 16.
1602 *Kuchtner*, in: Kurzprotokoll, 127. Sitzung des Rechtsauschusses des Deutschen Bundestages, 02.04.1965, S. 16.
1603 *Kuchtner*, in: Kurzprotokoll, 127. Sitzung des Rechtsauschusses des Deutschen Bundestages, 02.04.1965, S. 17.
1604 *Strobel*, Verschwiegenheits- und Auskunftspflicht kommunaler Vertreter, S. 178.
1605 Zum Gesetzeszweck siehe 4. Kapitel C.I.
1606 Siehe 2. Kapitel A.III.

Kontrollkompetenz des Gemeinderates[1607]. Denn für eine sachgerechte Richtungskontrolle der privatwirtschaftlichen Betätigung der öffentlichen Hand durch die Volksvertretung ist geboten und erforderlich, dass diese über die wesentlichen unternehmerischen Gesellschaftsinterna informiert ist.[1608] Es ist daher auch unter diesen Gesichtspunkten gerechtfertigt, die Volksvertretung zum Kreis der prüfungsbetrauten Berichtsadressaten im Sinne des § 395 Abs. 1 Hs. 1 AktG zu rechnen.[1609]

(2) Sicherung der Vertraulichkeit

Auf kommunaler Ebene ist die Einhaltung der gebotenen Vertraulichkeit besonders problematisch. Dies ergibt sich daraus, dass die Bürger, Gemeinderatsmitglieder und Unternehmen regelmäßig enge Beziehungen pflegen.[1610] Daher fragt sich, ob bei einer Berichterstattung an einen Gemeinde- oder Stadtrat die Geheimhaltung in ausreichendem Maße gesichert ist. Die Beantwortung dieser Frage ist umstritten.

(a) These von der Zulässigkeit der Offenbarung gegenüber der Gemeindevertretung

Teile der Literatur erachten die Berichterstattung eines gewählten oder entsandten Aufsichtsratsmitgliedes gegenüber der Gemeindevertretung seiner Bestellungskörperschaft für zulässig.[1611] Dafür wird angeführt, dass dem Geheimnisschutz dadurch ausreichend Rechnung getragen werde, dass diejenigen Sitzungen der Volksvertretungen, in welchen vertrauliche Unternehmensinformationen Gegenstand der Tagesordnung seien, unter Ausschluss der Öffentlichkeit stattfinden könnten. Auf diese Weise werde gewährleistet, dass nur demokratisch legitimierte Volksvertreter, nicht aber Dritte, Kenntnis von sensiblen Unternehmensdaten erlangen würden.[1612] Der Ausschluss der Öffentlichkeit sei nach den

---

1607 Siehe 4. Kapitel A.I.2.a).

1608 So auch *Strobel*, Verschwiegenheits- und Auskunftspflicht kommunaler Vertreter, S. 195 ff.

1609 *Strobel*, Verschwiegenheits- und Auskunftspflicht kommunaler Vertreter, S. 179 f., 197 f.; *Schürnbrand*, in: MüKo AktG, § 394 Rn. 42; so wohl auch *Kersting*, in: Zöllner/Noack, KK Aktiengesetz, §§ 394, 395 Rn. 196, der jedoch bei der parlamentarischen Kontrolle die Vertraulichkeit nicht gewahrt sieht.

1610 *Land/Hallermeyer*, AG 2011, 114, 120; *Belcke/Mehrhoff*, GmbHR 2016, 576, 579; *Schürnbrand*, in: MüKo AktG, § 394 Rn. 42.

1611 *Vogel*, Städte- und Gemeinderat 1996, 252, 255; *Zieglmeier*, ZGR 2007, 144, 159 ff.; *Strobel*, Verschwiegenheits- und Auskunftspflicht kommunaler Vertreter, S. 201 ff.; *Rachlitz*, in: Grigoleit, Aktiengesetz, § 395 Rn. 24; *Burgi*, NVwZ 2014, 609, 613; *Katz*, NVwZ 2018, 1091, 1094 (praktische Konkordanz); *Schall*, in: Spindler/Stilz, Aktiengesetz, § 394 Rn. 14; *Werner*, NVwZ 2019, 449, 452.

1612 *Strobel*, Verschwiegenheits- und Auskunftspflicht kommunaler Vertreter, S. 201; *Rachlitz*, in: Grigoleit, Aktiengesetz, § 395 Rn. 24; *Burgi*, NVwZ 2014, 609, 613.

entsprechenden Regelungen in den Gemeindeordnungen aller Flächenstaaten[1613] zwar nur im Ausnahmefall gestattet. Ein solcher sei jedoch anzunehmen, wenn bei Offenlegung vertraulicher Betriebs- oder Geschäftsgeheimnisse gegenüber der Öffentlichkeit nachhaltige Schäden für kommunale Unternehmen auf materieller und immaterieller Ebene drohen würden.[1614] In diesem Zusammenhang wird auch auf die Verschwiegenheitspflicht der Ratsmitglieder, wie sie sich ebenfalls aus den Gemeindeordnungen ergebe, hingewiesen.[1615] Dies lasse insgesamt den Schluss zu, dass die Geheimhaltung auch bei der Gemeindevertretung gewährleistet sei.[1616]

Rachlitz ist ferner der Auffassung, dass die Meinungsströmung, welche sich gegen die Zulässigkeit einer Berichterstattung gegenüber einem Gemeindeparlament ausspreche, dem Vertraulichkeitsanliegen in überschießender Weise Rechnung trage. Denn auch die Befassung von Parlamenten und Kollegialorganen gehöre „zum realtypischen Hintergrund“[1617] der Sondervorschriften der §§ 394, 395 AktG. Der Gesetzgeber habe, indem er keine besonderen Vorkehrungen bezüglich des Adressatenkreises der Berichte getroffen habe, „ein gewisses Maß an Risikoerhöhung“[1618] in Kauf genommen, indem er auch eine Auskunftserteilung gegenüber Personenmehrheiten zulasse.[1619] Die Einschränkungen der Gegenmeinung würden außerdem, worauf *Schall* hinweist, dazu führen, dass die öffentlichen Berichtsansprüche und damit das öffentliche Recht insgesamt zu weit zurückgestellt würden. Dies verletze das Gebot der praktischen Konkordanz.[1620] Konsequenz sei, dass sich die Kommunen durch die Wahl privatrechtlicher Organisationsformen ihrer öffentlich-rechtlichen Bindungen zunehmend entziehen würden.[1621]

(b) Stellungnahme zugunsten der Unzulässigkeit der Offenbarung gegenüber der Gemeindevertretung

Die besseren Gründe sprechen gegen die Zulässigkeit einer Weitergabe von Geheimnissen und vertraulichen Angaben einer öffentlichen Gesellschaft an ein kommunales Ratsplenum durch ein gewähltes oder entsandtes Aufsichtsratsmitglied.[1622]

1613 Siehe etwa § 48 Abs. 2 GO NRW.
1614 *Strobel*, Verschwiegenheits- und Auskunftspflicht kommunaler Vertreter, S. 201 f.
1615 *Vogel*, Städte- und Gemeinderat 1996, 252, 255; *Burgi*, NVwZ 2014, 609, 613.
1616 *Vogel*, Städte- und Gemeinderat 1996, 252, 255; *Burgi*, NVwZ 2014, 609, 613.
1617 *Rachlitz*, in: Grigoleit, Aktiengesetz, § 395 Rn. 24.
1618 *Rachlitz*, in: Grigoleit, Aktiengesetz, § 395 Rn. 24.
1619 *Rachlitz*, in: Grigoleit, Aktiengesetz, § 395 Rn. 24.
1620 *Schall*, in: Spindler/Stilz, Aktiengesetz, § 394 Rn. 14.
1621 *Schall*, in: Spindler/Stilz, Aktiengesetz, § 394 Rn. 14.
1622 Wohl h.M.: *Treder*, GemHH 1986, 145, 147; *Schmidt-Aßmann/Ulmer*, BB 1988, Beil. 13, 1, 22; *Schwintowski*, NJW 1990, 1009, 1014; *Noack*, Städte- und Gemeinderat 1995, 379, 385 f.; *Schmidt*, ZGR 1996, 345, 352; *Thode*, AG 1997, 547, 548; *Engelstätter*, NordÖR 2003, 98, 101; *Will*, VerwArch 94 (2003), 248, 263; *Battke/Voigt*, SächsVBl 2006, 273, 276; *Bäcker*, in: FS Schwark, S. 101, 117 f.; *van Kann/Keiluweit*, DB 2009, 2251, 2253; *Ganzer/Tremml*, GewArch 2010, 141, 149; *Hüffer*, in: FS Hopt,

Für eine Zulässigkeit einer Offenbarung wäre erforderlich, dass die gesetzliche Geheimhaltungsverpflichtung eines Aufsichtsratsmitgliedes aus §§ 116, 93 AktG auf der Ebene des Gemeinderates in gleicher Weise gewährleistet wird.[1623] Die Wahrung der Vertraulichkeit im Gemeinderat wird jedoch schon aufgrund der Mitgliederzahl und der personellen Zusammensetzung nicht in ausreichendem Maße sichergestellt.[1624] Der Vorschrift des § 95 AktG ist die gesetzliche Wertung zu entnehmen, dass bei bis zu 21 Aufsichtsratsmitgliedern die Vertraulichkeit regelmäßig in hinreichendem Maße gewährleistet sein wird.[1625] Das Kollegium des Rates einer deutschen Gemeinde kann jedoch über eine wesentlich größere Mitgliederanzahl verfügen. Beispielsweise kann ein Gemeinderat in Hessen bis zu 105,[1626] in Nordrhein-Westfalen bis zu 90,[1627] in Bayern bis zu 80[1628] und in Niedersachsen bis zu 66[1629] Mandatsträger umfassen. Weiter wird in der kommunalen Praxis regelmäßig dadurch ein erheblicher Interessenpluralismus in den Gemeinderäten begründet, dass einzelne Ratsmitglieder geschäftliche Kontakte zu Wettbewerbern eines gemeindlichen Unternehmens unterhalten.[1630] Dies wird noch dadurch verschärft, dass die Mitgliedschaft in einem Gemeinderat nicht an die zum Teil engen gesetzlichen Voraussetzungen geknüpft ist, wie dies im Hinblick auf die Mitgliedschaft in einem Aufsichtsrat einer Kapitalgesellschaft der Fall ist.[1631] So kann beispielsweise nach § 100 Abs. 2 S. 1 Nr. 3 AktG Aufsichtsratsmitglied nicht sein, wer gesetzlicher Vertreter einer anderen Kapitalgesellschaft ist, deren Aufsichtsrat ein Vorstandsmitglied der Gesellschaft angehört.[1632]

S. 901, 915 f.; *Albrecht-Baba*, NWVBl 2011, 127, 130; *Land/Hallermeyer*, AG 2011, 114, 120; *Spindler*, ZIP 2011, 689, 691; *Lampert*, Einflussnahme auf Aufsichtsratsmitglieder, S. 60; *Weber-Rey/Buckel*, ZHR 177 (2013), 13, 17 f.; *Oetker*, in: Schmidt/Lutter, Aktiengesetz, § 394 Rn. 27; *Belcke/Mehrhoff*, GmbHR 2016, 576, 579; *Kersting*, in: Zöllner/Noack, KK Aktiengesetz, §§ 394, 395 Rn. 181; *Schürnbrand*, in: MüKo AktG, § 394 Rn. 42; *Koch*, in: Hüffer/Koch, Aktiengesetz, § 394 Rn. 42; *Mann*, AG 2018, 57, 60 ff.

1623 *Ganzer/Tremml*, GewArch 2010, 141, 149.

1624 *Will*, VerwArch 94 (2003), 248, 263; *Bäcker*, in: FS Schwark, S. 101, 117 f.; *Hüffer*, in: FS Hopt, S. 901, 915 f.; *Albrecht-Baba*, NWVBl 2011, 127, 130; *Land/Hallermeyer*, AG 2011, 114, 120; *Weber-Rey/Buckel*, ZHR 177 (2013), 13, 17 f.; *Kersting*, in: Zöllner/Noack, KK Aktiengesetz, §§ 394, 395 Rn. 181.

1625 *Mann*, AG 2018, 57, 61.

1626 § 38 Abs. 1 HGO.

1627 § 3 Abs. 2 KWahlG NRW.

1628 Art. 31 Abs. 2 BayGO.

1629 § 46 Abs. 1 NKomVG.

1630 *Albrecht-Baba*, NWVBl 2011, 127, 130; *Land/Hallermeyer*, AG 2011, 114, 120; *Ristelhuber*, NWVBl 2016, 359, 362; so wohl auch *Treder*, GemHH 1986, 145, 147.

1631 *Albrecht-Baba*, NWVBl 2011, 127, 130.

1632 Zu den persönlichen Voraussetzungen einer Aufsichtsratsmitgliedschaft siehe 2. Kapitel B.II.4.b).

Ferner führen die Möglichkeit des Ausschlusses der Öffentlichkeit bei Volksvertretersitzungen sowie der Verweis auf die Verschwiegenheitspflicht der Ratsmitglieder nicht weiter.[1633] Zunächst ist zu berücksichtigen, dass beispielsweise in Nordrhein-Westfalen die Mitglieder der Bezirksvertretungen und der Ausschüsse selbst an nichtöffentlichen Sitzungen nach Maßgabe der Geschäftsordnung als Zuhörer teilnahmeberechtigt sind (§ 48 Abs. 4 GO NRW).[1634] Darüber hinaus spricht zwar die Behandlung einer Sache in nichtöffentlicher Sitzung indiziell dafür, dass diese als geheimhaltungsbedürftig einzustufen ist.[1635] Jedoch stehen die Ratsmitglieder in einem nur sehr entfernten Verhältnis zu dem Aufsichtsrat der kommunalen Gesellschaft, welcher als Geheimnisträger die Geheimhaltung beansprucht. Mögen bei einer nichtöffentlichen Sitzung die Ratsmitglieder aus rechtlichen Gründen auch zur Verschwiegenheit verpflichtet sein, so entspricht es doch der praktischen Lebenserfahrung, dass die zuverlässige Geheimhaltung aufgrund dieser geringen Bindung nicht als gesichert angesehen werden kann.[1636] In diesem Zusammenhang ist darauf hinzuweisen, dass die Verletzung der Verschwiegenheitspflicht durch ein Ratsmitglied nur ausnahmsweise eine strafbare Handlung darstellen wird.[1637] Dies ist auch darauf zurückzuführen, dass es sich nach der Rechtsprechung des BGH bei kommunalen Mandatsträgern grundsätzlich nicht um Amtsträger im Sinne der §§ 203 Abs. 2, 353b iVm § 11 Abs. 1 Nr. 2 StGB handelt.[1638] Während ein Verstoß gegen die Verschwiegenheitspflicht für ein Aufsichtsratsmitglied wegen § 404 AktG von strafrechtlicher Relevanz ist, wird sich das pflichtwidrig handelnde Ratsmitglied lediglich der Verhängung eines als geringfügig zu betrachtenden Ordnungsgeldes ausgesetzt sehen.[1639] Diese Sanktionssystematik lässt den Schluss zu, dass die Motivation zur Beachtung der Verschwiegenheitspflicht für den kommunalen Mandatsträger geringer ausfallen wird als für ein Mitglied des Aufsichtsrates.[1640]

Bei Gemeinderäten kann daher nicht in jedem Fall davon ausgegangen werden, dass die Verschwiegenheitspflicht tatsächlich befolgt wird. Da auf der Ebene des

---

1633 *Schmidt-Aßmann/Ulmer*, BB 1988, Beil. 13, 1, 22; *Noack*, Städte- und Gemeinderat 1995, 380, 385; *Land/Hallermeyer*, AG 2011, 114, 120.

1634 *Schmidt-Aßmann/Ulmer*, BB 1988, Beil. 13, 1, 22.

1635 OVG Koblenz NVwZ-RR 1996, 685; VGH München BayVBl 2004, 402.

1636 *Schmidt-Aßmann/Ulmer*, BB 1988, Beil. 13, 1, 22; *Noack*, Städte- und Gemeinderat 1995, 380, 385; *Battke/Voigt*, SächsVBl 2006, 273, 276; *Kersting*, in: Zöllner/Noack, KK Aktiengesetz, §§ 394, 395 Rn. 181.

1637 *Ristelhuber*, NWVBl 2016, 359, 362; *Thiel*, in: BeckOK KommR NRW, § 30 GO NRW, Rn. 19; a.A. ohne Begründung *Engelstätter*, NordÖR 2003, 98, 102.

1638 BGH NJW 2006, 2050, 2052; zu den strafrechtlichen Konsequenzen eines Verstoßes gegen die Verschwiegenheitspflicht nach § 395 AktG siehe *Kersting*, in: Zöllner/Noack, KK Aktiengesetz, §§ 394, 395 Rn. 218.

1639 Siehe beispielsweise § 30 Abs. 6 iVm § 29 Abs. 3 GO NRW (250 bis 500 Euro); § 35 Abs. 2 iVm §§ 24, 24a Abs. 1 Nr. 2 HGO (bis zu 1.000 Euro).

1640 Ähnlich *Treder*, GemHH 1986, 145, 147.

Gemeinderates die Geheimhaltung nicht gesichert ist, wenn dem Gesamtgremium gegenüber Bericht erstattet wird, hat ein entsprechender Bericht eines kommunalen Aufsichtsratsmitgliedes zu unterbleiben. In diesem Fall überwiegen das Unternehmensinteresse und die Pflicht des Aufsichtsratsmitgliedes, Schaden von der Gesellschaft abzuwenden.[1641]

cc) Folgen für die unterschiedlichen Berichtspflichten

Die dargestellten Grundsätze konkretisieren die Grenzen, innerhalb derer sich die Berichtspflichten eines kommunalen Aufsichtsratsmitgliedes gegenüber seiner Bestellungskörperschaft bewegen müssen. Zentrale Schlussfolgerung ist, dass aus dem gesellschaftsrechtlichen Blickwinkel die in der Gemeindeverwaltung zuständigen Stellen, also regelmäßig der Bürgermeister als Vertreter der Gemeinde, als Empfänger der Berichte der gewählten und entsandten Aufsichtsratsmitglieder in Betracht kommt.[1642] Dies folgt zum einen aus seiner hervorgehobenen Stellung unter kommunalrechtlichen und gesellschaftsrechtlichen Gesichtspunkten.[1643] Denn er repräsentiert die Gemeinde als Gesellschafterin, übt ihre Gesellschafterrechte aus und verkörpert die Gesellschafterversammlung.[1644] Zum anderen resultiert dies aus dem Interesse, den Kreis der Berichtsadressaten aufgrund des Rechtsgedankens des § 395 AktG strengen Grenzen zu unterwerfen.[1645] Der Bürgermeister ist auf der Ebene der Gebietskörperschaft regelmäßig mit der Beteiligungsverwaltung betraut, sodass er auch als tauglicher Adressat der Verschwiegenheitspflicht im Sinne des § 395 Abs. 1 angesehen werden kann.[1646]

Fraglich ist, ob die in den gemeindewirtschaftsrechtlichen Vorschriften der Gemeindeordnungen enthaltenen Berichts- und Auskunftspflichten diesen Anforderungen entsprechen. Darüber hinaus ist zu erörtern, welche Konsequenzen sich für die Gestaltung von gesellschaftsvertraglichen oder durch Rechtsgeschäft begründeten Berichtspflichten ergeben.

(1) Kommunalrechtliche Berichtspflichten

Zu erörtern ist, welche Folgen die dargestellten Grundsätze auf die in den Gemeindeordnungen der Bundesländer enthaltenen Berichtspflichten haben. Ferner fragt sich, wie dies im Hinblick auf den aus der kommunalverfassungsrechtlichen Kontrollkompetenz hergeleiteten Berichtsanspruch des Gemeinderates zu beurteilen ist.

1641 *Battke/Voigt*, SächsVBl 2006, 273, 276.

1642 *Noack*, Städte- und Gemeinderat 1995, 380, 385; *Engelstätter*, NordÖR 2003, 98, 102; *Bäcker*, in: FS Schwark, S. 101, 118.

1643 *Ganzer/Tremml*, GewArch 2010, 141, 149.

1644 *Ganzer/Tremml*, GewArch 2010, 141, 145.

1645 *Ganzer/Tremml*, GewArch 2010, 141, 149.

1646 *Kersting*, in: Zöllner/Noack, KK Aktiengesetz, §§ 394, 395 Rn. 192.

(a) Gemeinderat oder Ausschuss als Berichtsadressat

Einige Berichtspflichten für kommunale Aufsichtsratsmitglieder in den Gemeindeordnungen der Länder erklären ausdrücklich den Gemeinderat zum Berichtsadressaten.[1647] Da Teile der Literatur hierin einen Verstoß gegen die bundesrechtlich angeordnete Verschwiegenheitspflicht eines Aufsichtsratsmitgliedes erblicken, erachten sie diese kommunalrechtlichen Berichtspflichten wegen eines Verstoßes gegen Art. 31 GG für unwirksam[1648] oder aufgrund der teilweise vorhandenen Kollisionsregeln[1649] für unzulässig[1650].

Dieses Verständnis gerät jedoch, worauf *Engelstätter* zutreffend hinweist, zu weit.[1651] Das Bundesverfassungsgericht nimmt mit Blick auf Art. 31 GG eine Kollision von Bundes- und Landesrecht an, wenn die bundes- und landesrechtlichen Normen „auf denselben Sachverhalt anwendbar sind und bei ihrer Anwendung zu unterschiedlichen Rechtsfolgen führen“[1652]. Zur Vermeidung einer Kollision von Bundes- und Landesrecht verlangt das Verfassungsgericht jedoch zunächst eine verfassungskonforme Auslegung der betreffenden landesrechtlichen Regelung, um die Nichtigkeit der nachrangigen Rechtsvorschrift zu verhindern.[1653] Eine solche verfassungskonforme Auslegung der kommunalrechtlichen Berichtspflichten ist möglich: Die Sondervorschriften der §§ 394, 395 AktG normieren ein Informationsprivileg der öffentlichen Hand dergestalt, dass der Verschwiegenheitspflicht eines Aufsichtsratsmitgliedes unterfallende Informationen nur gegenüber solchen Stellen in der Kommune offengelegt werden dürfen, welche selbst Gewähr für die Geheimhaltung bieten.[1654] Die Berichtspflichten in den Gemeindeordnungen, welche den Rat zum Berichtsadressaten erklären, lassen sich vor diesem Hintergrund jedoch insoweit verfassungskonform auslegen, dass sich der Informationsanspruch des Rates gerade nicht auf solche Informationen erstreckt, welche der Verschwiegenheitspflicht eines Aufsichtsratsmitgliedes unterfallen.[1655]

Kersting schlägt demgegenüber vor, die entsprechenden Berichtspflichten, wie etwa § 113 Abs. 5 GO NRW, derart aufrechtzuerhalten, dass die Erstattung der

1647 § 113 Abs. 5 S. 1 GO NRW („den Rat“); § 138 Abs. 4 S. 1 NKomVG („die Vertretung“); § 98 Abs. 3 SächsGO („den Gemeinderat oder einen beschließenden Ausschuss“); § 71 Abs. 4 S. 1 („den Hauptausschuss oder die Gemeindevertretung“).

1648 *Bäcker*, in: FS Schwark, S. 101, 118; *Oetker*, in: Schmidt/Lutter, Aktiengesetz, § 394 Rn. 27.

1649 Beispielsweise § 113 Abs. 5 S. 2 GO NRW („Die Unterrichtungspflicht besteht nur, soweit durch Gesetz nichts anderes bestimmt ist.“).

1650 *Schürnbrand*, in: MüKo AktG, § 394 Rn. 42; *Koch*, in: Hüffer/Koch, Aktiengesetz, § 394 Rn. 43.

1651 *Engelstätter*, NordÖR 2003, 98, 102.

1652 BVerfGE 121, 317, 348; siehe auch BVerfGE 96, 345, 364; 98, 145, 159.

1653 BVerfGE 112, 164, 182 f.; 121, 317, 349.

1654 Siehe dazu 4. Kapitel C.I. und 4. Kapitel C.IV.5.b)aa).

1655 *Engelstätter*, NordÖR 2003, 98, 102.

Berichte gegenüber dem Bürgermeister in seiner Funktion als Vertreter des Rates zu erfolgen habe.[1656] Gegen diesen Ansatz sprechen jedoch nicht nur der eindeutige Wortlaut dieser kommunalrechtlichen Berichtspflichten, sondern auch systematische Erwägungen: Der brandenburgische Gesetzgeber hat im Jahr 2012 in § 97 Abs. 7 S. 1 BbgKVerf den Gemeinderat durch den Hauptverwaltungsbeamten als Berichtsadressaten ersetzt.[1657] Dies lässt den Rückschluss zu, dass mit einer Adressierung des Gemeinderates nicht auch eine Berichtspflicht gegenüber dem Bürgermeister gleichgesetzt werden kann.

Die Gemeindeordnungen von Sachsen und Mecklenburg-Vorpommern normieren alternative Empfangszuständigkeiten für gemeindliche Ausschüsse.[1658] Da jedoch auch zu nichtöffentlichen Ausschusssitzungen dritte Personen regelmäßig Zugang haben[1659] und auch ein Ausschuss über eine beträchtliche Größe verfügen kann, gelten die angeführten Grundsätze über die Unzulässigkeit einer Offenbarung gegenüber dem Gemeinderat[1660] entsprechend.[1661]

(b) Berichtspflichten gegenüber anderen Stellen der Gemeinde

Nach Art. 93 Abs. 2 S. 2 BayGO und § 104 Abs. 1 S. 3 GO S-H hat die Berichterstattung gegenüber der „Gemeinde" zu erfolgen. Ähnlich heißt es in § 87 Abs. 5 S. 3 GO RP, dass die Vertreter der Gemeinde im Aufsichtsrat „die zuständigen Organe der Gemeinde" zu unterrichten haben. Angesichts der Gründe, welche für die Unzulässigkeit einer Offenbarung gegenüber dem Gemeinderat oder einem Gemeindeausschuss streiten, erscheint es sachgerecht, den Bürgermeister als Auskunftsberechtigten und Berichtsempfänger im Sinne dieser Vorschriften zu begreifen.[1662] Dies wird darüber hinaus durch seine selbstständige Stellung als Organ der Gemeinde, seine starke Position im Hinblick auf das gemeindliche Unternehmen sowie die Geheimhaltungsinteressen der Gesellschaft gerechtfertigt.[1663]

Nach hessischem Landesrecht ist der Gemeindevorstand Adressat der Berichte (§ 125 Abs. 2 S. 1 iVm Abs. 1 S. 5 HGO). Dieser setzt sich gemäß § 65 Abs. 1 HGO

1656 *Kersting*, in: Zöllner/Noack, KK Aktiengesetz, §§ 394, 395 Rn. 181; so auch *Koch*, in: Hüffer/Koch, Aktiengesetz, § 394 Rn. 43.

1657 Art. 1 Nr. 11 a) Gesetz zur Stärkung der kommunalen Daseinsvorsorge vom 09.01.2012, GVBl. [2012] I Nr. 1; siehe 4. Kapitel C.IV.5.b)cc)(1)(b).

1658 § 98 Abs. 1 S. 7 SächsGO („den Gemeinderat oder einen beschließenden Ausschuss"); § 71 Abs. 4 S. 1 KV M-V („den Hauptausschuss oder die Gemeindevertretung").

1659 Siehe beispielsweise § 58 Abs. 1 S. 4 GO NRW.

1660 Siehe 4. Kapitel C.IV.5.b)bb)(2)(b).

1661 *Schmidt-Aßmann/Ulmer*, BB 1988, Beil. 13, 1, 22 f.; *Noack*, Städte- und Gemeinderat 1995, 380, 385; *Schmidt*, ZGR 1996, 345, 352; *Albrecht-Baba*, NWVBl 2011, 127, 130.

1662 Für Bayern *Ganzer/Tremml*, GewArch 2010, 141, 149; a.A. für Rheinland-Pfalz offenbar *Oster*, in: PdK GO RP, § 88 Erl. 11.

1663 *Ganzer/Tremml*, GewArch 2010, 141, 149; siehe 4. Kapitel C.IV.5.b)cc).

zusammen aus dem Bürgermeister, dem Ersten Beigeordneten und weiteren Abgeordneten. Der Bürgermeister einer hessischen Gemeinde ist grundsätzlich hauptamtlich tätig. Der Beigeordnete geht im Grundsatz einem Ehrenamt nach, jedoch kann in der Hauptsatzung bestimmt werden, dass auch seine Stellung hauptamtlicher Natur ist. Da der Bürgermeister und die weiteren hauptamtlichen Beigeordneten Beamte sind, folgt bereits aus dieser Rechtsstellung eine umfassende Verschwiegenheitspflicht.[1664] Dies gilt auch für nicht hauptamtliche Beigeordnete, da diese zu Ehrenbeamten ernannt werden (vgl. § 21 Abs. 3 HGO).[1665] Die Mitglieder des Gemeindevorstandes sind darüber hinaus nicht nur aufgrund dieser beamtenrechtlichen Grundsätze, sondern auch kraft Kommunalrechts zur Verschwiegenheit verpflichtet.[1666] Bereits diese umfassende Verpflichtung zur Verschwiegenheit und der Umstand, dass der Gemeindevorstand – verglichen mit dem Gemeinderat – regelmäßig nur über ein kleines Kollegium verfügt, lassen es zu, eine Berichterstattung gegenüber diesem Gemeindeorgan für zulässig zu erklären.[1667] Hinzu kommt entscheidend, dass die Sitzungen des Gemeindevorstandes nach § 67 Abs. 1 S. 1 HGO grundsätzlich unter Ausschluss der Öffentlichkeit stattfinden. Dies findet seine Rechtfertigung unter anderem darin, dass sich der Gemeindevorstand in größerem Umfang mit Betriebs- und Geschäftsgeheimnissen zu befassen hat, welche im Interesse der Betroffenen nicht für die Öffentlichkeit bestimmt sind. Ferner soll auf diese Weise die Unbefangenheit des Debattenganges und des Abstimmungsverhaltens gewährleistet werden.[1668] Auch diese Erwägungen sprechen dafür, dass auf der Ebene der hessischen Gemeinde die Geheimhaltung, wie von §§ 394, 395 AktG gefordert wird, gesichert ist.

In der brandenburgischen Kommunalverfassung war in § 97 Abs. 7 S. 1 BbgKVerf a.F. langjährig normiert, dass eine Unterrichtungspflicht kommunaler Aufsichtsratsmitglieder gegenüber der Gemeindevertretung besteht. Der Landesgesetzgeber hat die Vorschrift jedoch zum 10.01.2012 neugefasst und den Hauptverwaltungsbeamten zum Berichtsadressaten erklärt.[1669] Mit dieser Neufassung hat der brandenburgische Gesetzgeber die landesrechtlichen Berichtspflichten und Auskunftsrechte für gewählte oder entsandte Aufsichtsratsmitglieder mit den bundesrechtlichen Sondervorschriften der §§ 394, 395 AktG in Einklang gebracht.[1670]

1664 *Birkenfeld/Fuhrmann*, in: BeckOK KommR Hessen, § 67 HGO, Rn. 12; siehe auch BVerfGE 28, 191, 198 f.

1665 *Traub*, in: BeckOK KommR Hessen, § 21 HGO, Rn. 2.

1666 *Faber*, Gesellschaftsrechtliche Bindungen für Aufsichtsratsmitglieder, S. 150.

1667 *Faber*, Gesellschaftsrechtliche Bindungen für Aufsichtsratsmitglieder, S. 150; *Daneke*, in: PdK HGO, § 125 Rn. 29.

1668 *Birkenfeld/Fuhrmann*, in: BeckOK KommR Hessen, § 67 HGO, Rn. 4.

1669 Art. 1 Nr. 11 a) Gesetz zur Stärkung der kommunalen Daseinsvorsorge vom 09.01.2012, GVBl. [2012] I Nr. 1.

1670 Siehe dazu *Ministerium des Innern und für Kommunales Brandenburg*, Gesetz zur Stärkung der kommunalen Daseinsvorsorge, Begründung, S. 15.

(c) Kommunalverfassungsrechtliche Kontrollkompetenz als Berichtspflicht

Es ist dargestellt worden, dass das Erfordernis einer effektiven parlamentarischen Kontrolle dem Gemeinderat aus kommunalverfassungsrechtlichen Gründen einen umfassenden Berichtsanspruch gegenüber den kommunalen Vertretern in den Aufsichtsorganen öffentlicher Unternehmen einräumt.[1671] Ferner ist dargelegt worden, dass diese kommunale Einwirkungspflicht der Gemeindevertretungen eine Berichtspflicht im Sinne des § 394 AktG darstellt.[1672] Da jedoch der Gemeinderat stets als Ganzes legitimiert wird, muss die so hergeleitete Berichtspflicht letztlich als Berichtsgrundlage ausscheiden.[1673] Denn die Systematik der §§ 394, 395 AktG verlangt die Gewährleistung der Geheimhaltung auf Empfängerseite der Berichte, welche bei der Gemeindevertretung nach hier vertretener Auffassung nicht gesichert ist.[1674]

Nun mögen gegen diesen Ansatz aufgrund des Verfassungsrangs der Kontrollkompetenz des Gemeinderates verfassungsrechtliche Bedenken erhoben werden. Dem ist jedoch entgegenzuhalten, dass auch der Schutz von Betriebs- und Geschäftsgeheinissen auf Verfassungsrecht zurückzuführen ist.[1675] Die Sondervorschriften der §§ 394, 395 AktG lockern partiell die Verschwiegenheitspflicht eines Aufsichtsratsmitgliedes zugunsten der öffentlichen Hand, verlangen als Kompensation jedoch eine vertrauliche Behandlung der übermittelten Informationen auf Empfängerseite. Ist diese kompensatorische Geheimhaltung nicht gesichert, ist es gerechtfertigt, die Berichtspflicht aufgrund des Geheimnisschutzes nicht entstehen zu lassen.[1676] Nur so wird ein angemessener Ausgleich zwischen den Informationsinteressen der Gebietskörperschaft einerseits und den Geheimhaltungsinteressen der öffentlichen Unternehmen andererseits geschaffen.

(2) Satzungsmäßig und rechtsgeschäftlich begründete Berichtspflichten

Fraglich ist, ob das Erfordernis der Gewährleistung des Geheimnisschutzes auf Seiten der Berichtsempfänger Auswirkungen auf die Ausgestaltung der durch Gesellschaftssatzung oder durch Rechtsgeschäft begründeten Berichtspflicht hat. Im Hinblick auf die inhaltlichen Anforderungen von Satzungsregelung und Rechtsgeschäft ist dargestellt worden, dass der Zweck der Berichtspflicht den Maßstab für deren inhaltliche Tiefe und Reichweite bildet. Entscheidend ist daher, ob die Berichtspflicht in einem engen Verhältnis zum dem konkreten Aufgabenbereich

---

1671 Siehe 4. Kapitel A.I.2.
1672 Siehe 4. Kapitel C.IV.3.a)bb).
1673 *Schmidt-Aßmann/Ulmer*, BB 1988, Beil. 13, 1, 21 ff.
1674 Siehe 4. Kapitel C.IV.5.b)bb)(2)(b).
1675 *Schmidt-Aßmann/Ulmer*, BB 1988, Beil. 13, 1, 21 f.
1676 *Schmidt-Aßmann/Ulmer*, BB 1988, Beil. 13, 1, 22.

und der Funktion der beteiligten Gebietskörperschaft steht. Darüber hinaus führt der Abschluss einer zu weitreichenden Berichtspflicht nicht zur Unwirksamkeit der entsprechenden Berichtspflicht. Vielmehr kommen Schadensersatzansprüche gegen das Aufsichtsratsmitglied sowie die Gebietskörperschaft wegen eines Verstoßes gegen die Verschwiegenheitspflicht in Betracht. Dies zeigt, dass die einmal begründete Berichtspflicht in einem unabhängigen Verhältnis zu der Geheimhaltungssystematik der §§ 394, 395 AktG steht. Das hat zur Folge, dass der Adressatenkreis der Berichte zwar nicht in der Satzungsregelung beziehungsweise in dem Rechtsgeschäft konkret benannt werden muss. Erstattet das Aufsichtsratsmitglied sodann jedoch Bericht gegenüber einem Kreis, welcher wegen § 395 AktG nicht selbst Gewähr für die auf ihn verlagerte Pflicht zur Geheimhaltung bietet, ist Folge ein Verstoß gegen die Verschwiegenheitspflicht.

D. Zusammenfassende Würdigung

Der gesellschaftsrechtlichen Verschwiegenheitspflicht eines Aufsichtsratsmitgliedes stehen zahlreiche Berichtspflichten der Organmitglieder gegenüber ihren Entsendungskörperschaften gegenüber. Diese ergeben sich nicht nur aus den meisten gemeindewirtschaftsrechtlichen Rechtsvorschriften der Gemeindeordnungen. Derartige Unterrichtungspflichten der kommunalen Aufsichtsratsmitglieder können sich auch aus der gemeindlichen Kontrollkompetenz der Gemeindevertretung ergeben. Diese wird aus dem Grundsatz der Gewaltenteilung nach Art. 20 Abs. 2 GG sowie aus der Stellung des Gemeinderats als verfassungsrechtlich vorgeschriebenes Repräsentativorgan im Sinne des Art. 28 Abs. 1 S. 2 GG abgeleitet.

In den Geltungsbereich der Kontrollkompetenz fallen kommunale Eigengesellschaften und gemischt-öffentliche Gesellschaften uneingeschränkt. Denn die Organisationsprivatisierung führt nicht zu einer Abkopplung der Aufgabenerledigung aus dem Verwaltungsbereich der öffentlichen Hand, sondern die Tätigkeit derartiger Unternehmen stellt Verwaltungstätigkeit im materiellen Sinne dar. Daraus ergeben sich die grundsätzliche Grundrechtsunfähigkeit und das Erfordernis demokratischer Legitimation.

Einen Sonderfall stellt in diesem Zusammenhang die Behandlung gemischtwirtschaftlicher Unternehmen dar. Eine pauschale Zuordnung dieser Gesellschaften zum privaten Wirtschaftsrecht würde die spezifische Interessenlage der Anteilseigner verkennen. Nicht möglich ist darüber hinaus eine Differenzierung nach der Art der wahrgenommenen Aufgabe durch ein konkretes Mischunternehmen. Vielmehr stellt die Beherrschung eines solchen Unternehmens durch die öffentliche Hand das maßgebliche Kriterium für die Zuordnung zum Verwaltungsbereich und damit für die Grundrechtsbindung dar. Es kommt entscheidend darauf an, welches Ausmaß und welche Qualität der staatlichen Beherrschung zukommen. Dabei sind sämtliche der öffentlichen Hand zukommenden Steuerungsinstrumente bezüglich eines konkreten Mischunternehmens in den Blick zu nehmen. Auf die Höhe des staatlichen Kapitalanteils allein, wie es das Bundesverfassungsgericht teilweise in Ansatz bringt, kann dagegen nicht abgestellt werden. Bei gemischt-wirtschaftlichen Unternehmen mit kommunaler Beteiligung ist zu vermuten, dass diese zum Verwaltungsbereich der betreffenden Kommune gehören.

Konsequenz ist, dass kommunale Eigengesellschaften, gemischt-öffentliche Unternehmen sowie kommunal beherrschte gemischt-wirtschaftliche Unternehmen in die Kontrollkompetenz der Gemeindeverwaltung fallen. Daraus folgt das Recht der Gemeindevertretung, sich über die Führung und den Betrieb dieser Gesellschaften zu informieren.[1677]

In zeitlicher Hinsicht umfasst die Kontrollkompetenz nicht nur eine nachträgliche Überprüfung bereits abgeschlossener Vorgänge, sondern auch aktuelle, noch offene Verwaltungsangelegenheiten. Denn der Gemeindevertretung muss als zentrales Willensbildungsorgan der Gemeinde auch das Recht zur vorausschauenden Kontrolle zustehen. Darüber hinaus kontrolliert die Gemeindevertretung nicht nur die Rechtmäßigkeit, sondern auch die Zweckmäßigkeit der Handlungen der Gemeindeverwaltung.

Die gemeindewirtschaftsrechtlichen Vorschriften konkretisieren die Kontrollkompetenz der Gemeindevertretung vielfach im Hinblick auf den Kreis der Verpflichteten und Berechtigten bezüglich der Berichtspflichten von kommunalen Aufsichtsratsmitgliedern. Aus dem Zweck einer effektiven parlamentarischen Kontrolle folgt jedoch, dass stets der Gemeinderat als Ganzes die Auskunftserteilung verlangen kann, nicht aber einzelne Ratsfraktionen oder aber Gemeindeausschüsse. Vertritt das Hauptverwaltungsorgan die Gemeinde im Aufsichtsrat eines kommunalen Unternehmens, folgt bereits aus seiner Rechtsstellung eine Unterrichtungspflicht gegenüber der Vertretung. Aus teleologischen Gründen gilt dies auch für alle anderen Aufsichtsratsmitglieder. Denn nur so kann der Gemeinderat seiner Aufgabe als Kontrollinstanz über die Gemeindeverwaltung sachgerecht nachkommen.

Aus dem Beamtenrecht können Auskunftsrechte einer kommunalen Körperschaft nicht hergeleitet werden. Gegen eine solche Herleitung aus der beamtenrechtlichen Gehorsamspflicht spricht bereits, dass verbeamtete Aufsichtsratsmitglieder in dieser Rolle ein höchstpersönliches und damit weisungsfreies Amt ausüben. Die Organstellung mit den daraus folgenden Pflichten eines Aufsichtsratsmitgliedes überlagert daher die beamtenrechtliche Weisungsgebundenheit. Auch führt die Heranziehung der Beratungs- und Hinweispflicht eines Beamten nicht weiter. Aus dieser können konkrete Auskunftspflichten eines verbeamteten Aufsichtsratsmitgliedes nicht hergeleitet werden.

Die gesellschaftsrechtlichen Vorschriften der §§ 53, 54 HGrG über die erweiterte Abschlussprüfung räumen der öffentlichen Hand zwar spezifische Prüfungs- und Unterrichtungsrechte gegenüber den Unternehmen, an denen sie beteiligt

---

1677 *Strobel*, Verschwiegenheits- und Auskunftspflicht kommunaler Vertreter, S. 117 ff.; *Trips*, NVwZ 2003, 804, 810; *Gern*, KommJur 2004, 1, 6; *Zieglmeier*, LKV 2005, 338, 340; *Pegatzky/Sattler*, NVwZ 2005, 1376, 1378; *Faber*, Gesellschaftsrechtliche Bindungen für Aufsichtsratsmitglieder, S. 140.

sind, ein, um eine umfassende staatliche Finanzkontrolle zu gewährleisten. Aus der Geschäftsführungsprüfung nach § 53 Abs. 1 Nr. 1 HGrG können besondere Berichtspflichten eines kommunalen Aufsichtsratsmitgliedes jedoch nicht abgeleitet werden. Denn die öffentliche Hand kann insoweit lediglich einen erweiterten Prüfungsauftrag gegen das Unternehmen beanspruchen, welcher sodann durch das Unternehmen selbst in Auftrag gegeben werden muss. Aus der Systematik des § 53 Abs. 1 Nr. 3 HGrG lässt sich ferner folgern, dass auch aus dieser Vorschrift eine entsprechende Berichtspflicht nicht hervorgeht. Dafür spricht insbesondere die begrenzende Funktion der Tatbestandsmerkmale, welche verhindern soll, dass der öffentlichen Hand beliebige und weitreichende Informationsquellen an die Hand gegeben werden. Schließlich räumt auch das Selbstunterrichtungsrecht der Rechnungsprüfungsbehörde aus § 54 HGrG einer Gebietskörperschaft keine weitreichenden Unterrichtungsbefugnisse ein, welche eine eigenständige Berichtspflicht eines gewählten oder entsandten Aufsichtsratsmitgliedes begründen könnten.

Um der Aufgabe der Überwachung der Geschäftsführung angemessen Rechnung tragen zu können, muss der Aufsichtsrat mit ausreichend Informationen über die Gesellschaft ausgestattet werden. Kehrseite der deshalb bestehenden Informationsansprüche des Aufsichtsrates ist die Pflicht seiner Mitglieder zur Verschwiegenheit.

Die Verschwiegenheitspflicht ist bei einer Aktiengesellschaft als abschließende Regelung zu betrachten und daher einer Abmilderung oder einer Verschärfung nicht zugänglich. Sie gilt darüber hinaus insbesondere gegenüber den Aktionären, nicht aber zwischen den Aufsichtsratsmitgliedern selbst oder gegenüber dem Vorstand. Adressat sind grundsätzlich sämtliche Mitglieder eines konkreten Aufsichtsrates.

Bei dem Aufsichtsrat einer GmbH rechtfertigen im Hinblick auf den Geltungsbereich der Verschwiegenheitspflicht das GmbH-Recht selbst sowie öffentlich-rechtliche Prinzipien teilweise eine abweichende Beurteilung. Zwar sprechen bei einem fakultativen Aufsichtsrat die besseren Gründe dafür, die Verschwiegenheitspflicht der Aufsichtsratsmitglieder auch gegenüber der Gemeindevertretung der an der Gesellschaft beteiligten kommunalen Gebietskörperschaft gelten zu lassen. Aus der Vorschrift des § 51a GmbHG folgt jedoch eine Durchbrechung der Schweigepflicht zugunsten der Gesellschafter, auch wenn diese eine unmittelbare Berichterstattung durch den Aufsichtsrat nicht beanspruchen können, sondern den Weg über den Geschäftsführer gehen müssen.

Auch ohne Verweis in § 52 Abs. 1 GmbHG auf § 109 AktG ist diese Vorschrift bei einem freiwillig eingerichteten Aufsichtsrat einer GmbH entsprechend heranzuziehen. Die Frage nach der Abweichungsmöglichkeit von der Verschwiegenheitspflicht und der Nichtöffentlichkeit der Aufsichtsratssitzungen kraft gesellschaftsvertraglicher Regelung wird unterschiedlich beurteilt. Ist die öffentliche Hand Gesellschafterin einer GmbH, ist es insbesondere mit Blick auf das verfassungsrechtliche Öffentlichkeitsprinzip geboten, in diesem Bereich öffentliche Aufsichtsratssitzungen zuzulassen. Dieser Ansatz muss seine Grenzen jedoch dort finden, wo berechtige Interessen Dritter berührt werden. Dies kann speziell bei Mischunternehmen der Fall sein.

Für den mitbestimmten GmbH-Aufsichtsrat gilt, dass das Informationsrecht des § 51a GmbHG auch gegenüber mitbestimmten Aufsichtsräten anzuwenden ist und die Aufsichtsräte auch in bei einem solchen Aufsichtsrat gegenüber der Vertretung einer beteiligten Gebietskörperschaft zur Verschwiegenheit verpflichtet sind. Eine Abweichung von der Verschwiegenheitspflicht oder von der Nichtöffentlichkeit der Aufsichtssitzungen über eine Regelung im Gesellschaftsvertrag ist hier nicht möglich.

Die Sondervorschriften der §§ 394, 395 AktG, welche durch das Aktiengesetz 1965 in das Gesetz aufgenommen worden sind, sollen das Spannungsverhältnis zwischen der gesellschaftsrechtlichen Verschwiegenheitspflicht eines kommunalen Aufsichtsratsmitgliedes einerseits und den diesem gleichzeitig obliegenden Unterrichtungspflichten andererseits im Wege einer Vereinbarkeitsregelung auflösen. Sind die Aufsichtsratsmitglieder zur Berichterstattung gegenüber der öffentlichen Körperschaft, deren Veranlassung sie das Mandat im Aufsichtsrat verdanken, verpflichtet, so werden sie insoweit von der Verschwiegenheitspflicht freigestellt. Hierzu bedarf es jedoch einer zur Berichterstattung verpflichtenden Rechtsgrundlage, welche sich nach dem neuen § 394 S. 3 AktG aus einer gesetzlichen Vorschrift, aus der Gesellschaftssatzung oder einem Rechtsgeschäft zwischen dem Aufsichtsratsmitglied und der konkreten Gebietskörperschaft ergeben kann.

Die Vorschriften der §§ 394, 395 AktG gelten unmittelbar für eine Aktiengesellschaft und eine Kommanditgesellschaft auf Aktien. Seit der Aktienrechtsnovelle 2016 findet sich in § 52 Abs. 1 GmbHG ein entsprechender Verweis, sodass es einer analogen Anwendung der §§ 394, 395 AktG auf eine GmbH mit freiwillig eingerichtetem Aufsichtsrat nicht mehr bedarf.

Eine gesetzliche Berichtspflicht ergibt sich insbesondere aus den betreffenden gemeindewirtschaftlichen Vorschriften der Gemeindeordnungen und aus der Kontrollkompetenz des Gemeinderates, welche unmittelbar in der Verfassung ihre Grundlage findet. Auch ist die Begründung einer Berichtspflicht über eine Regelung in einer kommunalen Satzung zulässig, soweit es sich bei dem betreffenden Unternehmen um eine kommunale Eigengesellschaft mbH handelt. Ferner kann eine Berichtspflicht durch eine Regelung in der Satzung der Gesellschaft begründet werden. Dies ermöglicht den Gesellschaftern, eigeninitiativ über den Inhalt und die Reichweite einer Berichtspflicht zu befinden und die Verschwiegenheitspflicht ihrer Aufsichtsratsmitglieder zu lockern. Aus diesem Grund ist die ausdrückliche Nennung dieser Möglichkeit der Schaffung einer Berichtspflicht in § 394 S. 3 AktG zu begrüßen. Die so begründete Berichtspflicht gilt auch für solche Aufsichtsratsmitglieder, die zum Zeitpunkt der Satzungsänderung eine Stellung als Organmitglied innehaben.

Seit der Aktienrechtsnovelle 2016 ist es entgegen der zuvor herrschenden Auffassung im Schrifttum möglich, eine Berichtspflicht im Sinne des § 394 S. 1 AktG durch ein Rechtsgeschäft zwischen der Gebietskörperschaft und dem Aufsichtsratsmitglied zu begründen. Diese Entscheidung des Gesetzgebers ist zu kritisieren, da nach dem Wortlaut des § 394 S. 3 AktG die Interessen der Gesellschaft vollständig unberücksichtigt bleiben. Dies ist insbesondere bei einem Mischunternehmen problematisch, wenn neben den kommunalen Mitgliedern auch solche der privaten Aktionäre in den Aufsichtsrat bestellt worden sind. Aus diesem Grund ist die Gesellschaft an dem Rechtsgeschäft zu beteiligen. Ausreichend ist insoweit, dass das Geschäftsführungsorgan seine Zustimmung erteilt. Der Inhalt des Rechtsgeschäfts wird durch den Zweck der Berichtspflicht bestimmt. Wird durch das Rechtsgeschäft eine zu weitreichende Berichtspflicht formuliert, so hat dies keine Auswirkungen auf den Bestand des Rechtsgeschäfts und der Berichtspflicht. Es kommen jedoch Schadensersatzverpflichtungen in Betracht. Auch wenn dies gesetzlich nicht ausdrücklich vorgesehen ist, so ist für das Rechtsgeschäft selbst Textform im Sinne des § 126b BGB zu verlangen. Diese Form verlangt die Vorschrift des § 394 S. 3 AktG ausdrücklich nur für die Mitteilung des Rechtsgeschäfts an den Aufsichtsrat, welche als Wirksamkeitsvoraussetzung für die Lockerung der Verschwiegenheitspflicht zu qualifizieren ist. Wer diese Mitteilung vornimmt – das Aufsichtsratsmitglied oder die Gebietskörperschaft –, ist unerheblich. Sie ist an den Vorsitzenden des Aufsichtsrates als empfangszuständigen Erklärungsempfänger des Organs zu richten. Eine Offenlegung des Rechtsgeschäfts an die Hauptversammlung ist nach hier vertretener Auffassung nicht erforderlich. Die Privilegierung des §§ 394, 395 AktG zugunsten der öffentlichen Hand entfaltet bei einer rechtsgeschäftlichen Berichtspflicht erst dann ihre Wirkungen, wenn diese Berichtspflicht einerseits durch ein wirksames Rechtsgeschäft, an welchem insbesondere die Gesellschaft zu beteiligen ist, begründet worden ist und dieses Rechtsgeschäft andererseits dem Aufsichtsrat in Textform mitgeteilt worden ist.

Im Hinblick auf das Verhältnis der unterschiedlichen Berichtspflichten des § 394 S. 3 AktG ist Folgendes festzustellen: Während gesetzliche Berichtspflichten durch satzungsmäßige Berichtspflichten nicht eingeschränkt werden können, ist eine Ausweitung qua Satzung ohne weiteres möglich. Ferner ergibt sich aus der faktischen Anwendung, dass in einer rechtsgeschäftlichen Berichtspflicht gegenüber gesetzlichen Berichtsansprüchen engere Regelungen getroffen werden können. Da die Gesellschaft an der Begründung der rechtsgeschäftlichen Berichtspflicht zu beteiligen ist, kann in einer solchen nicht nur eine personelle, sondern auch eine inhaltliche Erweiterung gegenüber einer gesetzlichen Berichtspflicht vereinbart werden. Ebenfalls aus faktischen Erwägungen resultiert die Möglichkeit der Einschränkung einer satzungsmäßigen Berichtspflicht durch Rechtsgeschäft. Schließlich können rechtsgeschäftliche Berichtspflichten über Satzungsregelungen hinausgehen, ohne dass ein entsprechendes Rechtsgeschäft einer besonderen öffentlichen Bekanntmachung unterworfen wäre.

Rechtsfolge des § 394 S. 1 AktG ist bei isolierter Betrachtung die Aufhebung der Verschwiegenheitspflicht der gewählten oder entsandten Aufsichtsratsmitglieder hinsichtlich ihrer gegenüber der betreffenden Gebietskörperschaft zu erstattenden Berichte. Die Berichterstattung bezieht sich im Grunde auf sämtliche Gegenstände der Schweigepflicht.

Grenzen der offenen Berichterstattung ergeben sich aus § 394 S. 2 AktG. Diese Vorschrift sieht eine funktionale Bindung des Informationsprivilegs vor und normiert, dass die Befreiung von der Verschwiegenheitspflicht dann keine Geltung beansprucht, wenn vertrauliche Angaben und Geheimnisse der Gesellschaft betroffen sind, deren Kenntnis für die Berichtszwecke unbedeutend ist. Den Berichten dürfen auch vertrauliche Unterlagen beigefügt werden. Grenzen ergeben sich insoweit lediglich aus der zugrundeliegenden Berichtspflicht sowie aus der funktionalen Bindung des Informationsprivilegs.

Die Vorschrift des § 394 S. 1 AktG nennt abstrakt die Gebietskörperschaft als Empfängerin der Berichte. In konkreter Hinsicht ist der Berichtsempfänger insbesondere anhand der Vorschriften zu bestimmen, welche die Berichtspflichten normieren. Aus dem systematischen Zusammenspiel des § 394 und des § 395 AktG ergibt sich, dass die Verschwiegenheitspflicht eines Aufsichtsratsmitgliedes bei Vorliegen einer Berichtspflicht nicht im eigentlichen Sinne aufgehoben wird, sondern die Verschwiegenheitspflicht lediglich auf den Kreis der Berichtsempfänger erweitert wird. Daraus ist der Schluss zu ziehen, dass eine Berichterstattung nur gegenüber demjenigen Empfängerkreis zulässig sein kann, der selbst Gewähr dafür bietet, dass er die auf ihn erstreckte Schweigepflicht einhalten wird. Dies stellt ein ungeschriebenes Tatbestandsmerkmal des § 394 S. 1 AktG dar. Problematisch ist, ob ein kommunaler Gemeinderat als demokratisches Kollegialorgan Empfänger der Berichte sein kann. Zwar ist in ihm ein prüfungsbetrauter Berichtsadressat im Sinne des § 395 Abs. 1 Hs. 1 AktG zu erblicken. Jedoch ist bei einem Gemeinderat die Geheimhaltung über vertrauliche Berichte nicht in ausreichendem Maße gesichert. Dies ergibt sich einerseits aus der personellen und interessenpluralistischen Zusammensetzung des Organs. Andererseits rechtfertigt die Verschwiegenheitspflicht der Ratsmitglieder selbst vor dem Hintergrund der Sanktionssystematik kein abweichendes Ergebnis. Aus gesellschaftsrechtlicher Sicht ist regelmäßig der Bürgermeister als Empfänger der Berichte berufen.

Das Erfordernis des Geheimnisschutzes hat verschiedentliche Konsequenzen für die kommunalrechtlichen Berichtspflichten sowie für die durch eine gesellschaftsvertragliche Regelung oder durch Rechtsgeschäft begründeten Berichtspflichten. Erklärt eine gemeindewirtschaftliche Vorschrift ausdrücklich den Gemeinderat zum Berichtsadressaten, so kann dieser eine Berichterstattung lediglich für solche Informationen beanspruchen, welche der Schweigepflicht eines Aufsichtsratsmitgliedes nicht unterfallen. Dies folgt mit Blick auf Art. 31 GG aus einer verfassungskonformen Auslegung. Vielfach regeln die gemeinderechtlichen Vorschriften jedoch eine Zuständigkeit des Bürgermeisters. Ferner lässt sich aus der kommunalverfassungsrechtlichen Kontrollkompetenz des Gemeinderates zwar eine Berichtspflicht im Sinne des § 394 S. 1 AktG herleiten. Da jedoch der Gemeinderat als Ganzes legitimiert wird und bei diesem, wie aufgezeigt, die Geheimhaltung nicht gesichert ist, scheidet die Kontrollkompetenz letztlich als Rechtsgrundlage zur Berichterstattung aus.

In einer gesellschaftsvertraglichen oder rechtsgeschäftlichen Berichtspflicht muss der legitimierte Adressatenkreis der Berichte zwar nicht ausdrücklich benannt sein. Erfolgt sodann jedoch eine Berichterstattung gegenüber einem Personenkreis, bei welchem die Geheimhaltung nicht im geforderten Sinne gesichert wird, ist die Folge ein Verstoß gegen die Verschwiegenheitspflicht.

5. Kapitel Zusammenfassung in Kernthesen

Im Folgenden werden die wichtigsten Ergebnisse dieser Arbeit thesenhaft zusammengefasst.

A. Zur Weisungsbindung eines kommunalen Aufsichtsratsmitgliedes

(1) Die gesellschaftsrechtliche Weisungsfreiheit eines kommunalen Aufsichtsratsmitgliedes einer Aktiengesellschaft kann weder durch gesetzliche noch durch satzungsrechtliche beziehungsweise einzelvertragliche Weisungsrechte durchbrochen werden. Dies gilt auch für die mitbestimmte GmbH.

(2) Bei einer mitbestimmungsfreien Einpersonen-GmbH, deren einzige Gesellschafterin eine Gemeinde ist, können Weisungsrechte der Bestellungskörperschaft gegenüber den von ihr bestellten oder entsandten Aufsichtsratsmitgliedern durch eine Regelung im Gesellschaftsvertrag begründet werden.

(3) Bei einer gemischt-privaten oder gemischt-öffentlichen GmbH mit kommunaler Beteiligung können Weisungsrechte durch eine gesellschaftsvertragliche Regelung nur dann begründet werden, wenn das Gesellschaftsinteresse durch eine Regelung im Gesellschaftsvertrag auf die Verfolgung eines einheitlichen öffentlichen Zwecks ausgerichtet wird.

B. Zur Verschwiegenheitspflicht eines kommunalen Aufsichtsratsmitgliedes unter besonderer Berücksichtigung des Informationsprivilegs der §§ 394, 395 AktG

(1) Während die Verschwiegenheitspflicht eines Aufsichtsratsmitgliedes bei einer Aktiengesellschaft als abschließende Regelung zu betrachten ist, stehen die Verschwiegenheitspflicht und die Nichtöffentlichkeit der Aufsichtsratssitzungen bei einer mitbestimmungsfreien GmbH mit kommunaler Beteiligung zur gesellschaftsvertraglichen Disposition. Dies muss seine Grenzen dort finden, wo berechtigte Interessen Dritter – also insbesondere solche von Mitgesellschaftern – berührt werden.

(2) Seit der Aktienrechtsnovelle 2016 kann eine Berichtspflicht im Sinne des § 394 S. 1 AktG nunmehr auch durch ein Rechtsgeschäft zwischen der

Gebietskörperschaft und dem Aufsichtsratsmitglied begründet werden. Das Geschäftsführungsorgan der Gesellschaft muss zur Wirksamkeit eines solchen Rechtsgeschäfts seine Zustimmung erteilen. Dies ergibt sich aus einer systematischen Auslegung, sodass eine Anpassung des Wortlauts nicht notwendig ist. Eine Offenlegung des Rechtsgeschäfts gegenüber den Anteilseignern der Gesellschaft ist nicht erforderlich. Das Rechtsgeschäft bedarf über den Wortlaut des § 394 S. 3 AktG hinaus der Textform des § 126b BGB. Damit das Informationsprivileg der §§ 394, 395 AktG seine Wirksamkeit insgesamt entfalten kann, muss die wirksame rechtsgeschäftliche Berichtspflicht dem Aufsichtsrat in Textform mitgeteilt werden. Hierbei ist unerheblich, wer die Erklärung vornimmt. Sie ist an die Vorsitzenden des Aufsichtsorgans zu richten.

(3) Aus dem Zusammenspiel von § 394 und § 395 AktG lässt sich das ungeschriebene Tatbestandsmerkmal gewinnen, dass zulässigerweise nur derjenige Adressat einer Berichterstattung sein kann, der selbst Gewähr dafür bietet, die auf ihn erstreckte Schweigepflicht zu erfüllen. Da ein Gemeindeparlament als Berichtsadressatin den geforderten Geheimnisschutz nicht sicher garantieren kann, scheidet es als Berichtsempfängerin aus. Berufen ist demgegenüber regelmäßig der Bürgermeister. Insbesondere diese gesellschaftsrechtliche Vorgabe markiert die Grenzen, innerhalb derer sich die gesetzlichen, satzungsmäßigen und rechtsgeschäftlichen Berichtspflichten bewegen müssen, um die Verschwiegenheitspflicht eines kommunalen Aufsichtsratsmitgliedes zugunsten der öffentlichen Hand zu lockern. Dies hat zum Teil erhebliche Folgen für die gemeindewirtschaftsrechtlichen Berichtspflichten für kommunale Aufsichtsratsmitglieder.

Literaturverzeichnis

Abromeit, Heidrun, Öffentliche Unternehmen: Instrumente der Steuerung und „sozialen Abfederung" technischen Wandels, ZögU 11 (1988), 1 ff.

Ahnis, Erik / Brunz, Martin, Zur Frage der Weisungs-(un)abhängigkeit von Aufsichtsratsmitgliedern in einer kommunalen GmbH, IR 2016, 4 ff.

Albrecht-Baba, Alexandra, Die Treuepflicht der politischen Mandatsträger als Aufsichtsratsmitglieder in einem Unternehmen, NWVBl. 2011, 127 ff.

Altenmüller, Reinhard, Privatrechtliche oder öffentlich-rechtliche Formen für kommunale Unternehmen, VBlBW 1984, 61 ff.

Altmeppen, Holger / Roth, Günter H., Gesetz betreffend die Gesellschaften mit beschränkter Haftung, Kommentar, 9. Aufl. München 2019 (zitiert: *Bearbeiter*, in: Roth/Altmeppen, GmbHG).

Altmeppen, Holger, Anmerkung zu BVerwG, Urt. v. 31.08.2011, Az. 8 C 16/10, NJW 2011, 3737 f.

Altmeppen, Holger, Die Einflussrechte der Gemeindeorgane in einer kommunalen GmbH, NJW 2003, 2561 ff.

Altmeppen, Holger, Zur Rechtsstellung der Aufsichtsratsmitglieder einer kommunalen GmbH, in: Burgard, Ulrich / Hadding, Walter / Mülbert, Peter O. / Nietsch, Michael / Welter, Reinhard (Hrsg.), Festschrift für Uwe H. Schneider zum 70. Geburtstag, Köln 2011, S. 1 ff. (zitiert: *Altmeppen*, in: FS Schneider).

von Arnauld, Andreas, Grundrechtsfragen im Bereich von Postwesen und Telekommunikation – Ein Beitrag zur Geltung der Grundrechte für und gegen gemischtwirtschaftliche Unternehmen und staatliche Eigengesellschaften –, DÖV 1998, 437 ff.

Arnold, Michael, Verantwortung und Zusammenwirken des Vorstands und Aufsichtsrats bei Compliance-Untersuchungen, ZGR 2014, 76 ff.

Ax, Thomas / Ottenströer, Katrin, Der praktische Fall: Hat der Gemeinderat hinsichtlich des Stimmrechts eine Weisungsbefugnis gegenüber Ratsmitgliedern im Aufsichtsrat einer kommunalen GmbH, VR 2010, 385 ff.

Bachof, Otto, Die Rechtsprechung des Bundesverwaltungsgerichts, BVerwGE 13–19, JZ 1966, 129 ff.

Bachof, Otto, Teilrechtsfähige Verbände des öffentlichen Rechts, Die Rechtsnatur der Technischen Ausschüsse des § 24 der Gewerbeordnung, AöR 83 (1958), 208 ff.

Bäcker, Roland M., Weisungsfreiheit und Verschwiegenheitspflicht kommunal geprägter Aufsichtsräte, in: Grundmann, Stefan / Kirchner, Christian / Raiser, Thomas / Schwintowski, Hans-Peter / Weber, Martin / Windbichler, Christine (Hrsg.), Unternehmensrecht zu Beginn des 21. Jahrhunderts, Festschrift für

Eberhard Schwark zum 70. Geburtstag, München 2009, S. 101 ff. (zitiert: *Bäcker*, in: FS Schwark).

Badura, Peter, Die Unternehmensfreiheit der Handelsgesellschaften, Ein Problem des Grundrechtsschutzes juristischer Personen des Privatrechts, DÖV 1990, 353 ff.

Ballerstedt, Kurt, Zur Frage der Rechtsform gemeindlicher Wirtschaftsunternehmen, DÖV 1951, 449 ff.

Bank, Stephan, Die Verschwiegenheitspflicht von Organmitgliedern in Fällen multipler Organmitgliedschaften, NZG 2013, 801 ff.

Barden, Stefan, Grundrechtsfähigkeit gemischt-wirtschaftlicher Unternehmen – Eine verfassungs- und europarechtliche Untersuchung unter besonderer Berücksichtigung der Deutschen Post AG –, in: von Danwitz, Thomas / Herdegen, Matthias / Immenga, Ulrich / Knieps, Günter / Maschke, Walter / Sedemund, Jochim (Hrsg.), Schriftenreihe Postmärkte und Recht, Band 3, München 2002 (zitiert: *Barden*, Grundrechtsfähigkeit gemischt-wirtschaftlicher Unternehmen).

Battke, Jörg-Dieter / Voigt, Enrico, Zur Zulässigkeit von gesellschaftsvertraglichen Auskunftsrechten des fakultativen Aufsichtsrates kommunaler Eigengesellschaften gegenüber dem Gemeinderat, SächsVBl 2006, 273 ff.

Bauer, Hartmut, Privatisierung von Verwaltungsaufgaben, VVDStRL 54 (1995), 243 ff.

Baumann, Horst / Reiss, Wilhelm, Satzungsergänzende Vereinbarungen – Nebenverträge im Gesellschaftsrecht, Eine rechtstatsächliche und rechtsdogmatische Untersuchung, ZGR 1989, 157 ff.

Baumbach, Adolf (Begr.) / Hueck, Alfred, Gesetz betreffend Gesellschaften mit beschränkter Haftung, 22. Aufl. München 2019 (zitiert: *Bearbeiter*, in: Baumbach/Hueck, GmbHG).

Bayer, Walter, Aktienrechtsnovelle 2012 – Kritische Anmerkungen zum Regierungsentwurf, AG 2012, 141 ff.

von Bechtolsheim, Caroline / Betz, Kora, Kommunalrechtliches Öffentlichkeitsprinzip versus vergaberechtlichen Geheimhaltungsgrundsatz, KommJur 2006, 1 ff.

Becker, Ralph, Die Erfüllung öffentlicher Aufgaben durch gemischtwirtschaftliche Unternehmen, Baden-Baden 1997 (zitiert: *Becker*, Die Erfüllung öffentlicher Aufgaben).

Belcke, Ulf Erik / Mehrhoff, Robert, Aktienrechtsnovelle 2016 – Auswirkungen auf die Verschwiegenheit kommunaler Vertreter in (fakultativen) Aufsichtsräten, GmbHR 2016, 576 ff.

Berger, Ariane, Das kommunalrechtliche Subsidiaritätsgebot als subjektives öffentliches Recht, DÖV 2010, 118 ff.

Berger, Ariane, Staatseigenschaft gemischtwirtschaftlicher Unternehmen, eine Untersuchung der staatlichen Qualität unternehmerischer Entscheidungen,

Berlin 2006 (zitiert: *Berger*, Staatseigenschaft gemischtwirtschaftlicher Unternehmen).

Bergmann, Arthur, Die Einflußnahme öffentlicher Körperschaften auf den Aufsichtsrat, ein Beitrag zur Frage der gemischtwirtschaftlichen Unternehmung, Marburg 1929 (zitiert: *Bergmann*, Die Einflußnahme öffentlicher Körperschaften).

Berkemann, Jörg, Die staatliche Kapitalbeteiligung an Aktiengesellschaften, mit besonderer Berücksichtigung haushaltsrechtlicher Bestimmungen, Hamburg 1966 (zitiert: *Berkemann*, Staatliche Kapitalbeteiligung).

Bethge, Herbert, Die Grundrechtsberechtigung juristischer Personen nach Art. 19 Abs. 3 GG, Passau 1985 (zitiert: *Bethge*, Grundrechtsberechtigung juristischer Personen).

Bethge, Herbert, Zur Grundrechtsträgerschaft gemischt-wirtschaftlicher Unternehmen, in: Butzer, Hermann / Kaltenborn, Markus / Meyer, Wolfgang (Hrsg.), Organisation und Verfahren im sozialen Staat, Festschrift für Friedrich E. Schnapp zum 70. Geburtstag, Berlin 2008, S. 3 ff. (zitiert: *Bethge*, in: FS Schnapp).

Bettenburg, Thomas / Weirauch, Boris, Transparenz nicht um jeden Preis? – Gesetzentwurf zur Aktienrechtsnovelle 2012 über die Teilnahme der Öffentlichkeit bei Aufsichtsratssitzungen kommunaler Unternehmen –, DÖV 2012, 352 ff.

Bettermann, Karl August / Nipperdey, Hans Carl (Hrsg.), Die Grundrechte, Handbuch der Theorie und Praxis der Grundrechte, Band 4, Halbband 2, 2. Aufl. Berlin 1972 (zitiert: *Bearbeiter*, in: Bettermann/Nipperdey, Die Grundrechte).

Bockamp, Guido / Tesfaiesus, Awet, Die Gebietskörperschaft als Stifterin, Eine Analyse der Möglichkeiten und Grenzen eines dritten Weges zwischen Privatisierung und Verstaatlichung in der Daseinsvorsorge, KommJur 2009, 88 ff.

Böckenförde, Ernst-Wolfgang, Demokratie und Verfassungsprinzip, in: Isensee, Josef / Kirchhof, Paul (Hrsg.), Handbuch des Staatsrechts, Band II: Verfassungsstaat, 3. Aufl. Heidelberg 2004, § 24 (zitiert: *Böckenförde*, in: Isensee/Kirchhof, Handbuch des Staatsrechts).

Böcking, Hans-Joachim / Kiehne, Nadja, Zur Verantwortlichkeit des Aufsichtsrats im Rahmen der Zwischenberichterstattung, Der Konzern 2010, 296 ff.

Börgmann-Dehina, Elias, Auswirkungen von Privatisierungen auf die kommunale Wirtschaftspolitik, Hamburg 2015 (zitiert: *Börgmann-Dehina*, Auswirkungen von Privatisierungen).

Bormann, Michael, Mehr „Transparenz" bei Unternehmen mit Beteiligung von Gebietskörperschaften?, NZG 2011, 926 ff.

Böttcher, Lars, Unzulässige Besetzung von Aufsichtsräten, NZG 2012, 809 ff.

Bracht, Hannes, Der Anspruch von Rats- und Kreistagsmitgliedern auf Auskunft über die kommunale GmbH, AG und Sparkasse, NVwZ 2016, 108 ff.

Bremme, Hans Christian, Die Gemeinden als Aktionäre, Diss. Heidelberg 1965.

Brenner, Michael, Die Neugestaltung gemeindlicher Einwirkungs- und Kontrollrechte auf privatrechtliche Unternehmen in Thüringen und die kommunale Selbstverwaltungsgarantie, LKV 2002, 7 ff.

Brinktrine, Ralf / Schollendorf, Kai (Hrsg.), BeckOK Beamtenrecht Bund, München, 16. Edition, Stand: 15.08.2019 (zitiert: *Bearbeiter,* in: BeckOK Beamtenrecht Bund).

Britz, Gabriele, „Kommunale Gewährleistungsverantwortung" – Ein Allgemeines Element des Regulierungsrechts in Europa?, Die Verwaltung 37 (2004), 145 ff.

Britz, Gabriele, Funktion und Funktionsweise öffentlicher Unternehmen im Wandel – Zu den jüngsten Entwicklungen im Recht der kommunalen Wirtschaftsunternehmen, NVwZ 2001, 380 ff.

Brohm, Winfried, Wirtschaftstätigkeit der öffentlichen Hand und Wettbewerb, NJW 1994, 281 ff.

Brüning, Christoph, Regie- und Eigenbetriebe, in: Mann, Thomas / Püttner, Günter (Hrsg.), Handbuch der kommunalen Wissenschaft und Praxis, Band 2: Kommunale Wirtschaft, 3. Aufl. Heidelberg u.a. 2011, § 44 (zitiert: *Brüning,* in: Mann/ Püttner, Handbuch der kommunalen Wissenschaft und Praxis).

Brüning, Christoph, Zur Reanimation der Staatsaufsicht über die Kommunalwirtschaft, DÖV 2010, 553 ff.

Budras, Corinna, Proteste in Unternehmen erlaubt, faz.net vom 22.02.2011, abrufbar unter: http://www.faz.net/aktuell/wirtschaft/recht-steuern/BVerfG-proteste-in-unternehmen-erlaubt-1596147.html (zuletzt abgerufen am 25.05.2020).

Bungert, Hartwin / Wettich, Carsten, Aktienrechtsnovelle 2012 – der Regierungsentwurf aus Sicht der Praxis, ZIP 2012, 297 ff.

Burgi, Martin, Kommunales Privatisierungsfolgenrecht – Vergabe, Regulierung und Finanzierung, NVwZ 2001, 601 ff.

Burgi, Martin, Kommunalrecht, 5. Aufl. München 2015.

Burgi, Martin, Künftige Aufgaben der Kommunen im sozialen Bundesstaat, DVBl 2007, 70 ff.

Burgi, Martin, Öffentlichkeit von Ratssitzungen bei Angelegenheiten kommunaler Unternehmen?, NVwZ 2014, 609 ff.

Busse, Volker, Bundesministergesetz, 3. Online-Aufl. Baden-Baden 2018 (zitiert: *Busse,* BMinG).

Canaris, Claus-Wilhelm, Verstöße gegen das verfassungsrechtliche Übermaßverbot im Recht der Geschäftsfähigkeit und im Schadensersatzrecht, JZ 1987, 993 ff.

Cannivé, Klaus, Der Staat als Aktionär – Zu Möglichkeiten und Grenzen der gesellschaftsrechtlichen Steuerung im gemischt-wirtschaftlichen Unternehmen, NZG 2009, 445 ff.

Collin, Peter / Zepf, Uwe, Die Flexibilisierung des Aufsichtsrechts als Problem des Verwaltungsrechts, Das Berliner Eingriffsrecht und die bezirkliche Selbstverwaltung, DÖV 2003, 1017 ff.

Cranshaw, Friedrich L., Kommunalrechtliche Weisungsgebundenheit von Mitgliedern des fakultativen Aufsichtsrats einer GmbH mit kommunaler Mehrheitsbeteiligung, jurisPR-InsR 23/2011 Anm. 4.

Cronauge, Ulrich, Kommunale Unternehmen, 6. Aufl. Berlin 2016.

Danner, Wolfgang / Theobald, Christian (Hrsg.), Energierecht, Energiewirtschaftsgesetz mit Verordnungen, EU-Richtlinien, Gesetzesmaterialien, Gesetze und Verordnungen zu Energieeinsparung und Umweltschutz sowie andere energiewirtschaftlich relevante Rechtsregelungen, Band 4, Loseblattsammlung, München, 101. Ergänzungslieferung, Stand: Mai 2019 (zitiert: *Bearbeiter,* in: Danner/Theobald, Energierecht).

von Danwitz, Thomas, Vom Verwaltungsprivatrecht zum Verwaltungsgesellschaftsrecht – Zu Begründung und Reichweite öffentlich-rechtlicher Ingerenzen in der mittelbaren Kommunalverwaltung –, AöR 120 (1995), 595 ff.

Decher, Christian E., Loyalitätskonflikte des Repräsentanten der öffentlichen Hand im Aufsichtsrat, Bemerkungen aus Anlaß des Falles HEW/Jansen, ZIP 1990, 277 ff.

Detterbeck, Steffen, Allgemeines Verwaltungsrecht, mit Verwaltungsprozessrecht, 17. Aufl. München 2019 (zitiert: *Detterbeck,* Allgemeines Verwaltungsrecht).

Deutscher Städtetag, Herausforderung Flüchtlinge – Integration ermöglichen, Schlaglichter aus dem Gemeindefinanzbericht 2015 des Deutschen Städtetages, Berlin/Köln 2015 (zitiert: *Deutscher Städtetag,* Herausforderung Flüchtlinge – Integration ermöglichen).

Deutsches Aktieninstitut e.V., Anmerkungen zur Aktienrechtsnovelle 2014, 04.07.2014.

Di Fabio, Udo, Privatisierung und Staatsvorbehalt, Zum dogmatischen Schlüsselbegriff der öffentlichen Aufgabe, JZ 1999, 585 ff.

Die Deutsche Kreditwirtschaft, Referentenentwurf eines Gesetzes zur Änderung des Aktiengesetzes („Aktienrechtsnovelle 2014"), Stellungnahme, 25.06.2014.

Diekmann, Hans / Nolting, Andre, Aktienrechtsnovelle 2011, NZG 2011, 6 ff.

Dietl, Fabian / Bacher, Philipp, Der kommunale Aufsichtsrat – Chance oder Pflicht?, KommJur 2018, 45 ff.

Dietlein, Johannes / Hellermann, Johannes, Öffentliches Recht in Nordrhein-Westfalen, 6. Aufl. München 2016 (zitiert: *Bearbeiter,* in: Dietlein/Hellermann, Öffentliches Recht in Nordrhein-Westfalen).

Dietlein, Johannes / Heusch, Andreas (Hrsg.), BeckOK Kommunalrecht Nordrhein-Westfalen, München, 9. Edition, Stand: 01.09.2019 (zitiert: *Bearbeiter,* in: BeckOK KommR NRW).

Dietlein, Johannes / Mehde, Veith (Hrsg.), BeckOK Kommunalrecht Niedersachsen, München, 11. Edition, Stand: 01.08.2019 (zitiert: *Bearbeiter*, in: BeckOK KommR Niedersachsen).

Dietlein, Johannes / Ogorek, Markus (Hrsg.), BeckOK Kommunalrecht Hessen, München, 10. Edition, Stand: 01.08.2019 (zitiert: *Bearbeiter*, in: BeckOK KommR Hessen).

Dirnberger, Frank / Henneke, Hans-Günter / Meyer, Hubert / Schliesky, Utz / Schwarting, Gunnar / Sponer, Wolf-Uwe / Steger, Christian O. / Stubenrauch, Hubert / Winkel, Johannes / Klang, Klaus / Bülow, Jörg / Dieter, Jürgen / Haßenkamp, Werner / Zimmermann, Uwe (Hrsg.), PdK Thüringen, B 1 Th: Thüringer Gemeinde- und Landkreisordnung (Thüringer Kommunalordnung – ThürKO), 8. Fassung München 2019 (zitiert: *Bearbeiter*, in: PdK ThürKO).

Dirnberger, Frank / Henneke, Hans-Günter / Meyer, Hubert / Schliesky, Utz / Schwarting, Gunnar / Sponer, Wolf-Uwe / Steger, Christian O. / Stubenrauch, Hubert / Winkel, Johannes / Klang, Klaus / Bülow, Jörg / Dieter, Jürgen / Haßenkamp, Werner / Zimmermann, Uwe (Hrsg.), PdK Nordrhein-Westfalen, NW B1: Gemeindeordnung für das Land Nordrhein-Westfalen (GO NRW), 14. Fassung München 2019 (zitiert: *Bearbeiter*, in: PdK GO NRW).

Dirnberger, Frank / Henneke, Hans-Günter / Meyer, Hubert / Schliesky, Utz / Schwarting, Gunnar / Sponer, Wolf-Uwe / Steger, Christian O. / Stubenrauch, Hubert / Winkel, Johannes / Klang, Klaus / Bülow, Jörg / Dieter, Jürgen / Haßenkamp, Werner / Zimmermann, Uwe (Hrsg.), PdK Rheinland-Pfalz, RhPf B-1: Gemeindeordnung (GemO), 10. Fassung München 2019 (zitiert: *Bearbeiter*, in: PdK GO RP).

Dirnberger, Frank / Henneke, Hans-Günter / Meyer, Hubert / Schliesky, Utz / Schwarting, Gunnar / Sponer, Wolf-Uwe / Steger, Christian O. / Stubenrauch, Hubert / Winkel, Johannes / Klang, Klaus / Bülow, Jörg / Dieter, Jürgen / Haßenkamp, Werner / Zimmermann, Uwe (Hrsg.), PdK Bayern, Bay B-1: Gemeindeordnung für den Freistaat Bayern (Gemeindeordnung – GO), 10. Fassung München 2019 (zitiert: *Bearbeiter*, in: PdK BayGO).

Dirnberger, Frank / Henneke, Hans-Günter / Meyer, Hubert / Schliesky, Utz / Schwarting, Gunnar / Sponer, Wolf-Uwe / Steger, Christian O. / Stubenrauch, Hubert / Winkel, Johannes / Klang, Klaus / Bülow, Jörg / Dieter, Jürgen / Haßenkamp, Werner / Zimmermann, Uwe (Hrsg.), PdK Hessen, He B-1: Hessische Gemeindeordnung (HGO), 17. Fassung München 2019 (zitiert: *Bearbeiter*, in: PdK HGO).

Dirnberger, Frank / Henneke, Hans-Günter / Meyer, Hubert / Schliesky, Utz / Schwarting, Gunnar / Sponer, Wolf-Uwe / Steger, Christian O. / Stubenrauch, Hubert / Winkel, Johannes / Klang, Klaus / Bülow, Jörg / Dieter, Jürgen / Haßenkamp, Werner / Zimmermann, Uwe (Hrsg.), PdK Sachsen, B 1 Sa: Gemeindeordnung für den Freistaat Sachsen, 7. Fassung München 2019 (zitiert: *Bearbeiter*, in: PdK GO Sachsen).

Dittmar, Falko, Weitergabe von Informationen im faktischen Aktienkonzern, AG 2013, 498 ff.

Dreher, Meinrad, Interessenkonflikte bei Aufsichtsratsmitgliedern von Aktiengesellschaften, JZ 1990, 896 ff.

Dreier, Horst (Hrsg.), Grundgesetz, Kommentar, Band I: Präambel, Artikel 1–19, 3. Aufl. Tübingen 2013 (zitiert: *Bearbeiter*, in: Dreier, Grundgesetz).

Dreier, Horst (Hrsg.), Grundgesetz, Kommentar, Band II: Artikel 20–82, 3. Aufl. Tübingen 2015 (zitiert: *Bearbeiter*, in: Dreier, Grundgesetz).

Duden, Konrad, Zur Mitbestimmung in Konzernverhältnissen nach dem Mitbestimmungsgesetz, ZHR 141 (1977), 145 ff.

Dünchheim, Thomas, Das transparente Stadtwerk? – Auskunftspflichten nach Informationsfreiheitsgesetz, Pressegesetz und Kommunalverfassungsrecht, KommJur 2016, 441 ff.

Edenfeld, Stefan / Neufang, Sebastian, Die Haftung der Arbeitnehmervertreter im Aufsichtsrat, AG 1999, 49 ff.

Ehlers, Dirk, Die Grenzen der Mitbestimmung in öffentlichen Unternehmen – Zugleich eine Besprechung der Entscheidung des VerfGH NW vom 15.9.1986 –, JZ 1987, 218 ff.

Ehlers, Dirk, Die verfassungsrechtliche Garantie der kommunalen Selbstverwaltung, DVBl 2000, 1301 ff.

Ehlers, Dirk, Die wirtschaftliche Betätigung der öffentlichen Hand in der Bundesrepublik Deutschland, JZ 1990, 1089 ff.

Ehlers, Dirk, Interkommunale Zusammenarbeit in Gesellschaftsform, DVBl 1997, 137 ff.

Ehlers, Dirk, Rechtsprobleme der Kommunalwirtschaft, DVBl 1998, 497 ff.

Ehlers, Dirk, Verwaltung in Privatrechtsform, Berlin 1984.

Eibelshäuser, Manfred, Anteilseignerinformation und Verschwiegenheitspflicht – ein Beitrag zur Anwendung der §§ 394, 395 AktG, in: Budäus, Dietrich / Küpper, Willi / Streitferdt, Lothar (Hrsg.), Neues öffentliches Rechnungswesen, Stand und Perspektiven, Klaus Lüder zum 65. Geburtstag, Wiesbaden 2000, S. 693 ff. (zitiert: *Eibelshäuser*, in: FS Lüder).

Eichhorn, Peter, Terminologie und Typologie der Unternehmenskontrolle, in: Gesellschaft für öffentliche Wirtschaft und Gemeinwirtschaft (Hrsg.), Kontrolle öffentlicher Unternehmen, Band 1, Baden-Baden 1980, S. 19 ff. (zitiert: *Eichhorn*, in: Kontrolle öffentlicher Unternehmen).

Emmerich, Volker, Die öffentliche Unternehmung im deutschen Konzern- und Wettbewerbsrecht, AG 1976, 225 ff.

Enders, Christoph, Anmerkung zu BVerfG, Urt. v. 22.02.2011, Az. 1 BvR 699/06, JZ 2011, 577 ff.

Engel, Wolfgang, Grenzen und Formen der mittelbaren Kommunalverwaltung, Diss. Erlangen-Nürnberg 1981 (zitiert: *Engel*, Grenzen und Formen).

Engellandt, Frank, Zustimmungsvorbehalte zugunsten der Kommunalaufsicht und der Kommunalparlamente in Gesellschaftsverträgen kommunaler Unternehmen, DÖV 1996, 71 ff.

Engelstätter, Tobias, Verschwiegenheitspflicht der Rechnungsprüfungsbehörde bei Prüfung kommunaler Unternehmen, NordÖR 2003, 98 ff.

Epping, Volker / Hillgruber, Christian (Hrsg.), BeckOK Grundgesetz, München, 41. Edition, Stand: 15.05.2019 (zitiert: *Bearbeiter*, in: BeckOK Grundgesetz).

Erbguth, Wilfried / Stollmann, Frank, Erfüllung öffentlicher Aufgaben durch private Rechtssubjekte? – Zu den Kriterien bei der Wahl der Rechtsform, DÖV 1993, 798 ff.

Erichsen, Hans-Uwe, Öffentliches und privates Recht, Jura 1982, 537 ff.

Erker, Martin / Freund, Lydia, Verschwiegenheitspflicht von Aufsichtsratsmitgliedern bei der GmbH, GmbHR 2001, 463 ff.

Faber, Markus, Privatisierung streng geheim! – Öffentlichkeitsdefizite bei kommunalen Privatisierungen im Spannungsfeld zu den Anforderungen des Demokratieprinzips – Zugleich ein Beitrag über Handlungsstrategien der kommunalen Korruptionsprävention, NVwZ 2003, 1317 ff.

Faber, Tobias, Gesellschaftsrechtliche Bindungen für Aufsichtsratsmitglieder von kommunalen Eigengesellschaften im Spannungsfeld zum hessischen Kommunalverfassungsrecht, Frankfurt am Main u.a. 2010 (zitiert: *Faber*, Gesellschaftsrechtliche Bindungen für Aufsichtsratsmitglieder).

Fischedick, Hans-Jürgen, Die Wahl der Benutzungsform kommunaler Einrichtungen, Kriterien für die Entscheidung zwischen privatrechtlicher und öffentlich-rechtlicher Benutzungsform, Köln 1986 (zitiert: *Fischedick*, Wahl der Benutzungsform).

Fischer, Robert, Das Entsendungs- und Weisungsrecht öffentlich-rechtlicher Körperschaften beim Aufsichtsrat einer Aktiengesellschaft, AG 1982, 85 ff.

Fleischer, Holger / Goette, Wulf (Hrsg.), Münchener Kommentar zum Gesetz betreffend die Gesellschaften mit beschränkter Haftung (GmbHG), Band 2: §§ 35–52, 3. Aufl. München 2019 (zitiert: *Bearbeiter*, in: MüKo GmbHG).

Fleischer, Holger / Goette, Wulf (Hrsg.), Münchener Kommentar zum Gesetz betreffend die Gesellschaften mit beschränkter Haftung, Band 1: §§ 1–34, 3. Aufl. München 2018 (zitiert: *Bearbeiter*, in: MüKo GmbHG).

Fleischer, Holger, Investor Relations und informationelle Gleichbehandlung im Aktien-, Konzern- und Kapitalmarktrecht, ZGR 2009, 505 ff.

Fleischer, Holger, Juristische Personen als Organmitglieder im Europäischen Gesellschaftsrecht, RIW 2004, 16 ff.

Flore, Ingo, Verschwiegenheitspflicht der Aufsichtsratsmitglieder, BB 1993, 133 ff.

Forsthoff, Ernst, Die Verwaltung der Leistungsträger, Stuttgart/Berlin 1938.

Forsthoff, Ernst, Lehrbuch des Verwaltungsrechts, Band 1: Allgemeiner Teil, 10. Aufl. München 1973.

Frotscher, Werner, Die Ausgestaltung kommunaler Nutzungsverhältnisse bei Anschluß- und Benutzungszwang, Siegburg 1974 (zitiert: *Frotscher,* Anschluß- und Benutzungszwang).

Ganzer, Peter / Tremml, Bernd, Die Verschwiegenheitspflicht der Aufsichtsratsmitglieder einer kommunalen Eigengesellschaft in der Rechtsform einer mitbestimmten GmbH – dargestellt anhand der Rechtslage in Bayern, GewArch 2010, 141 ff.

Gaul, Björn / Otto, Björn, Auswirkungen des TransPuG auf das Verhältnis zwischen GmbH-Geschäftsführung und Aufsichtsrat, GmbHR 2003, 6 ff.

Gaul, Dieter, Information und Vertraulichkeit der Aufsichtsratsmitglieder einer GmbH, GmbHR 1986, 296 ff.

Geerlings, Jörg, Das kommunale Aufsichtsratsmandat, in: Mann, Thomas / Püttner, Günter (Hrsg.), Handbuch der kommunalen Wissenschaft und Praxis, Band 2: Kommunale Wirtschaft, 3. Aufl. Heidelberg u.a. 2011, § 52 (zitiert: *Geerlings,* in: Mann/Püttner, Handbuch der kommunalen Wissenschaft und Praxis).

Geppert, Martin / Schütz, Raimund (Hrsg.), Beck'scher TKG-Kommentar, 4. Aufl. München 2013 (zitiert: *Bearbeiter,* in: Beck'scher TKG-Kommentar).

Gern, Alfons, Der Rechtsstatus kommunal beherrschter Kapitalgesellschaften, KommJur 2004, 1 ff.

Gern, Alfons, Deutsches Kommunalrecht, 3. Aufl. Baden-Baden 2003.

Gersdorf, Hubertus, Öffentliche Unternehmen im Spannungsfeld zwischen Demokratie- und Wirtschaftlichkeitsprinzip, eine Studie zur verfassungsrechtlichen Legitimation der wirtschaftlichen Betätigung der öffentlichen Hand, Berlin 2000 (zitiert: *Gersdorf,* Öffentliche Unternehmen im Spannungsfeld).

Goette, Wulf / Habersack, Mathias / Kalss, Susanne (Hrsg.), Münchener Kommentar zum Aktiengesetz, Band 6: §§ 329–410, WpÜG, Österreichisches Übernahmerecht, 4. Aufl. München 2017 (zitiert: *Bearbeiter,* in: MüKo AktG).

Goette, Wulf / Habersack, Mathias / Kalss, Susanne (Hrsg.), Münchener Kommentar zum Aktiengesetz, Band 2: §§ 76–117, MitbestG, DrittelbG, 5. Aufl. München 2019 (zitiert: *Bearbeiter,* in: MüKo AktG).

Goette, Wulf / Habersack, Mathias / Kalss, Susanne (Hrsg.), Münchener Kommentar zum Aktiengesetz, Band 1: §§ 1–75, 5. Aufl. München 2019 (zitiert: *Bearbeiter,* in: MüKo AktG).

Goette, Wulf / Habersack, Mathias / Kalss, Susanne (Hrsg.), Münchener Kommentar zum Aktiengesetz, Band 6: §§ 329–410, WpÜG, Österreichisches Übernahmerecht, 3. Aufl. München 2011 (zitiert: *Bearbeiter,* in: MüKo AktG, 3. Aufl. 2011).

Goette, Wulf, Organisationspflichten in Kapitalgesellschaften zwischen Rechtspflicht und Opportunität, ZHR 175 (2011), 388 ff.

Goldhammer, Michael, Grundrechtsberechtigung und -verpflichtung gemischtwirtschaftlicher Unternehmen, JuS 2014, 891 ff.

Grams, Hartmut A., Pflichten von Mandatsträgern in Aufsichtsgremien kommunaler Privatunternehmen, LKV 1997, 397 ff.

Grawert, Rolf, Zuständigkeitsgrenzen der Kommunalwirtschaft, in: Grupp, Klaus / Ronellenfitsch, Michael (Hrsg.), Planung – Recht – Rechtsschutz, Festschrift für Willi Blümel zum 70. Geburtstag am 6. Januar 1999, Berlin 1999, S. 119 ff. (zitiert: *Grawert*, in: FS Blümel).

Grigoleit, Christoph (Hrsg.), Aktiengesetz, Kommentar, München 2013 (zitiert: *Bearbeiter*, in: Grigoleit, Aktiengesetz).

Groß, Thomas, Die Verwaltungsorganisation als Teil organisierter Staatlichkeit, in: Hoffmann-Riem, Wolfgang / Schmidt-Aßmann, Eberhard / Voßkuhle, Andreas (Hrsg.), Grundlagen des Verwaltungsrechts, Band I: Methoden, Maßstäbe, Aufgaben, Organisation, 2. Aufl. München 2012, § 13 (zitiert: *Groß*, in: Hoffmann-Riem/Schmidt-Aßmann/Voßkuhle, Grundlagen des Verwaltungsrechts).

Gröttrup, Hendrik, Die kommunale Leistungsverwaltung, Grundlagen der gemeindlichen Daseinsvorsorge, Stuttgart u.a. 1973 (zitiert: *Gröttrup*, Die kommunale Leistungsverwaltung).

Grundmann, Stefan / Möslein, Florian, ECLR, Die Goldene Aktie, Staatskontrollrechte in Europracht und wirtschaftspolitischer Bewertung, ZGR 2003, 317 ff.

Grziwotz, Herbert, Public Private Partnership – Gemischtwirtschaftliche Unternehmen zur Baulanderschließung?, NZG 1999, 55 ff.

Gundlach, Ulf / Frenzel, Volkhard / Schmidt, Nikolas, Das kommunale Aufsichtsratsmitglied im Spannungsfeld zwischen öffentlichem Recht und Gesellschaftsrecht, LKV 2001, 246 ff.

Gundlach, Ulf, Die Haftung der Gemeinden für ihre Eigengesellschaften, LKV 2000, 58 ff.

Gurlit, Elke, Grundrechtsbindung von Unternehmen, NZG 2012, 249 ff.

Gusy, Christoph, Die Bindung privatrechtlichen Verwaltungshandelns an das öffentliche Recht, Zugleich ein Beitrag zur „Freiheit der Formenwahl", DÖV 1984, 872 ff.

Habersack, Mathias, Private public partnership – Gemeinschaftsunternehmen zwischen Privaten und öffentlicher Hand – Gesellschaftsrechtliche Analyse –, ZGR 1996, 544 ff.

Habersack, Mathias, Unwirksamkeit „zustandsbegründender" Durchbrechungen der GmbH-Satzung sowie drauf gerichteter schuldrechtlicher Nebenabreden – Besprechung der Entscheidung BGH NJW 1993, 2246 –, ZGR 1994, 354 ff.

Hamacher, Claus, GO-Reform in NRW und wirtschaftliche Betätigung, NWVBl. 2008, 81 ff.

Handelsrechtsausschuss des Deutschen Anwaltvereins, Stellungnahme zum Referentenentwurf eines Gesetzes zur Änderung des Aktiengesetzes (Aktienrechtsnovelle 2011), NZG 2011, 217 ff.

Handelsrechtsausschuss des Deutschen Anwaltvereins, Stellungnahme zum Regierungsentwurf der Aktienrechtsnovelle 2012, NZG 2012, 380 ff.

Handelsrechtsausschuss des Deutschen Anwaltvereins, Stellungnahme des Deutschen Anwaltvereins zum Referentenentwurf eines Gesetzes zur Änderung des Aktiengesetzes („Aktienrechtsnovelle 2014"), NZG 2014, 863 ff.

Harbarth, Stephan / von Plettenberg, Hanno Freiherr, Aktienrechtsnovelle 2016: Punktuelle Fortentwicklung des Aktienrechts, AG 2016, 145 ff.

Harbarth, Stephan, Anlegerschutz in öffentlichen Unternehmen, Berlin 1998.

Harder, Nils / Ruter, Rudolf X., Die Mitglieder des Aufsichtsrats einer GmbH mit öffentlich-rechtlichem Anteilseigner – ihre Rechte und Pflichten, GmbHR 1995, 813 ff.

Harks, Thomas, Grundrechtsberechtigung öffentlicher und gemischtwirtschaftlicher Unternehmen, in: Emmenegger, Sigrid / Wiedmann, Ariane (Hrsg.), Linien der Rechtsprechung des Bundesverfassungsgerichts, erörtert von den wissenschaftlichen Mitarbeiterinnen und Mitarbeitern, Band 2, Berlin/Boston 2011, S. 107 ff. (zitiert: *Harks*, in: Emmenegger/Wiedmann, Rechtsprechung des Bundesverfassungsgerichts).

Hartmann, Richard, Die Prüfung der Betätigung der Verwaltung bei Beteiligungen der Freien Hansestadt Bremen durch den Rechnungshof, ZögU 5 (1982), 276 ff.

Haupt, Klaus-Jürgen, Wirtschaftliche Betätigung von Kommunen im Gewande der privatrechtlichen Gesellschaft, Diss. Bochum 1988 (zitiert: *Haupt*, Wirtschaftliche Betätigung von Kommunen).

Haverkate, Görg, Die Einheit der Verwaltung als Rechtsproblem, VVDStRL 46 (1988), 217 ff.

Heidel, Thomas (Hrsg.), Aktienrecht und Kapitalmarktrecht, 4. Aufl. Baden-Baden 2014 (zitiert: *Bearbeiter*, in: Heidel, Aktienrecht und Kapitalmarktrecht).

Heidel, Thomas, Zur Weisungsgebundenheit von Aufsichtsratsmitgliedern bei Beteiligung von Gebietskörperschaften und Alleinaktionären, Zugleich Besprechung des Urteils des BVerwG vom 31.8.2011, NZG 2012, 48 ff.

Heidinger, Andreas / Leible, Stefan / Schmidt, Jessica (Hrsg.), Kommentar zum Gesetz betreffend die Gesellschaften mit beschränkter Haftung (GmbHG), Band II: §§ 35–88 GmbHG, EGGmbHG, 3. Aufl. München 2017 (zitiert: *Bearbeiter*, in: Heidinger/Leible/Schmidt, GmbHG).

Heintzen, Markus, Beteiligung Privater an der Wahrnehmung öffentlicher Aufgaben und staatliche Verantwortung, VVDStRL 62 (2003), 220 ff.

Heintzen, Markus, Zur Tätigkeit kommunaler (Energieversorgungs-)Unternehmen außerhalb der kommunalen Gebietsgrenzen, NVwZ 2000, 743 ff.

Heller, Robert F., Als Aufsichtsrat in öffentlichen Unternehmen, Stuttgart 2013.

Hengstschläger, Johannes, Privatisierung von Verwaltungsaufgaben, VVDStRL 54 (1995), 165 ff.

Henke, Angela, Wirtschaftliche Betätigung von Gemeinden – Drittschutz durch die Subsidiaritätsklausel in Niedersachsen? –, NordÖR 2010, 335 ff.

Henssler, Martin / Strohn, Lutz (Hrsg.), Gesellschaftsrecht, 4 Aufl. München 2019 (zitiert: *Bearbeiter*, in: Henssler/Strohn, Gesellschaftsrecht).

Henze, Hartwig, Leitungsverantwortung des Vorstands – Überwachungspflicht des Aufsichtsrats, BB 2000, 209 ff.

Herle, Rudolf, Die besondere Verantwortlichkeit von Verwaltungsträgern im Hinblick auf öffentliche Unternehmen, Diss. Mainz 1953 (zitiert: *Herle*, Die besondere Verantwortlichkeit von Verwaltungsträgern).

Hermann, Ludwig (Hrsg.), Sammlung der im Lehrbuche des heutigen römischen Rechts, vom Herrn Geheimen Justizrathe und Professor Dr. Mackeldey, citirten Belegstellen, Erster Theil, Gießen 1832 (zitiert: *Hermann*, Sammlung der im Lehrbuche des heutigen römischen Rechts citirten Belegstellen).

Hesse, Konrad, Grundzüge des Verfassungsrechts der Bundesrepublik Deutschland, 20. Aufl. Heidelberg 1995 (zitiert: *Hesse*, Grundzüge des Verfassungsrechts).

Hidien, Jürgen W., Gemeindliche Betätigungen rein erwerbswirtschaftlicher Art und „öffentlicher Zweck" kommunaler wirtschaftlicher Unternehmen, Berlin 1981 (zitiert: *Hidien*, Gemeindliche Betätigungen rein erwerbswirtschaftlicher Art).

Hill, Hermann, In welchen Grenzen ist kommunalwirtschaftliche Betätigung Daseinsvorsorge?, BB 1997, 425 ff.

Himmelmann, Gerhard, Kontrolle öffentlicher Unternehmen als politisches und politologisches Problem, in: Gesellschaft für öffentliche Wirtschaft und Gemeinwirtschaft (Hrsg.), Kontrolle öffentlicher Unternehmen, Band 2, Baden-Baden 1982, S. 61 ff. (zitiert: *Himmelmann*, in: Kontrolle öffentlicher Unternehmen).

Hoffmann-Becking, Michael (Hrsg.), Münchener Handbuch des Gesellschaftsrechts, Band 4: Aktiengesellschaft, 4. Aufl. München 2015 (zitiert: *Bearbeiter*, in: MHdG, Band 4).

Hoffmann-Becking, Michael, Unabhängigkeit im Aufsichtsrat, NZG 2014, 801 ff.

Hölters, Wolfgang (Hrsg.), Aktiengesetz, Kommentar, 3. Aufl. München 2017 (zitiert: *Bearbeiter*, in: Hölters, Aktiengesetz).

Hölters, Wolfgang (Hrsg.), Aktiengesetz, Kommentar, München 2011 (zitiert: *Bearbeiter*, in: Hölters, Aktiengesetz, 1. Aufl. 2011).

Hommelhoff, Peter, Unternehmensführung in der mitbestimmten GmbH, ZGR 1978, 119 ff.

Hommelhoff, Peter, DB-Unternehmen im Wettbewerb, Bemerkungen zum Auskunfts-Urteil des Bundesverfassungsgerichts, ZHR 182 (2018), 296 ff.

von Hoyningen-Huene, Gerrick / Powietzka, Arnim, Unterrichtung des Aufsichtsrats in der mitbestimmten GmbH, BB 2001, 529 ff.

Hüffer, Uwe (Begr.) / Koch, Jens, Aktiengesetz, 13. Aufl. München 2018 (zitiert: *Bearbeiter*, in: Hüffer/Koch, Aktiengesetz).

Hüffer, Uwe (Begr.) / Koch, Jens, Gesellschaftsrecht, 10. Aufl. München 2017 (zitiert: *Koch*, Gesellschaftsrecht).

Hüffer, Uwe, Aktiengesetz, 10. Aufl. München 2012 (zitiert: *Hüffer*, Aktiengesetz, 10. Aufl. 2012).

Hüffer, Uwe, Die Aktiengesellschaft als Rechtsform gemischtwirtschaftlicher Unternehmen, in: Grundmann, Stefan / Haar, Brigitte / Merkt, Hanno / Mülbert, Peter O. / Wellenhofer, Marina / Baum, Harald / von Hein, Jan / von Hippel, Thomas / Pistor, Katharina / Roth, Markus / Schweitzer, Heike (Hrsg.): Festschrift für Klaus J. Hopt zum 70. Geburtstag am 24. August 2010, Unternehmen, Markt und Verantwortung, Berlin/New York 2010, S. 901 ff. (zitiert: *Hüffer*, in: FS Hopt).

Hüffer, Uwe, Die leitungsbezogene Verantwortung des Aufsichtsrats, NZG 2007, 47 ff.

Huffmann, Harald, Kommunales Beteiligungsmanagement, in: Mann, Thomas / Püttner, Günter (Hrsg.), Handbuch der kommunalen Wissenschaft und Praxis, Band 2: Kommunale Wirtschaft, 3. Aufl. Heidelberg u.a. 2011, § 51 (zitiert: *Huffmann*, in: Mann/Püttner, Handbuch der kommunalen Wissenschaft und Praxis).

Ihrig, Hans-Christoph / Wandt, Andre P. H., Die Aktienrechtsnovelle 2016, BB 2016, 6 ff.

Ipsen, Hans Peter, Kollision und Kombination von Prüfungsvorschriften des Haushalts- und des Aktienrechts, JZ 1955, 593 ff.

Ipsen, Jörn, Die Bewältigung der wissenschaftlichen und technischen Entwicklungen durch das Verwaltungsrecht, VVDStRL 48 (1990), 177 ff.

Janitschek, Franz, Hessische Kommunen und Eigengesellschaften. Ein Beitrag zum Vertretungs-, Weisungs-, Abberufungs- und Entsendungsrecht gemäß § 125 HGO, VR 1993, 115 ff.

Janson, Bernd, Rechtsformen öffentlicher Unternehmen in der Europäischen Gemeinschaft, Baden-Baden 1980 (zitiert: *Janson*, Rechtsformen öffentlicher Unternehmen).

Jarass, Hans D. / Pieroth, Bodo, Grundgesetz für die Bundesrepublik Deutschland, Kommentar, 15. Aufl. München 2018 (zitiert: *Bearbeiter*, in: Jarass/Pieroth, Grundgesetz).

Jarass, Hans D., Aktivitäten kommunaler Unternehmen außerhalb des Gemeindegebiets, insbesondere im öffentlichen Personennahverkehr, DVBl 2006, 1 ff.

Jarass, Hans. D., Kommunale Wirtschaftsunternehmen und Verfassungsrecht, DÖV 2002, 489 ff.

Jestaedt, Matthias, Grundbegriffe des Verwaltungsorganisationsrechts, in: Hoffmann-Riem, Wolfgang / Schmidt-Aßmann, Eberhard / Voßkuhle, Andreas (Hrsg.), Grundlagen des Verwaltungsrechts, Band I: Methoden, Maßstäbe, Aufgaben, Organisation, 2. Aufl. München 2012, § 14 (zitiert: *Jestaedt*, in: Hoffmann-Riem/Schmidt-Aßmann/Voßkuhle, Grundlagen des Verwaltungsrechts).

Joecks, Wolfgang / Miebach, Klaus (Hrsg.), Münchener Kommentar zum StGB, Band 7: Nebenstrafrecht II, 2. Aufl. München 2015 (zitiert: *Bearbeiter*, in: MüKo StGB, 2. Aufl. 2015).

Joite, Max, Öffentlicher Raum im Bereich privaten Eigentums, BLJ 2011, 100 ff.

Jungkamp, Thomas, Rechtsschutz privater Konkurrenz gegen die wirtschaftliche Betätigung der Gemeinden, Eine Untersuchung des Drittschutzes der Schrankentrias in den verschiedenen Bundesländern, NVwZ 2010, 546 ff.

Kahl, Wolfgang / Waldhoff, Christian / Walter, Christian (Hrsg.), Bonner Kommentar zum Grundgesetz, Ordner 9, Loseblattsammlung, Heidelberg, 190. Ergänzungslieferung, Stand: April 2018 (zitiert: *Bearbeiter*, in: BK Grundgesetz).

Kämmerer, Jörn Axel, Privatisierung, Typologie – Determinanten – Rechtspraxis – Folgen, Tübingen 2001 (zitiert: *Kämmerer*, Privatisierung).

van Kann, Jürgen / Keiluweit, Anjela, Verschwiegenheitspflichten kommunaler Aufsichtsratsmitglieder in privatrechtlich organisierten Gesellschaften, DB 2009, 2251 ff.

Kannen, Tobias, Möglichkeiten der Einflussnahme auf Aufsichtsräte in kommunalen Unternehmen, Bremen 2007 (zitiert: *Kannen*, Möglichkeiten der Einflussnahme).

Katz, Alfred, Demokratische Legitimationsbedürftigkeit der Kommunalunternehmen, Verantwortlichkeit des Gemeinderats – Information und ihre Grenzen, NVwZ 2018, 1091 ff.

Katz, Alfred, Kommunale Wirtschaft, 2. Aufl. Stuttgart 2017.

Keese, Helmut, Regierungsmitglieder als Vertreter der öffentlichen Hand in den Aufsichtsorganen wirtschaftlicher Unternehmen, Diss. Heidelberg 1969 (zitiert: *Keese*, Regierungsmitglieder als Vertreter).

Keilich, Jochen / Brummer, Paul, Reden ist Silber, Schweigen ist Gold – Geheimhaltungspflichten auch für die Arbeitnehmervertreter im Aufsichtsrat, BB 2012, 897 ff.

Keiluweit, Anjela, Unterschiede zwischen obligatorischen und fakultativen Aufsichtsgremien – ein Vergleich zwischen Aktiengesellschaft und GmbH, BB 2011, 1795 ff.

Keller, Bernd / Paetzelt, Sebastian, Der Aufsichtsrat in öffentlichen Unternehmen im Spannungsverhältnis zwischen öffentlichem Recht und Gesellschaftsrecht, KommJur 2005, 451 ff.

Kempen, Bernhard, Die Formenwahlfreiheit der Verwaltung: die öffentliche Verwaltung zwischen öffentlichem und privatem Recht, München 1989 (zitiert: *Kempen*, Formenwahlfreiheit).

Keßler, Jürgen / Herzberg, Anja, Zur Anwendung der Prüfungs- und Unterrichtungsrechte der Kommunen gegenüber ihren Beteiligungen aus den §§ 53, 54 HGrG auf genossenschaftlich verfasste Unternehmen, NZG 2007, 531 ff.

Keßler, Jürgen, Die kommunale GmbH, Gesellschaftsrechtliche Grenzen politischer Instrumentalisierung, GmbHR 2000, 71 ff.

Kiethe, Kurt / Groeschke, Peer, Die Durchsetzung von Schadensersatzansprüchen in Fällen der Betriebs- und Wirtschaftsspionage, WRP 2005, 1358 ff.

Kiethe, Kurt, Gesellschaftsrechtliche Spannungslagen bei Public Private Partnerships, NZG 2006, 45 ff.

Klein, Hans H., Die Teilnahme des Staates am wirtschaftlichen Wettbewerb, Stuttgart u.a. 1968.

Klein, Matthias, Die Betätigung der öffentlichen Hand als Aktionärin, Diss. Tübingen 1992 (zitiert: *Klein*, Betätigung der öffentlichen Hand).

Klocksin, André, Die Rechtsformwahl für die wirtschaftliche Betätigung der Gemeinden nach nordrhein-westfälischem Landesrecht, Hamburg 2013 (zitiert: *Klocksin*, Rechtsformwahl).

Knauff, Matthias, Die Kommunen als Träger der Daseinsvorsorge, WiVerw 2011, 79 ff.

Knemeyer, Franz-Ludwig, Kommunale Steuerung und unternehmerische Freiheit – ein lösbarer Spagat, KommJur 2007, 241 ff.

Knirsch, Hanspeter, Information und Geheimhaltung im Kommunalrecht, Köln 1987 (zitiert: *Knirsch*, Information und Geheimhaltung).

Koch, Jens, Die Bestimmung des Gemeindevertreters in Gesellschaften mit kommunaler Beteiligung am Beispiel der Gemeindeordnung NRW, VerwArch 102 (2011), 1 ff.

Koch, Manfred, Die wirtschaftliche Betätigung der Gemeinden, Berlin 1992 (zitiert: *Koch*, Wirtschaftliche Betätigung der Gemeinden).

Koch, Thorsten, Der rechtliche Status kommunaler Unternehmen in Privatrechtsform, Baden-Baden 1994 (zitiert: *Koch*, Der rechtliche Status).

Kolb, Angela, Aktuelle Entwicklungen der europarechtlichen Vorgaben für die kommunale Daseinsvorsorge, Wettbewerb contra oder für das Gemeinwohl?, LKV 2006, 97 ff.

Koppensteiner, Hans-Georg, Zur Grundrechtsfähigkeit gemischtwirtschaftlicher Unternehmungen, NJW 1990, 3105 ff.

Köttgen, Arnold, Die Organisationsgewalt, VVDStRL 16 (1958), 154 ff.

Kraft, Ernst T., Das Verwaltungsgesellschaftsrecht, Frankfurt am Main u.a. 1982 (zitiert: *Kraft*, Verwaltungsgesellschaftsrecht).

Krämer, Lukas, Wirtschaftliche Betätigung von Kommunen als „Randnutzung“ – Rechtliche Grenzen und ein Normierungsvorschlag, LKV 2016, 348 ff.

Krausnick, Daniel, Grundfälle zu Art. 19 III GG, JuS 2008, 965 ff.

Krebs, Walter, Verträge und Absprachen zwischen der Verwaltung und Privaten, VVDStRL 52 (1993), 248 ff.

Krieger, Gerd, Zum Aufsichtsratspräsidium, ZGR 1985, 338 ff.

Kriele, Martin, Das demokratische Prinzip im Grundgesetz, VVDStRL 29 (1971), 46 ff.

Kropff, Bruno (Hrsg.), Aktiengesetz, Textausgabe des Aktiengesetzes vom 6.9.1965 (Bundesgesetzblatt I S. 1089) und des Einführungsgesetzes zum Aktiengesetz vom 6.9.1965 (Bundesgesetzblatt I S. 1185) mit Begründung des Regierungsentwurfs, Bericht des Rechtsausschusses des Deutschen Bundestags, Verweisungen und Sachverzeichnis, im Anhang: Aktiengesetz von 1937, Düsseldorf 1965 (zitiert: *Kropff*, Aktiengesetz).

Kropff, Bruno, Aktienrechtlicher Geheimnisschutz bei Beteiligung von Gebietskörperschaften, in: Fischer, Robert / Gessler, Ernst / Schilling, Wolfgang / Serick, Rolf / Ulmer, Peter (Hrsg.), Strukturen und Entwicklungen im Handels-, Gesellschafts- und Wirtschaftsrecht, Festschrift für Wolfgang Hefermehl zum 70. Geburtstag am 18. September 1976, München 1976, S. 327 ff. (zitiert: *Kropff*, in: FS Hefermehl).

Krüger, Herbert, Das besondere Gewaltverhältnis, VVDStRL 15 (1957), 109 ff.

Krüger, Philipp-L., Versammlungsfreiheit in privatisierten öffentlichen Räumen, Die „Fraport“-Entscheidung des Bundesverfassungsgerichts und ihre Folgen, DÖV 2012, 837 ff.

Kühling, Jürgen, Verfassungs- und kommunalrechtliche Probleme grenzüberschreitender Wirtschaftsbetätigung der Gemeinden, NJW 2001, 177 ff.

Kühne, Gunther, Anmerkung zu BVerfG, Beschl. v. 16.05.1989, Az. 1 BvR 705/88, JZ 1990, 335 f.

Kühne, Rainer / Czarnecki, Ralph, Informationsansprüche gegenüber kommunalen Unternehmen, LKV 2005, 481 ff.

Kund, Ulrich G., Nachwirkende Pflichten der Gemeinden bei der Ausgliederung öffentlicher Aufgaben auf Private, Frankfurt am Main u.a. 1988 (zitiert: *Kund*, Nachwirkende Pflichten der Gemeinden).

Kupsch, Peter, Unternehmungsziele, Stuttgart u.a. 1976.

Lampert, Bastian, Einflussnahme auf Aufsichtsratsmitglieder durch die öffentliche Hand als Gesellschafterin, eine Untersuchung unter besonderer Berücksichtigung der Aktienrechtsnovelle 2012, Hamburg 2012 (zitiert: *Lampert,* Einflussnahme auf Aufsichtsratsmitglieder).

Land, Volker / Hallermeyer, Jessica, Weitergabe von vertraulichen Informationen durch auf Veranlassung von Gebietskörperschaften gewählte Mitglieder des Aufsichtsrats gem. §§ 394, 395 AktG, AG 2011, 114 ff.

Lang, Helmar, Der Einfluß der öffentlichen Hand auf gemischtwirtschaftliche Aktiengesellschaften, Diss. Freiburg 1964 (zitiert: *Lang,* Der Einfluß der öffentlichen Hand).

Lange, Klaus, Kommunalrecht, Tübingen 2013.

Laskowski, Silke Ruth, Das Menschenrecht auf Wasser, Tübingen 2010.

Lässig, Lutz, Die Vergabe von Standplätzen auf kommunalen Volksfesten, NVwZ 1983, 18 ff.

Laux, Adalbert, Der Einfluß der Gemeinden und Gemeindeverbände auf die Willensbildung der Nahverkehrsunternehmen im Rheinisch-Westfälischen Industriebezirk, Diss. Köln 1941 (*Laux,* Der Einfluß der Gemeinden und Gemeindeverbände).

Leisner, Walter Georg, Weisungsrechte der öffentlichen Hand gegenüber ihren Vertretern in gemischtwirtschaftlichen Unternehmen, Die „Ingerenzrechte“ des Staates in der Wirtschaftskrise, GewArch 2009, 337 ff.

Leisner, Walter, Der Vorrang des Gesellschaftsinteresses bei den Eigengesellschaften der öffentlichen Hand, WiVerw 1983, 212 ff.

Leisner, Walter, Errichtung und Einrichtung juristischer Personen in Bayern, Zur Auslegung der Verf. BY Art. 77, BayVBl 1967, 329 ff.

von Lewinski, Kai / Burbat, Daniela, Haushaltsgrundsätzegesetz, Baden-Baden 2013.

Lieder, Jan, Der Aufsichtsrat im Wandel der Zeit, Jena 2006 (zitiert: *Lieder,* Aufsichtsrat im Wandel).

Linker, Anja Celina / Zinger, Georg, Rechte und Pflichten der Organe einer Aktiengesellschaft bei der Weitergabe vertraulicher Unternehmensinformationen, NZG 2002, 497 ff.

von Loesch, Achim, Zu den Grenzen der Kontrollmöglichkeiten, in: Gesellschaft für öffentliche Wirtschaft und Gemeinwirtschaft (Hrsg.), Kontrolle öffentlicher Unternehmen, Band 2, 1982, S. 47 ff. (zitiert: *von Loesch,* in: Kontrolle öffentlicher Unternehmen).

Lohl, Reinhold, Die staatliche Betätigung bei privatrechtlichen Unternehmen nach der Haushaltsrechtsreform, AG 1970, 159 ff.

Lohner, Josef / Zieglmeier, Christian, Die Besetzung des Aufsichtsrats einer kommunalen GmbH und der Verbandsversammlung eines Zweckverbandes, BayVBl 2007, 581 ff.

Ludwigs, Markus / Friedmann, Carolin, Die Grundrechtsberechtigung staatlich beherrschter Unternehmen und juristischer Personen des öffentlichen Rechts, Kontinuität oder Wandel der verfassungsrechtlichen Dogmatik?, NVwZ 2018, 22 ff.

Lunk, Stefan, Schwellenwert Leiharbeitnehmer, NZG 2014, 778 ff.

Lutter, Marcus / Grunewald, Barbara, Öffentliches Haushaltsrecht und privates Gesellschaftsrecht, WM 1984, 385 ff.

Lutter, Marcus / Hommelhoff, Peter / Bayer, Walter / Kleindieck, Detlef, GmbH-Gesetz, Kommentar, 19. Aufl. Köln 2016 (zitiert: *Bearbeiter*, in: Lutter/Hommelhoff, GmbHG).

Lutter, Marcus / Krieger, Gerd / Verse, Dirk A., Rechte und Pflichten des Aufsichtsrats, 6. Aufl. Köln 2014.

Lutter, Marcus, Anmerkung zu VG Arnsberg, Urt. v. 13.07.2007, Az. 12 K 3965/06, ZIP 2007, 1991 f.

Lutter, Marcus, Anwendbarkeit der Altersbestimmungen des AGG auf Organpersonen, BB 2007, 725 ff.

Lutter, Marcus, Information und Vertraulichkeit im Aufsichtsrat, in: Hueck, Götz / Lutter, Marcus / Zöllner, Wolfgang (Hrsg.), Abhandlungen zum deutschen und europäischen Handels- und Wirtschaftsrecht, 3. Aufl. Köln u.a. 2006 (zitiert: *Lutter*, Information und Vertraulichkeit).

Lutter, Marcus, Zum Informationsrecht des Gesellschafters nach neuem GmbH-Recht, ZGR 1982, 1 ff.

Machura, Stefan, Die Kontrolle öffentlicher Unternehmen, für eine mehrdimensionale Strategie zur Instrumentalisierung öffentlicher Unternehmen, Wiesbaden 1993 (zitiert: *Machura*, Kontrolle öffentlicher Unternehmen).

Machura, Stefan, Kontrolle öffentlicher Unternehmen durch eine mehrdimensionale Strategie, ZögU 17 (1994), 156 ff.

Maier, Thomas, Beamte als Aufsichtsratsmitglieder der öffentlichen Hand in der Aktiengesellschaft: weisungsgebundene Werkzeuge des öffentlichen Gesellschafters?, München 2005 (zitiert: *Maier*, Beamte als Aufsichtsratsmitglieder).

Manger, Robert, Das Informationsrecht des Aufsichtsrats gegenüber dem Vorstand – Umfang und Grenzen, NZG 2010, 1255 ff.

von Mangoldt, Hermann (Begr.) / Klein, Friedrich / Starck, Christian (Hrsg.), Kommentar zum Grundgesetz, Band 1: Präambel, Art. 1–19, 6. Aufl. München 2010 (zitiert: *Bearbeiter*, in: von Mangoldt/Klein/Starck, Grundgesetz).

Mann, Maximilian, §§ 394 f. AktG im Geflecht von Individual- und Kollektivinteressen, Ein Beitrag zur Bestimmung möglicher Berichtsadressaten, AG 2018, 57 ff.

Mann, Rüdiger, Die drittschützende Wirkung der kommunalrechtlichen Subsidiaritätsregelungen unter Berücksichtigung aktueller Fallbeispiele aus der Rechtsprechung, DVBl 2009, 817 ff.

Mann, Thomas, Die „Kommunalunternehmen“ – Rechtsformalternative im kommunalen Wirtschaftsrecht, NVwZ 1996, 557 ff.

Mann, Thomas, Die öffentlich-rechtliche Gesellschaft, zur Fortentwicklung des Rechtsformenspektrums für öffentliche Unternehmen, Tübingen 2002 (zitiert: *Mann*, Die öffentlich-rechtliche Gesellschaft).

Mann, Thomas, Öffentliche Unternehmen im Spannungsfeld von öffentlichem Auftrag und Wettbewerb, JZ 2002, 819 ff.

Markull, Fritz (Hrsg.), Gemeindeordnung für Schleswig-Holstein vom 24. Januar 1950 mit Durchführungsverordnung, Ausführungsanweisungen, Weinheimer Entwurf, Rechtsübersicht, Stichwortverzeichnis, Schrifttumsübersicht, Göttingen 1950 (zitiert: *Markull*, Gemeindeordnung für Schleswig-Holstein vom 24. Januar 1950).

Martens, Klaus Peter, Berichtspflicht beamteter Aufsichtsratsmitglieder aufgrund von § 55 BBG? – Eine Erwiderung, AG 1984, 212 ff.

Martens, Klaus-Peter, Privilegiertes Informationsverhalten von Aufsichtsratsmitgliedern einer Gebietskörperschaft nach § 394 AktG, AG 1984, 29 ff.

Maser, Siegfried, Die Geltung der Grundrechte für juristische Personen und teilrechtsfähige Verbände, Diss. Bonn 1964 (zitiert. *Maser*, Geltung der Grundrechte).

Matthiesen, Max, Die staatliche Einwirkung zur Sicherung der Energieversorgung und ihre Grenzen, Berlin 1987 (zitiert: *Matthiesen*, Staatliche Einwirkung).

Maunz, Theodor (Begr.), Bundesverfassungsgerichtsgesetz, Kommentar, Loseblattsammlung, München, 57. Ergänzungslieferung, Stand: Juni 2019 (zitiert: *Bearbeiter*, in: Maunz/Schmidt-Bleibtreu/Klein/Bethge, BVerfGG).

Maunz, Theodor / Dürig, Günter (Begr.), Grundgesetz, Kommentar, Band I: Art. 1–5, Loseblattsammlung, München, 87. Ergänzungslieferung, Stand: März 2019 (zitiert: *Bearbeiter*, in: Maunz/Dürig, Grundgesetz).

Maunz, Theodor / Dürig, Günter (Begr.), Grundgesetz, Kommentar, Band IV: Art. 23–53a, Loseblattsammlung, München, 87. Ergänzungslieferung, Stand: März 2019 (zitiert: *Bearbeiter*, in: Maunz/Dürig, Grundgesetz).

Maunz, Theodor / Dürig, Günter (Begr.), Grundgesetz, Kommentar, Band V: Art. 54–85, Loseblattsammlung, München, 87. Ergänzungslieferung, Stand: März 2019 (zitiert: *Bearbeiter*, in: Maunz/Dürig, Grundgesetz).

Maunz, Theodor / Dürig, Günter (Begr.), Grundgesetz, Kommentar, Band VI: Art. 86–106b, Loseblattsammlung, München, 87. Ergänzungslieferung, Stand: März 2019 (zitiert: *Bearbeiter*, in: Maunz/Dürig, Grundgesetz).

Maunz, Theodor / Dürig, Günter (Begr.), Grundgesetz, Kommentar, Band III: Art. 16–22, Loseblattsammlung, München, 87. Ergänzungslieferung, Stand: März 2019 (zitiert: *Bearbeiter*, in: Maunz/Dürig, Grundgesetz).

Maurer, Hartmut / Waldhoff, Christian, Allgemeines Verwaltungsrecht, 19 Aufl. München 2017 (zitiert: *Bearbeiter*, in: Maurer/Waldhoff, Allgemeines Verwaltungsrecht).

Maurer, Hartmut, Rechtsfragen kommunaler Satzungsgebung, DÖV 1993, 184 ff.

Maurer, Hartmut, Verfassungsrechtliche Grundlagen der kommunalen Selbstverwaltung, DVBl 1995, 1037 ff.

Meier, Norbert, Inkompatibilität und Interessenwiderstreit von Verwaltungsangehörigen in Aufsichtsräten, NZG 2003, 54 ff.

Meier, Norbert, Zum Verhältnis zwischen der Informationspflicht der Geschäftsführung und der Überwachungspflicht des fakultativen Aufsichtsrates bei einer GmbH, DStR 1997, 1894 ff.

Meier, Norbert, Zur Weisungsgebundenheit von Vertretern der Gemeinde in privatrechtlichen Gesellschaften, VR 1998, 217 ff.

Meiski, Georg, Die Nichtöffentlichkeit der Aufsichtsratssitzung einer kommunalen GmbH und das Öffentlichkeitsprinzip der kommunalen Selbstverwaltung, NVwZ 2007, 1355 ff.

Meiski, Georg, Über die Verschwiegenheitspflichten kommunaler Mandatsträger als Aufsichtsräte in kommunalen Eigengesellschaften in Form der GmbH, BayVBl 2006, 300 ff.

Meßmann, Andreas, Das Aufgabenübertragungsverbot aus Art. 84 Abs. 1 Satz 7 GG: Hindernis für die Erweiterung bereits übertragener Aufgaben und die Übertragung von Angelegenheiten der örtlichen Gemeinschaft? – Zugleich eine Erwiderung auf Albert Ingold, Das Aufgabenübertragungsverbot aus Art. 84 Abs. 1 Satz 7 GG als Hindernis für die bauplanungsrechtliche Gesetzgebung des Bundes?, DÖV 2010, 726 ff.

Meyer, Hubert, Nichtwirtschaftliche Betätigung der Kommunen: Spiel ohne Grenzen?, LKV 2000, 321 ff.

Meyer, Ulli, Weisungen an kommunale Vertreter im Aufsichtsrat einer kommunalen GmbH, LKRZ 2014, 349 ff.

Meyer-Landrut, Joachim, Verschwiegenheitspflicht der Aufsichtsratsmitglieder – Besprechung der Entscheidung BGHZ 65, 325 –, ZGR 1976, 510 ff.

Moench, Christoph, Die Planungspflicht der Gemeinde, DVBl 2005, 676 ff.

Möller, Berenice, Die rechtliche Stellung und Funktion des Aufsichtsrats in öffentlichen Unternehmen der Kommunen, Berlin/Baden-Baden 1999 (zitiert: *Möller*, Stellung und Funktion des Aufsichtsrats).

Muckel, Stefan, Gemischtwirtschaftliche Unternehmen als Grundrechtsverpflichtete – „Fraport“, JA 2011, 557 ff.

Müller, Klaus J. / Wolff, Reinmar, Freiwilliger Aufsichtsrat nach § 52 GmbHG und andere freiwillige Organe, NZG 2003, 751 ff.

von Münch, Ingo (Begr.) / Kunig, Philip (Hrsg.), Grundgesetz, Kommentar, Band 1: Präambel, Art. 1–69, 6. Aufl. München 2012 (zitiert: *Bearbeiter*, in: von Münch/Kunig, Grundgesetz).

von Mutius, Albert, Sinn, Möglichkeiten und Grenzen einer Kontrolle der Erfüllung öffentlicher Aufgaben öffentlicher Unternehmen, in: Gesellschaft für öffentliche Wirtschaft und Gemeinwirtschaft (Hrsg.), Kontrolle öffentlicher Unternehmen, Band 2, Baden-Baden 1982, S. 25 ff. (zitiert: *von Mutius*, in: Kontrolle öffentlicher Unternehmen).

von Mutius, Albert / Nesselmüller, Günter, Juristische Personen des öffentlichen Rechts als herrschende Unternehmen iS des Konzernrechts?, NJW 1976, 1878 ff.

Nesselmüller, Günter, Rechtliche Einwirkungsmöglichkeiten der Gemeinden auf ihre Eigengesellschaften, Siegburg 1977 (zitiert: *Nesselmüller*, Rechtliche Einwirkungsmöglichkeiten der Gemeinden).

Nießen, Tobias, Der Aufsichtsrat in der GmbH, NJW-Spezial 2008, 367 ff.

Noack, Ulrich, Gesellschaftsrechtliche Fragen kommunaler Beteiligung an Gesellschaften des Privatrechts, Städte- und Gemeinderat 1995, 379 ff.

Oebbecke, Janbernd, Die Aufgaben des Zweckverbandes, NVwZ 2010, 665 ff.

Oebbecke, Janbernd, Die örtliche Begrenzung kommunaler Wirtschaftstätigkeit, ZHR 164 (2000), 375 ff.

Oebbecke, Janbernd, Weisungs- und unterrichtungsfreie Räume in der Verwaltung, Köln u.a. 1986 (zitiert: *Oebbecke*, Weisungs- und unterrichtungsfreie Räume).

Ohly, Ansgar, „Volenti non fit iniuria", Die Einwilligung im Privatrecht, Tübingen 2002 (zitiert: *Ohly*, Einwilligung im Privatrecht).

Ortmann, Günther, Unternehmensziele als Ideologie, Köln 1976.

Ossenbühl, Fritz, Daseinsvorsorge und Verwaltungsprivatrecht, DÖV 1971, 513 ff.

Ossenbühl, Fritz, Die Erfüllung von Verwaltungsaufgaben durch Private, VVDStRL 29 (1971), 137 ff.

Ossenbühl, Fritz, Mitbestimmung in Eigengesellschaften der öffentlichen Hand, ZGR 1996, 504 ff.

Ott, Yvonne, Der Parlamentscharakter der Gemeindevertretung, eine rechtsvergleichende Untersuchung der Qualität staatlicher und gemeindlicher Vertretungskörperschaften, Baden-Baden 1994 (zitiert: *Ott*, Parlamentscharakter der Gemeindevertretung).

Otting, Olaf, Neues Steuerungsmodell und rechtliche Betätigungsspielräume der Kommunen, Köln/Stuttgart 1997 (zitiert: *Otting*, Neues Steuerungsmodell).

Otting, Olaf, Öffentlicher Zweck, Finanzhoheit und fairer Wettbewerb – Spielräume kommunaler Erwerbswirtschaft, DVBl 1997, 1258 ff.

Papier, Hans-Jürgen, Kommunale Daseinsvorsorge im Spannungsfeld zwischen nationalem Recht und Gemeinschaftsrecht, DVBl 2003, 686 ff.

Park, Tido (Hrsg.), Kapitalmarktstrafrecht, Straftaten, Ordnungswidrigkeiten, Finanzaufsicht, Compliance, Handkommentar, 5. Aufl. Baden-Baden 2019 (zitiert: *Bearbeiter*, in: Park, Kapitalmarktstrafrecht).

Paschos, Nikolaos / Goslar, Sebastian, Die Aktienrechtsnovelle 2016 – Ein Überblick, NJW 2016, 359 ff.

Passarge, Malte / Kölln, Sebastian, Das Auskunfts- und Einsichtsrecht nach § 51a GmbHG bei der kommunalen GmbH, NVwZ 2014, 982 ff.

Passow, Richard, Die gemischt privaten und öffentlichen Unternehmungen auf dem Gebiete der Elektrizitäts- und Gasversorgung und des Straßenbahnwesens, 2. Aufl. Jena 1923 (zitiert: *Passow*, Die gemischt privaten und öffentlichen Unternehmungen).

Pauly, Walter / Schüler, Yvonne, Der Aufsichtsrat kommunaler GmbHs zwischen Gemeindewirtschafts- und Gesellschaftsrecht, Zum gemeindlichen Weisungsrecht an Aufsichtsratsmitglieder nach der neuesten Rechtsprechung des Bundesverwaltungsgerichts, DÖV 2012, 339 ff.

Pegatzky, Claus / Sattler, Anja, Die Änderungen des kommunalen Wirtschafts- und Haushaltsrechts durch die Hessische Kommunalrechtsnovelle 2005, NVwZ 2005, 1376 ff.

Pestalozza, Christian, „Formenmißbrauch" des Staates, zu Figur und Folgen des „Rechtsmißbrauchs" und ihrer Anwendung auf staatliches Verhalten, München 1973 (zitiert: *Pestalozza*, Formenmißbrauch).

Petri, Marion, Gemeindevertretung contra Gemeindevorstand: Auskunft und Akteneinsicht bei personenbezogenen Daten, NVwZ 2005, 399 ff.

Pfeifer, Axel, Möglichkeiten und Grenzen der Steuerung kommunaler Aktiengesellschaften durch ihre Gebietskörperschaften, München 1991 (zitiert: *Pfeifer*, Möglichkeiten und Grenzen).

Pieroth, Bodo, Die Grundrechtsberechtigung gemischt-wirtschaftlicher Unternehmen, NWVBl 1992, 85 ff.

Pitschas, Rainer / Schoppa, Katrin, Kriterien für die Wahl der Rechtsform, in: Mann, Thomas / Püttner, Günter (Hrsg.), Handbuch der kommunalen Wissenschaft und Praxis, Band 2: Kommunale Wirtschaft, 3. Aufl. Heidelberg u.a. 2011, § 43 (zitiert: *Pitschas/Schoppa*, in: Mann/Püttner, Handbuch der kommunalen Wissenschaft und Praxis).

Pitschas, Rainer / Schoppa, Katrin, Rechtsformen kommunaler Unternehmenswirtschaft, DÖV 2009, 469 ff.

Pogoda, Johannes, Wirtschaftliche Betätigung der Gemeinden und Subsidiaritätsklausel, LKV 2012, 159 ff.

Popitz, Johannes, Der künftige Finanzausgleich zwischen Reich, Ländern und Gemeinden, Gutachten, erstattet der Studiengesellschaft für den Finanzausgleich, Berlin 1932 (zitiert: *Popitz*, Der künftige Finanzausgleich).

Pösentrup, Günter, Die Akteneinsicht durch die Gemeindevertreter als Mittel der Kontrolle über die Gemeindeverwaltung nach den Gemeindeordnungen der Bundesrepublik Deutschland, Diss. Münster 1968 (zitiert: *Pösentrup*, Akteneinsicht durch Gemeindevertreter).

Prantl, Heribert, Der Flughafen ist kein Wohnzimmer, sueddeutsche.de vom 22.02.2011, abrufbar unter: http://www.sueddeutsche.de/politik/urteil-des-BVerfGs-der-flughafen-ist-kein-wohnzimmer-1.1063255 (zuletzt abgerufen am 25.05.2020).

Püttner, Günter, Die Einwirkungspflicht, Zur Problematik öffentlicher Einrichtungen in Privatrechtsform, DVBl 1995, 353 ff.

Püttner, Günter, Die öffentlichen Unternehmen, 2. Aufl. Stuttgart u.a. 1985.

Püttner, Günter, Die Vertretung der Gemeinden in wirtschaftlichen Unternehmen, Zum Verhältnis von Kommunalrecht und Gesellschaftsrecht, DVBl 1986, 748 ff.

Quack, Klaus, Die Entsendung von Gemeindevertretern in die Organe von Kapitalgesellschaften, DVBl 1965, 345 ff.

Raisch, Peter, Zum Begriff und zur Bedeutung des Unternehmensinteresses als Verhaltensmaxime von Vorstands- und Aufsichtsratsmitgliedern, in: Fischer, Robert / Gessler, Ernst / Schilling, Wolfgang / Serick, Rolf / Ulmer, Peter (Hrsg.), Strukturen und Entwicklungen im Handels-, Gesellschafts- und Wirtschaftsrecht, Festschrift für Wolfgang Hefermehl zum 70. Geburtstag am 18. September 1976, München 1976, S. 347 ff. (zitiert: *Raisch*, in: FS Hefermehl).

Raiser, Thomas, Das Unternehmensinteresse, in: Reichert-Facilides / Rittner, Fritz / Sasse, Jürgen (Hrsg.), Festschrift für Reimer Schmidt, Karlsruhe 1976, S. 101 ff. (zitiert: *Raiser*, in: FS Schmidt).

Raiser, Thomas, Konzernverflechtungen unter Einschluß öffentlicher Unternehmen, ZGR 1996, 458 ff.

Raiser, Thomas, Weisungen an Aufsichtsratsmitglieder?, ZGR 1978, 391 ff.

Rauscher, Thomas / Krüger, Wolfgang (Hrsg.), Münchener Kommentar zur Zivilprozessordnung mit Gerichtsverfassungsgesetz und Nebengesetzen, Band 2: §§ 355–945b, 5. Aufl. München 2016 (zitiert: *Bearbeiter*, in: MüKo ZPO).

Reck, Hans-Joachim: Kommunale Unternehmen brauchen fairen Zugang zu Markt und Wettbewerb, DVBl 2009, 1546 ff.

Reich, Andreas, Beamtenstatusgesetz, Kommentar, 3. Aufl. München 2018 (zitiert: *Reich*, Beamtenstatusgesetz).

Reichard, Michael, Die Verschwiegenheitspflicht von Aufsichtsratsmitgliedern, GWR 2017, 72 ff.

Reichert, Jochem, Business Combination Agreements, Fallgruppen und Problemkreise, ZGR 2015, 1 ff.

Reichert, Ulrich, Die besondere Stellung der Vertreter der öffentlichen Hand im Aufsichtsrat einer GmbH, Diss. München 1983 (zitiert: *Reichert,* Die besondere Stellung der Vertreter).

Rellermeyer, Klaus, Der Aufsichtsrat – Betrachtungen zur neueren Rechtsprechung des Bundesgerichtshofes –, ZGR 1993, 77 ff.

Ristelhuber, Johannes, Information und Verschwiegenheit kommunaler Aufsichtsräte, NWVBl 2016, 359 ff.

Rittner, Fritz / Dreher, Meinrad, Europäisches und deutsches Wirtschaftsrecht, eine systematische Darstellung, 3. Aufl. Heidelberg 2008 (zitiert: *Rittner/Dreher,* Europäisches und deutsches Wirtschaftsrecht).

Roellecke, Gerd, Diskussionsbeitrag, VVDStRL 31 (1973), 297.

Ronellenfitsch, Michael, Staat und Markt – Rechtliche Grenzen einer Privatisierung kommunaler Aufgaben, DÖV 1999, 705 ff.

Roschmann, Christian / Frey, Johannes, Geheimhaltungsverpflichtungen der Vorstandsmitglieder von Aktiengesellschaften bei Unternehmenskäufen, AG 1996, 449 ff.

Rothe, Karl-Heinz, Verpflichtung des Hauptverwaltungsbeamten einer Gemeinde zur schriftlichen Beantwortung aller Anfragen von Ratsfraktionen?, NVwZ 1990, 936 ff.

Röthel, Anne, Richterliche Inhaltkontrolle von Eheverträgen, NJW 2001, 1334 ff.

Rubner, Daniel, Der Vorstand der Zielgesellschaft bei M&A-Transaktionen, KSzW 2011, 412 ff.

Rüfner, Wolfgang, Formen öffentlicher Verwaltung im Bereich der Wirtschaft, Untersuchungen zum Problem der leistenden Verwaltung, Berlin 1967 (zitiert: *Rüfner*: Formen öffentlicher Verwaltung).

Rüthers, Bernd / Stadler, Astrid, Allgemeiner Teil des BGB, 19. Aufl. München 2017.

Sachs, Michael, Anmerkung zu BVerfG, Urt. v. 22.02.2011, Az. 1 BvR 699/06, JuS 2011, 665 ff.

Sachs, Michael (Hrsg.), Grundgesetz, Kommentar, 8. Aufl. München 2018 (zitiert: *Bearbeiter,* in: Sachs, Grundgesetz).

Säcker, Franz Jürgen / Rixecker, Roland / Oetker, Hartmut / Limperg, Bettina (Hrsg.), Münchener Kommentar zum Bürgerlichen Gesetzbuch, Band 1: Allgemeiner Teil, §§ 1–240, AllgPersönlR, ProstG, AGG, 8. Aufl. München 2018 (zitiert: *Bearbeiter,* in: MüKo BGB).

Säcker, Franz Jürgen, Behördenvertreter im Aufsichtsrat, in: Eyrich, Heinz / Odersky, Walter / Säcker, Franz Jürgen (Hrsg.), Festschrift für Kurt Rebmann zum 65. Geburtstag, München 1989, S. 781 ff. (zitiert: *Säcker,* in: FS Rebmann).

Säcker, Franz Jürgen, Die Anpassung der Satzung der Aktiengesellschaft an das Mitbestimmungsgesetz, DB 1977, 1791 ff.

Säcker, Franz-Jürgen, Vorkehrungen zum Schutz der gesetzlichen Verschwiegenheitspflicht und gesellschaftsrechtliche Treuepflicht der Aufsichtsratsmitglieder, in: Lutter, Marcus / Stimpel, Walter / Wiedemann, Herbert (Hrsg.), Festschrift für Robert Fischer, Berlin/New York 1979, S. 635 ff. (zitiert: *Säcker*, in: FS Fischer).

Säcker, Jürgen, Aktuelle Probleme der Verschwiegenheitspflicht der Aufsichtsratsmitglieder, NJW 1986, 803 ff.

Saenger, Ingo / Inhester, Michael (Hrsg.), GmbHG, Handkommentar, 3. Aufl. Baden-Baden 2016 (zitiert: *Bearbeiter*, in: Saenger/Inhester, GmbHG).

Schachtschneider, Karl A., Staatsunternehmen und Privatrecht: Kritik der Fiskustheorie, exemplifiziert an § 1 UWG, Berlin u.a. 1986 (zitiert: *Schachtschneider*, Staatsunternehmen und Privatrecht).

Schaefer, Jan Philipp, Neues vom Strukturwandel der Öffentlichkeit, Gewährleistungsverwaltung nach dem Fraport-Urteil des Bundesverfassungsgerichts, Der Staat 51 (2012), 251 ff.

Scharpf, Christian, Die wirtschaftliche Betätigung von Gemeinden zwischen Grundrechtsrelevanz und kommunalem Selbstverwaltungsrecht, GewArch 2005, 1 ff.

Schiffer, Tassilo / Wurzel, Gabriele, Weisungsrecht des Stadtrats gegenüber seinen Vertretern im Aufsichtsrat eines kommunalen Versorgungsbetriebs, Zugleich eine Anmerkung zum Urteil des Bundesverwaltungsgerichts vom 31.8.2011 – 8 C 16/10 (KommJur 12/2011, 456 ff.), KommJur 2012, 52 ff.

Schink, Alexander, Kommunale Daseinsvorsorge in Europa, DVBl 2005, 861 ff.

Schink, Alexander, Wirtschaftliche Betätigung kommunaler Unternehmen, NVwZ 2002, 129 ff.

Schmidt, Johannes Werner, Die Betätigungsprüfung nach § 54 HGrG im gemeindlichen Betrieb als Kontrolle öffentlicher Verwaltung, ZögU 4 (1981), 456 ff.

Schmidt, Karsten / Lutter, Marcus (Hrsg.), Aktiengesetz, Kommentar, II. Band: §§ 150–410, SpruchG, 3. Aufl. Köln 2015 (zitiert: *Bearbeiter*, in: Schmidt/Lutter, Aktiengesetz).

Schmidt, Reiner, Der Übergang öffentlicher Aufgabenerfüllung in private Rechtsformen, ZGR 1996, 345 ff.

Schmidt-Aßmann, Eberhard / Ulmer, Peter, Die Berichterstattung von Aufsichtsratsmitgliedern einer Gebietskörperschaft nach § 394 AktG, Eine aktien- und kommunalrechtliche Untersuchung ihrer Voraussetzungen und Schranken unter besonderer Berücksichtigung des nordrhein-westfälischen Gemeinderechts, BB 1988 Beil. 13, 1 ff.

Schmidt-Aßmann, Eberhard, Der Grundrechtsschutz gemischt-wirtschaftlicher Unternehmen nach Art. 19 Abs. 3 GG, BB 1990 Beil. 34, 1 ff.

Schmidt-Aßmann, Eberhard, Verwaltungslegitimation als Rechtsbegriff, AöR 116 (1991), 329 ff.

Schmidt-Aßmann, Eberhard, Zur Bedeutung der Privatrechtsform für den Grundrechtsstatus gemischt-wirtschaftlicher Unternehmen, in: Jayme, Erik / Laufs, Adolf / Misera, Karlheinz / Reinhart, Gert / Serick, Rolf (Hrsg.), Festschrift für Hubert Niederländer zum siebzigsten Geburtstag am 10. Februar 1991, Heidelberg 1991, S. 383 ff. (zitiert: *Schmidt-Aßmann*, in: FS Niederländer).

Schmidt-Leithoff, Matthias, Gemeindewirtschaft im Wettbewerb, Zu den wettbewerbsrelevanten Tätigkeitsfeldern kommunaler Unternehmen einschließlich ihrer historischen Dimension und zum konkurrentenschützenden Gehalt der gemeindewirtschaftsrechtlichen Subsidiaritätsklauseln im Lichte von Schutznormlehre und Verfassung, Berlin 2011 (zitiert: *Schmidt-Leithoff*, Gemeindewirtschaft im Wettbewerb).

Schmidt-Preuß, Matthias, Verfassungskonflikt um die Durchleitung – Zum Streitstand nach dem VNG-Beschluß des BGH –, RdE 1996, 1 ff.

Schmolke, Klaus Ulrich, Vertreter von Gebietskörperschaften im Aufsichtsrat zwischen Verschwiegenheit- und Berichtspflicht – Zur Auslegung der §§ 394, 395 AktG im Lichte des BVerfG-Urteils – 2 BvE 2/11 = WM 2017, 2345 –, WM 2018, 1913 ff.

Schneider, Jens-Peter, Der Staat als Wirtschaftssubjekt und Steuerungsakteur, DVBl 2000, 1250 ff.

Schneider, Uwe H., Korreferat zu Zöllner, Markus, GmbH und GmbH & Co KG in der Mitbestimmung, Referat, ZGR 1977, 319 ff., ZGR 1977, 335 ff.

Schockenhoff, Martin, Geheimnisschutz bei Aktiengesellschaften mit Beteiligung der öffentlichen Hand, Zugleich Besprechung des BVerfG-Urteils vom 7.11.2017 – 2 BvE 2/11, NZG 2018, 521 ff.

Schodder, Thomas F.W., Zur Weisungsbefugnis des Gemeinderats gegenüber Aufsichtsratsmitgliedern in einer kommunalen GmbH, EWiR 2009, 715 f.

Schoepke, Peter, Zur Problematik der Gesellschaftsform für kommunale Unternehmen, VBlBW 1994, 81 ff.

Scholz, Franz (Begr.), GmbHG, Kommentar zum GmbH-Gesetz, mit Anhang Konzernrecht, Band II: §§ 35–52, 11. Aufl. Köln 2014 (zitiert: *Bearbeiter*, in: Scholz, GmbHG).

Scholz, Rupert, Grundrechtsschutz gemischt-wirtschaftlicher Unternehmen, in: Pfister, Bernhard / Will, Michael R. (Hrsg.), Festschrift für Werner Lorenz zum siebzigsten Geburtstag, Tübingen 1991, S. 213 ff. (zitiert: *Scholz*, in: FS Lorenz).

Scholz, Rupert, Neue Entwicklungen im Gemeindewirtschaftsrecht – Strukturfragen und Verfassungskritik, DÖV 1976, 441 ff.

Schön, Wolfgang, Der Einfluß öffentlich-rechtlicher Zielsetzungen auf das Statut privatrechtlicher Eigengesellschaften der öffentlichen Hand – Gesellschaftsrechtliche Analyse, ZGR 1996, 429 ff.

Schraml, Alexander, Anstalten des öffentlichen Rechts – Kommunalunternehmen, in: Mann, Thomas / Püttner, Günter (Hrsg.), Handbuch der kommunalen Wissenschaft und Praxis, Band 2: Kommunale Wirtschaft, 3. Aufl. Heidelberg u.a. 2011, § 45 (zitiert: *Schraml*, in: Mann/Püttner, Handbuch der kommunalen Wissenschaft und Praxis).

Schroeder, Dirk, Geschäftsführungsrechte und Einwirkungsbefugnisse bei öffentlichen Unternehmen, ZögU 2 (1979), 149 ff.

Schroeder, Ulrich, Darf der Vorstand der Aktiengesellschaft dem Aktienkäufer eine Due Diligence gestatten?, DB 1997, 2161 ff.

Schulz, Norbert, Neue Entwicklungen im kommunalen Wirtschaftsrecht Bayerns, BayVBl 1996, 97 ff.

Schulze, Reiner (Hrsg.), Bürgerliches Gesetzbuch, Handkommentar, 10. Aufl. Baden-Baden 2019 (zitiert: *Bearbeiter*, in: Schulze, BGB).

Schuppert, Gunnar Folke, Öffentlich-rechtliche Vorgaben für die Treuhandanstalt bei der Leitung der Treuhandunternehmen, ZGR 1992, 454 ff.

Schürnbrand, Jan, Verschwiegenheitspflicht versus Informationsprivileg, Berichtspflicht von Aufsichtsratsmitgliedern gegenüber der entsendenden Gebietskörperschaft bei öffentlichen Unternehmen nach dem aktuellen Entwurf der Aktienrechtsnovelle, BOARD 2014, 225 ff.

Schwill, Florian, Die Begrenzung des parlamentarischen Anfragerechts durch Betriebs- und Geschäftsgeheimnisse sowie Verschwiegenheitsregelungen, NVwZ 2019, 109 ff.

Schwintowski, Hans-Peter, Gesellschaftsrechtliche Bindungen für entsandte Aufsichtsratsmitglieder in öffentlichen Unternehmen, NJW 1995, 1316 ff.

Schwintowski, Hans-Peter, Verschwiegenheitspflicht für politisch legitimierte Mitglieder des Aufsichtsrats, NJW 1990, 1009 ff.

Seeger, Richard, Handbuch für die Gemeinderatssitzung, 5. Aufl. Stuttgart u.a. 1994 (zitiert: *Seeger*, Gemeinderatssitzung).

Seeling, Rolf Otto / Zwickel, Martin, Das Entsenderecht in den Aufsichtsrat einer Aktiengesellschaft als „Ewigkeitsrecht", BB 2008, 622 ff.

Selmer, Peter, Zur Grundrechtsberechtigung von Mischunternehmen, in: Merten, Detlef / Papier, Hans-Jürgen (Hrsg.), Handbuch der Grundrechte in Deutschland und Europa, Band II: Grundrechte in Deutschland: Allgemeine Lehren I, Heidelberg u.a. 2006, § 53 (zitiert: *Selmer*, in: Merten/Papier, Handbuch der Grundrechte).

Siedentopf, Heinrich, Grenzen und Bindungen der Kommunalwirtschaft, Die wirtschaftliche Betätigung der Gemeinden im System des Privatrechts und Verwaltungsrechts, Stuttgart 1963 (zitiert: *Siedentopf*, Grenzen und Bindungen).

Siepelt, Stefan / Pütz, Lasse, Die Compliance-Verantwortung des Aufsichtsrats, CCZ 2018, 78 ff.

Simon, Stefan, Bestellung und Abberufung des Aufsichtsrats in GmbH und GmbH & Co. KG, GmbHR 1999, 257 ff.

Sodan, Helge / Gast, Olaf, Der Risikostrukturausgleich in der gesetzlichen Krankenversicherung als Verfassungsproblem, NZS 1999, 265 ff.

Söhner, Matthias, Die Aktienrechtsnovelle 2016, ZIP 2016, 151 ff.

Spannowsky, Willy, Der Einfluß öffentlich-rechtlicher Zielsetzungen auf das Statut privatrechtlicher Eigengesellschaften in öffentlicher Hand – Öffentlich-rechtliche Vorgaben, insbesondere zur Ingerenzpflicht –, ZGR 1996, 400 ff.

Spannowsky, Willy, Grenzen des Verwaltungshandelns durch Verträge und Absprachen, Berlin 1994 (zitiert: *Spannowsky*, Grenzen des Verwaltungshandelns).

Spindler, Gerald / Stilz, Eberhard (Hrsg.), Kommentar zum Aktiengesetz, Band 1: §§ 1–149, 4. Aufl. München 2019 (zitiert: *Bearbeiter*, in: Spindler/Stilz, Aktiengesetz).

Spindler, Gerald / Stilz, Eberhard (Hrsg.), Kommentar zum Aktiengesetz, Band 2: §§ 150–410, SpruchG, SE-VO, 4. Aufl. München 2019 (zitiert: *Bearbeiter*, in: Spindler/Stilz, Aktiengesetz).

Spindler, Gerald, Kommunale Mandatsträger in Aufsichtsräten – Verschwiegenheitspflicht und Weisungsgebundenheit, ZIP 2011, 689 ff.

Stadler, Markus / Berner, Klaus, Die gerichtliche Abberufung von Aufsichtsmitgliedern im dreiköpfigen Aufsichtsrat – ein bisher ungelöstes Problem, NZG 2003, 49 ff.

Stadler, Peter M., Die parlamentarische Kontrolle der Bundesregierung, Opladen 1984 (zitiert: *Stadler*, Parlamentarische Kontrolle).

von Stebut, Dietrich, Geheimnisschutz und Verschwiegenheitspflicht im Aktienrecht, Köln 1972 (zitiert: *von Stebut*, Geheimnisschutz und Verschwiegenheitspflicht).

Stein, Friedrich A., Realtypologie der Management-Leistung öffentlicher Unternehmen, Baden-Baden 1998 (zitiert: *Stein*, Realtypologie).

Steinbeck, Claudia, Überwachungspflicht und Einwirkungsmöglichkeiten des Aufsichtsrats in der Aktiengesellschaft, Berlin 1992 (zitiert: *Steinbeck*, Überwachungspflicht und Einwirkungsmöglichkeiten).

Stern, Klaus, Das Staatsrecht der Bundesrepublik Deutschland, Band I: Grundbegriffe und Grundlagen des Staatsrechts. Strukturprinzipien der Verfassung, 2. Aufl. München 1984 (zitiert: *Stern*, Das Staatsrecht der Bundesrepublik Deutschland).

Stern, Klaus, Gemeindeordnung und kommunale Wirtschaftsbetätigung, BayVBl 1962, 129 ff.

Stöber, Michael, Die Aktienrechtsnovelle 2016, DStR 2016, 611 ff.

Stober, Rolf, Die privatrechtlich organisierte öffentliche Verwaltung, Zur Problematik privatrechtlicher Gesellschaften und Beteiligungen der öffentlichen Hand, NJW 1984, 449 ff.

Storr, Stefan, Verfassungsrechtliche Direktiven des demokratischen Prinzips für die Nutzung privatrechtlicher Organisations- und Kooperationsformen durch die öffentliche Verwaltung, in: Bauer, Hartmut / Huber, Peter M. / Sommermann, Karl-Peter (Hrsg.), Demokratie in Europa, Tübingen 2005, S. 411 ff. (zitiert: *Storr,* in: Bauer/Huber/Sommermann, Demokratie in Europa).

Strobel, Brigitte, Verschwiegenheits- und Auskunftspflicht kommunaler Vertreter im Aufsichtsrat öffentlicher Unternehmen, Baden-Baden 2002 (zitiert: *Strobel,* Verschwiegenheits- und Auskunftspflicht kommunaler Vertreter).

Strobel, Brigitte, Weisungsfreiheit oder Weisungsgebundenheit kommunaler Vertreter in Eigen- und Beteiligungsgesellschaften?, DVBl 2005, 77 ff.

Stürner, Rolf, Die gewerbliche Geheimsphäre im Zivilprozeß, JZ 1985, 453 ff.

Sudhoff, Jürgen, Die Vertretung der Gemeinde in Organen wirtschaftlicher Unternehmen (§ 72 der Gemeindeordnung von Nordrhein-Westfalen) – ein Beitrag zum Gemeindewirtschaftsrecht –, Diss. Köln 1961 (zitiert: *Sudhoff,* Die Vertretung der Gemeinde).

Sünner, Eckart, Einzelfragen der Aktienrechtsnovelle 2012, CCZ 2012, 107 ff.

Surén, Friedrich-Karl / Loschelder, Wilhelm, Die Deutsche Gemeindeordnung vom 30. Januar 1935, Kommentar, Band 2: Die §§ 60–123 der Deutschen Gemeindeordnung, 2. Aufl. Berlin 1940 (zitiert: *Surén/Loschelder,* Die Deutsche Gemeindeordnung).

Sydow, Gernot / Gebhardt, Georg, Auskunftsansprüche gegenüber kommunalen Unternehmen, NVwZ 2006, 986 ff.

Tetzlaff, Thilo, Transparenz und Auskunftsrechte auf kommunaler Ebene – ein Paradigmenwechsel?, LKV 2012, 489 ff.

Thode, Bernd, Parlamentskontrolle und Geheimnisschutz bei öffentlichen Unternehmen, AG 1997, 547 ff.

Thormann, Martin, Generelle Nichtöffentlichkeit der Aufsichtsratssitzungen Öffentlicher Unternehmen – warum eigentlich?, Worauf (auch) die Aktienrechtsnovelle 2016 eine Antwort schuldig bleibt, DÖV 2016, 991 ff.

Treder, Reinhold, Weisungsgebundenheit und Verschwiegenheitspflicht eines von der Gemeinde entsandten Aufsichtsratsmitgliedes in den Aufsichtsrat einer der Gemeinde gehörenden GmbH, GemHH 1986, 145 ff.

Trips, Marco, Risikomanagement in der öffentlichen Verwaltung – Zur Möglichkeit der Einführung eines Risikomanagementsystems im öffentlichen Sektor, NVwZ 2003, 804 ff.

Trölitzsch, Thomas, Anmerkung zum Urteil des BVerwG vom 31.8.2011, Az. 8 C 16/10 – Zum Weisungsrecht der Gemeinde gegenüber den in den fakultativen Aufsichtsrat einer kommunalen GmbH entsandten Vertretern, EWiR 2011, 779 f.

von Trott zu Solz, Jost, Die staatlich beeinflusste Aktiengesellschaft als Instrument der öffentlichen Verwaltung, Diss. Berlin 1975 (zitiert: *von Trott zu Solz*, Die staatlich beeinflusste Aktiengesellschaft).

von Unruh, Georg-Christoph, Gebiet und Gebietskörperschaften als Organisationsgrundlagen nach dem Grundgesetz der Bundesrepublik Deutschland, DVBl 1975, 1 ff.

von Unruh, Georg-Christoph, Kommunale Selbstverwaltung – ein verpflichtendes Recht, BayVBl 1996, 225 ff.

Veen, Thomas, Die Vereinbarkeit von Regierungsamt und Aufsichtsratsmandat in Wirtschaftsunternehmen, Berlin 1996 (zitiert: *Veen*, Vereinbarkeit von Regierungsamt und Aufsichtsratsmandat).

Vitzthum, Wolfgang Graf, Gemeinderechtliche Grenzen der Privatisierung kommunaler Wirtschaftsunternehmen, AöR 104 (1979), 580 ff.

Vogel, Hans-Josef, Die Verschwiegenheitspflicht der Vertreter kommunaler Gebietskörperschaften im Aufsichtsrat der GmbH, Städte- und Gemeinderat 1996, 252 ff.

Wagener, Frido, Der öffentliche Dienst im Staat und Gegenwart, VVDStRL 37 (1979), 215 ff.

Waldmann, Knut, Das Kommunalunternehmen als Rechtsformalternative für die wirtschaftliche Betätigung von Gemeinden, NVwZ 2008, 284 ff.

Weber-Rey, Daniela / Buckel, Jochen, Corporate Governance in Aufsichtsräten von öffentlichen Unternehmen und die Rolle von Public Corporate Governance Kodizes, ZHR 177 (2013), 13 ff.

Weckerling-Wilhelm, Dorothee / Mirtsching, Katharina, Weisungsrechte in kommunalen Gesellschaften mit beschränkter Haftung, NZG 2011, 327 ff.

Wehrstedt, Stefan, Die Beteiligung von Gemeinden an Gesellschaften des Privatrechts in NRW, MittRhNotK 2000, 269 ff.

Wendt, Henning, Recht zur Versammlung auf fremdem Eigentum?, Überlegungen zur mittelbaren Drittwirkung der Versammlungsfreiheit nach dem Fraport-Urteil des BVerfG und unter Berücksichtigung der US-amerikanischen Rechtsprechung, NVwZ 2012, 606 ff.

Werner, Rüdiger, Auskunftsansprüche der Öffentlichkeit gegenüber Aktiengesellschaften unter Beteiligung der öffentlichen Hand, NVwZ 2019, 449 ff.

Westermann, Eike Christian / Maier, Stefan, Berichtspflichten der Geschäftsleitung kommunaler Unternehmen, KommJur 2011, 169 ff.

Wicke, Hartmut, Gesetz betreffend die Gesellschaften mit beschränkter Haftung (GmbHG), Kommentar, 3. Aufl. München 2016 (zitiert: *Wicke*, GmbHG).

Wieland, Joachim / Hellermann, Johannes, Der Schutz des Selbstverwaltungsrechts der Kommunen gegenüber Einschränkungen ihrer wirtschaftlichen Betätigung im nationalen und europäischen Recht, Rechtsgutachten für den Verband Kommunaler Unternehmen e.V., Köln 1995 (zitiert: *Wieland/Hellermann*, Der Schutz des Selbstverwaltungsrechts der Kommunen).

Wieland, Joachim, Kommunalwirtschaftliche Betätigung unter veränderten Wettbewerbsbedingungen, in: Henneke, Hans-Günter (Hrsg.), Optimale Aufgabenerfüllung im Kreisgebiet?, Professorengespräch 1998 des Deutschen Landkreistages am 19. und 20. März 1998 im Landkreis Oberhavel, Stuttgart u.a. 1999, S. 193 ff. (zitiert: *Wieland*, in: Henneke, Optimale Aufgabenerfüllung).

Wilde, Christian, Informationsrechte und Informationspflichten im Gefüge der Gesellschaftsorgane, ZGR 1998, 423 ff.

Wilhelm, Jan, Öffentlichkeit und Haftung bei Aufsichtsräten in einer kommunalen GmbH, DB 2009, 944 ff.

Will, Martin, Informationszugriff auf AG-Aufsichtsratsmitglieder durch Gemeinden, VerwArch 94 (2003), 248 ff.

Wilsing, Hans-Ulrich / von der Linden, Klaus, Selbstbefreiung im Aufsichtsrat vom Gebot der Gremienvertraulichkeit, ZHR 178 (2014), 419 ff.

Wilting, Wilhelm, Weitergabe von vertraulichen Informationen im Rahmen der §§ 394, 395 AktG, AG 2012, 529 ff.

Windbichler, Christine, Gesellschaftsrecht, Ein Studienbuch, 24. Aufl. München 2017 (zitiert: *Windbichler*, Gesellschaftsrecht).

Windel, Peter, Die Festlegung der gemischtwirtschaftlichen GmbH auf politische Ziele, ZögU 22 (1999), 52 ff.

Wissenschaftlicher Beirat der Gesellschaft für öffentliche Wirtschaft, Stellungnahme, Privatisierungsdogma widerspricht Sozialer Marktwirtschaft, Öffentliche Unternehmen sind unverzichtbar zur Erfüllung öffentlicher Aufgaben, ZögU 17 (1994), 195 ff.

Witte, Andreas, Zum Informationsrecht des Gesellschafters einer mitbestimmten GmbH – Besprechung der Entscheidung BGH ZIP 1997, 978 –, ZGR 1998, 151 ff.

Wolf, Jens, Kontrolle kommunaler Unternehmen, GewArch 1999, 177 ff.

Wolff, Hans J., Der Unterschied zwischen öffentlichem Recht und privatem Recht, AöR 76 (1950/51), 205 ff.

Wolff, Heinrich Amadeus, Der verfassungsrechtliche Schutz der Betriebs- und Geschäftsgeheimnisse, NJW 1997, 98 ff.

Wolff, Heinrich Amadeus, Die Personalhoheit als Bestandteil der kommunalen Selbstverwaltungsgarantie, VerwArch 100 (2009), 280 ff.

Wolff, Johanna, Grenze der Heimlichkeit, Nicht-öffentliche Schiedsverfahren mit Beteiligung der öffentlichen Hand am Maßstab des Verfassungsrechts, NVwZ 2012, 205 ff.

Zavelberg, Heinz Günter, Die Prüfung der Betätigung des Bundes bei Unternehmen durch den Bundesrechnungshof, in: Moxter, Adolf / Windmöller, Rolf / Müller, Hans-Peter / v. Wysocki, Klaus (Hrsg.), Rechnungslegung, Entwicklungen bei der Bilanzierung und Prüfung von Kapitalgesellschaften, Festschrift zum 65. Geburtstag von Professor Dr. Dr. h.c. Karl-Heinz Forster, Düsseldorf 1992, S. 723 ff. (zitiert: *Zavelberg*, in: FS Forster).

Zeichner, Wolfgang, Die Voraussetzungen für die Beteiligung des Bundes / eines Landes an einem Unternehmen nach § 65 Abs. 1 BHO/LHO und ihre Prüfung durch den Rechnungshof, AG 1985, 61 ff.

Zeidler, Karl, Diskussionsbeitrag, VVDStRL 19 (1961), 252 f.

Ziche, Christian / Herrmann, Daniel, Weisungsrechte gegenüber Aufsichtsratsmitgliedern in Satzungen kommunaler Eigengesellschaften in der Rechtsform der GmbH, DÖV 2014, 111 ff.

Zieglmeier, Christian, Die Systematik der Haftung von Aufsichtsratsmitgliedern gegenüber der Gesellschaft, ZGR 2007, 144 ff.

Zieglmeier, Christian, Kommunale Aufsichtsratsmitglieder, LKV 2005, 338 ff.

Ziemons, Hildegard / Jaeger, Carsten / Pöschke, Moritz (Hrsg.), BeckOK GmbHG, München, 40. Edition, Stand: 01.08.2019 (zitiert: *Bearbeiter*, in: BeckOK GmbHG).

Zilkens, Martin / Elschner, Günter, Der Schutz personenbezogener Daten in nicht öffentlichen Sitzungen der kommunalen politischen Vertretung am Beispiel der GO NRW, DVBl 2002, 163 ff.

Zimmermann, Norbert, Zur Grundrechtssubjektivität kommunaler Energieversorgungsunternehmen – BVerfG, NJW 1990, 1783, JuS 1991, 294 ff.

Zöllner, Wolfgang / Noack, Ulrich (Hrsg.), Kölner Kommentar zum Aktiengesetz, Band 7/Teil 2: §§ 329–410 AktG, §§ 1–46 EGAktG, 3. Aufl. Köln 2016 (zitiert: *Bearbeiter*, in: Zöllner/Noack, KK Aktiengesetz).

Zöllner, Wolfgang, Berichtspflicht beamteter Aufsichtsratsmitglieder aufgrund von § 55 BBG? – Bemerkungen zum Aufsatz von K. P. Martens: „Privilegiertes Informationsverhalten von Aufsichtsratsmitgliedern einer Gebietskörperschaft nach § 394 AktG" (AG 1984, 29) –, AG 1984, 147 ff.

Zöllner, Wolfgang, GmbH und GmbH & Co KG in der Mitbestimmung, Referat, ZGR 1977, 319 ff.

Zuleeg, Manfred, Die Anwendungsbereiche des öffentlichen Rechts und des Privatrechts, VerwArch 73 (1982), 384 ff.

Abbildungsverzeichnis

www.ingramcontent.com/pod-product-compliance
Ingram Content Group UK Ltd.
Pitfield, Milton Keynes, MK11 3LW, UK
UKHW021839290926
8980IPUK00004B/541

9 783631 813157